Martin Grosch

GEOPOLITISCHE MACHTSPIELE

Martin Grosch

GEOPOLITISCHE MACHTSPIELE

Wie China, Russland und die USA
sich in Stellung bringen
und Europa immer stärker
ins Abseits gerät

lau verlag

**Bibliografische Information
der Deutschen Nationalbibliothek**
Die Deutsche Nationalbibliothek verzeichnet diese Publikation in der Deutschen Nationalbibliografie; detaillierte bibliografische Daten sind im Internet über http://dnb.d-nb.de abrufbar.

Mit 43 Abbildungen und Karten

Bildnachweis: (2)–(5), (7)–(9), (11)–(20), (25)–(29), (38), (40), (41) © Martin Grosch; (1) Entnommen aus: Mackinder, H.: Der Schlüssel zur Weltherrschaft. Die Heartland-Theorie. Mit einem Lagebericht von Willy Wimmer, Frankfurt 2019; (6) © Landkarten und Stadtplan Index; (10) © blogspot.com; (21) © d-maps.com: https://d-maps.com/carte.php?num_car=33564&lang=de; (22) © iStock.com/PeterHermesFurian; (23) © https://www.wikiwand.com/de/Marinestützpunkt_Sanya; (24) © iStock.com/MicrovOne; (30) © d-maps.com: https://d-maps.com/carte.php?num_car=8701&lang=de; (31) © blogspot.com; (32) © http://www.kostenlose-landkarten.de/bilder/Ukraine.png; (33) © blogspot.com; (34) © d-maps.com: https://d-maps.com/carte.php?num_car=29029&lang=de; (35) © blogspot.com; (36) © d-maps.com: https://d-maps.com/carte.php?num_car=3465&lang=de; (37) © picture-alliance/ dpa-infografik; (39) © d-maps.com: https://d-maps.com/carte.php?num_car=15306&lang=de; (42) © d-maps.com: https://d-maps.com/carte.php?num_car=22743&lang=de; (43) © USAFRICOM United States Africa Command Map Draft (https://commons.wikimedia.org/wiki/File:Unified_Combatant_Commands_map.svg)

ISBN 978-3-95768-235-2

Internet: www.lau-verlag.de

Umschlagentwurf: pl, Lau-Verlag, Reinbek
Umschlagabbildung: © iStock.com/simonbradfield
Satz und Layout: pl, Lau-Verlag, Reinbek
Druck und Bindung: GK Druck Gerth und Klaas GmbH & Co. KG, Hamburg

Inhalt

Einleitung

Politik ist immer ein Spiel von Macht und Herrschaft, von Interessen und deren Durchsetzung. Dies gilt auf innen-, gesellschafts- und wirtschaftspolitischer Ebene genauso wie im Bereich der Außen- und Sicherheitspolitik. Bündnisse und Kooperationen kommen und gehen, Beziehungen zwischen Staaten untereinander wandeln sich im Laufe der Jahrzehnte. Es gibt auf der einen Seite stabile Formen der Zusammenarbeit, die auf gemeinsamen Werten und Ideen basieren, andererseits existieren auch immer wieder kurzlebige, rein zweckorientierte Allianzen. Bei allen Varianten gilt aber bis heute ein entscheidender Grundsatz: »Staaten haben keine Freunde, Staaten haben Interessen.« Dieses Charles de Gaulle zugeschriebene, aber auch auf weitere berühmte Staatsmänner wie Winston Churchill oder Otto von Bismarck anwendbare Zitat erhält aktuell mit dem Angriffskrieg Russlands gegenüber der Ukraine seit dem 24. Februar 2022 leider eine Bestätigung in extremer Form, verdeutlicht aber wie kein anderes den notwendigen realpolitischen Ansatz innerhalb der internationalen Beziehungen zwischen Staaten und Bündnissen. Historische Beispiele sind das von Großbritannien über Jahrhunderte gepflegte Prinzip der »Balance of Power« oder der US-amerikanische Isolationismus in Kombination mit der Monroe-Doktrin von 1823. »Amerika den Amerikanern« bzw. »America first« war und ist eben keine neue von Donald Trump in die Welt gesetzte Idee, sondern schon immer ein grundlegendes außen-, sicherheits- und geopolitisches Interesse der USA, wie im weiteren Verlauf des Buches erläutert wird.

Ungeachtet solch langfristiger geo- und außenpolitischer Prinzipien und Parameter bedeutender Staaten erleben wir zurzeit im globalen Kräfte- und Mächtespiel größere Verschiebungen. Die USA sehen sich durch den Aufstieg Chinas zu einem zentralen Global Player, wie auch durch veränderte Konstellationen im Nahen und Mittleren Osten vor neuen Herausforderungen. Russland strebt – scheinbar mit allen Mitteln und ohne Rücksicht auf Verluste – wieder eine stärkere Machtstellung an, und Europa präsentierte sich bis vor wenigen Wochen noch als eher zerstrittener und verunsicherter Kontinent, tritt aber angesichts des Ukraine-Kriegs gegenüber dem russischen Aggressor geeint auf und verhängte massive Sanktionen, wie u. a. den Ausschluss Russlands aus dem Swift-Bankensystem.

Unabhängig davon werden in Europa künftig aber auch Fragen der Energieversorgung ebenso diskutiert werden müssen, wie der damit einhergehende Klimawandel. Ethnische und religiöse Konflikte, Migrationsströme aus Afrika und dem Nahen Osten, aus von Bürgerkriegen zerrissenen Ländern, stellen die EU ebenfalls vor massive Herausforderungen. Was dies alles für die Zukunft der Welt insgesamt und die Verteilung von Macht und Einfluss bedeuten wird, ist derzeit nur schwer abzuschätzen. Wenn die Welt aber »aus den Fugen geraten« ist und dahinter »gewaltige tektonische Verschiebungen« stehen, wie Frank-Walter Steinmeier als damaliger Außenminister in einer Rede beim Deutschen Evangelischen Kirchentag 2015[1] betonte, dann sind diese Krisen unbedingt aus einer Vielzahl von Blickwinkeln zu betrachten und zu analysieren – somit auch aus geopolitischer Perspektive. Nicht selten ist nämlich eine wesentliche Ursache von (militärischen) Konflikten in der Geografie begründet. Auch eine willkürliche Grenzziehung und die Gründung von »Nationalstaaten« mit Menschen, die es nicht gewohnt waren oder sind, in einem Gebiet zusammenzuleben, ist alles andere als ein Rezept für Stabilität, wie man an vielen Staaten im Nahen Osten oder in Afrika sehen kann.

An all diesen Beispielen wird eines deutlich: Geopolitik ist international betrachtet wieder en vogue. Sei es im Fall der Annexion der Krim durch Russland, die von China propagierte »Neue Seidenstraße«, Konflikte im Südchinesischen Meer, die Diskussion über die Gaspipeline »Nord Stream 2« oder die Erschließung neuer Rohstoffquellen – immer spielen dabei auch geografische Faktoren und Rahmenbedingungen eine wesentliche Rolle. Schon Napoleon betonte einst, dass die Politik eines Staates in seiner Geografie geschehe.

Geopolitik ist ein Begriff, der der breiten Masse der Bevölkerung zwar eher weniger bekannt sein dürfte, bei Medien und Politikern in Deutschland aber auch heute noch oft Ängste, Vorbehalte und Ablehnung auslöst, wird er doch gerne als Synonym für eine rücksichtslose und von Militär und Krieg geprägte Machtpolitik angesehen. Grund für diese negative Haltung ist eine Instrumentalisierung und ein Missbrauch der Geopolitik durch den Nationalsozialismus vor allem in Form der Forderung nach dem sogenannten »Lebensraum im Osten«. Dadurch kam der Begriff der Geopolitik nach 1945 in Deutschland derart in Verruf, dass lange Zeit nicht einmal ansatzweise geografische Faktoren oder räumliche Rahmenbedingungen als eine wesentliche Entscheidungsgrundlage in politische Prozesse einbezogen wurden – verbunden mit fatalen Folgen. Denn wenn Geopolitik in weiten politischen Kreisen in Deutschland nach wie vor nicht salonfähig ist, dann ist es auch nicht verwunderlich, dass die Bundesrepublik international nicht ernstgenommen wird und deutsche Interessen – sofern sie formuliert werden – nicht durchgesetzt werden können.

Selbst nach dem Ende des Kalten Kriegs tut sich das wiedervereinigte Deutschland mehr als schwer, auf außenpolitischer Ebene eigene Interessen klar zu definieren und auch offen auszusprechen, verbunden mit teilweise bizarren Konsequenzen, wie der Rücktritt des damaligen Bundespräsidenten Horst Köhler Ende Mai 2010 sehr gut veranschaulicht.

Was war dafür der Anlass? Während eines Interviews auf dem Rückflug nach einem Besuch von Bundeswehrtruppen in Afghanistan äußerte Köhler auf die Frage eines Journalisten, ob das bestehende Afghanistan-Mandat ausreiche, weil Deutschland sich inzwischen in einem Krieg befände, oder wir ein klares Bekenntnis zu dieser kriegerischen Auseinandersetzung brauchten, oder einen neuen politischen Diskurs:

»Nein, wir brauchen einen politischen Diskurs in der Gesellschaft, wie es kommt, dass Respekt und Anerkennung zum Teil doch zu vermissen sind, obwohl die Soldaten so eine gute Arbeit machen. […] Wir kämpfen dort auch für unsere Sicherheit in Deutschland, wir kämpfen dort im Bündnis mit Alliierten, mit anderen Nationen auf der Basis eines Mandats der Vereinten Nationen, einer Resolution der Vereinten Nationen. […] Meine Einschätzung ist aber, dass insgesamt wir auf dem Wege sind, doch auch in der Breite der Gesellschaft zu verstehen, dass ein Land unserer Größe mit dieser Außenhandelsorientierung und damit auch Außenhandelsabhängigkeit auch wissen muss, dass im Zweifel, im Notfall auch militärischer Einsatz notwendig ist, um unsere Interessen zu wahren, zum Beispiel freie Handelswege, zum Beispiel ganze regionale Instabilitäten zu verhindern, die mit Sicherheit dann auch auf unsere Chancen zurückschlagen negativ durch Handel, Arbeitsplätze und Einkommen. Alles das soll diskutiert werden und ich glaube, wir sind auf einem nicht so schlechten Weg. […] Aber es wird wieder Todesfälle geben, nicht nur bei Soldaten, möglicherweise auch durch Unfall mal bei zivilen Aufbauhelfern. Das ist die Realität unseres Lebens heute, wo wir einfach zur Kenntnis nehmen müssen: Es gibt Konflikte. Man muss auch um diesen Preis sozusagen seine am Ende Interessen wahren.«[2]

Letztlich drückte der damalige Bundespräsident nur das aus, was die Außenpolitik von souveränen Staaten kennzeichnet, nämlich die Artikulation und Verfolgung eben auch eigener Interessen und damit das Betreiben von Realpolitik, was nicht zwangsläufig in Form nationaler Alleingänge geschehen muss, aber in diesem Fall zu nicht nachvollziehbaren Reaktionen in weiten Kreisen der deutschen Öffentlichkeit führte. U. a. wurde ihm unterstellt, er befürworte Einsätze der Bundeswehr, die vom Grundgesetz nicht gedeckt seien. Die Linkspartei behauptete, der Bundespräsident befürworte »Wirtschaftskriege«, die Grünen forderten eine Rücknahme der Äußerungen, und die SPD ließ verlauten, Köhlers Äußerungen seien »ein lebensfremder, abwegiger Debattenbeitrag«.[3]

Mittlerweile hat sich die Lage etwas verändert. Geopolitik spielt in der deutschen Politik, in den Medien und in der Politikwissenschaft zunehmend eine gewichtigere Rolle, ablesbar sogar anhand von Publikationen für den Schulunterricht.[4]

Das vorliegende Buch möchte daher einen Beitrag leisten, den Blick für die Geopolitik anhand global oder regional bedeutender Staaten als geostrategische Akteure oder als geopolitische Dreh- und Angelpunkte weiter zu schärfen.[5] Manche Länder bzw. Regionen werden dabei bewusst ausgeblendet, da sie entweder keine eigenständige oder ausgeprägte Geopolitik betreiben bzw. nur Objekte der Geopolitik anderer Staaten sind. So erfolgt beispielsweise der Blick auf Lateinamerika und Australien sowie weite Teile Afrikas nur aus der Perspektive von dort als geopolitische Akteure auftretenden Staaten wie v. a. China oder auch die USA.

Die Absicht ist, ausgehend von feststehenden geografischen Rahmenbedingungen, wie die geografische Lage von Staaten und unterschiedliche Geofaktoren, die geografischen Gesetzmäßigkeiten im Handeln von Staaten darzustellen. Aufgezeigt werden sollen Geofaktoren, die als geopolitische Muskeln und Gelenke von Staaten fungieren; weiterhin, welche grundsätzlichen geografisch bestimmten politischen Linien schon vor Jahrhunderten Gültigkeit für viele Staaten besaßen und inwiefern dies auch in den kommenden Jahrzehnten der Fall sein wird. Warum also Russland die Krim annektiert und die Ukraine im Februar 2022 angegriffen hat, warum sich China in Afrika engagiert und warum der Nahe Osten ein Pulverfass ist, die EU hingegen ein Papiertiger, auf solche und ähnliche Fragen gibt das Buch Antworten. Dabei ist natürlich zu beachten, dass es keinen einzelnen Geofaktor gibt, der wichtiger ist als ein anderer. Gebirge sind nicht wichtiger als die Vegetation, klimatische Bedingungen nicht wichtiger als Flüsse und Ströme. Allerdings sind es in den verschiedenen Regionen und Räumen unterschiedliche geografische Merkmale, die vor Ort zu dominanten Faktoren werden und bestimmen, wie Staaten bzw. Menschen handeln können oder eben auch nicht. Anders formuliert: Ziel des Buches ist es zu verdeutlichen, wie internationale Politik anhand verschiedener geografischer Merkmale gestaltet und umgesetzt wird, welche politische Interpretation bzw. Instrumentalisierung Geofaktoren zukommt und inwieweit die wechselseitige Beeinflussung von Räumen, von kulturellen, ökonomischen und physisch-geografischen Bedingungen bei außen- und sicherheitspolitischen Entscheidungsprozessen eine Rolle spielt.

Bei diesem Buch handelt es sich somit um eine exemplarische Analyse von Staaten und Regionen anhand ihrer prägenden geografischen und geopolitischen Faktoren. Dass dabei China einen verhältnismäßig großen Raum einnimmt, ist seiner gegenwärtigen wirtschaftlichen, politischen und zunehmend auch militärischen Bedeutung geschuldet. Ob man es nun gutheißen mag oder nicht, China ist bei allen unterschiedlichen geopolitischen Betrachtungen einer, wenn nicht der zentrale globale Akteur, der somit auch Europa und damit unsere deutschen Interessen berühren oder gar stören wird, wenn es nicht schon in diesem Augenblick geschieht.

Beginnend mit einer zunächst theoretischen und allgemein gehaltenen Einführung in den Begriff der Geopolitik und einem folgenden Überblick über die Bedeutung der wesentlichen Geofaktoren soll anschließend in Form exemplarischer Ausführungen anhand aktueller Brennpunkte das Interesse für die Bedeutung und Notwendigkeit geopolitischer Probleme und den damit verbundenen Herausforderungen geweckt werden. Dies ist umso wichtiger, da viele derzeitige geopolitische Verschiebungen so langsam verlaufen, dass sie von der breiten Öffentlichkeit nicht wahrgenommen werden, aber deshalb umso gefährlicher in ihren Auswirkungen für Deutschland und Europa sind. Das trifft vor allem auf den Aufstieg Chinas und der damit einhergehenden Herausforderung der USA, aber auch den Veränderungen in Europa infolge der Massenmigration in den letzten Jahren zu. Die vorliegende Darstellung kann also als eine Art Handbuch fungieren, um diejenigen Leser anzusprechen, die aufgrund ihrer beruflichen Situation (z. B. Lehrer, Soldaten) oder im Hinblick auf ihre Ausbildung (z. B. Studenten) ein Interesse oder Bedürfnis an geo- und somit auch sicherheitspolitischen Fragen haben.

I. Deutschland – Das Mutterland der Geopolitik. Theoretische Einführung und allgemeiner Überblick

1. Was ist Geopolitik? Begriffe und Abgrenzungen

Seit jeher hat die Gestaltung, die Beeinflussung, vor allem aber die Beherrschung von Räumen eine Faszination auf die Handlungsentscheidungen von Völkern und ihrer politischen Führungen ausgeübt. So gab es in allen historischen Epochen Wechselbeziehungen von Raum, politischem Willen und Handlungsablauf. Daher sind Staaten auch geografische, erdräumliche Phänomene und als solche auch von geografischen Gegebenheiten abhängig bzw. wurden und werden von diesen geprägt. Schließlich existieren objektive Faktoren wie Raum, Entfernung und Ressourcen, deren Auswirkungen nicht ignoriert werden können und dürfen.

Struktur- und Typenbezeichnungen wie Fluss-, Insel- oder Gebirgsstaaten, See- oder Landmacht, Agrar- oder Industriestaat weisen auf solche geografische Kausalitäten hin. Dennoch wäre es abwegig, als Ursache für die Entstehung und Entwicklung von Staaten vor allem oder allein maßgebend physische Gegebenheiten anzusehen, da sie sich hinsichtlich ihres Wertes und ihrer Bedeutung schließlich ändern können. Eine derartige deterministische Kausalität kann und sollte gerade angesichts auch der Bedeutung menschlicher Einflüsse und politischer Zielsetzungen bei der Entwicklung von Staaten nicht vertreten werden. Zu beachten ist weiterhin die raumgestaltende Wirksamkeit von Staaten, beispielsweise in Form verschiedenster wirtschaftspolitischer Maßnahmen. Mit derartigen, an dieser Stelle zunächst nur angedeuteten, Problemen und Fragestellungen beschäftigt sich die Geopolitik. Dieser Begriff spielte seit dem Ende des 19. Jahrhunderts bis zum Zweiten Weltkrieg in Wissenschaft, politischer Publizistik, in der Geografie und Geschichtswissenschaft aller Staaten zu Recht eine beachtliche Rolle.

Immer wieder wurden dabei auch geopolitische Weltmodelle entwickelt, die stets eine nationale Perspektive in einer bestimmten Epoche reflektieren und äußerst komplexe Zusammenhänge oft radikal zugunsten der Übersichtlichkeit vereinfachten. Derartige Modelle dienten bisher weniger der Entwicklung einer möglichst optimalen Politik im globalen Maßstab als vielmehr der plakativen Darstellung der bestehenden Weltsicht einer oder der betreffenden Nation sowie der nachträglichen Begründung einer daraus existierenden Politik.

Pseudo-wissenschaftliche Theorien, die im Namen der Geopolitik entwickelt wurden, dienten später gar den Nationalsozialisten zur Legitimierung ihrer aggressiven Außenpolitik.[1] Aufgrund dessen war der Ansatz der Geopolitik nach 1945 in Deutschland zu Unrecht tabuisiert, wurde aber parallel z. B. in den USA und Frankreich weiterhin verwendet. Mittlerweile ist zwar auch in Deutschland der wissenschaftliche Diskurs bezüglich der Geopolitik erfreulicherweise wieder in Gang gekommen, aber dem breiten Publikum nach wie vor viel zu wenig geläufig.

Geopolitik und eine von ihr abgeleitete Geostrategie kann dabei als das Gesamtsystem aller politischen Handlungen zur Erreichung politischer Ziele erklärt werden, die aus **Geofaktoren** abgeleitet werden oder in ihrer Wirkung auf Geofaktoren zielen. Unter Geofaktoren eines Staates versteht man seine räumlichen Kategorien wie Flächengröße, Umrissformen, Lage zum Meer, Grenzen, Lage der Hauptstadt sowie die geografischen Inhalte dieses Landes. Dazu zählen alle natürlichen Gegebenheiten wie Relief, Böden, Wasser, Vegetation, Ressourcen, Energieträger und die anthropogenen Inhalte (z. B. Bevölkerungsstruktur, Ethnien, Sprache, Religion, Kultur, Gesellschaftsform, Wirtschaftsform und Infrastruktur). Von Bedeutung ist auch die relative Lage zu anderen Staaten, also die Raum-Mächte-Konstellation. Erst aus der Analyse dieser Geofaktoren und ihrer Wechselwirkungen wird für jeden Staat die jeweils eigene geopolitische Lage deutlich, die einen wesentlichen Parameter für die Politik von Staaten darstellt. Viele Geofaktoren sind jedoch nicht statisch. Sie verändern sich laufend. Der tatsächliche Einfluss geografischer Rahmenbedingungen auf Wirtschaft oder Politik unterliegt zudem einem temporären Wandel: weite Distanzen werden durch leistungsfähige Kommunikations- und Verkehrsnetze relativiert. Ebenso wenig bleibt die Bewertung geografischer Gegebenheiten die gleiche; schließlich kann sie durch unterschiedliche Akteure zu einem neuen Zeitpunkt gänzlich anders beurteilt werden. Damit wird deutlich, dass sowohl Geofaktoren an sich als auch deren Interpretation und tatsächliche Relevanz einer zeitlichen und akteursabhängigen Relativität unterliegen. Geofaktoren üben dennoch einen nachhaltigen Einfluss auf die Möglichkeiten des politischen Handelns von Staaten aus, auch wenn sie diese nicht unausweichlich zu einer ganz bestimmten Politik zwingen. Somit kann, wie schon angedeutet, für einen Staat aus dessen geopolitischer Lage kein Determinismus für eine bestimmte Politik gefolgert werden. D. h., geografische Rahmenbedingungen bieten wichtige, aber nicht allein ausreichende

Erklärungen, vielmehr bedarf es einer Analyse des Zusammenspiels von räumlichen Bedingungen und sozialen Einflussfaktoren, wie es beispielsweise die sogenannte »Realistische Geopolitik« leistet.[2]

An dieser Stelle ist auch ein kurzer Seitenblick auf **Carl Schmitt**[3], einen der bedeutendsten und gleichzeitig umstrittensten deutschen Staats- und Völkerrechtler des 20. Jahrhunderts, erlaubt. Denn als Klassiker des politischen Denkens diagnostizierte Schmitt, der 1936 auf Initiative der SS politisch kaltgestellt wurde, im Hinblick auf die internationale Ordnung zwar ein Ende der Staatlichkeit, die aber nicht in einen Universalismus münden dürfe und werde. Vielmehr sei stattdessen laut Schmitt allein eine Welt der Großräume mit einem Interventionsverbot für andere, raumfremde Großmächte bzw. -räume in der Lage, eine notwendige Einhegung des Krieges zu gewährleisten und dabei die nationale Freiheit und Selbstständigkeit der Völker zu garantieren. Angesichts solcher neuartigen Großräume habe man es dann auch mit neuen Rechtssubjekten zu tun. Die USA z. B. seien laut Schmitt seit der Monroe-Doktrin kein gewöhnlicher Staat mehr, sondern eine führende und tragende Macht, deren politische Idee in ihren Großraum, nämlich die westliche Hemisphäre, ausstrahle. Damit ergebe sich eine Einteilung der Erde in mehrere durch ihre historische, ökonomische und kulturelle Substanz erfüllten Großräume, die im Gegensatz zu einer universalistischen Herrschaftsform in einem »schiedlich-friedlichen« Verhältnis untereinander agieren. In seinem 1950 veröffentlichten Werk »Der Nomos der Erde«[4] betonte Schmitt auch mit Blick auf solche Räume die Erdgebundenheit jeglicher politischen und rechtlichen Ordnung. Demnach gehöre zur Gründung und Etablierung eines politischen Gebildes und somit auch eines Großraumes seine konkrete Lokalisierung im Raum, woraus überhaupt erst eine ordnungsgebende Gewalt entstehen könne. Die internationale Politik und das Völkerrecht haben sich in erster Linie mit der Verteilung, der Änderung und der Verteidigung der Einteilungen des Raumes auf die verschiedenen politischen Gemeinschaften zu beschäftigen. Dabei beschrieb er einen räumlich zu verstehenden Nomos als Grundlage für jede völkerrechtliche Legalität. Ein wirksames Völkerrecht werde nach seiner Auffassung immer nur durch eine derart eindeutige räumliche Ordnung begründet, niemals durch bloße Verträge. Für den nach der Entdeckung Amerikas global gewordenen Nomos konstatierte Schmitt drei Entwicklungsmöglichkeiten: Erstens, eine alles beherrschende Macht unterwirft sich alle Mächte; zweitens, der Nomos, in dem sich souveräne Staaten gegenseitig akzeptieren, wird wiederbelebt; drittens, der Raum wird zu einem neuartigen Pluriversum von Großmächten. Die Verwirklichung der zweiten Variante hielt Schmitt für sehr unwahrscheinlich. Die erste Variante lehnte er entschieden ab, da es nicht sein dürfe, dass »egoistische Mächte« die Welt unter ihre Machtinteressen stellen. Das »ius belli« dürfe nicht zum Vorrecht einer einzigen Macht werden, sonst höre das Völkerrecht auf, paritätisch und universell zu sein. Bleibt somit gemäß Schmitt nur ein Pluralismus bzw. eine Multipolarität einiger weniger Großräume, so wie wir sie im 19. und 20. Jahrhundert ebenso erlebt haben wie derzeit.

Ein aktuelles Beispiel dafür, dass die Erweiterung außenpolitischen Einflusses in der internationalen Politik immer auch eine physische Ausweitung des eigenen Gebiets und eine Inbesitznahme des Raumes durch geopolitische Aktivitäten bedeutet, ist China.[5] In den vergangenen Jahren lassen sich – analog zu den Ideen Carl Schmitts – zahlreiche geopolitische Ambitionen Pekings erkennen, die große Teile des Globus betreffen und weit bis nach Europa und Afrika hineinreichen. Dementsprechend befürchten immer mehr Länder, auch über die Europäische Union hinaus, einen wachsenden chinesischen Einfluss in der Weltpolitik. Nach vielen Jahren außenpolitischer Zurückhaltung Chinas erklärte dessen Präsident Xi Jinping auf dem 19. Parteitag der Kommunistischen Partei im Jahr 2017 unverhohlen eine globale Führungsrolle zur neuen Staatsräson, um zu einer dominanten Größe auf dem internationalen Parkett zu werden und die internationale Ordnung nachhaltig im eigenen Sinne zu prägen.[6] Diese Ambitionen und die geopolitischen Ursachen, die eigene Einflusssphäre zu vergrößern, werden in Kapitel IV. noch ausführlich dargestellt.

Vereinfacht ist an dieser Stelle aber schon einmal festzuhalten, dass Geopolitik als ein wissenschaftlicher Gedankenansatz im Sinne eines Bindeglieds zwischen dem geografischen Raum bzw. einem Territorium sowie der Politik (mit dem erforderlichen historischen und wirtschaftlichen Hintergrund) bezeichnet werden kann. Wesentlich hierbei ist die Ansicht, dass politisches Handeln von Staaten auch von deren Interessen in bestimmten regionalen oder auch globalen Gebieten und Ressourcen intensiv beeinflusst wird. Die Geopolitik verknüpft die geografischen Gegebenheiten mit politischen Zusammenhängen und beinhaltet die Analyse von Politik (einschließlich ökonomischer und wirtschaftspolitischer Aspekte) im Hinblick auf deren räumlichen Rahmenbedingungen. Das Vorkommen von Ressourcen jeglicher Art in einem Staat, der Zugang zu Rohstoffen, z. B. über den Seeweg, und insbesondere die Möglichkeit zur Verteidigung und Sicherung eines Staatsgebiets gegen äußere Angriffe aufgrund geografischer Vorteile wie Gebirge, Flüsse oder die Größe eines Landes, stellen dabei ganz wesentliche Aspekte dar. Der geopolitische Ansatz nutzt dabei also konsequent Aspekte der Geografie sowie der Bevölkerungs- und Staatswissenschaft zur Analyse und Erklärung des Verhältnisses zwischen Raum bzw. der Geografie und (machtorientierter) Politik, wobei die Lage und Entfernung von Staaten bzw. Räumen eine wesentliche Rolle spielen, aber ebenso auch der zeitliche Faktor, der durchaus mehr als hundert Jahre umfassen kann. Langfristige, an naturgegebenen Bedingungen ausgerichtete Strategien spielen hier also eine notwendige zentrale Rolle, anstatt planlosem Agieren und maximal eines auch moralisch geprägten Aktionismus, wie wir ihn gegenwärtig in Deutschland und in der EU erleben.

Geopolitik und somit die geografischen Gegebenheiten – sei es auf nationaler oder globaler Ebene – müssen aber ein fester und grundlegender Bestandteil in der Außenpolitik eines jeden Staates sein, will er denn eine gewichtige Rolle auf dem internationalen Parkett spielen. Schließlich bilden seine geografischen Voraussetzungen und seine Lage fraglos die Grundlage für seine außenpolitische Optionen und sein wie auch immer geartetes Machtpotenzial. Somit ist auch eine globale Politik, wie sie von den Großmächten betrieben wurde und wird, immer auch Geopolitik. Alle Regierungen und somit alle Länder unterliegen in unterschiedlichen Formen nun einmal den Zwängen ihrer geografischen Bedingungen. Gebirge und Tiefländer, durchzogen von Flüssen oder auch nicht, der Zugang zu den Meeren und der Anteil an Wüsten oder landwirtschaftlich wenig ergiebigen Regionen setzen ihren Entscheidungsspielräumen mehr oder weniger starke Grenzen. Natürlich spielen – wie oben schon betont – auch die anthropogenen Einflüsse und Aktivitäten, somit eben auch historische, politische, wirtschaftliche und gesellschaftliche Ereignisse und Entscheidungen und die damit gesetzten Parameter, eine wesentliche Rolle, dennoch wäre es ein sträflicher Leichtsinn, wenn man die Geografie als naturgegebene Ausgangsbedingung von Staaten bzw. Regionen in die derzeitigen politischen Überlegungen nicht mit einbezieht.

Gerade die Geopolitik verknüpft und beschreibt diese Realitäten, mit denen Staaten sich nun einmal auseinandersetzen müssen, überzeugend in einer fächer- bzw. disziplinübergreifenden Art und Weise. Dass aus diesen Realitäten immer wieder auch Konflikte bis hin zu Kriegen entstehen können, ist bedauerlich, aber leider nicht immer zu vermeiden. Ein rein pazifistischer Ansatz im Rahmen der Beziehungen zwischen Staaten bzw. der internationalen Beziehungen im Allgemeinen greift hier zu kurz. Reine Friedfertigkeit schützt Staaten nämlich nicht vor Aggressoren, wie die Geschichte, aber auch die Gegenwart zuhauf beweisen. Man denke hier nur an die Appeasementpolitik Großbritanniens und Frankreichs vor dem Zweiten Weltkrieg, an den Überfall Kuwaits durch den Irak 1990 oder die akute Bedrohungslage Südkoreas durch Nordkorea usw.

Fragen nach geeigneten Abwehrstrategien (z. B. die Errichtung militärischer Schutzschirme), nach möglichen Allianzen u. ä. sind also in einer außen- und sicherheitspolitischen Debatte unerlässlich und miteinzubeziehen, wenn sie denn auf einer ernsthaften und glaubwürdigen Grundlage basieren soll.

Eine zentrale Annahme der Geopolitik, ja vielleicht deren grundlegendste, ist dabei, dass – wie schon in der Einleitung betont – Staaten eigene Interessen haben und diese mit der ihnen innewohnenden Macht[7] dann auch versuchen durchzusetzen, wobei dies auf unterschiedlichen Wegen geschehen kann, mehr auf der subtilen Ebene der Vermittlung eigener Werte (»Softpower«) oder auf ökonomischer Ebene bzw. in militärischer Form (»Hardpower«). Zu ergänzen ist an dieser Stelle noch die Strategie der »Smartpower« – die »kluge Macht«.[8] Hierbei handelt es sich um eine Kombination militärischer, wirtschaftlicher und »sanfter« Machtmittel. Im Rahmen der Sicherheitspolitik dient die Anwendung von Macht dem Ziel der Gewaltabwehr. Das den Staaten zur Verfügung stehende Instrumentarium umfasst dabei neben den militärischen auch nichtmilitärische Mittel, wozu diplomatische, polizeiliche, finanzielle und wirtschaftliche Machtmittel wie Boykotte, Embargos, Entwicklungshilfe oder Grenzkontrollen zählen. Der Einsatz von Streitkräften als Möglichkeit militärischer Macht[9] kann in höchst unterschiedlichen Formen vonstattengehen, entweder als humanitäre Hilfsaktion, als friedensschaffende Maßnahme, zur Abwehr einer militärischen Aggression oder auch als Präventivkrieg (vgl. hier z. B. Israels Sechstagekrieg von 1967). Wer aber Streitkräfte einsetzt, muss sich auch durchsetzen wollen, verbunden mit dem Ziel, dem Gegner seinen eigenen Willen aufzuzwingen; ein grundlegender Aspekt, der beispielsweise die UNO-Blauhelme, die ihre Waffen nur zur Selbstverteidigung verwenden dürfen, zu Papiertigern degradiert. Das Drama um Srebrenica (vgl. Kap. III), das das Versagen der UNO-Truppen auf ganzer Linie dokumentierte, spricht hier für sich. Die oft geäußerte Forderung, der Einsatz militärischer Macht dürfe kein Mittel der Politik sein, befindet sich nicht nur im Widerspruch zur Außenpolitik fast aller Staaten, sondern verurteilt vielmehr jegliche Friedenspolitik zur Ohnmacht. Entscheidend ist doch die Frage, ob bzw. inwieweit ein Militäreinsatz legitim und moralisch gerechtfertigt ist und v. a. dessen Zielsetzung. Auch Wirtschaftsboykotte – ein recht harmlos klingender Begriff – können für die Zivilbevölkerung oft katastrophale Folgen haben; ja, manchmal sogar schlimmere als ein gezielter Schlag gegen militärische Einrichtungen. Militärische Macht ist und bleibt jedenfalls ein entscheidender Faktor in der internationalen Politik. Das bezieht sich auch auf die in den letzten Jahren an Bedeutung gewonnene Möglichkeit einer Cyberkriegsführung[10], in deren Zusammenhang die Bundeswehr 2017 den zusätzlichen Organisationsbereich »Cyber- und Informationsraum« (CIR) geschaffen hat, um den Schutz und Betrieb des IT-Systems der Bundeswehr sowohl im Inland als auch im Einsatz zu gewährleisten.[11]

Wenn auch aufgrund aktuell guter politischer Beziehungen zwischen manchen Staaten die Bedeutung militärischer Macht zurückgeht, so ist damit dennoch nicht die Frage beantwortet, ob dies nicht in Wirklichkeit das Ergebnis einer erfolgreichen Konfliktverhütung gerade aufgrund einer militärischen Machtbalance oder gar einer militärisch basierten Abschreckung ist. Getreu nach Wilhelm Buschs Gedicht »Bewaffneter Frieden«:[12]

»Ganz unverhofft auf einem Hügel
sind sich begegnet Fuchs und Igel.
Halt! rief der Fuchs, du Bösewicht!
Kennst du des Königs Order nicht!
Ist nicht der Friede längst verkündigt,
Und weißt du nicht, dass jeder sündigt,
der immer noch gerüstet geht!
Im Namen seiner Majestät,
komm her und übergib dein Fell!
Der Igel sprach: Nur nicht so schnell,
nur nicht so schnell!
Lass dir erst deine Zähne brechen,
dann wollen wir uns weitersprechen.
Und also bald macht er sich rund,
zeigt seinen dichten Stachelbund
und trotzt getrost der ganzen Welt,
bewaffnet, doch als Friedensheld.«

Daher ist auch die These, dass in der heutigen Zeit eine »Zivilmacht« einen höheren Einfluss besitze als eine Militärmacht, »mit größter Vorsicht« aufzunehmen, da zu deren Untermauerung als Datengrundlage nur ein sehr kurzer historischer Zeitraum von rund 100 Jahren herangezogen wird.[13]

Eine möglichst machtfreie Beziehung zwischen Staaten und Kulturen ist angesichts der Ausweitung militärischer Gewaltanwendung – sei es in Form von internationalem Terrorismus, dem IS, zahlreichen Bürgerkriegen usw. – nach wie vor völlig illusorisch. Gegenüber Aggressoren muss die Macht der Bedrohten jedenfalls stark genug sein, um diese mindestens abschrecken zu können. Anders formuliert: Auf eine verantwortungslose

Machtpolitik müssen bedrohte Demokratien als legitime und notwendige Reaktion eine verantwortliche Machtpolitik entgegensetzen können, wie das Beispiel der Ukraine drastisch verdeutlicht.[14]

An den Positionen des US-amerikanischen Historikers, Diplomaten und Mitbegründer der Containment-Politik, George F. Kennan, lassen sich diese Gedanken gut nachvollziehen. In einem von ihm 1948 verfassten Strategiepapier heißt es:

»Wir müssen sehr vorsichtig sein, von unserer ›Führungsrolle‹ in Asien zu sprechen. Wir betrügen uns und andere, wenn wir vorgeben, eine Lösung für jene Probleme zu besitzen, die die meisten dieser asiatischen Menschen bewegen. Wir besitzen etwa 50 Prozent des Reichtums dieser Welt, stellen aber nur 6,3 Prozent seiner Bevölkerung. Dieser Unterschied ist im Verhältnis zwischen uns und den Völkern Asiens besonders groß. In einer solchen Situation kommen wir nicht umhin, Neid und Missgunst auf uns zu lenken. Unsere eigentliche Aufgabe in der nächsten Zeit besteht darin, eine Form von Beziehungen zu finden, die es uns erlaubt, diese Wohlstandsunterschiede ohne ernsthafte Abstriche an unserer nationalen Sicherheit beizubehalten. Um das zu erreichen, werden wir auf alle Sentimentalitäten und Tagträumereien verzichten müssen; und wir werden unsere Aufmerksamkeit überall auf unsere ureigensten, nationalen Vorhaben konzentrieren müssen. Wir dürfen uns nicht vormachen, dass wir uns heute den Luxus von Altruismus und Weltbeglückung leisten könnten. […] Wir sollten aufhören von vagen – und für den Fernen Osten – unrealistischen Zielen wie Menschenrechten, Anhebung von Lebensstandards und Demokratisierung zu reden. Der Tag ist nicht mehr fern, an dem unser Handeln von nüchternem Machtdenken geleitet sein muss. Je weniger wir dann von idealistischen Parolen behindert werden, desto besser.«[15]

Hinzuweisen ist an dieser Stelle zur inhaltlichen Abrundung noch auf zwei weitere Formen der Geopolitik, die sich in den letzten Jahren entwickelt haben. Zum einen handelt es sich um die **»Critical Geopolitics«** bzw. **»Kritische Geopolitik«**[16], ein postmoderner und diskursiver Ansatz, der geopolitische Regionalisierungen als »Machtdiskurse« analysiert.[17] Er setzt dabei einem geodeterministischem Denken einen postmodernen Dekonstruktivismus entgegen. Solche alternativen und nicht unproblematischen Ansätze verstehen sich als Gegenvorschlag zu den oben vorgestellten traditionellen Konzepten und lehnen das erforderliche realistische Raumverständnis ab. Die Geografie wird nicht als vorhandene Realität aufgefasst, sondern vielmehr als eine soziale Konstruktion. Nach diesen Ansätzen werden der Raum bzw. ein Territorium – und damit gerade eine der Grundlagen der

Geopolitik – nicht mehr als ein objektiver Gegenstand, nicht mehr als Basis menschlichen Handelns, sondern als sozial konstruiert verstanden. Dabei rückt in den Blickpunkt, wie der Raum für politische Zwecke instrumentalisiert wurde und wird.

Laut »Kritischer Geopolitik« kommen – entgegen ihrer real existierenden Bedeutung – weder Gebirgen, Flüssen oder Meerengen von Natur aus eine geopolitische Bedeutung zu. Nicht der Raum habe somit Einfluss auf die Entwicklung von Staaten, sondern vielmehr sei seine besondere Funktion oder sein strategischer Nutzen eine rein menschliche Zuschreibung. Geografische Besonderheiten würden demnach erst durch soziale Attribute für gesellschaftliches Handeln bedeutsam, d. h. es gebe zahllose geografische Besonderheiten, die völlig unscheinbar existieren und nur bei bestimmten Gelegenheiten instrumentalisiert würden. Sicher, der Rhein hatte beispielsweise vor 100 Jahren als eine von Frankreich angestrebte natürliche Grenze noch eine andere geopolitische Bedeutung als heute, aber der Ansatz, Räume seien nur soziale Konstrukte ist ähnlich absurd wie die Idee, Geschlechter seien konstruiert. So wie es biologische Geschlechter nun einmal gibt, existieren ebenfalls klare geografisch bedingte Räume.

Immerhin lehne nach eigenem Verständnis die »Kritische Geopolitik« geopolitische Argumente nicht völlig ab, sondern versuche vielmehr, Wirkungen nachzuvollziehen, wie z. B. Vereinfachungen und Reduktionen eingesetzt werden, um bestimmte politische Positionen oder Ziele zu fördern oder zu stützen. Ihre damit verbundene Absicht sei, die ideologischen Rechtfertigungen von Weltpolitik aufzuzeigen und die Bindung an die Interessen bestimmter Akteure zu belegen. Indem Geopolitik als soziales Phänomen aufgefasst wird, »verliert die Geopolitik ihren Status als Prophetin einer gleichsam naturgegebenen Wahrheit. Sie wird umgekehrt als eine diskursive Praxis aufgefasst, mit deren Hilfe die scheinbar natürliche räumliche Ordnung der internationalen Politik erst (re-)produziert wird«.[18] Den Ansätzen liegt die zentrale Annahme zugrunde, dass etwas nur entstehen und als existent wahrgenommen werden könne, wenn es von etwas anderem abgegrenzt wird. Geopolitisches Denken sei daran interessiert, durch Grenzziehungen den Raum zu strukturieren. Die Differenzierung zwischen dem »Eigenen« und dem »Anderen« sei ein entscheidender Aspekt der Geopolitik. Die zentrale Fragestellung der »Kritischen Geopolitik« laute daher, wo und welche Grenzen gezogen werden, wie Aufteilungen legitimiert werden und welche Mechanismen von Exklusion und Inklusion zur Sprache kommen.[19]

Dass dabei naturgegebene Grenzen bewusst außer Acht gelassen werden, stellt jedoch das große Manko dar. Der Himalaya bildet immer noch eine natürliche Barriere zwischen China und Indien.

Die »**New Geopolitics**« steht hingegen realistischerweise nach wie vor für eine stärkere Berücksichtigung der physischen Geografie und somit der Geofaktoren im Hinblick auf die Geopolitik, allerdings »nicht mehr in einem deterministischen, sondern in einem possibilistischen [...] Sinne«[20], d. h., dieser Ansatz betont die menschlichen Entscheidungs- und Interpretationsspielräume innerhalb bestimmter physischer Grenzen. Gesellschaft und Natur seien also nicht natürlich bestimmt, sondern das Ergebnis menschlichen Handelns.

Ob zwischen der Geopolitik und der **Politischen Geografie** Unterschiede bestehen oder nicht, stellt eine bis heute umstrittene Frage dar[21] und soll an dieser Stelle daher nur kurz angerissen werden.

Hermann Lautensach und Karl Haushofer vertraten die Auffassung, dass die Politische Geografie sich stärker auf Zustände, die Geopolitik hingegen mehr auf Vorgänge orientiere. Otto Maull sah hingegen keinen nennenswerten Unterschied zur Geopolitik, vielmehr war letztere für ihn angewandte Politische Geografie.[22] Seinen Ansatz einer Wechselwirkung von Staat und Raum formulierte er wie folgt: »Der Staat wurzelt darum nicht nur in seiner Kulturlandschaft, sondern er erschafft sich zugleich seine Kulturlandschaft.«[23] Diese Position fand dann nach dem Zweiten Weltkrieg zumindest bezüglich der Politischen Geografie größeren Anklang, indem damit die »Lehre von der raumwirksamen Staatstätigkeit und ihren Motivkreisen« vertreten wurde.[24]

Auch wenn die Politische Geografie sich demnach – übrigens aus ihrer Sicht nach wie vor – als neutraler Gegenentwurf zur normativen Geopolitik verstand, führte sie allerdings ebenfalls lange, analog zur Geopolitik, ein Schattendasein in der deutschen Hochschullandschaft.[25] Mit wenigen Ausnahmen endete mit der einsetzenden Stigmatisierung und Tabuisierung des Begriffs »Geopolitik« in Deutschland auch jegliche kritische Auseinandersetzung im weiteren Sinne mit diesem Wissenschaftszweig oder entsprechenden Analogien. Dies betraf somit auch die Politische Geografie, da eben auch, trotz aller Abgrenzungsversuche zur Geopolitik, im Rahmen ihrer Aufgabenfelder eine Beschreibung und Analyse des Verhältnisses von Politik und Raum im Mittelpunkt stand bzw. steht.[26] Im Gegensatz zur frühen Geopolitik wird hier aber der Mensch und die von ihm – in welcher Form auch immer – begründete Organisationsform des Staates als dominierender Faktor der Raumgestaltung untersucht. Die grundlegenden Geofaktoren wie die naturräumliche Gliederung eines Staates und dessen Ressourcen werden in diesem Ansatz somit nicht mehr als determinierende Bedingungen, sondern nur noch als Randaspekt betrachtet. Eine eindeutige

Trennung von Geopolitik und Politischer Geografie ist somit allenfalls auf theoretischer Ebene möglich.

Zusammenfassend seien an dieser Stelle einige grundlegende **Thesen zur Geopolitik** aufgelistet:

Der Gegenstand der Geopolitik sind die räumlich darstellbaren Wirkungen des politischen Handelns einer Regierung bzw. eines Staates sowie die räumlichen Gegebenheiten, die auf das politische Handeln einwirken. Dabei nimmt die Geopolitik eine vermittelnde Funktion ein. Sie bemüht sich in geschichtsphilosophischer Tradition um eine Zusammenfassung von Forschungsergebnissen aus den unterschiedlichen Fachwissenschaften.

Das eigentliche Aufgabenfeld der Geopolitik ist dabei aber das Neben- und Gegeneinander raumwirksamer Prozesse. Damit ist sie das natürliche Korrektiv einer chronologisch geprägten Geschichtsschreibung, denn Geopolitik setzt raumbezogenes zeitloses gegen zeitfokussiertes Denken.

Die Geopolitik überschneidet sich durchaus in vielen Bereichen mit der Wirtschaftsgeografie. In denjenigen Momenten, wo ökonomisches Handeln auch eine raumwirksame Bedeutung hat, haben wirtschaftliche Gegebenheiten für die Geopolitik große Bedeutung, allerdings immer unter der Prämisse des Vorrangs der räumlichen Wirkung.

Die Geopolitik ist von erkenntnistheoretischer Skepsis geprägt. Sie misstraut daher nicht nur dem Aussagewert schriftlicher Quellen, sondern sie misstraut auch den Möglichkeiten und Absichten einer allein auf Texten beruhenden Darstellung. Im Gegenteil, gerade den natürlichen Gegebenheiten bzw. Voraussetzungen kommt eine entscheidende Rolle zu. Daher besitzen Karten im Rahmen geopolitischer Diskussionen eine zentrale, den verschiedenen Texten, also den schriftlichen Quellen gegenüber eine mindestens gleichwertige Bedeutung bezüglich der Gewinnung und Darstellung von Erkenntnissen.

Bei allen Veränderungen der Rahmenbedingungen eines Staates gilt jedoch, dass beim »geografische[n] Faktor [...] keine Veränderung ein[tritt]. Er ist die einzige Konstante. Verändern kann sich im Hinblick auf den geografischen Faktor von Zeit zu Zeit die Raum-Mächte-Konstellation.«[27]

2. Grundlegende Theoretiker der Geopolitik

Geopolitische Denkansätze haben eine lange Tradition. Ihre frühesten Zeugnisse lassen sich dabei bis ins antike China zurückverfolgen und spielten in Europa bereits vor dem Westfälischen Frieden durchaus eine Rolle. Nach dem Ende des Dreißigjährigen Krieges wurden Territorialfragen zu einem Kernpunkt internationaler Politik[28], sei es auf kolonialer Ebene oder in Form von Friedensverträgen nach großen Kriegen, die die Landkarte Europas neu ordneten. Dennoch kann bis in die erste Hälfte des 19. Jahrhunderts aber von keiner bewussten und expliziten geopolitischen Tradition gesprochen werden. In ihrer modernen Form existiert sie nämlich erst, seitdem der Globus vollständig kartografiert worden ist.

1899 begründetet der schwedische Staatswissenschaftler und Politiker **Rudolf Kjellén**[29] die eigentliche Geopolitik, die versucht, die geografische Lage von Ländern und Kontinenten politisch zu deuten. Kjellén betrachtete dabei Staaten als geografische Organismen[30] und somit als eine Art Lebensform. Diese entwickeln sich seiner Ansicht nach, wie alles Leben, in einer unverwechselbaren und somit eigenständigen Umwelt, was eine Art »Kampf ums Überleben« und eine Anpassung an die jeweilige geografische und auch politische Umgebung bedeutet. Daher agieren z. B. Landmächte geo-, außen- und sicherheitspolitisch anders als reine Seemächte. Der Raum wurde Kjellén zu Folge somit zum evolutionären Faktor ersten Ranges, ja zu einem politischen Akteur, wobei er die Geografie aber letztendlich der Politik unterordnete. Die territoriale Überlebensfähigkeit war zwar entscheidend, konnte aber durch politisches Handeln maßgeblich beeinflusst werden.[31]

Dennoch konnten mithilfe derartiger Annahmen territoriale Expansionen wie auch die Unterdrückung und Ausbeutung schwächerer Staaten als »natürliche Selektion« begründet und gerechtfertigt werden. Deterministischen Argumentationen wurde ein Vorrang eingeräumt; soziale Phänomene wurden lediglich als notwendige Folge externer Bedingungen aufgefasst.

Einer der wichtigsten Vertreter dieser Denkweise in Deutschland war **Friedrich Ratzel**. Mit seinen Werken suchte er ähnlich wie Kjellén die Synthese von Politik und Geografie und argumentierte, dass Expansion und Migration der Schlüssel zum langfristigen Erfolg und Überleben einer Nation seien.[32] Das Wachstum (umgekehrt auch der Niedergang) von Staaten erklärte er mit dem »Gesetz der wachsenden Räume« und verknüpfte es mit Darwins Idee des »Kampfes um das Dasein«. Ratzels positivistische Auffassung mündete somit in der Annahme, dass sich Staaten in einem ständigen Existenzkampf um essenziellen Lebensraum befänden. Die Annexion schwächerer Staaten oder vermeintlich »herrenloser« Gebiete wurde dabei als natürlicher Vorgang im Entwicklungszyklus eines Staates aufgefasst und war während der Hochphase des Imperialismus Ende des 19. Jahrhunderts bei allen Großmächten gang und gäbe. Kriege waren für ihn ein »rasch verlaufendes Experiment«, das über die Zukunft der Völker und ihre Rolle in der Geschichte entschied.

Sowohl Rudolf Kjellén, der letztlich Ratzels Werk rezipierte und auf dessen Grundlage den Begriff der Geopolitik begründete[33], als auch Ratzel selbst legten damit die Grundsteine für eine weitere Entwicklung der Geopolitik im deutschen Sprachraum. Deutschland kann somit – historisch gesehen – als »Mutterland« dieses Wissenschaftszweigs gelten, wobei hinsichtlich seiner Ausprägung aktuell leider das Gegenteil der Fall ist. Im deutschen Sprachraum begann nicht nur das moderne geopolitische Denken zuerst, sondern institutionalisierte sich auch recht schnell auf der akademischen Ebene, etablierte sich im universitären Bereich und erfuhr eine ausgesprochen massenmediale Aufmerksamkeit.[34]

Dies lässt sich z. B. an der weiten Verbreitung der »Zeitschrift für Geopolitik«, quasi das »Zentralorgan der Geopolitik«, ablesen. Bei ihr handelte es sich um eine monatlich erscheinende wissenschaftliche Fachzeitschrift, die von 1924 bis 1944 erschien und dann von 1951 bis 1968 mit wechselnden Untertiteln vom Institut für Geosoziologie und Politik herausgegeben wurde. Begründet wurde sie von **Karl Haushofer**[35], Professor für Geografie in München, Begründer und Leiter des Instituts für Geopolitik in München und gewissermaßen der Doyen der deutschen Geopolitik gemeinsam mit seinen fachwissenschaftlichen Kollegen **Erich Obst**, **Hermann Lautensach** und **Otto Maull**. Schwerpunkt war hier die Lehre von der geografischen Bedingtheit der Politik[36], womit ein geografischer Determinismus begründet wurde. Die erste Ausgabe widmete sich dem Thema »Gesetz der wachsenden Räume«, das bereits von Ratzel und Kjellén formuliert worden war. In der Zeitschrift wurde von Beginn an für die Revision des Versailler Friedensvertrags und eine Ostexpansion des Deutschen Reiches Position bezogen.[37] Bis 1928 stieg ihre Auflage kontinuierlich bis auf knapp 4000 Exemplare. Zwischen 1925 und 1942 erschien sie – ab 1932 unter der alleinigen Herausgeberschaft Haushofers – in Kombination mit der Zeitschrift »Weltpolitik und Weltwirtschaft«.[38]

Ihre grundlegende Maxime war, dass die Geopolitik die Lehre von der Erdgebundenheit der politischen Vorgänge sei. Sie fuße auf einer breiten Grundlage der Geografie, insbesondere der Politischen Geografie als der Lehre von den politischen Raumorganismen und ihrer Struktur. Die von der Geografie erfassten und analysierten Gegebenheiten, Strukturen und Charakteristiken der verschiedenen Räume boten demnach für die Geopolitik den Rahmen, innerhalb dessen sich der Ablauf der politischen Vorgänge vollziehen müsse, wenn ihnen Dauererfolg beschieden sein soll. Ihren Herausgebern zufolge war also in einem deterministischen Sinne die Geografie maßgeblich für politische Entwicklungen.

Hier kann diesbezüglich auf die programmatische Schrift »Staat und Raum« von **Adolf Grabowsky** verwiesen werden.[39] Demnach komme die politische Bedeutung des Raumes vollkommen erst im Staat als politischer Lebensform zur Geltung.[40] Subjekt der Staatsgewalt sei weder ein Herrscher noch das Volk als Souverän, sondern der Staat selbst.

Insbesondere die Reihe »Weltpolitische Bücherei«, die seit 1928 von Grabowsky herausgegeben wurde, und in der auch sein angesprochenes Werk erschien, behandelte entweder geografische Aspekte oder damals aktuelle außenpolitische Fragen unter einem klar geopolitischen Fokus. Themen waren u.a. »Staat und Klima«, »Landmächte und Seemächte«, »Politische Grenzen«, »Der Kampf um Rohstoffe«, »Tschechoslowakei« und »Oesterreich«.[41] Insbesondere die letztgenannten Bände verdeutlichen auch hier einen revisionistischen Ansatz der damaligen Geopolitik. Der folgende Auszug verdeutlicht somit recht eindeutig die damalige Positionierung der geopolitischen Zunft. So heißt es denn auch:

»Die Wiedervereinigung Oesterreichs mit dem deutschen Mutterlande kann nur eine Frage der Zeit sein, bis dahin gilt es, dieses verstümmelte Staatswesen zu erhalten und zu kräftigen. […] Oesterreichs geopolitische Bedeutung beruht […] in seiner Wiedervereinigung mit dem deutschen Mutterlande« […]. Die kleindeutsch-großpreußische Lösung der deutschen Frage vor mehr als einem halben Jahrhundert hat zwar den stolzen Reichsbau der Vorkriegszeit ermöglicht, war aber nur eine Teillösung. Denn sie verzichtete […] ziemlich rasch auf die für die Zukunft so notwendige Verbreiterung der geopolitischen Basis von Staatsraum und Volkszahl durch Zusammenschließung aller geschlossenen deutschen Siedlungsgebiete. […] Hätte die Natur die Deutschen mit einem geographisch einheitlichen Staatsraum, ähnlich wie Frankreich oder Ungarn, ausgestattet, so hätten sie trotz ihrer Anlage für Sonderentwicklung und Eigenbrödelei vermutlich schon längst ihre staatliche Einigung erreicht. Es ist daher vor allem das Bewußtsein notwendig, daß die Heimkehr Oesterreichs einen überaus wichtigen Schritt nach vorwärts zum staatlichen Zusammenschluß des deutschen Volkes und damit der Befriedung Mitteleuropas bildet. Da der Plan der vollständigen Vernichtung und Auflösung Deutschlands durch die ehemaligen Feindstaaten mißlungen ist, wird jetzt versucht, die Wiedervereinigung Oesterreichs mit dem Reiche möglichst lange hinauszuschieben. Oesterreich soll, wie die anderen abgesplitterten Reichsteile (Schweiz, Luxemburg, Belgien, Holland, Sudetenländer), vom Reichskörper abgespalten bleiben und als Pufferstaat und Kolonialgebiet einander sich in Mitteleuropa bekämpfender Ententestaaten dienen. Mangelnde geopolitische Einsicht führender Staatsmänner, die meist keine besonderen geografischen Kenntnisse besitzen, und die krankhafte Furcht vor deutscher Kraft führten zu dieser Löwenkäfigpolitik.«[42]

Haushofer vertrat ebenfalls in seinem Buch »Grenzen in ihrer geografischen und politischen Bedeutung«[43] derartig organisch-geopolitische Konzepte auch im Hinblick auf die unterschiedlichen Grenzformen und -arten[44] und übertrug seine Überlegungen auf die vermeintliche Sonderstellung des Deutschen Reiches.

Scheinbar räumliche Zwänge wurden mit gesellschaftlichen Faktoren eingängig verknüpft. Die Legitimation dieser aggressiven Politik fand in den Parolen »Blut und Boden« oder »Kampf um Lebensraum« ihre polemischen und plakativen Aussprüche.[45] Bis heute wird Haushofer vorgeworfen, für Hitler und seine Expansionspolitik der Ideengeber gewesen zu sein, wobei sein Einfluss wohl eher nur am Rande eine Rolle gespielt hat.[46] Während Haushofer nämlich von raumpolitischen Überlegungen ausging, dominierten bei Hitler vielmehr seine rassenpolitischen Gedanken. Der sogenannte »Lebensraumbegriff«, den Hitler allerdings 1924 von Haushofer übernommen hatte[47], geht noch weiter zurück auf Friedrich Ratzel, dessen Schrift »Politische Geografie« somit letztlich bahnbrechende Wirkung haben sollte. Dem Nationalsozialismus stand Haushofer aber zunehmend distanziert gegenüber, allein schon aus familiären Gründen, seine Frau Martha und seine Söhne Hans und Albrecht fielen als sogenannte »Halb«- bzw. »Vierteljuden« unter die NS-Rassegesetze. Haushofer war kein Parteimitglied und auch kein Verfechter einer Annexionspolitik. Ihm ging es vor allem um eine Revision des Versailler Vertrags.[48]

Seine geopolitischen Ideen und Gedanken erfuhren international eine nachhaltige Wirkung, da er Geopolitik zu Recht in interdisziplinärer bzw. disziplinübergreifender Weise verstanden hat. Geografie und politische Geografie, Geschichte, Soziologie, Ökonomie, Völkerkunde und Religionskunde dienen dabei der Erfassung des globalen politischen Geschehens, das nicht ohne Zusammenhang mit den Raumbedingungen und damit einhergehender Wechselbeziehungen betrachtet werden kann.[49]

Dennoch ist festzuhalten, dass der bei manchen Vertretern der Geopolitik in den 20er- und 30er-Jahren ausgeprägte biologistische Ansatz »einen großen Teil des geopolitischen Denkens gründlich verdorben« hat[50] und in einer Verabsolutierung der reinen Erdgebundenheit von Politik mündete. Dieser gipfelte in der nationalsozialistischen Forderung von »deutschem Lebensraum im Osten« und der damit verbundenen gravierenden rassistischen Folgen, wobei umgekehrt natürlich auch die »Lebensraumforderung« als Folge des Rassismus gesehen werden kann.

In Deutschland war nach dem Zweiten Weltkrieg der wissenschaftliche Ansatz der Geopolitik daher – wie schon erwähnt – mehr als umstritten und politisch diskreditiert und ist es in manchen politischen und gesellschaftlichen Kreisen bis heute immer noch.

Anders hingegen im Ausland, insbesondere im anglo-amerikanischen Raum, wo man schon früh die Bedeutung räumlicher Gegebenheiten wie Entfernungen, physische Barrieren und Rohstoffvorkommen für die politischen Prozesse untersucht hatte, aber auch in Frankreich und Russland. In diesen Ländern war und ist der Begriff Geopolitik weiterhin gebräuchlich. Das wird beispielsweise auch an der im deutsch-französischen Kultursender Arte ausgestrahlten Sendung »Mit offenen Karten« deutlich. Diese französische Sendereihe (»Le Dessous des cartes«) erläutert prägnant anhand von grafisch aufbereiteten Landkarten neben ökonomischen und historischen Themen auch geopolitische Fragestellungen und Probleme. In gut zehn Minuten werden Themen wie beispielsweise die EU-Osterweiterung, die EU-Sicherheitspolitik, die Rolle der Türkei, aber auch weniger bekannte Länder oder Regionen mit ihren besonderen geopolitischen Gegebenheiten wie z. B. Moldawien vorgestellt.

Weiterhin lohnt sich der Blick auf den anglo-amerikanischen Raum bezüglich der dortigen geopolitischen Relevanz auf den unterschiedlichsten Ebenen.[51] Werfen wir also an dieser Stelle zunächst einen Blick rund 100 Jahre zurück, so werden wir feststellen, dass die damals maßgeblichen geopolitischen Theoretiker bis heute eine wichtige, wenn nicht gar nach wie vor die zentrale Rolle in den außen- und sicherheitspolitischen Szenarien, Planungen und Strategien der USA und in rudimentärem Maße Großbritanniens spielen und anderweitig spielen sollten. Von daher sei an dieser Stelle ein Blick auf ihre unverändert gültigen Annahmen und Thesen geworfen.

Die **Heartland-Theorie** wurde vom britischen Geografen **Halford Mackinder**[52] mit seinem 1904 veröffentlichten Aufsatz »The geographical pivot of history« (dt.: »Der geografische Drehpunkt der Geschichte«)[53] begründet. Sein theoretisches Konzept gilt als »die wohl bedeutsamste Idee in der Geschichte der Geopolitik«[54]. Mackinder teilte dabei die Weltoberfläche in folgende Gebiete ein:[55]

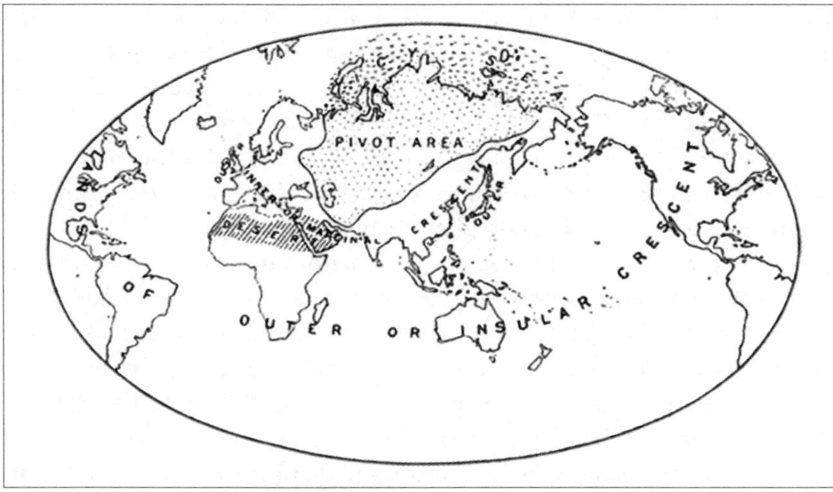

(1) Karte der »Heartland-Theorie«, Mackinder 1904

Im Zentrum befindet sich die sogenannte Weltinsel, die als größte, wohlhabendste und bevölkerungsreichste Kombination von Staaten aus den Kontinenten Eurasien und Afrika besteht. Das Heartland bzw. die »Drehpunktregion« (pivot area), von der Mackinder in seinem Beitrag 1904 noch hauptsächlich sprach[56], liegt im Zentrum der Weltinsel und erstreckt sich ungefähr von der Wolga bis an die Grenzen Chinas, an den Hindukusch und an die Arktis. Dieses »Herzland« ist laut Mackinder maßgeblich für eine globale Dominanz. Damit umschrieb der Geograf genau das Gebiet (außer der Halbinsel Kamtschatka), das damals vom russischen Zarenreich beherrscht wurde und später dann die Sowjetunion bildete. Einen inneren Halbmond um das Heartland bilden die küstennahen Länder und Inseln, die hinsichtlich ihrer Lage teilweise kontinentalen, teilweise ozeanischen Charakter aufweisen. Die küstenfernen Inseln und Länder, zu denen Großbritannien, Japan, das südliche Afrika, Nord- und Südamerika sowie Australien gezählt werden, bilden den zweiten Halbmond und weisen eine rein ozeanische Prägung auf.

Mackinder beabsichtigte, in seiner Theorie neben der Bedeutung von Technik (v. a. die Eisenbahn), Wirtschaft und Bevölkerung »erstmals […] eine zumindest annähernd vollständige Korrelation zwischen den größeren Verallgemeinerungen von Geografie und Geschichte aufzuzeigen« und dabei in einer vergleichenden Bewertung von See- und Landmacht »bestimmte Aspekte geografischer Kausalität in der Universalgeschichte zum

Ausdruck zu bringen«.[57] Er ging dabei von einem realistischen, nämlich materialistisch geprägten Menschenbild aus, in dem Menschen bzw. Staaten aufgrund ihrer Bedürfnisse nach Sicherheit und Wohlstand miteinander im Wettbewerb um Territorium und Ressourcen stehen. In diesem Zusammenhang verortete er das Britische Empire an das Ende eines kolumbianischen Zeitalters, das von einer relativen Dominanz der Seemacht gegenüber der Landmacht geprägt gewesen sei.[58]

Dennoch betonte Mackinder, dass es einer expandierenden Landmacht häufig gelungen sei, eine Seemacht zu bezwingen, indem sie deren Stützpunkte von der Landseite her erobert habe. Großbritanniens Kontrolle über die Weltmeere habe ihm bis in das 20. Jahrhundert hinein eine globale Machtstellung verschafft. Mit dem Aufkommen der Dampfkraft und insbesondere der Eisenbahn werde aber seine Macht gegenüber den kontinentalen Staaten Russland und Deutschland gemindert.[59] Entwickele nun Russland als »Drehpunktregion« bzw. »Herzland« auf Basis des Eisenbahnbaus entsprechende Verkehrswege und im Anschluss auf Grundlage seiner Rohstoffe wie Weizen, Baumwolle und Metalle sowie seines Bevölkerungspotenzials einen hohen industriellen und wirtschaftlichen Durchdringungsgrad, so werde es »über die am Rand gelegenen Staaten Eurasiens« expandieren. Ein dann derart mächtiger Kontinentalstaat »würde den Einsatz seiner ungeheuren kontinentalen Ressourcen zum Flottenbau ermöglichen und ein Weltimperium hervorbringen.«[60]

Mackinders Überlegungen waren vom Bau der Transsibirischen Eisenbahn und dem damaligen russisch-japanischen Konflikt um den Einfluss in der chinesischen Mandschurei geprägt, in dem die Eisenbahn als militärstrategisches Transportmittel eine wichtige Rolle spielte. Der Brite formulierte daher seine Warnung eindrücklich in folgendem Satz: »Who rules Eastern Europe commands the Heartland. Who rules the Heartland commands the World Island. Who rules the World Island commands the World.« (»Wer über Osteuropa herrscht, beherrscht das Herzland. Wer über das Herzland herrscht, beherrscht die Weltinsel. Wer über die Weltinsel herrscht, beherrscht die Welt.«)[61]

Die späteren Ambitionen der ehemaligen Sowjetunion, mit ihrer Flotte[62] über den eurasischen Kontinentalblock hinaus eine global geprägte Machtpolitik zu verfolgen, belegen Mackinders damalige geopolitischen Einschätzungen eindrucksvoll. Die UdSSR verfügte während des Kalten Kriegs über Marinebasen bzw. Ankerrechte beispielsweise in Vietnam, Indien, Angola, Mosambik, Syrien, Südjemen (Aden), Libyen und Äthiopien. Auch wenn die sowjetische Marine nie eine so große Flugzeugträgerflotte wie die US-Navy besessen hatte, so wurde doch Moskaus Versuch deutlich, über den inneren Halbmond auch auf den äußeren Halbmond zuzugreifen, nicht nur am Beispiel der Kubakrise 1962.[63]

Mackinder sprach abschließend die Warnung aus, dass auch künftig vom Heartland aus ein Bedrohungspotenzial bestehen könne. »Sollten beispielsweise die Chinesen, organisiert von den Japanern, das russische Reich überrennen und dessen Territorium erobern, so bestünde die Möglichkeit, dass sich dieses Imperium zu einer gelben Gefahr für die Freiheit der ganzen Welt entwickelt, weil es die Ressourcen des großen Kontinents mit einer ozeanischen Wasserfront vereint.«[64]

Sicherlich wird China das heutige Russland nicht erobern, aber sein Expansionswille ist nicht zu übersehen, wenn dies auch derzeit auf subtilere Weise wie in Form des »Neuen Seidenstraßenprojekts« (vgl. Kap. IV. 1. e.) geschieht. Jedenfalls verfügt es nicht nur über eine immense Bevölkerungszahl, sondern ist wirtschaftlich, technologisch und finanziell mittlerweile zur Weltmacht aufgestiegen.

Übrigens spielen – nicht nur aufgrund der chinesischen Herausforderung – Mackinders Ansätze nach wie vor in der Geo- und Sicherheitspolitik der USA eine bedeutende Rolle.[65] Für jede eurasische Landmacht, die die USA als herrschende Seemacht herausfordern möchte, stellt das Herzland eine Art natürliche geografische Festung dar, von der aus es seine Gegenmacht aufbauen und somit auch den Luftstreitkräften der Seemacht den Zugriff ins Innere des Kontinents verwehren könnte.[66]

Der US-amerikanische Geograf und Geostratege **Nicholas Spykman**[67] griff Mackinders Ansatz auf, variierte ihn aber in seinen Thesen, die er kurz vor dem Eintritt der USA in den Zweiten Weltkrieg formulierte.[68] Seiner Einschätzung nach sei das Herzland nicht ein Gebiet, das durch Infrastrukturmaßnahmen in naher Zukunft vereint sein werde, und selbst wenn, wäre es nicht in der Lage, mit den USA als Seemacht zu konkurrieren. Spykman billigte dem Herzland lediglich eine herausragende, ja einzigartige Verteidigungsposition zu, mehr aber nicht. Das sogenannte Rimland – bei Mackinder der »innere Halbmond« – hingegen besaß für ihn aufgrund seines demografischen Gewichts, seiner Rohstoffe und seiner industriellen Entwicklung eine wesentliche, ja zentrale Bedeutung. Seine mittlere Lage zwischen dem Herzland und den Seemächten (USA, Großbritannien) am Rand als amphibische Pufferzone (teils kontinental, teils ozeanisch, wie Mackinder es formulierte) mache es erforderlich, sich gegen beide zu verteidigen, worin sein grundlegendes Sicherheitsproblem liege.[69]

Demzufolge gelte es für die USA, entscheidenden Einfluss auf das Rimland auszuüben, um so das Herzland eindämmen zu können. »According to his rimland theory, the coastal areas or littorals of Eurasia are key to controlling the World Island, not the Heartland.«[70] Spykman gelangte also zur Ansicht, dass die USA eine anhaltende Kontrolle der Weltinsel vom eurasischen Herzland aus verhindern müssten, wenn sie als Seemacht ihre Sicherheit und Unabhängigkeit bewahren wollen. Aufgrund der Vielzahl unterschiedlicher Wertvorstellungen zwischen den Staaten hielt er eine stabile Weltfriedensordnung, die auf gemeinsame Wertvorstellungen gegründet sei, für illusorisch. Daher betonte er, dass der Frieden nur durch eine ausreichend wirkungsvolle Außenpolitik eines Landes durchgesetzt werden könne, um das Aggressionsrisiko seitens anderer Länder zu reduzieren.[71]

Diese Thesen bildeten in der ersten Phase des Kalten Kriegs den Grundstein der Containment-Politik der USA, die sich in ihrer Bündnispolitik in den 50er- und 60er-Jahren widerspiegelte. Neben der NATO wurden weitere Bündnisse mit Staaten im Rimland bzw. im »inneren und äußeren Halbmond« ins Leben gerufen, alle mit Beteiligung der USA.

Die CENTO (Central Treaty Organization, Zentrale Paktorganisation, auch als Bagdadpakt bezeichnet), war ein von 1955 bis 1979 bestehendes Militärbündnis. Mitglieder waren Großbritannien, der Irak (bis 1959), der Iran, Pakistan und die Türkei. Die USA besaßen einen Beobachterstatus. Als reines Verteidigungsbündnis konzipiert, war das politische Ziel der CENTO die Eindämmung des Einflusses der Sowjetunion im Nahen und Mittleren Osten. Die SEATO (Southeast Asia Treaty Organization, Südostasien-Pakt), auf Initiative Großbritanniens gegründet, existierte als kollektiver Verteidigungspakt von 1954 bis 1977. Ihr gehörten die USA, Großbritannien, Frankreich, Australien, Neuseeland, Pakistan, Thailand und die Philippinen an. Kambodscha, Laos und Südvietnam wurden als Nichtmitglieder in die Beistandspflicht mit einbezogen.[72] Die SEATO war quasi eine Art Gegenstück der NATO und eine Erweiterung des ANZUS-Paktes.[73] Dieser wurde 1951 zwischen den USA, Australien und Neuseeland als pazifischer Verteidigungspakt unterzeichnet und trat ein Jahr später in Kraft. 1986 hoben die USA ihre vertraglichen Verpflichtungen jedoch gegenüber Neuseeland auf, da dessen Regierung atomar betriebenen oder mit Atomwaffen bestückten Schiffen einschließlich der US-amerikanischen das Anlaufen neuseeländischer Häfen verweigerte.

Wie schon Mackinder, erkannte auch Spykman die geopolitische Bedeutung der geografischen Lage und Bedingungen Chinas. Seine diesbezüglichen Ausführungen haben geradezu prophetischen Charakter:

»A modern, vitalized, and militarised China […] is going to be a threat not only to Japan but also to the position of the Western Powers in the Asiatic Mediterranean. China will be a continental power of huge dimensions in control of a large section of the littoral of that middle sea. Her geographic position will be similar to that of the United States in regard to the American Mediterranean. When China becomes strong, her present economic penetration in that region will undoubtedly take on political overtones. It is quite possible to envisage the day when this body of water will be controlled not by British, American, or Japanese sea power but by Chinese air power.«[74]

Dazu dann mehr in Kapitel IV. 1.

Im Gegensatz zu Mackinder steht die von **Alfred Thayer Mahan**, der »Clausewitz der Meere«, formulierte Theorie der alleinigen historischen Dominanz der Seemacht. In seinem 1890 veröffentlichten Buch »The Influence of Sea Power upon History«[75] (dt.: »Der Einfluss der Seemacht auf die Geschichte«) beschrieb er die Bedeutung von Seemacht für den Verlauf der Geschichte, die Entstehung sowie die Kriege von Staaten und erklärte somit diese zur bedeutendsten geopolitischen Gestaltungskraft. Schon immer hatten die Beherrschung des Meers und der überseeische Handel Einfluss auf die politische, militärische und wirtschaftliche Entwicklung von Völkern und Staaten. Mahan unterscheidet dabei als Grundlage von Seemacht zwischen Grundpfeilern und Bedingungen.

Seit jeher sind die maritimen Handelswege der günstigste und leistungsfähigste Transportweg für Rohstoffe und Produkte. Daher setzt Mahan als Grundpfeiler für den Status einer Seemacht Außenhandelswirtschaft, die Existenz einer Handels- und Kriegsmarine[76] sowie den Besitz von Kolonien bzw. Stützpunkten als logistische Basis voraus. Unter Nutzung der eigenen Handelsmarine, für deren Schutz die Flotte erforderlich ist, bildet der Handel über die Weltmeere für eine Seemacht die Grundlage bzw. den Schwerpunkt ihrer Außenhandelswirtschaft.

Bedingungen für eine Seemacht sind für Mahan logischerweise wiederum natürliche Faktoren, die sich v. a. aus der Geografie und der Bevölkerungszahl eines Landes ergeben. Hier spielt es eine zentrale Rolle, inwieweit ein Land als Meeresanrainer beispielsweise durch die Länge, die Form und den Zugang zu seiner Küste geprägt ist. Verfügt es über natürliche und strategisch günstig gelegene Häfen mit schiffbaren Flussanbindungen in das Hinterland, hat es einen Zugang zu den offenen Weltmeeren oder wird es von einer Inselkette davon eher abgehalten? Grenzt es an Nebenmeere wie z. B. die Ostsee, sind die Häfen ganzjährig eisfrei? All dies sind grundlegende Voraussetzungen für die Entwicklung maritimer Ambitionen, ebenso wie die Frage, ob es sich um einen Inselstaat oder um ein mehr kontinental geprägtes Land handelt. Weiterhin können fehlende Rohstoffvorkommen, eine klimatische Ungunst oder eine unzureichende wirtschaftliche Autarkie Motivation für den Seehandel sein. Die Verteidigung dieses Machtbereiches erfordert zudem eine ausreichend große Bevölkerung als Rekrutierungsreservoir für die Flotte. Die Summe dieser Bedingungen findet laut Mahan ihren Niederschlag in solch einem Charakter einer Nation, die den Schwerpunkt ihrer wirtschaftlichen Interessen im überseeischen Handel sieht. Die Regierung eines solchen Staates wird sich daher im Hinblick auf ihre Außen- und Wirtschaftspolitik von einem maritim geprägten politischen Verständnis leiten lassen, was logischerweise auch die Unterhaltung ausreichender Seestreitkräfte, unabhängig von der jeweils gerade herrschenden Bedrohungslage, einschließt.

Das Deutsche Kaiserreich versuchte z. B., die Ideen Mahans in Form der von Alfred von Tirpitz propagierten Flottenpolitik zu verwirklichen und damit seine aus seiner Perspektive legitimen nationalen Interessen um- und durchzusetzen. Aktuell machen sich neben den USA als bis dato unumschränkte Seemacht zunehmend China und auch Indien diese Prinzipien zu eigen. Historisch an zahlreichen Beispielen nachzuvollziehen, gilt im weitesten Grundsatz jedenfalls, dass bei ansonsten gleichen Voraussetzungen Seemächte immer wohlhabender waren, als ihre im Hinter- oder Binnenland gelegenen Nachbarn. »Mit dem Beginn der Globalisierung im 15. Jahrhundert wurde diese Tatsache zu einer geopolitischen Konstante.«[77]

In Deutschland sind Mahans Gedanken für Politiker und Medien leider nach wie vor kein großes Thema, obwohl es als Exportnation, aber auch als rohstoffarmes Land gerade auf freie und sichere Handelswege zur See existenziell angewiesen ist, wie die exemplarischen Zahlen aus dem Jahr 2017 verdeutlichen. So lag damals der Anteil der deutschen Im- und Exporte, die über die Weltmeere stattfanden, bei 30,9 Prozent der Gesamtmenge und bei 21,5 Prozent des Gesamtwerts. Über die deutschen Seehäfen wurden insgesamt 329,3 Millionen Tonnen an Waren im Außenhandel verschifft oder entladen. Der Gesamtwert der deutschen Exporte über den Seeweg belief sich in diesem Jahr auf 305,3 Mrd. €, der der Importe auf 195,3 Mrd. €.[78]

In einer Welt, in der 81 Prozent aller Staaten Meeresanlieger sind und 71 Prozent der Erdoberfläche von Ozeanen bedeckt ist, bleibt Deutschland – sicherlich auch aufgrund seiner Lage lediglich an mehr oder weniger ausgeprägten Binnenmeeren – kontinental geprägt, darf aber vor den zur See liegenden Herausforderungen wie Piraterie keinesfalls die Augen verschließen.

Wenn auch die Sichtweisen Mackinders und Mahans sich auf den ersten Blick widersprechen, so bestätigt nicht nur die Geschichte, sondern auch die Gegenwart beide Sichtweisen mit Nachdruck, wie noch insbesondere am Beispiel der derzeitigen Geopolitik Chinas zu zeigen sein wird. Ihre geopolitischen Ansätze und Überlegungen sind eben nicht – wie oft behauptet – überholt und rasch veraltet[79], sondern sind vielmehr aktueller denn je.

Zuletzt sei an dieser Stelle auf den ehemaligen US-Außenminister **Henry Kissinger** und den ehemaligen Sicherheitsberater des US-Präsidenten Jimmy Carter, **Zbigniew Brzezinski** verwiesen. Ihre außen- und sicherheitspolitischen Vorstellungen sowie ihre Geostrategie sind zum einen klar realpolitischer Natur und basieren zum anderen auf der klassischen Geopolitik in der Tradition Mackinders und Spykmans. Nach wie vor sei laut Brzezinski für die außenpolitischen Prioritäten eines Nationalstaates dessen geografische Lage bestimmend. Gebietsstreitigkeiten folgten aber meist nicht mehr aus Vergrößerungswünschen, sondern hätten ihre Ursache eher in der Unzufriedenheit darüber, dass die »ethnischen Brüder« (vgl. hierzu z. B. die Jugoslawienkriege oder Russlands Einsatz in Georgien und in der Ukraine) im Nachbarland diskriminiert würden.

Anknüpfend an die Heartland-Theorie Mackinders und die Geopolitik Haushofers sei Brzezinski zufolge jedoch nicht mehr entscheidend, von welchem Teil Eurasiens (ob z. B., wie bei früheren Überlegungen angestellt, von Deutschland oder Russland) aus diese Landmasse beherrscht werden könne, und auch nicht, ob eine Landmacht wichtiger als eine Seemacht sei. Vielmehr gehe es bei der heutigen Geopolitik um globale Dimensionen und Vormachtstellungen, wobei dafür aber die Dominanz auf dem eurasischen Kontinent nach wie vor die grundlegende Voraussetzung darstelle.[80] Dazu seien zwei wesentliche Schritte erforderlich. Nämlich erstens, diejenigen Staaten in Eurasien zu definieren, die in der Lage sind, die internationalen Kräfteverhältnisse entscheidend zu verändern und »die geopolitisch kritischen eurasischen Staaten ins Auge zu fassen, die aufgrund ihrer geografischen Lage und/oder ihrer bloßen Existenz entweder auf die aktiveren geostrategischen Akteure oder auf die regionalen Gegebenheiten wie Katalysatoren wirken; zweitens eine spezifische US-Politik zu formulieren, die in der Lage ist, diese Verhältnisse auszubalancieren, mitzubestimmen und/ oder unter Kontrolle zu bekommen, um unverzichtbare US-Interessen zu wahren und zu stärken und eine umfassendere Geostrategie zu entwerfen, die auf globaler Ebene den Zusammenhang zwischen den einzelnen Feldern der amerikanischen Politik herstellt.«[81] Für die USA gelte es, bezüglich ihrer eurasischen Geopolitik bzw. -strategie einen »taktisch klugen und entschlossenen Umgang mit geostrategisch dynamischen Staaten und den behutsamen Umgang mit geopolitisch katalytischen Staaten« zu pflegen. Konkret bedeutet dies für Brzezinski im Rückgriff auf die Historie:

»Bedient man sich einer Terminologie, die an das brutalere Zeitalter der alten Weltreiche gemahnt, so lauten die drei großen Imperative imperialer Geostrategie: Absprachen zwischen den Vasallen zu verhindern und ihre Abhängigkeit in Fragen der Sicherheit zu bewahren, die tributpflichtigen Staaten fügsam zu halten und zu schützen und dafür zu sorgen, dass die ›Barbarenvölker‹ sich nicht zusammenschließen.«[82]

Vielleicht nicht ganz im Sinne eines Theoretikers der Geopolitik einzuordnen ist an dieser Stelle **Samuel P. Huntington**. Da er aber in seinem viel diskutierten wegweisenden Werk »Kampf der Kulturen«[83], das eine Erweiterung seines gleichnamigen 1993 in der amerikanischen Zeitschrift »Foreign Affairs« veröffentlichten Artikels (der aber da noch mit einem Fragezeichen versehen war)[84] darstellt, nicht nur kulturperspektivisch, sondern auch raumbezogen argumentiert, sind an dieser Stelle seine Überlegungen von großer Bedeutung.

Seine zentrale These lautet, dass die verschiedenen Kulturkreise und Religionen derzeit ein großes, wenn nicht das größte kriegerische Potenzial in sich bergen.[85] Vor allem sieht Huntington die massivsten Konfliktpotenziale zwischen dem Westen, also die euroamerikanische bzw. nordatlantische Kultur[86] auf der einen Seite, und dem islamischen Fundamentalismus[87] sowie China[88] auf der anderen Seite.

Dabei müsse der Westen im Hinblick auf die Vermeidung neuer globaler Konflikte auch andere kulturelle Wertvorstellungen berücksichtigen. Es sei ein gravierender und schwerwiegender Irrtum, Modernisierung mit westlicher Kultur oder Verwestlichung gleichzusetzen. Die westlichen Prinzipien, Werte und Ideale würden in vielen anderen Kulturkreisen eben nicht – auch wenn vom Westen oft erfolglos proklamiert – als universelle Werte anerkannt. Die Intervention der USA und zahlreicher europäischer Staaten in Afghanistan nach dem 11. September 2001 mit dem Ziel, nicht nur einer – allerdings misslungenen – Bekämpfung der Taliban, sondern einer – ebenso misslungenen – langfristigen Befriedung nach unseren Maßstäben, sind hier leider ein klarer Beleg.[89] Der Afghanistankrieg muss rückblickend somit auch für Deutschland als ein einziges Desaster bezeichnet werden. Ähnliches ist auch für das Engagement der Europäer in Mali zu prophezeien, wie auch in anderen Krisenregionen der Welt.

Huntington prognostiziert in seinem Werk, dass die Macht des Westens »verblassen« werde und nichtwestliche Kulturen einen Aufschwung erleben.[90] Der Westen werde zwar bis in die ersten Jahrzehnte des 21. Jahrhunderts hinein der mächtigste Kulturkreis bleiben und danach durchaus auch auf einzelnen Gebieten wie im Bereich der Technik, der Wissenschaft und Forschung immer noch eine führende Rolle innehaben, »die Kontrolle über die anderen Machtressourcen wird jedoch in zunehmendem Maße auf die Kernstaaten und führenden Länder nichtwestlicher Kulturkreise übergehen«[91]. Der desaströse Abzug der westlichen Truppen aus Afghanistan im August 2021 verdeutlicht in diesem Zusammenhang eindrucksvoll, dass westliche Politiker die Bedeutung kultureller Differenzen nicht verstanden haben. Vielmehr folgte der Westen der Vorstellung, sein vermeintlich universelles Wertesystem – an dieser Stelle sei wiederum auf Carl Schmitt verwiesen – in völlig konträren Kulturräumen wie – neben Afghanistan – den Irak, Libyen, Syrien oder anderen Regionen der Welt implementieren zu können. Das Gegenteil ist jedoch der Fall. Der Versuch, seinen Universalismus-Anspruch in einem missionarischen Sinne auf andere Kulturkreise zu übertragen, scheint sich derzeit vielmehr massiv ins Gegenteil zu verkehren, betrachtet man u. a. nur die aktuellen Migrationsströme Richtung Europa.

Zurück zu den schon angesprochenen großen Kulturkreisen[92], die nach Huntington meist von einem Kernstaat dominiert werden, und die er wie folgt definiert:

Auf Asien bezogen den sinischen Kulturkreis mit dem Kernstaat China, den japanischen mit Japan als einzigem Staat und den hinduistischen mit Indien. Dem islamischen Kulturkreis weist er keinen Kernstaat zu, was nachvollziehbar ist. Wer soll oder könnte es sein? Indonesien als bevölkerungsreichster islamischer Staat, der Iran als der schiitische Mittelpunkt oder Saudi-Arabien? Im slawisch-orthodoxen Bereich ist Russland eindeutig der Kernstaat. Der Westen wird dominiert von den USA und der EU mit ihren Führungsstaaten Deutschland, Frankreich und Italien und nun seit 2020 Großbritannien als eigenständigem Akteur. Lateinamerika verkörpert allein aufgrund der sprachlichen Gegebenheiten, aber, bezogen auf Südamerika, auch geografisch ebenfalls einen eigenen Kulturraum. Auch wenn Huntington hier keinen eindeutigen Kernstaat definiert, so könnten doch in erster Linie Brasilien und in dessen Gefolge Argentinien und evtl. noch Mexiko dieser Rolle gerecht werden. Der afrikanische Kulturkreis ist hingegen weniger eindeutig[93], da Äthiopien als christlicher und seit Jahrhunderten unabhängiger Staat einen separaten Kulturraum darstellt, die nordafrikanischen Staaten hingegen zum islamischen Kulturkreis bzw. Kulturkontinent zu zählen sind und der weitaus überwiegende südliche Teil dieses faszinierenden Kontinents insgesamt auf verschiedenen Ebenen zu Recht als sehr heterogen einzuordnen ist.

Von zentraler Bedeutung sind für Huntington die sogenannten Bruchlinienkonflikte zwischen Staaten oder Gruppen, die unterschiedlichen Kulturkreisen angehören, da sich aus ihnen Bruchlinienkriege entwickeln können, die manchmal auch innerhalb eines Staates ausgetragen werden, wie z. B. die Jugoslawienkriege und hier speziell das Drama um Bosnien-Herzegowina (vgl. Kap. III) in extremer Form verdeutlichen. Bei derartigen Bruchlinienkonflikten erhalten die beteiligten Staaten bzw. Akteure Hilfe von ihren kulturellen Verwandten, was am Beispiel Bosniens z. B. durch die Unterstützung Saudi-Arabiens deutlich wurde. Bei einer ausufernden Eskalation können sich derartige Konflikte im schlimmsten Fall dann auch zu Kernstaatenkriegen entwickeln.

Ein weiteres Problem, das uns in Zukunft beschäftigen wird, ist, dass Kernstaatenkriege auch unabhängig von den skizzierten Bruchlinien aufgrund der Veränderungen des weltweiten Machtgleichgewichts zwischen den Kulturkreisen entstehen können. Während z. B. der Übergang von der Pax Britannica zur Pax Americana im 20. Jahrhundert – also die Ablösung des British Empires durch die USA als globale Macht – mehr oder weniger friedlich aufgrund der, wie Huntington sicher zu Recht konstatiert, engen kulturellen Verwandtschaft beider Staaten bzw. Gesellschaften erfolgte, kann dies in Zukunft auch gänzlich anders aussehen. Historisch betrachtet sei an dieser Stelle auf die um 1900 schon möglich gewesene Ablösung Großbritanniens durch das Deutsche Kaiserreich als globale Nummer Eins hingewiesen (obwohl beide Staaten dem gleichen Kulturkreis angehören), ein Umstand, der auch eine Ursache des Ersten Weltkriegs war. Für die Gegenwart ist auf dieser Ebene hingegen das Fehlen von kulturellen Verwandtschaften eindeutig zu konstatieren, wenn man an den sich immer mehr zuspitzenden Konflikt zwischen dem Westen – hier wiederum speziell die USA – und China denkt, der durchaus auch in einer militärischen Auseinandersetzung münden kann, oder der neue Kalte Krieg gegenüber dem aggressiven Russland.

Hinzuweisen ist in diesem Zusammenhang auch auf die Überlegungen und Modelle der Kulturerdteile von **Albert Kolb**.[94] Danach ist ein Kulturerdteil »ein Raum subkontinentalen Ausmaßes […], dessen Einheit auf dem individuellen Ursprung der Kultur, auf der besonderen einmaligen Verbindung der landschaftsgestaltenden Natur- und Kulturelemente, auf der eigenständigen, geistigen und gesellschaftlichen Ordnung und dem Zusammenhang des historischen Ablaufes beruht«.[95]

In schulischer bzw. didaktischer Hinsicht fand dieses plausible Konzept auch Eingang in die Lehrpläne einiger deutscher Bundesländer und wurde beispielsweise vom Klett-Verlag aufgegriffen. Als Kulturerdteil gilt demnach ein Raum mit mindestens den Ausmaßen eines Subkontinents (wie z. B. Indien), der zu seinen Nachbarräumen eine klar abgrenzbare eigene Identität besitzt, die aus den Wechselwirkungen zwischen dem Raum und dabei den natürlichen Gegebenheiten und dem menschlichen Einfluss entsteht. Ein Kulturerdteil ist durch folgende Merkmale gekennzeichnet: Zunächst ein eigenständiges Wirtschaftssystem, woraus sich eine raumprägende eigene Gesellschaftsordnung entwickelt. Weiterhin sind religiöse und/oder geistige Grundlagen eine wesentliche Voraussetzung. So lässt sich z. B. der nordafrikanische bzw. saharische Raum, der islamisch dominiert ist, eben nicht dem restlichen Afrika zuordnen, sondern weist dieser vielmehr Gemeinsamkeiten mit dem Nahen und Mittleren Osten auf. Nicht von ungefähr sind sieben nordafrikanische Staaten auch Mitglieder der Arabischen Liga.

Zusammengefasst ist Huntington ein Vertreter der klassischen geopolitischen Tradition im Sinne des politischen Realismus und vertritt nachvollziehbar und begründet eine Teilung der gegenwärtigen Welt zwischen dem Westen, dem islamischen Kulturkreis, China sowie Russland als vierten wichtigen Akteur.

II. Konkrete Themen und Untersuchungsaspekte der Geopolitik

Zunächst sind an dieser Stelle einige Bemerkungen zum geografischen **Staatsbegriff** angebracht. Der Begriff »Staat« stammt aus dem Lateinischen (status = Zustand, Verhältnis) und wurde im italienischen Raum seit dem 15. Jahrhundert erstmals als Bezeichnung für eine herrschaftliche Ordnung gebraucht. Bis heute existieren nach wie vor zahlreiche Interpretationen des Staatsbegriffes.

So stellten nach Ansicht Niccolò Machiavellis (1469–1527) alle menschlichen Gewalten, die Macht über Menschen haben, den Staat dar.[1] Seit der Neuzeit gilt laut Thomas Hobbes[2] und Jean Bodin[3] als ein unbestrittenes Merkmal, dass das Zusammenleben in einer staatlichen Gemeinschaft einer zentralen Regelungsmacht unterliegen und in organisierter Weise gewährleistet sein muss, damit die Menschen in Frieden und Sicherheit in einem Staat zusammenleben können.

Laut Johann Gottfried Herder ist die natürliche Form der Nation der »organische Volksstaat.«[4] Dies bedeutet in der Konsequenz, dass Staat, Land und Volk eine Einheit bilden und sich aufeinander beziehen. Die Grenzen des Staates sind natürliche Gegebenheiten wie Wasserscheiden und Gebirgssysteme, die innerhalb dieser Grenzen lebenden Menschen bilden das Staatsvolk.[5] In einer Weiterentwicklung dieses Ansatzes kennt das klassische Völkerrecht nach der sogenannten »Drei-Elemente-Lehre« des Staats- und Völkerrechtlers Georg Jellinek[6] drei konstituierende Merkmale eines Staates: Ein Staatsvolk, einen geografisch abgrenzbaren Teil der Erdoberfläche als Staatsgebiet und die durch eine stabile Regierung ausgeübte Staatsgewalt. Bei Erfüllung der drei Merkmale liegt ein Staat im Sinne des Völkerrechts und damit ein Völkerrechtssubjekt vor; hingegen gilt ein Staat als untergegangen, wenn eines dieser Elemente weggefallen ist. In jüngeren Diskussionen wird dieser Staatsbegriff häufig noch durch die Notwendigkeit einer Staatsverfassung als ein verbindendes Element und teilweise als fünfte Voraussetzung eine völkerrechtliche Vertretung nach außen erweitert.

Hinsichtlich der weiteren Betrachtungen werden wir uns aber auf die geografischen Aspekte von Staaten fokussieren, da eine staatliche Herrschaft, um wirksam werden zu können, eine entsprechende Fläche und eine entsprechende Bevölkerung benötigt. Ohne die materiellen Voraussetzungen Staatsgebiet und Staatsvolk als geografische Grundlagen gäbe es keine

Herrschaft und somit keinen Staat. Ganz vereinfacht gesagt, bedeutet Staat also eine Herrschaftsgewalt über Land und Leute.

An dieser Stelle muss jedoch deutlich betont werde, dass Staaten alles andere als naturgegeben sind. Sie sind vielmehr immer das Resultat eines historischen und politischen Prozesses und entstanden (und entstehen) aus den unterschiedlichsten Motiven heraus. Staaten können verschwinden, sich mit anderen vereinigen, sich teilen, sie können expandieren oder schrumpfen (sowohl flächenmäßig als auch demografisch). Bei all diesen historischen oder aktuellen Vorgängen spielten und spielen ausgesprochen natürliche Rahmenbedingungen und Gegebenheiten keine ursächliche Rolle und stellen somit auch keinen unausweichlichen Zwang dar. Schließlich ist der Mensch Gestalter von Räumen, in welcher Form auch immer. Es kann also nicht, wie oben schon betont, von einem reinen bzw. alleinigen geografischen Determinismus, von dem die frühere Geopolitik ausging, die Rede sein, dennoch darf keineswegs die grundlegende Bedeutung geografischer Faktoren und Fakten für die Entstehung und Entwicklung von Staaten übersehen oder gar in Frage gestellt werden. Trotz aller schöpferischen und technischen Fähigkeiten der Menschen ist – wie ein Blick in die Geschichte an zahlreichen Beispielen verdeutlicht – immer wieder auch eine – mal mehr, mal weniger starke – Abhängigkeit von natürlichen Voraussetzungen nun einmal nicht zu bestreiten. Deren Ausmaß hängt dabei selbstverständlich auch von den jeweiligen technischen Möglichkeiten, von Entwicklungsstufen, der gesellschaftlichen Struktur eines Staates und der generellen Anpassungsbereitschaft von Menschen ab, aber ebenso auch von der Gunst bzw. Ungunst geografischer Ressourcen und Bedingungen.

Die natürliche Ausstattung der verschiedenen Räume und Regionen auf unserem Planeten ist logischerweise u. a. hinsichtlich des Reliefs, des Klimas, der Rohstoffvorkommen, der Vegetation, der Wasserreserven und somit insgesamt der Lebensbedingungen und -möglichkeiten sehr unterschiedlich. Derartige Geofaktoren bilden eine grundlegende Voraussetzung, stellen aber keine festen Größen hinsichtlich ihrer Bedeutung dar. Vielmehr wurde und wird deren Nutzen, Stärken und Risiken in jeder politischen Situation durch verantwortliche gesellschaftliche Gruppen immer wieder anders oder neu bewertet, was ihren objektiven oder vermeintlichen »Wert« betrifft. Ein Beispiel: Vor noch nicht einmal 100 Jahren spielte das deutsche Steinkohlenvorkommen an der Ruhr und Saar sowie in Oberschlesien nicht nur eine wesentliche energiepolitische Rolle, sondern eben auch eine sicherheits- und geopolitische für Deutschland und seine Nachbarstaaten. Man denke hier nur an die Rolle des Ruhrgebiets als sogenannte »Rüstungsschmiede des Reiches«, an die Auseinandersetzungen zwischen

Frankreich und Deutschland um das Saarland nach dem Ersten und Zweiten Weltkrieg und an den Konflikt mit Polen um Ost-Oberschlesien. All das spielt heute zwischen diesen Staaten keine Rolle mehr, heute geht es in Europa um andere Formen der Energiegewinnung und -versorgung, wohingegen beispielsweise China vor allem noch auch auf Steinkohle als Energieträger setzt. Dieses kurze Beispiel verdeutlicht sehr schön, dass die Bedeutung von Geofaktoren von Raum zu Raum bzw. Region zu Region und von Zeit zu Zeit ungleich ist. Dies trifft auch auf ihre Relevanz im historischen Sinne bei der Bildung von Staaten und aktuell bei deren Entwicklung zu, wobei es aber immer staatsfördernde und staatshemmende Räume gibt.

Abschließend sei an dieser Stelle noch kurz auf das spätestens seit den 1990er-Jahren immer mehr anzutreffende Phänomen des **Staatszerfalls** – gekennzeichnet durch den Begriff »failing states oder failed states« – eingegangen.[7] Trifft man in West- und Mitteleuropa, Nordamerika, Ostasien und teilweise in Südamerika auf Staaten, die als Garant einer stabilen und funktionierenden globalen Ordnung angesehen werden können, so stellt sich die Situation beispielsweise in Afrika vielfach anders dar. Ein Staat definiert sich als Völkerrechtssubjekt auf Basis der schon erläuterten Drei-Elemente-Lehre von Jellinek, bestehend aus Staatsgebiet, Staatsgewalt und Staatsvolk. Ergänzend dazu muss ein Staat aber noch weitere zentrale Funktionen für seine Bürger leisten, nämlich Sicherheit, Rechtsstaatlichkeit und Wohlfahrt, wobei es sich dabei um Leistungen der Staatsgewalt handelt. Erfüllt ein Staat diese drei Funktionen nicht mehr in einer angemessenen Weise, so spricht man von einem gescheiterten Staat.[8] Die Völkerrechtslehre hingegen schaut weniger auf die Leistungen, die ein Staat als politische Güter erbringt, sondern auf die Stabilität der Staatsgewalt. Ein gescheiterter Staat liegt deshalb nach dieser Definition auch dann vor, wenn die organisatorischen Strukturen der Staatsgewalt (also Regierung, Behörden, staatliche und soziale Einrichtungen wie Gesundheitssystem, Infrastruktur, Bildungswesen usw.) kaum noch existieren und nicht mehr in der Lage sind, ihre Aufgaben zu erfüllen. Kann ein Staat jedoch noch teilweise bzw. in eingeschränkter Form funktionieren, so spricht man, je nach Grad der strukturellen Defizite, von einem schwachen oder einem versagenden bzw. verfallenden Staat (failing state).

1. Geopolitische Faktoren der früheren Staatenbildung bzw. der heutigen Staatengrundlage

Seit Jahrhunderten formt und prägt uns die Region bzw. das Land, in dem wir leben. Das gilt für die gesellschaftliche Entwicklung der verschiedenen Völker genauso wie für die jeweilige Politik und die damit verbundenen Machtverhältnisse sowie für die Kriegsführung. Natürlich spielen Persönlichkeiten, Technologien (Internet, Luftfahrt), Wissenschaft und weitere Aspekte ebenfalls eine wichtige Rolle bei der Entwicklung von Staaten, aber sie sind vergänglich. Gebirge und Gewässer hingegen bleiben bestehen, sofern nicht ein Fluss oder See austrocknet. Es gilt also, die Geografie bzw. die im Folgenden dargelegten Geofaktoren als einen maßgeblichen Faktor für Staatsbildungsprozesse und die Beziehungen zwischen Ländern zu verstehen.

a. Die Lage – vom Pech eines Pufferstaates

Die geografische Lage hat unter historischen Gesichtspunkten zweifelsohne eine herausragende Bedeutung gehabt, denkt man z. B. an die Insellage Großbritanniens, die es autark und im Grunde genommen unangreifbar bis in die Mitte des 20. Jahrhunderts gemacht hat. Allerdings war Japan umgekehrt als Inselstaat nicht vor den US-amerikanischen Erpressungen im 19. Jahrhundert gefeit. So landeten 1853 amerikanische Schiffe in der Bucht von Edo, um die Öffnung von Vertragshäfen mit entsprechenden Konzessionen zu erreichen. Heute ist der Geofaktor einer Insellage durch moderne Technologie und Waffensysteme insgesamt deutlich abgeschwächt. Nach der Etablierung der modernen Luftwaffe in der ersten Hälfte des 20. Jahrhunderts mit ihren Aufklärern und Bombern sind aktuell die vielfältigen Einsatzmöglichkeiten von Drohnen ein wesentlicher Faktor dieser Einschränkung. Dennoch beeinflusst die geostrategische Lage eines Landes wesentlich seine Sicherheit und internationale Bedeutung und zwar entweder aktiv oder passiv oder auch beides. Befindet sich ein Staat im Zentrum oder an der Peripherie, existieren natürliche Barrieren wie Gebirge oder günstige Flussverbindungslinien, verkörpert das Land eine Schlüsselregion oder verkümmert es in einer Nischenlage, z. B. als Binnenstaat ohne eigenen Zugang zu den Weltmeeren? All dies sind Fragen, die auf geopolitischer Ebene eine zentrale Rolle spielten und dies auch bis heute tun.

So war vor allem unter früheren geopolitischen Gesichtspunkten z.B. die Lage von Halbinselstaaten eher ambivalent. Vorteilhaft war und ist ihr umfassender Zugang zum Meer bei gleichzeitiger kontinentaler Anbindung. Wirtschaftlich war in Friedenszeiten eine derartige Doppellage ein bedeutender Vorteil. Unter strategischen Gesichtspunkten sind solche Staaten aber gezwungen, sowohl auf dem Meer als auch zu Lande sicherheitspolitische Vorkehrungen zu treffen. Indien verstärkt z.B. seine maritimen Ambitionen (vgl. Kap. IV. 1. d.) im Indischen Ozean, muss aber trotz des Himalayas als natürliche Grenze gegenüber China auch hier Gewehr bei Fuß stehen, wie der chinesisch-indische Krieg 1962 verdeutlichte. Gleiches gilt gegenüber seinem Nachbarn Pakistan, umso mehr, da hier eine natürliche Grenze fehlt.

Becken- oder Muldenstaaten sind von Gebirgszügen umgrenzte Staaten und haben so – zumindest in früheren Jahren – eine häufig gesicherte Lage. Beispiele hierfür sind Tschechien und Ungarn. Das Gegenstück sind sogenannte Horststaaten.[9] Sie liegen im Hochgebirge, oft auf Hochebenen und sind dabei teilweise noch von höheren Gebirgszügen umgeben. Als quasi natürliche Festungen waren sie nur schwer angreifbar, allerdings umgekehrt verkehrstechnisch oft benachteiligt, wie das Beispiel Tibet sehr gut veranschaulicht. Erst durch die Inbetriebnahme der Tibetbahn vor wenigen Jahren setzte eine zunehmende Verkehrsbewegung Richtung Lhasa ein, allerdings nicht unbedingt zum Vorteil der Tibeter und ihrer Kultur. Der Iran, Armenien, das innere Hochland von Kleinasien und Äthiopien sind weitere Beispiele für Horststaaten. Ebenfalls durch das Gebirge geprägt, aber nicht in isolierender, sondern verbindender Weise sind Sattelstaaten.[10] Sie erstrecken sich über einen Gebirgskamm hinweg und haben dabei Anschluss an einen wichtigen Verkehrsweg oder -übergang. In Tirol war dies der Brenner, in der Schweiz der Gotthardpass. Peru, Bolivien und Kolumbien sind in den Anden ebenfalls als Sattelstaaten zu charakterisieren.

Als Pufferstaaten bezeichnet man seit dem Ende des 19. Jahrhunderts kleinere Länder, die jeweils größere Staaten oder Einflusssphären voneinander trennen, um so das Konfliktpotenzial zwischen diesen zu reduzieren und mögliche militärische Auseinandersetzungen zu vermeiden. Aus diesem Grunde versuchten die Großmächte oft, die Integrität des Pufferstaates zu erhalten. Kommt es allerdings zu kriegerischen Auseinandersetzungen der angrenzenden größeren Staaten, wird der Pufferstaat meist besonders in Mitleidenschaft gezogen. Er dient dann häufig als Durchmarschgebiet oder wird zum Ort der Kampfhandlungen. Möglicherweise ist seine Existenz bedroht vom Expansionsdrang der mächtigeren Nachbarstaaten, die den Pufferstaat als territoriale Beute in ihre Landesgrenzen einzuverleiben beabsichtigen.

Ein Beispiel aus der Antike ist Armenien, das das Römische Reich vom Persischen Reich trennte. Afghanistan wirkte als Pufferstaat zwischen den Großmächten Russland und Großbritannien (Indien), was auch die eigentümliche fingerartige Form des Wachankorridors, der sich über ca. 300 km als ein schmaler Landstrich im Nordosten des Landes zwischen Tadschikistan und Pakistan im Süden bis zur Grenze nach China erstreckt, erklärt. Auch der Iran nahm eine solche Funktion zwischen Russland und Großbritannien ein. In Südamerika lassen sich bezüglich der Abgrenzung zwischen Brasilien und Argentinien Uruguay und Paraguay in dieses Schema einordnen.

Nepal und Bhutan[11] nehmen bis heute diese Funktion zwischen den Atommächten China und Indien ein, während Sikkim 1975 der Indischen Union beitrat, ein Streitfall, der zwischen beiden Staaten erst 2005 vertraglich beigelegt wurde.

Der sogenannte »Cordon sanitaire« war ein im Zuge der Neuordnung Europas nach dem Ersten Weltkrieg 1919/20 geschaffener Gürtel aus unabhängigen Staaten zwischen der UdSSR und dem westlichen Europa. Er reichte von Finnland über die drei baltischen Staaten und Polen bis Rumänien und sollte als Puffer Schutz vor einer möglichen kommunistischen Weltrevolution bieten. Frankreich sah in diesen Staaten jedoch nicht nur einen Schutzwall gegen die Sowjetunion, sondern darüber hinaus auch potenzielle Verbündete, die einer erneuten deutschen Expansion entgegenstehen sollten. Diese Länder waren aber hinsichtlich Bevölkerungszahl und wirtschaftlicher Stärke sowohl Deutschland als auch der Sowjetunion unterlegen, die beide danach strebten, ihre Einflusssphären aus der Vorkriegszeit wiederherzustellen.

Letzteres verdeutlicht, dass die Existenz von Pufferstaaten früher sehr labil war, da sie selbst über nur geringe oder keinerlei politische und militärische Macht verfüg(t)en und vom Wohlwollen der Großmächte abhingen.

Grundsätzlich ist natürlich zu bedenken, dass die Lage eines Staates immer auch in Verbindung mit anderen geopolitischen Faktoren betrachtet werden muss und somit keinen alleinigen Parameter darstellen kann.

b. Das Relief – die Unverrückbarkeit von Gebirgen

Unter Relief versteht man die Oberflächengestalt der Erde, d.h. die Form des Geländes. Bei unseren Überlegungen lohnt sich hier der Blick auf die Großlandschaften, die geopolitisch sich teilweise als natürliche Grenze, als Hemmnisse oder als Verbindungsglied zwischen Staaten oder innerhalb eines Landes erwiesen bzw. bis heute diese Funktion noch einnehmen.

Hochgebirge liegen über 2000 m und damit in der Regel über der Schneegrenze. Sie weisen steile und schroffe Formen auf, die meistens glazialer, also eiszeitlicher Entstehung sind. Dabei handelt es sich um junge Faltengebirge der alpidischen Gebirgsbildung. Diese ziehen sich von Nordafrika (Hoher Atlas) über Süd- und Mitteleuropa (Pyrenäen, Alpen, Karpaten, Balkan), Südwest- und Südasien (Kaukasus, Himalaya) bis nach Südostasien. Andere Faltengebirge befinden sich in Ländern rund um den Pazifik, wie die Rocky Mountains, Anden und Japan. Unter einem Hochland versteht man eine Landschaft ab einer Höhenlage von 1000 Meter, die oft auch eine Hochebene, also eine Flachform mit geringem Reliefunterschied darstellt; so z. B. Tibet oder das Hochland von Mexiko. Mittelgebirge weisen eine Höhe bis zu 2000 Meter auf, haben oft Plateaucharakter oder treten als Schichtstufenlandschaften auf. Berg- und Hügelländer (bis 1000 Meter Höhe) besitzen kaum schroffe Formen, da sie aufgrund ihres Alters entsprechend überformt wurden. Flach- und Tiefländer sind Gebiete mit geringem bis sehr geringem Höhenunterschied. Es handelt sich dabei um (Tief-) Ebenen unter 200 Meter, Küstenebenen und Stromlandschaften.

Unter dem klassischen Verständnis der Geopolitik als Lehre von den Wechselbeziehungen zwischen geografischen Gegebenheiten und politischen Strukturen und Prozessen spiel(t)en v. a. Gebirge eine wesentliche Rolle. Man kann sie umgehen, man kann sie durchqueren oder überwinden, auf keinen Fall kann man sie aber ignorieren. Beim räumlichen Austausch von Gütern und Menschen und bei der Bildung territorialer Einheiten standen und stehen sie oft im Wege. So können Transporte verlangsamt oder durch Täler und Pässe kanalisiert und damit leichter kontrolliert werden. Häufig begrenzt das Gebirgsrelief die Zentralität von Siedlungen und setzt einer zentralistischen Staatsbildung natürliche Grenzen entgegen (wie z. B. bei den antiken griechischen Stadtstaaten). So spiegeln sich die jeweiligen Besonderheiten der Gebirgsräume in den historischen und aktuellen politischen Strukturen erkennbar wider. Nehmen wir hier Afghanistan als Beispiel: Der Hochgebirgsstaat konnte weder von den Briten im 19. Jahrhundert, noch von der Sowjetunion dauerhaft kolonialisiert, besetzt oder beherrscht werden. Zuletzt erlebte der Westen mit seinem Afghanistankrieg 2021 mit dem Abzug seiner Truppen hier ein Debakel.[12] Alle Mächte scheiterten also an der Geografie dieses Landes. Russland hingegen vermisst bis heute schmerzlich einen seine Westgrenze sichernden Gebirgszug. So wurde die nordeuropäische Tiefebene immer wieder zum Einfallstor von Invasoren.

Allerdings ist die geopolitische Bedeutung eines Gebirges trotz seiner Unverrückbarkeit immer wieder auch einem zeitlichen Wandel unterworfen. Und so gilt auch hier, dass das Geografische zwar immer politisch ist, dieses aber nicht determiniert. Die Kilikische Pforte, ein Pass im Taurusgebirge in Anatolien, hatte früher eine strategische Bedeutung für Heerzüge auf dem Weg von Anatolien nach Syrien. So bahnte sich Alexander der Große auf dem Weg nach Issos sich hier seinen Weg durch die persischen Truppen.[13] Heute spielt dieser damals lokal bedeutende geopolitische Faktor wie andere auch, allerdings keine Rolle mehr.

Am Beispiel der Alpen lässt sich ein solcher Wandel der geopolitischen Funktion sehr gut darstellen und mit den Schlüsselworten Brücke und Grenze charakterisieren. Auffallend ist, dass dieser Gebirgsraum zu keiner Zeit politisch (blenden wir hier einmal das Heilige Römische Reich Deutscher Nation während des Hochmittelalters aus) geeint war, obwohl er als geografisch-topografische Einheit im europäischen Maßstab herausragt. Offensichtlich war kein lebensfähiger Staat im modernen Sinne auf dieser Grundlage zu bilden. Das Gebirgsrelief mit seiner ausgeprägten Gliederung stand jeder hegemonialen Machtentfaltung entgegen. Umgekehrt begünstigten die geografische Kleinkammerung und die damit einhergehende Differenzierung die Herausbildung einer Vielzahl politischer und gesellschaftlicher Strukturen, die nebeneinander koexistieren, oder wo nötig und möglich kooperieren. Bleibt man bei der Betrachtung auf der europäischen Maßstabsebene, dann wird in der historischen Dimension ersichtlich, dass die Alpen in verschiedenen Epochen verschiedene geopolitische Funktionen innehatten. Dieser Funktionswandel ist stark mit ihrer Verkehrserschließung verknüpft. Entscheidende langfristig wirkende technische Innovationen der Neuzeit im Brücken-, Straßen- und Tunnelbau ermöglichten neue Verkehrsachsen, veränderten die Geschwindigkeiten der Zu- und Durchfahrt und öffneten den Alpenraum den außeralpinen Bevölkerungs- und Machtzentren. Damit kommt eine zweite wichtige Dimension ins Spiel, die bei der geopolitischen Analyse des Alpenraumes nicht übersehen werden darf: das Verhältnis von innerer und äußerer politischer Kontrolle. Eine souveräne Teil- und Kleinstaatlichkeit interpretiert und instrumentalisiert die Alpen anders als eine im Außenraum definierte Nationalstaatlichkeit. Damit ist die Umkehr des Verhältnisses von Geografie und Politik angesprochen, wonach neue staats- und gesellschaftspolitische Konzeptionen in Europa zu einer geopolitischen Neudefinition der Alpen führten. Im Übergang zur nationalstaatlichen Struktur Europas wurde nämlich die Brückenfunktion der Sattelstaaten (wie Tirol) abgelöst durch die Grenzfunktion im Rahmen der neuen Nationalstaaten.

Ihre Brückenfunktion erhielten die Alpen v. a. mit der zunehmenden Bedeutung der Messen in Oberitalien, im Rhonetal und im Gebiet des Oberrheins. Damit wuchs auch der Warenaustausch zwischen diesen Zentren. Die schweren Güter wurden auf dem Meer transportiert, die Luxusgüter hingegen auf dem Landweg. Damit erhielten die Alpenübergänge eine neue wichtige überregionale Bedeutung. Wer diese Verkehrsachsen beherrschte, kontrollierte den Handel und konnte Zölle erheben, musste aber gleichzeitig die Sicherheit der Händler und ihrer Güter garantieren. Je weiter die Kontrolle der Passwege ins Vorland reichte, desto größer waren die Einnahmen; gleichzeitig konnte verhindert werden, dass der eigene Passübergang umgangen wurde. Die Passrouten, nicht nur die Übergänge, waren deshalb bis ins 18. Jahrhundert das Pfand in der Hand der Alpenstaaten, mit dem eine Machtpolitik betrieben werden konnte, die weit über den Alpenraum hinausreichte. Die Alpen bildeten historisch betrachtet nie einen unüberwindlichen Wall. Schon frühe archäologische Funde belegen, dass sie für den Güteraustausch und für Kulturströmungen stets durchlässig waren. In historischer Zeit haben sie den Süden und den Norden Europas mehr verbunden als voneinander getrennt. Über Jahrhunderte besaßen die Alpen somit eher eine Brücken- statt eine Grenzfunktion, wie auch die Italienzüge der mittelalterlichen deutschen Könige und Kaiser verdeutlichen.

Seit Jahrhunderten nimmt z. B. Tirol eine verkehrsgeografische Vorrangstellung zwischen den Lebens- und Wirtschaftsräumen nördlich und südlich der Alpen ein, insbesondere, weil mit dem Brenner- (1370 Meter) und dem Reschenpass (1504 Meter) zwei sehr niedrige und wintersichere Pässe existieren. Weiterhin wies Tirol, das seit dem 14. Jahrhundert zu Österreich gehört, bis zum Ende des 18. Jahrhunderts relativ stabile politische Verhältnisse auf und war bis dahin auch nie Kriegsschauplatz. Dies waren günstige Voraussetzungen für den Nord-Süd-Transitverkehr. Für die Habsburger war Tirol aber auch ein wichtiges Bindeglied im West-Ost-Konzept, wodurch die zentrale Stellung Innsbrucks noch erhöht wurde. Über den Brennerpass führte dann ab 1867 auch die erste Eisenbahnverbindung. Im Friedensvertrag für Österreich von St. Germain von 1919 wurde die Einheit des Sattelstaates dann rein aus Siegerwillkür zerschlagen, indem die neue Grenze zu Italien längs der Hauptwasserscheide und auf die Pässe verlegt wurde. Damit wurde deutlich unter Beweis gestellt, dass sich die Funktion der Alpen endgültig gewandelt hatte. Sie dienten seit der zweiten Hälfte des 19. Jahrhunderts als sichere Außengrenze der sich entwickelten Nationalstaaten wie Italien und das Deutsche Reich sowie Frankreichs und Österreich-Ungarns, die ihre Grenzen auf die Alpenkämme verlegten. Während des Ersten Weltkriegs spielte dieses Faktum speziell im Dolomitenkrieg eine Rolle.

Mit dem Bedeutungsverlust der nationalen Grenzen in der zweiten Hälfte des 20. Jahrhunderts verloren zwangsläufig auch die Alpen ihre Funktion als Grenze. Ähnliches gilt hinsichtlich ihrer Funktionalität auch für die Karpaten. Wirkten sie noch bis zum Ende des Ersten Weltkriegs als bis dahin über Jahrhunderte stabilisierende bzw. natürliche Grenze Österreichs (-Ungarns), so war es mit dem nationalistischen Anspruch der Rumänen auf Siebenbürgen während der und nach den »Friedensverhandlungen« dann damit vorbei. Diese nationalistische Hybris zerstörte uralte gewachsene Beziehungen in Form neuer und willkürlich gezogener Grenzen. Dennoch dienen in manchen Fällen Hochgebirge immer noch als natürliche Grenze. So trennen z. B. die Pyrenäen bis heute Frankreich von Spanien, nehmen aber mittlerweile ebenfalls eine Brückenfunktion ein. Die alpinen Hochgebirge rund um den Iran wirkten wiederum in anderer Weise – im Gegensatz zu den Alpen – über viele Jahrhunderte vielmehr als Grenze, wohingegen das Karakorum in Asien als Fortsetzung des Himalayas durch den Karakorum-Highway zwischen China und Pakistan mittlerweile eine für Peking entscheidende geopolitische Brückenfunktion innehat. Diese Beispiele verdeutlichen sicherlich den zeitlich, technisch, gesellschaftlich und damit natürlich auch räumlich bedingten Wandel bezüglich der geopolitischen Bedeutung von Gebirgen oder Bergen.

Dennoch, Gebirge bleiben bestehen und somit auch ihr geopolitischer Einfluss.

c. Das Klima – sein Einfluss auf Flora und Fauna

Ein wesentlicher Faktor bei Staatenbildung war v. a. in früheren Zeiten das Klima. In Regionen mit extremen klimatischen Verhältnissen war und ist kaum eine funktionierende Staatenbildung möglich. So ist z. B. die Antarktis unbesiedelt und ist es in Grönland bis heute zu keiner eigenständigen Staatenbildung, trotz aller Unabhängigkeitsbestrebungen gegenüber Dänemark, gekommen. Zwar gehören kaum oder unbesiedelte Regionen wie die größte Sandwüste der Erde, die Rub al-Chali (= Leeres Viertel) auf der Arabischen Halbinsel ansonsten heute zu Staaten, dennoch ist in solchen Gebieten die Staatsgewalt oft nur schwach ausgeprägt oder faktisch nicht durchsetzbar, wie auch aktuell der Konflikt in Mali veranschaulicht. Saudi-Arabien legte seine Grenzen gegenüber dem Jemen, Oman und den Vereinigten Arabischen Emiraten erst vor wenigen Jahren im Bereich der Großen Arabischen Wüste »genau« fest, sofern davon überhaupt die Rede sein kann. Wüsten und Polargebiete (abgesehen von der Antarktis) sind heute zwar so gut wie komplett Teile von Staaten und besitzen z. T. großen wirtschaftlichen und strategischen Wert (Stichwort Erdöl), dennoch ändert dies nichts an der Tatsache, dass sie selbst keine staatenbildenden Impulse ausstrahlten. Man kann hierbei auch von einer politischen Passivität derartiger klimatischer Zonen und Räume sprechen.[14] Hinsichtlich ihrer Schutzfunktion waren (und sind es z. T. auch noch heute) v. a. in früheren Zeiten derartige Gebiete von hoher Bedeutung. Russland beispielsweise ist durch das Polarmeer in seinem Norden so gut wie gegen jeglichen feindlichen Angriff von Seeseite her geschützt. Ähnliches kann auch für Wüstenregionen gelten. Man denke hier z. B. an die Sahara, die die römischen oder in der Neuzeit die osmanischen Besitzungen in Nordafrika nach Süden hin quasi als natürliche Grenze schützte, wenn auch nicht vollständig.

Das Klima hat selbstredend Auswirkungen auf die Vegetation, die Anbau- und somit auf die Versorgungsmöglichkeiten bzw. die Ernährungsgrundlage einer Bevölkerung bzw. eines Volkes. Insbesondere in früheren Zeiten spielten derartige Faktoren auch für staatliche Entwicklung eine Rolle. So boten beispielsweise die feucht-heißen Tropen des Amazonasgebietes mit seinem undurchdringlichen Dschungel weniger Möglichkeiten und Anreize zur Organisation staatlicher Strukturen. Hochkulturen entwickelten sich im Bereich der inneren Tropen nur in gemäßigten Höhenklimaregionen wie z. B. das Kaiserreich Abessinien (heute Äthiopien) und das Inkareich in den Anden. Weitere frühe Hochkulturen entwickelten sich in den sommerwarmen und ausreichend bewässerten Stromgebieten der Subtropen. Neben den frühen Staatsbildungen in Mesopotamien (Sumerer, Babylonier, Assyrer) entstanden am Gelben Fluss und am Indus die Vorläufer der heutigen Länder China und Indien. Insgesamt erwiesen sich – historisch betrachtet – die subtropischen und gemäßigten Breiten für die Bildung von Staaten als am geeignetsten, da deren Klima für Menschen sich insgesamt als erträglicher erwies (gerade im Vergleich zu den Tropen). Ackerbau und Viehwirtschaft haben sich dort am frühesten entwickelt, während Steppenregionen mit ihren oft schwankenden klimatischen Bedingungen bis hin zu katastrophalen Dürreperioden (vgl. z. B. die Sahelzone in Afrika) Wirtschaftsformen wie den Hirtennomadismus begründeten.[15]

Auch die Vegetation hatte früher Einfluss auf die Entstehung von Staaten. Ausgedehnte Waldgebiete wie tropische Regenwälder oder die russische Taiga waren ausgesprochene Verkehrs- und Siedlungshindernisse. Umgekehrt hatte und hat die Vernichtung von Wäldern oft gravierende Auswirkungen auf die Lebensbedingungen und somit auf Staaten. Die Abholzungen während der Römerzeit in Italien und in Dalmatien durch die Venezianer führten zu den heutigen landschaftlich äußerst reizvollen und imposanten, landwirtschaftlich aber weitgehend unfruchtbaren Karstgebieten in Kroatien oder in den Apenninen.

Ebenso konnten klimatische Gunstfaktoren, einhergehend mit einer wirtschaftlich interessanten Pflanzenwelt, Expansionsgelüste hervorrufen. So importierte Großbritannien seine Baumwolle als Grundlage seiner florierenden Textilindustrie aus den Kolonien, beabsichtigten die Nationalsozialisten die Weizengebiete in der Ukraine als »Kornkammer« für das Deutsche Reich auszubeuten und besetzten die USA nicht nur aus strategischen Gründen nach dem Spanisch-Amerikanischen Krieg 1898 Kuba, sondern auch, weil es eine gute Voraussetzung für den Anbau von Zuckerrohr bietet. Japans Eroberungspolitik gegenüber China war nicht nur in seiner Rohstoffarmut begründet, sondern auch der Tatsache geschuldet, dass, klimatisch bedingt, weite Teile Chinas eine zweimalige Reisernte pro Jahr ermöglichten und damit eine hervorragende Ernährungsgrundlage darstellen.

Hinsichtlich der Bedeutung der Fauna sei an dieser Stelle lediglich auf das Beispiel der Fischerei, damit verbundener Fangrechte und daraus resultierender Konflikte verwiesen.[16] Die drei sogenannten »Kabeljaukriege« waren ein Konflikt um Fischereirechte, die sich in erster Linie zwischen Island und Großbritannien zwischen 1958–1975 abspielten. Auslöser war Islands Erweiterung seiner Fischereigrenzen von vier auf zwölf, dann auf 50 und zuletzt auf 200 Seemeilen, was den Interessen Großbritanniens und weiterer Staaten, u. a. Deutschlands, entgegenstand und zu diplomatischen Verwicklungen führte. Trotz ihrer Bezeichnung handelte es sich dabei um keine militärischen Konflikte, in denen Island seine Interessen letztlich durchsetzen konnte. Ähnliches gilt für den »Steinbuttkrieg« von 1995/96 zwischen Kanada (von Irland und Großbritannien unterstützt) und Spanien (unterstützt von der der EU und Island). Grund war Kanadas berechtigte Furcht vor einer völligen Überfischung der Bestände.[17] Zuletzt kam es im August 2017 vor den Galapagosinseln zu einer Auseinandersetzung der ecuadorianischen Küstenwache mit hunderten chinesischen Schiffen, die entlang und z. T. widerrechtlich innerhalb der 200-Seemeilen-Zone fischten. China ist mit Abstand die größte Fischereination[18], seine rund 12.000 Trawler bilden die mächtigste und umfangreichste Hochsee-Fischereiflotte der Welt, die auf allen Ozeanen unterwegs ist und, oft begleitet von Sicherheitspersonal, häufig rücksichtlos gegen Konkurrenten vorgeht. Peking versteht seine massiv subventionierte Fischereiflotte als strategischen Teil seiner Geopolitik. So ist sie im Persischen Golf genauso aggressiv wie vor der Küste Westafrikas und Ghanas, vor Mosambik oder in nordkoreanischen Gewässern.[19] Es werden somit die Gewässer v. a. schwächerer Länder besetzt und damit chinesische Ansprüche auf die Hoheit über größere Meereszonen demonstriert. Zu den schlimmen Folgen dieser Politik gehört, dass die Volksrepublik mit ihrer riesigen hochsubventionierten Flotte (jährliche Beihilfen in Höhe von rd. 5,9 Mrd. Dollar, das entspricht ungefähr 347.000 Dollar pro Schiff und Jahr) ärmeren Ländern dringend benötigte Eiweißquellen raubt.[20] Die 1,4 Mrd. Chinesen konsumieren nicht nur 38 Prozent der weltweiten Fischproduktion, sondern liegen auch im Pro-Kopf-Verbrauch an Fisch und Meeresfrüchten vorn. Ein Ende der rücksichtlosen Überfischung ist demnach kaum absehbar und kann höchstens durch militärisches Handeln seitens betroffener Länder unterbunden werden. So setzte beispielsweise Argentinien seine Kriegsmarine ein, um ein Eindringen chinesischer Fischerboote, die vom Hafen in Montevideo aus operieren, in seine 200-Meilen-Zone zu unterbinden.

d. Der Boden – Basis für Nahrungsmittel und Versorgung

Dem Geofaktor Boden mag man zunächst eine weniger gewichtige Rolle in Zusammenhang mit Geopolitik zubilligen, klingt dieser Begriff doch zu unspektakulär. Doch genau das Gegenteil ist der Fall, sind doch hier die Güte und damit die Ertragsstärke der unterschiedlichen Bodentypen von zentraler Bedeutung für die Lebensgrundlage und den Lebensraum von Menschen, Tieren und Pflanzen. Von der Qualität des Bodens hängt also die Versorgung eines Volkes entscheidend ab. Am Beispiel der Ukraine wird der Geofaktor Boden als »geopolitischer Muskel« eines Landes besonders deutlich: Als Kornkammer war sie für Russland bzw. die Sowjetunion unverzichtbar und weckte während des Ersten und des Zweiten Weltkriegs auch deutsche Begehrlichkeiten. Schließlich sind die dort vorherrschenden Schwarzerden, die in Deutschland in der Magdeburger und Hildesheimer Börde vorkommen, ein Bodentyp von besonders hoher Güte.[21] Weltweit gehören sie in den kontinentalen Klimazonen zu den fruchtbarsten Standorten, da sie grundsätzlich gute Bedingungen für den Ackerbau bieten, wie z. B. eine mäßige Erwärmbarkeit, eine hohe Wasserleitfähigkeit, einen sehr hohen natürlichen Nährstoffgehalt, viel Humus und ein reiches Bodenleben. Infolge dieser Eigenschaften bieten sie Pflanzen gute Wachstumsbedingungen und sind gleichzeitig leicht zu bearbeiten. Ihre Ackerzahl[22], ein Index, der die Qualität einer Ackerfläche bemisst, weist in Deutschland mit über 90 einen hervorragenden Wert auf, wobei die Böden der Magdeburger Börde die ertragsstärksten sind (100 von 100 möglichen Punkten). Sofern es die erforderlichen Niederschläge ermöglichen, werden solche Böden fast immer landwirtschaftlich genutzt und leisten einen wesentlichen Beitrag zur Ernährung der globalen Bevölkerung. Zu nennen sind hier u. a. der amerikanische Corn Belt und v. a. – neben der Ukraine – auch die äußerst ertragreichen Weizenanbaugebiete in Russland und Kasachstan.

Auch die Braunerde, ein Bodentyp des gemäßigt humiden Klimas, ist in Form von Ackerbau und Weidewirtschaft landwirtschaftlich recht gut nutzbar.

Die ebenfalls sehr fruchtbaren vulkanischen Verwitterungsböden bildeten beispielsweise günstige Voraussetzungen für die Entstehung des Römischen Reiches, der frühen Hochkulturen in Mexiko und Japans. Steppenböden hingegen eigneten sich eher selten und, wenn überhaupt, dann relativ spät zur Staatenbildung.[23] Oft waren solche Regionen Ausgangspunkte intensiver Migrationsbewegungen (z. B. die Hunnen, die Ungarn, die Mongolen oder die Araber).

e. Die Bodenschätze – Grundlage für Wohlstand?

Bodenschätze sind, mit Ausnahme von Wasser, alle festen, gasförmigen oder flüssigen mineralischen Rohstoffe, die in natürlichen Ablagerungen oder Ansammlungen in Form von Lagerstätten in oder auf der Erde, auf dem Meeresgrund, im Meeresuntergrund oder im Meerwasser vorkommen und denen ein wirtschaftlicher Wert zukommt. Darunter fallen somit Erze und Metalle, fossile Rohstoffe wie Kohle und Erdöl bzw. -gas sowie Steine und Erden.

76 Prozent der heute geförderten mineralischen Bodenschätze stammen aus den vier Ländern Australien, China, Indien und Brasilien. Ein umfassendes Vorkommen von Bodenschätzen kann für ein Land sowohl Segen als aber auch Fluch sein. Zum einen kann es als Exporteur dieser Rohstoffe wertvolle Einnahmen generieren und – sollte es bei einem speziellen Bodenschatz hinsichtlich des Vorkommens eine Monopolstellung einnehmen – diesen Umstand in entsprechende politische Macht bzw. Einflussnahme ummünzen. Umgekehrt sind rohstoffreiche Staaten von den Weltmarktpreisen abgängig. Ein Preisverfall kann der nationalen Wirtschaft massiv zusetzen. Weiterhin wecken Bodenschätze die Begehrlichkeiten anderer Staaten oder Unternehmen. Waren in früheren Zeiten oft militärische Konflikte eine Konsequenz davon, so besteht heutzutage die Gefahr einer einseitigen wirtschaftlichen Abhängigkeit gegenüber einer stärkeren Macht, die als Importeur und/oder Investor agiert. Wertvolle Bodenschätze sind in solchen Fällen für schwächere Staaten also eher von Nachteil.

Anhand der im Folgenden aufgelisteten Staaten wird die Bedeutung verschiedener Bodenschätze exemplarisch veranschaulicht.[24]

Venezuela verfügt nach Schätzungen über die größten Ölreserven der Welt, 300 Mrd. Barrel kommen demnach noch im südamerikanischen Boden vor. Daneben ist es auch eines der Länder mit den größten Erdgasreserven. Hier wird es auf Platz acht eingestuft. Saudi-Arabien besitzt die zweitgrößten Öl- und die fünftgrößten Erdgasreserven der Welt. Mit 153 Mrd. Barrel liegt der Irak an fünfter Stelle. Der Iran teilt sich mit Katar das North Field-/South-Pars-Feld, das größte Erdgasfeld auf dem Planeten. Der nördliche Teil gehört Teheran, das damit rund 16 Prozent der weltweiten Reserven fördern kann. Auch hinsichtlich Erdöl nimmt das Land mit rund zehn Prozent der weltweiten Reserven einen Spitzenplatz ein.

An dieser Stelle sei schon einmal kurz auf die Erdgasvorkommen im Mittelmeer verwiesen, die einen weiteren Konfliktherd zwischen Griechenland und der Türkei darstellen (siehe dazu Kap. IV. 5.)

Öl und Gas sind Australien fremd. Dafür gibt es hier einige der weltweit größten Vorkommen von Gold, Kohle, Holz, Kupfer, Eisen und Uran. Gerade bei Gold (14,3 Prozent der weltweiten Förderung) und Uran (46 Prozent) sind die Australier weit vorne auf der weltweiten Rangliste zu finden.

Die wichtigsten Rohstoffe der USA sind Kohle und Nutzholz. Nirgendwo gibt es mehr Steinkohle als hier, bei der Braunkohle liegt das Land weltweit auf Platz 4. Außerdem sind die USA nach Kanada der größte Exporteur von Holz. Zudem besitzen die USA mit 48 Mrd. Barrel die zehntgrößten Ölreserven der Erde, wobei das meiste davon durch Fracking gewonnen wird. Bei den Erdgasvorkommen liegt das Land auf Rang 6.

Mit 172 Mrd. Barrel besitzt Kanada die drittgrößten Ölreserven der Welt und liegt bei den Uranvorkommen an zweiter Stelle.

Schon allein bedingt durch seine schiere Größe führt Russland diese Liste der rohstoffreichsten Staaten mit weitem Abstand an. Hier lagern die größten Reserven der wichtigsten Seltenen Erden, die größten Erdgasreserven der Welt, die zweitgrößten Braunkohle- und Eisenerzvorkommen, die viertgrößten Steinkohle- sowie die sechstgrößten Ölreserven.

Brasilien verfügt zwar ebenfalls über große Rohstoffvorkommen, aber damit auch über ein großes Problem: Viele liegen im Regenwald des Amazonas. Dort werden mittlerweile auf insgesamt etwa 1,6 Mio. km^2 – also fast einem Fünftel der Fläche des Amazonasgebiets (Gesamtfläche: circa 7,8 Mio. km^2) – Mineralien gefördert. Sie sind somit nicht nur schwer zu erschließen, sondern ihr Abbau schadet auch massiv der Umwelt. Das gilt auch für die Gewinnung von Gold. Der Anstieg des Goldpreises in den 2000er-Jahren um 500 Prozent führte zu einem enormen Anreiz für illegales Goldschürfen am Amazonas und seinen Zuflüssen. An dieser Stelle sei nur einmal eine Zahl aus dem Alltagsleben zur Orientierung genannt: Für die Menge Gold, um einen Ring herzustellen (circa fünf Gramm), fallen in der Regel 20 Tonnen Gesteinsabfälle an.[25]

So ist die Förderung von Gold, Öl, Uran, Bauxit und Eisen also künftig mit Bedacht und unter nachhaltigen Gesichtspunkten anzugehen. Bei Eisen liegt Brasilien weltweit auf Platz 2, führend hingegen beim Export von Holz – was mittlerweile katastrophale Ausmaße im Amazonasregenwald annimmt.

In der Demokratischen Republik Kongo (DR Kongo) wird vor allem das Tantal-Erz Coltan abgebaut, das in so gut wie allen Mobilgeräten steckt: Mehr als 80 Prozent von knapp 1200 Tonnen weltweit werden in der konfliktreichen Region im Osten Kongos und in Ruanda jedes Jahr aus dem Boden geholt.[26] Unsere gesamte Hochtechnologie hängt also von Metallen wie Tantal ab. Zudem ist der instabile Kongo der mit Abstand wichtigste Produzent des ebenso strategisch wichtigen Rohstoffes Kobalt – 50 Prozent der weltweiten Kobaltmenge wird dort gefördert. Er ist für spezielle Legierungen und als Bestandteil von Akkus so gut wie unersetzbar. Kein Handy funktioniert ohne Kobalt. In der Natur kommt es nur in Verbindung mit anderen Erzen vor. Der größte Abnehmer ist China: Fast die gesamte Fördermenge geht in dieses Land, da dort die drei wichtigsten Akku-Lieferanten für die gesamte Mobilfunk-Branche produzieren.[27] Weiterhin verfügt die DR Kongo über Kupfer, Gold und Diamanten. Das Land ist also besonders abhängig von dem Export mineralischer Bodenschätze, die 95 Prozent der gesamten Exporte des Landes ausmachen.

China besitzt nach den USA die zweitgrößten Steinkohlereserven der Welt und liegt auch bei der Förderung von Braunkohle in den Top 10. Somit ist es alles andere als verwunderlich, dass Peking nach wie vor auch auf diesen für das Land unverzichtbaren Energieträger setzt. Eine hohe Einnahmequelle stellt für China die Gewinnung von Seltenen Erden dar. Dabei handelt es sich um chemische Elemente – insgesamt 17 Mineralien, die – wie der Name sagt – nur in sehr geringen Mengen in der Erde vorkommen. Ihre Bedeutung nimmt mit der zunehmenden Nutzung von Elektronikartikeln wie Smartphones, Akkus, Leuchtmitteln und Displays stetig zu. In der Herstellung eines einzigen Handys werden bis zu 60 unterschiedliche Rohstoffe, darunter viele Metalle wie Kupfer, Aluminium, Eisen, Silber, Gold, Platin, Kobalt, Lithium, Silizium, Tantal, Indium, Gallium und eben Seltene Erden verbaut.[28] Letztere stammen größtenteils aus China (zweitgrößte Vorkommen weltweit) und Afrika, wo sie oft mit Menschenrechtsverletzungen und Kriegsfinanzierung in Verbindung stehen. Aber auch in Brasilien gibt es Vorkommen dieser natürlichen Ressourcen. Das Problem bei der Gewinnung von Seltenen Erden ist die damit einhergehende massive Belastung der Umwelt. Da diese Metalle nur in winzigen Konzentrationen vorkommen, müssen, um wenige Gramm davon zu gewinnen, viele Tonnen Gestein bewegt, zermahlen und mit Chemikalien behandelt werden. Zurück bleiben verseuchte Böden und Gewässer oder sogar radioaktive Elemente und Schwermetalle unmittelbar neben Wohngebieten und Brutplätzen von Tieren. Allen großen Rohstoffkonzernen werden dabei Fehler im Umgang mit Natur, Mensch oder Tier vorgeworfen – und fast alle von ihnen hatten ein oder mehrere Minenunglücke mitzuverantworten.[29] Verfechter einer klimaneutralen Politik in Deutschland sollten sich diese Umstände dringend vergegenwärtigen, wenn sie auf Elektromobilität als den vermeintlichen Königsweg setzen. Die damit dann auch einhergehende politische Abhängigkeit von einem nichtdemokratischen Staat wie China ist energie- und geopolitisch mehr als gewagt.

f. Die Flüsse – Lebensgrundlage von Völkern und Staaten

Oft entstanden Staaten an Flüssen bzw. Strömen, die als verbindende Versorgungs- und Verkehrsader dienen. Die Hochkulturen in Ägypten, Mesopotamien, am Indus und am Gelben Fluss in China stellen dafür ein beredtes Beispiel dar. Frankreichs nordamerikanische Kolonien orientierten sich am St. Lorenz-Strom und am Mississippi. Großbritannien dehnte seine Einflusszone in China im 19. und 20. Jahrhundert entlang des Jangtsekiangs aus. Die Donau verlieh der österreichischen Monarchie quasi ihren zweiten Namen. Auch der Oder kann man in einem gewissen Sinne geopolitischen Charakter zuschreiben. Nachdem 1720 mit Stettin ihre Mündung an Preußen gefallen war, war Schlesien für Friedrich den Großen im Hinblick auf die Oder als durchgängige Verkehrsader ein lohnendes Objekt.

Flüsse dienen als Handels- und Versorgungswege (vgl. in Europa z. B. Rhein und Donau), der Energieversorgung eines Landes, dem Fischfang und als Süßwasserreservoir. Ströme wie der Nil und der Niger sind daher in ariden Gebieten die Lebensader für Menschen und Tiere, aber auch der Indus, der Ganges und der Mekong bilden für die dortigen Staaten die Existenzgrundlage.

Am Beispiel Sibiriens lässt sich die immense Bedeutung von Flüssen als Trinkwasserspeicher gerade im Hinblick auf künftige Konflikte um Wasser sehr gut veranschaulichen. Diese Region kontinentalen Ausmaßes verfügt nämlich mit dem Baikalsee und den mächtigen Strömen Ob, Irtysch, Jenissei, Lena und Amur sowie deren zahlreichen Nebenflüssen über die größten Süßwasserreserven der Erde. Diese Wasserressourcen und damit ihre strategische Bedeutung werden weiter zunehmen, da die potenzielle Wasserknappheit in anderen russischen Gebieten mit ihren wiederum wasser- und energieintensiven Industrien eine Umorientierung auf die wasserreichen östlichen Gebiete erforderlich machen wird. Vor dem Hintergrund einer zunehmenden weltweiten Wasserknappheit können die Wasserressourcen Sibiriens künftig möglicherweise auch zur treibenden Kraft für die soziale und wirtschaftliche Entwicklung Zentralasiens und Chinas werden, dessen Norden (u. a. auch Peking) unter extremem Wassermangel leidet. Der Export von Wasser bietet für Russland enorme Potenziale, die bisher nicht genutzt wurden. In der Sowjetzeit war schon einmal unter Stalin die Rede vom »Umdrehen der Flüsse«. Unter Gorbatschow wurde diese extrem umweltbedenkliche Idee zwar ad acta gelegt, bleibt jedoch nach wie vor eine politische Option des Kremls. Eine Wasserversorgung für Nachbargebiete kann heute auch bei Bedarf über Wasserpipelines mit Unterstützung von Hochpumpwerken laufen, auf der Schiene oder in Tankern. Besondere Perspektiven für diesen russischen Fernost-Handel mit Wasser bietet der Baikalsee mit einem Volumen von 23.000 km³.

g. Das Meer – ein geopolitischer Faktor

Auf die offensichtlichen wirtschaftlichen Benachteiligungen von Binnenstaaten, die nicht einmal über eine schiffbare Flussanbindung verfügen (wie z. B. die Mongolei, die zentralasiatischen Staaten, Bolivien und einige afrikanische Staaten) muss an dieser Stelle nicht weiter eingegangen werden, dafür sind die Vorteile eines Zugangs zu den freien Weltmeeren eindeutig. Dennoch sind auch bei Meeresanrainern Differenzierungen vorzunehmen. Staaten, die nur Zugang zu einem Randmeer haben, konnten und können leicht durch Seeblockaden von den für sie lebensnotwendigen globalen Handelsverbindungen abgeriegelt werden. Die völkerrechtswidrige englische Hungerblockade in der Nordsee gegenüber Deutschland mit mehreren 100.000 zivilen Todesopfern, darunter viele Kinder, während des Ersten Weltkriegs ist hierfür ein dramatisches Beispiel eines Kriegsverbrechens. Aber auch Dänemark war früher in der Lage, die Ostsee abzuriegeln und so Schweden oder Polen den Zugang zum Atlantik zu versperren. Selbst China hat nicht den absolut freien Zugang zum Pazifik, wie es auf den ersten Blick den Anschein haben mag. Die USA haben aufgrund ihrer technischen und zahlenmäßigen Überlegenheit zur See mithilfe ihrer Verbündeten Japan, Taiwan, Südkorea und den Philippinen, die sich wie eine

Kette vor der Küste Chinas aufreihen, durchaus die Möglichkeit, chinesische Marineeinheiten zu blockieren.

Auch die Kontrolle von Meerengen spielt hier eine zentrale Rolle. Nicht von ungefähr setzten sich die Briten in Gibraltar fest, kontrollierten über Aden und dem damaligen Britisch-Somaliland die Meerenge Bab al-Mandab, der Ausgang des Roten Meeres in den Indischen Ozean, und taten das Gleiche bei der Straße von Hormus, indem sie das Protektorat über den Oman übernahmen. Seinen Zugang zum Suezkanal bzw. dessen Kontrolle sicherte England mit der Inbesitznahme Zyperns 1878 dann noch weiter ab.

Der Kontrolle wichtiger Schifffahrtsrouten und maritimer Handelswege diente auch das Ziel mancher Staaten, ihre Gegenküste zu beherrschen oder in Besitz zu nehmen, zumal man mit ihr als ein strategisches Glacis auch eventuellen Angriffen zur See zuvorzukommen oder sie unterbinden konnte. Diese Form von Geopolitik lässt sich an den folgenden Beispielen nachvollziehen: Algerien wurde seit 1830 von Frankreich besetzt und kolonialisiert. Die drei Küstendepartements wurden 1881 sogar fester Bestandteil des französischen Staates. 1911/12 eroberte Italien die libysche Gegenküste vom Osmanischen Reich, Norwegen war bis 1814 dänisch. Oft führte eine solche Politik zu dem Versuch, ein Randmeer oder den Teil eines größeren Meeres rundherum komplett zu unterwerfen. Das Römische Reich mit dem Mittelmeer als »mare nostrum« ist hier das antike Vorbild eines sogenannten Binnenmeerstaates. Die Ostsee war – abgesehen von Ostpreußen, Kurland und Teilen der mecklenburgischen und polnischen Küste vom Ende des Dreißigjährigen Krieges bis zu den Nordischen Kriegen ein schwedisches Binnenmeer. Japan fasste 1905 auf seiner Gegenküste in Korea in Form eines Protektorats Fuß (die Annexion erfolgte 1910). Im weiteren Verlauf des 20. Jahrhundert schuf sich Japan dann mit seiner aggressiven Chinapolitik im Japanischen und z. T. im Ostchinesischen Meer ein »mare nostrum.« Italien versuchte dies nach dem Ersten Weltkrieg bezüglich der Adria mit dem allerdings nur in kleinen Ansätzen gelungenen Erwerbs Dalmatien und der Annexion Albaniens 1939. Ähnliches gilt für Griechenland in der Ägäis, das aber seine Hoffnungen nach dem verlorenen Krieg gegen die Türkei 1922 schon wieder schnell begraben musste.

Als einen groß angelegten Versuch, sich ein Binnenmeer zu schaffen, lässt sich auch die britische Kolonialpolitik im und um den Indischen Ozean bezeichnen. Mit Indien als Herzstück gehörte ein Großteil der Anrainergebiete bis zum Zweiten Weltkrieg zum britischen Empire bzw. stand unter britischem Einfluss. Lediglich Madagaskar als französische Kolonie, die niederländischen Besitzungen im heutigen Indonesien, die italienische Kolonie im Somaliland, das portugiesische Mosambik (das allerdings star-

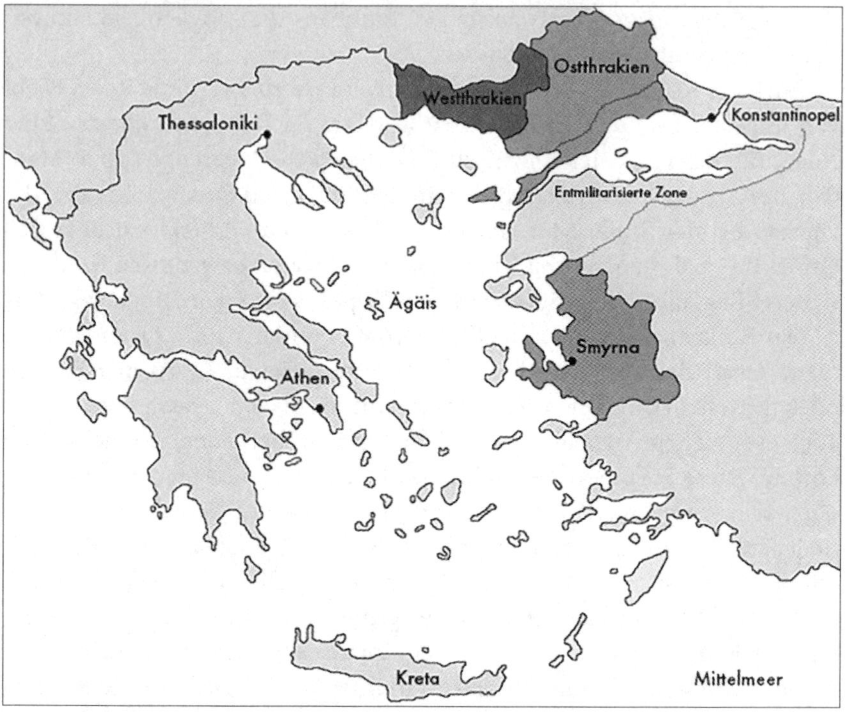

(2) Die Ägäis als griechisches Binnenmeer – ein kurzlebiger Zustand nach dem Ersten Weltkrieg

kem englischen Einfluss unterlag) sowie ein paar kleinere Inseln und Besitzungen unterstanden nicht der britischen Krone. Dass das geopolitische Phänomen eines Binnenmeerstaates auch heute noch von Bedeutung ist, verdeutlichen die Auseinandersetzungen zwischen Griechenland und der Türkei in der Ägäis (vgl. Kap. IV. 5.) und insbesondere Chinas Ambitionen im Ost- und v. a. im Südchinesischen Meer (vgl. Kap. IV. 1. d.)

Optimal ist der ungehinderte Zugang zu zwei Weltmeeren, so wie die USA ihn mit ihrer atlantischen und pazifischen Küste besitzen. Nicht umsonst stellen sie bis heute mit Abstand die personalstärkste und kampfkräftigste Marine der Welt, darunter allein elf Flugzeugträger.

Eine aktuell bzw. künftig sehr bedeutende Herausforderung wird die Auseinandersetzung um die ökonomische Ausbeutung des Meeres und des Meeresbodens sowie die Exploration und anschließende Förderung von Rohstoffvorkommen werden. Dies erhöht die Instabilität in fragilen Regionen deutlich, wie es bereits heute im Streit um vermutete Erdölvorkommen im Südchinesischen Meer oder auch der Arktis erkennbar ist.

h. Demografische Aspekte – Probleme regionaler Überbevölkerung

Bevölkerungszahl und Bevölkerungsverteilung waren für die Entstehung und sind für den Bestand von Staaten von wesentlicher Bedeutung. Ein dünn besiedelter Raum erfordert keine so ausgeprägte Organisation und Verwaltung, wie eine sehr dicht besiedelte Region. Je stärker aber sich Menschen auf einem engen Raum drängen, je größer die Wohndichte und je ausgeprägter der Verstädterungsgrad sind, desto notwendiger sind zwangsläufig klare Regelungen auf politischer, wirtschaftlicher und gesellschaftlicher Ebene, um für jeden einzelnen möglichst optimale Lebensbedingungen zu erschaffen bzw. zu bewahren.

Betrachten wir die globale Entwicklung[30], so wird die Erdbevölkerung von derzeit 7,9 Mrd. im Jahre 2050 auf über 10 Mrd. anwachsen, sollte der bisherige Trend anhalten, dass pro Minute ca. 160 Menschen hinzukommen. Das Problem der Überbevölkerung wird massive Auswirkungen auf das Alltagsleben, das Verkehrswesen, die Versorgung der Menschen und den Verbrauch von Ressourcen haben. So wie Menschen in den Industrienationen und in manchen Schwellenländern z. B. mit ihrem CO_2-Ausstoß auf globaler Ebene das Klima beeinflussen, so beeinflussen Bewohner weniger entwickelter Staaten massiv die Umwelt vor Ort u. a. durch extreme Wassernutzung, zu große Viehbestände oder Brandrodung. Eine zunehmende Bevölkerung in ärmeren Staaten wird dort zu einem stark wachsenden Wohlstandsverlangen führen, das sich zwangsläufig vor allem auf die reichen Länder – also in erster Linie auf den »Westen« – fokussieren dürfte.

Auch am Beispiel von Megastädten wie Mexico City, Sao Paulo, Kairo, Lagos, Mumbai oder Shanghai wird das Problem der Überbevölkerung sehr deutlich. Singapur als Stadtstaat steht vor ähnlichen Herausforderungen. Ein gutes Beispiel für die mit einer Überbevölkerung einhergehenden Herausforderungen stellt Bangladesch dar. Dort leben knapp 165 Mio. Menschen auf einer Fläche von 147.570 km^2, was einer Bevölkerungsdichte von 1116,1 Einwohner pro km^2 entspricht. Es ist damit der am dichtesten besiedelte Flächenstaat der Welt (zum Vergleich Deutschland: 83 Mio. Einwohner auf einer Fläche von 357.582 km^2 = 233 Einwohner pro km^2). Zudem wird das Land aufgrund seiner nur geringen Höhe über dem Meeresspiegel noch regelmäßig von Flutkatastrophen und Überschwemmungen durch den Ganges, den Brahmaputra und den Golf von Bengalen heimgesucht. In einer derartigen Konstellation führt solch eine demografische Lage zu einem immensen Druck. Migrationsströme sind dann die Folge, wenn solche Staaten aus allen Nähten platzen und die schwierigen Verhältnisse vor Ort entsprechende Push-Faktoren darstellen.

Nehmen wir Niger als weiteres Beispiel: Existenzbedrohend für den größten Teil der nigrischen Bevölkerung sind nicht nur die dort regelmäßig wiederkehrende Dürren und die daraus resultierenden Hungersnöte, sondern damit einhergehend die zu schnell wachsende Bevölkerung aufgrund einer mangelnden Geburtenkontrolle. Die Fertilitätsrate ist mit knapp 7 Geburten pro Frau (mit knapp 7,9 hatte sie 1983 ihren Höchststand erreicht) die weltweit höchste und führt zu einem jährlichen Bevölkerungswachstum von 3,8 Prozent.

Kurz gesagt: Das globale Bevölkerungswachstum[31] stellt an sich schon ein gravierendes Problem im Hinblick auf die Sicherung der Artenvielfalt, des Erhalts unserer natürlichen Ressourcen, der traumhaft schönen Tierwelt nicht nur in Afrika, der langfristigen Versorgung der Erdbevölkerung und der in diesem Zusammenhang stehenden Migrationsströme dar, sondern führt auf regionaler bzw. staatlicher Ebene zu möglicherweise katastrophalen Folgen. Wie soll denn ein Land wie z. B. Bangladesch mit über 161 Mio. Einwohnern angesichts der Überflutungen durch die Flüsse bei gleichzeitigem Anstieg des Meeresspiegels auf Dauer existieren können? Indien hat jedenfalls entsprechend reagiert und zäunt sich gegenüber seinem Nachbarn ab, um eine weitere illegale Einwanderung zu unterbinden.[32] Vor diesem Problem werden auch andere Staaten stehen. Gerade das Bevölkerungswachstum in Afrika[33] – manche Prognosen gehen dabei von vier Mrd. Einwohnern im Jahr 2100 aus – wird für Europa, wo die Bevölkerung zurückgeht, nicht ohne Konsequenzen bleiben, wie schon Flüchtlingsströme seit 2015 belegen. Wenn man sich vorstellt, dass die Einwohnerzahl Nigerias, des mit ca. 200 Millionen bevölkerungsreichsten Staates in Afrika, um 2050 auf ungefähr 400 Millionen angewachsen sein wird[34], kann man sich die Szenarien vor Ort und für Europa mit etwas Fantasie ausmalen. Der 2018 verabschiedete UN-Migrationspakt kann derartige Prozesse noch beschleunigen. Festzuhalten bleibt an dieser Stelle, dass wegen der »explosionsartigen Vermehrung der Weltbevölkerung« und auch »wegen klimatischer Veränderungen […] in naher Zukunft die Wanderungsströme dynamisch zunehmen« werden.[35] Die Frage ist, wollen wir hier bis dahin mehr oder weniger tatenlos zuschauen?

Die **Größe eines Staatsgebiets** ist hingegen nicht zwangsläufig für die Machtstellung eines Landes ausschlaggebend. Schließlich haben die Lage eines Staates, seine Ressourcen und alle anderen oben genannten Faktoren einen modifizierenden Einfluss. Somit kann nicht allein aufgrund der Größe eines Staates auf seine geopolitische Bedeutung geschlossen werden. Singapur beispielsweise ist territorial gesehen ein Zwergstaat, bildet wirtschaftlich aber einen wesentlichen Faktor in Südostasien und besitzt geopolitisch aufgrund seiner Lage am Ein- bzw. Ausgang der Straße von Malakka eine Schlüsselrolle.

Formal kann man zunächst also zwischen Welt- und kontinentalen Regionalmächten unterscheiden bzw. zwischen groß-, mittel- und kleinräumigen Staaten bis hin zu den Zwergstaaten wie Luxemburg, San Marino, Monaco, Andorra, Tonga oder Nauru.

Nur wenn ein großflächiger Raum auch gut erschlossen ist, wirtschaftlich genutzt wird und politisch effektiv organisiert wird, kann die Größe einen Vorteil darstellen. Umgekehrt kann Raumweite auch eine Schwäche, verbunden mit entsprechenden Risiken wie einer nur schwer zu bewerkstelligenden Verteidigung darstellen. Je größer ein Staatsterritorium ist, desto unterschiedlicher sind seine naturräumlichen, wirtschaftlichen aber z. T. auch ethnischen Bedingungen und desto herausfordernder und umfangreicher sind dann seine Sicherung, Erschließung und Organisation. Ein kleineres und homogeneres Staatsgebiet hingegen kann oft effizienter strukturiert und verwaltet sein.

2. Wechselbeziehungen von Staat und Raum: Der Staat als raumgestaltender Faktor – der Raum als staatsprägende Grundlage

Die beiden wesentlichen Gegenstände der Geopolitik sind, wie oben bereits beschrieben, zum einen die auf den Raum sich auswirkenden Folgen von politischem Handeln, zum anderen die räumlichen Gegebenheiten in Form von Geofaktoren, die – neben weiteren Aspekten wie wirtschaftliche und technologische Entwicklungen, kulturelle Verbundenheiten, soziale Konflikte oder die politische Verfassung eines Landes (z. B. Monarchien, Republiken, Demokratien usw.) – das politische Agieren mitbestimmen.

Als ein Beispiel für die historische Begünstigung der Staatenbildung durch Lage und naturräumliche Gegebenheiten können die antiken Hochkulturen an den Flusslandschaften des Indus, des Huang He, des Nils und von Mesopotamien gelten.

Gerade Ägypten stellt hier ein vortreffliches Beispiel dar, wie die Staatenbildung durch Lage und Naturausstattung geprägt und beeinflusst wurde. Der Nil als seine Lebensader sorgt in den Sommermonaten zwischen Juni und September für diejenige Wassermenge, die in dem Wüstenstaat fehlt. In diesem fast regenlosen Land liefert somit die »Nilschwelle« jedes Jahr zur gleichen Zeit das lebensnotwendige Wasser und die Schlammmassen, ohne die ein pflanzliches Leben und ein dauerhaftes menschliches Dasein in der Arabischen und Nubischen Wüste unmöglich wäre. Das Überschwemmungsgebiet beiderseits des Nilunterlaufs ist als Flussoase Ägyptens Lebensader. Da das Ausmaß des Nilhochwassers jedoch immer wieder schwankte und eine zu geringe Wasserführung Missernten verursachte, ein Übermaß umgekehrt zu Überflutungen und Zerstörungen führte, reagierten die Ägypter mit dem Bau von Dämmen und Stauanlagen. In historischer Zeit konnten derartige Bauwerke nur als Gemeinschaftsleistung vollbracht werden. Eine geregelte Wasserwirtschaft erforderte eine überörtliche Organisation und Führung, der Schutz des Kulturlandes gegenüber räuberischen Nomaden machte eine funktionierende Landesverteidigung unerlässlich. All dies führte zu der Ausbildung einer starken und einheitlichen Herrschaft unter den Pharaonen.

Natürlich spielten derartige Zusammenhänge insbesondere in frühen historischen Zeiten eine solch herausgehobene Rolle. Dennoch können auch die heutigen Staaten eben nicht ihre geografischen Grundlagen ignorieren oder gar leugnen. So gibt es besser und weniger begünstigte Räume bzw. Regionen und somit staatsfördernde und staatshemmende Faktoren. Die Lage, das Klima, das Relief, das Vorhandensein von Bodenschätzen, das Gewässernetz und die Bodengüte sind hier, wie im vorherigen Kapitel ausführlich dargelegt, von grundlegender Bedeutung. Daher ist an dieser Stelle auch klar zwischen Staaten als geopolitischen bzw. geostrategischen Akteuren (also Subjekte) und Ländern, die als geopolitische Dreh- und Angelpunkte fungieren (also Objekte), zu differenzieren.[36] Erstere verfügen nicht nur über die o. g. Voraussetzungen, sondern noch über weitere Kapazitäten und den Willen, über ihre Grenzen hinaus an Einfluss und Macht auf Kosten letzterer zu gewinnen, verbunden mit dem Ziel, ihren derzeitigen (geo-)politischen Status in Form einer neuen regionalen oder kontinentalen Vormachtstellung zu verändern. So kommt z. B. Australien aufgrund seines reichen Rohstoffvorkommens eine herausragende strategische Bedeutung zu. Damit wird es aber auch zum Interessenobjekt anderer Staaten. Insbesondere China hat in den letzten Jahren immer mehr sein Hauptaugenmerk auf den kleinsten Kontinent gerichtet und die Abhängigkeit Canberras von Peking auf wirtschaftlicher Ebene zunehmend verstärkt.[37]

Historisch betrachtet, hat das Prinzip geopolitischer Subjekte und Objekte eine weitreichende und grundlegende Bedeutung allerdings erst seit der Zeit der Nationalstaaten erfahren, wenn auch schon viele absolutistische Staaten bzw. deren Herrscher auf Machtzuwachs, Territorialgewinnung oder Arrondierung ihrer Grenzen erpicht waren. Die Idee der Nation aber sah und sieht den Zweck des Staates vor allem in der Verwirklichung eines einheitlichen Willens des durch gemeinsame Sprache, Kultur und Lebensweisen zusammengewachsenen Volkes. Der Idealtyp des Nationalstaates strebt also eine Übereinstimmung von Nation und Staatsraum an. Im Extremfall grenzt er sich dabei zum einen bewusst gegenüber den als anders oder fremd empfundenen Nachbarvölkern ab, zum anderen kann er eine aggressive Außenpolitik betreiben und damit Konflikte und Spannungen auslösen. Die Ära des Imperialismus mit dem Ersten Weltkrieg war von einer derartigen Haltung und Politik geprägt. Missbraucht wurde die Idee des Nationalstaats dann schließlich durch den pervertierten Rassegedanken des Nationalsozialismus.

Die wirtschaftlichen, ökologischen und sozialen Herausforderungen der modernen und hochindustrialisierten Staaten auf der einen und der verschiedenen Entwicklungsländer auf der anderen Seite führten dann zu neuen Ansätzen der Raumgestaltung durch Staaten. Eine Folge war die zunehmende Berücksichtigung sozialpolitischer Zusammenhänge, oft in Kombination mit einem konsequenten Rationalismus, der in den sozialistischen und kommunistischen Ländern in einer zentralen Plan- und Befehlswirtschaft mündete, verbunden mit dem Ziel einer massiven und weitreichenden Umgestaltung der Natur ohne jegliche Rücksicht auf damit einhergehende ökologische Katastrophen.

Aber auch in den westlich-demokratischen Gesellschaften übernimmt der Staat mehr und mehr zahlreiche Aufgaben der Raumplanung und -ordnung wie u. a. eine trag- und leistungsfähige Infrastruktur, eine zuverlässige Energieversorgung, funktionierende internationale Wirtschaftsbeziehungen, stabile und sichere Handelswege, eine ausreichende Versorgung der Bevölkerung mit Nahrungsmitteln und Trinkwasser, eine nachhaltige Landwirtschaft, ein stabiles Gesundheitssystem sowie ein verantwortungsbewusster und nachhaltiger Umgang mit Ressourcen. Hinzu kommen in zunehmendem Maße ökologische Herausforderungen wie der Klimawandel, die Vernichtung der Regenwälder, das Artensterben oder die Überfischung der Meere. Als weiterer Parameter stellt zudem die Überbevölkerung zahlreicher Regionen und Staaten wie Bangladesch, Nigeria, Ägypten bzw. Afrika als Kontinent ein immer größeres globales Problem dar. Migrationsströme in Richtung Europa, Zerstörung von Wäldern, Desertifikation, Wasserknappheit usw. liegen gerade auch im Phänomen einer z. T. unkontrolliert wachsenden Bevölkerung begründet. Angesichts dieser skizzierten Rahmenbedingungen, Entwicklungen und Voraussetzungen artikulieren

Staaten, immer natürlich in Abhängigkeit von ihrer Größe, ihrer Bevölkerung, ihrer Wirtschaftskraft, ihrer militärischen Leistungsfähigkeit und somit – im Gesamtpaket betrachtet – von ihrem Einfluss, entsprechende Interessen und versuchen, diese auf unterschiedlichen Wegen durchzusetzen.

Damit nehmen Staaten zwangsläufig auch Einfluss auf die Umwelt, die Landschaften, die wirtschaftliche Struktur und somit auch auf die Lebensbedingungen von Menschen. Raumgestaltende Wirksamkeiten von Staaten gab es zu allen Zeiten. Bewässerungsanlagen und Dammbauten charakterisierten neben den Pyramiden die altägyptische Hochkultur. Kastelle am römischen Limes wurden oft Keimzelle einer umfassenderen Besiedlung und Kultivierung bis hin zur Gründung von Städten wie Mainz und Xanten. Umfangreiche Grenzbefestigungen wie die Chinesische Mauer, der Limes, die französische Maginot-Linie oder der Westwall veränderten Aussehen und Bedeutung von Grenzzonen durchaus auch für längere Zeiträume. Die schon angesprochene Rodung von Wäldern führte nicht nur zur Verkarstung vieler Gebiete, sondern spielte auch bei der mittelalterlichen Ostkolonisation eine nicht unwesentliche Rolle in Mittelgebirgen wie den Sudeten. Zur Verdeutlichung seien noch ein paar Beispiele aufgeführt: Im Hinblick auf den Geofaktor Meer war die Anlage von Deichen, die Entwässerung von Mooren und die Landgewinnung an der Nordsee (Bsp. Niederlande) von grundlegender Bedeutung. Die Trockenlegung des Oderbruchs durch Friedrich den Großen, die Ansiedlungspolitik durch absolutistische Herrscher (z. B. der Hugenotten in Preußen, der sogenannten »Donauschwaben« im Banat und in der Batschka oder der »Wolgadeutschen« in Russland) und die Rheinbegradigung im 19. Jahrhundert sind weitere Beispiele für massive staatliche Einwirkungen auf Raum und Umwelt mit all ihren ökologischen und ökonomischen Konsequenzen. Auch der Bau von Kanälen (Nord-Ostsee-Kanal, Panamakanal, Suezkanal) zählt hierzu und führte nicht nur zu landschaftlichen und wirtschaftlichen Veränderungen, sondern auch zu geopolitischen und geostrategischen Neubewertungen von Räumen. So erhielt Schleswig-Holstein eine ganz neue militärische Bedeutung als »Transitland« von Schiffen der kaiserlichen Marine auf ihrem Weg von Kiel in die Nordsee. Panama erklärte sich 1903 auf Druck der USA von Kolumbien für unabhängig und überließ die Kanalzone dann bis 1999 den USA, auch wenn sie seit 1979 formal unter gleichberechtigter Verwaltung und Kontrolle stand. Am 31. Dezember 1999 gingen die Hoheitsrechte an der Kanalzone dann vollständig auf Panama über, zumindest auf dem Papier.

Von gravierendem Ausmaße ist nach wie vor die Anlage von Staudämmen zur Energiegewinnung und Sicherstellung der eigenen Wasserversorgung eines Staates. Zu nennen sind hier u. a. der Assuan-Staudamm in

Ägypten, der Drei-Schluchten-Damm in China, der Atatürk-Staudamm am Euphrat usw. Das Potenzial, dadurch benachbarten Staaten quasi das Wasser abzugraben, birgt ein nicht unerhebliches geopolitisches Konfliktpotenzial. Ebenso muss in diesem Zusammenhang die Möglichkeit, Flüsse, ja sogar große Ströme, umleiten zu können und zu wollen, erwähnt werden. So wäre China diesbezüglich v.a. in Bezug auf den Mekong und den Indus, die beide auf seinem Territorium entspringen, zumindest theoretisch dazu in der Lage.

Blicken wir zurück, so gab es zu Sowjetzeiten, wie schon kurz erwähnt, immer wieder Pläne, die großen sibirischen Ströme Ob, Jenissei, Irtysch und evtl. auch die Lena in Richtung der zentralasiatischen Steppe umzuleiten. Absicht war es, aus damaliger Sicht vermeintlich nutzloses Wasser für einen noch intensiveren Baumwollanbau nutzen zu können und gleichzeitig einen neuen Siedlungsraum für rund 100 Millionen Menschen zu gewinnen. Zumindest treffen wir wieder auf Beispiele einer damals vermeintlich zum Wohle der Menschheit staatlich organisierten Politik mit all ihren negativen ökologischen Ergebnissen.

Auf außen- und sicherheitspolitischer Ebene sprechen wir in den eben dargelegten Zusammenhängen von einer Raumpolitik, die die geografischen Rahmenbedingungen bzw. Voraussetzungen von Staaten berücksichtigt. Staatliche bzw. zwischenstaatliche Raumordnungen[38] geschehen dabei dann insbesondere dadurch, dass Grenzen gezogen oder verlegt werden. Dabei geht es auch um Ordnungsvorstellungen wie Werte, Normen und Menschenbilder. Diese oft unterschiedlichen Vorstellungen beinhalten somit manches Mal ein Konfliktpotenzial, sodass, geschichtlich betrachtet, Raumordnungen durch Staaten immer umstritten oder umkämpft waren, sind und sein werden. Jede historische Epoche schafft sich also zwangsläufig ihre eigene Raumordnung in Abhängigkeit von den jeweils dominierenden Staaten.

3. Daraus resultierende aktuelle geopolitisch geprägte Konflikte

a) Die Lebensgrundlage Wasser als Konfliktherd

Die Ressource Wasser war und ist die zentrale Grundlage jedes menschlichen Daseins, indem sie für die Menschheitsgeschichte, die Zivilisation und ihren technischen Fortschritt prägend wirkte. Die antiken Hochkulturen entstanden nun einmal am Lauf großer Flüsse und Ströme wie Nil, Indus, Huang He sowie Euphrat und Tigris. Aber auch manche modernen Staaten wie z. B. Israel begründen u. a. ihre Identität und ihre Existenz auf der Tatsache, die Wüste in ein blühendes Land verwandelt und sie somit der Landwirtschaft nutzbar gemacht zu haben. Stauvorrichtungen, Kanäle und Bewässerungstechniken haben schon in der Antike (z. B. der antike Staudamm von Marib im Jemen) Wüsten zum Blühen gebracht und somit ertragreiche Ernten gesichert.

In vielen Regionen der Erde war oder ist Wasser ohnehin schon ein sehr knappes Gut, mittlerweile nimmt aber die Nachfrage nach Süßwasser noch deutlich zu. Rund 2,2 Mrd. Menschen weltweit verfügen über keinen regelmäßigen Zugang zu sauberem Wasser und ca. 785 Millionen davon können nicht einmal auf eine Grundversorgung mit Trinkwasser zurückgreifen. Betroffen sind vor allem Menschen in den ärmeren Regionen der Welt – und dort vor allem in den ländlichen Gebieten. In solchen Staaten werden mehr als ein Viertel der erneuerbaren Wasserressourcen genutzt. Jüngste Schätzungen zeigen, dass über 50 Staaten von Wasserstress betroffen sind: 31 Länder nutzen zwischen 25 Prozent und 70 Prozent der erneuerbaren Wasserressourcen wie etwa Mexiko oder China, weitere 22 Länder mehr als 70 Prozent, z. B. Ägypten und Pakistan.[39]

Seit den 1950er-Jahren werden daher weltweit vermehrt Staudämme[40] gebaut, um Wasser zu speichern und Energie gewinnen zu können. Besonders im Nahen Osten ist Wasserknappheit ein großes Problem. Am Oberlauf der Flüsse Euphrat und Tigris ist seit einigen Jahrzehnten das Südostanatolien-Projekt im Bau, das im Südosten der Türkei großflächige Bewässerung und die wirtschaftliche Entwicklung der Region ermöglichen soll. Es besteht aus 22 Staudämmen und 19 Wasserkraftwerken und birgt ein nicht unerhebliches Konfliktpotenzial, da die Anrainerstaaten am Unterlauf der beiden Flüsse, Syrien und Irak, dieses Projekt als existenzielle Bedrohung empfinden. Sie werden dadurch nämlich stark in der Nutzung des Flusswassers eingeschränkt, da ein großer Teil des in der Türkei entnommenen Wassers nicht mehr zurück in die Flüsse gelangt und Euphrat und Tigris deutlich weniger Wasser führen, wenn sie die Unterlieger erreichen. Während die Türkei ein sehr wasserreiches Land ist, das auch ohne das Südostanatolien-Projekt nicht mit Wasserknappheit zu kämpfen gehabt hätte, so sind Syrien und der Irak auf die beiden Flüsse als Wasserquellen angewiesen, denn aufgrund des ariden Klimas fällt dort kaum Niederschlag.

Exemplarisch sei an dieser Stelle auch kurz der Konflikt[41] zwischen Israel und Palästina um den Jordan sowie das dortige Grundwasser erwähnt (siehe dazu Kap. IV. 4. b.), der die Problematik einer ausgewogenen

(3) Der rekonstruierte Staudamm von Marib

Nutzung und Verteilung des Wassers in solchen semi(-ariden) Regionen drastisch veranschaulicht. Wie gravierend ein Missbrauch von Wasserressourcen ist, zeigt sich nämlich genau hier beispielhaft an der dramatischen Übernutzung des Jordan, der mittlerweile auf seinem Weg zum Toten Meer nur noch ein Rinnsal ist. Auch dieser einmalige Salzsee ist so zunehmend von einer Austrocknung infolge der extremen Verdunstung gefährdet.

Analog zum Nahen Osten finden wir dieses zentrale geopolitische Problem auch in Afrika, dort ist es vor allem in der Sahelzone evident. Ähnliches gilt für Zentralasien. Diese Region liegt zudem noch im Schnittpunkt der geopolitischen Interessen von Russland, China und den USA, wobei die zentralasiatischen Staaten dabei nach wie vor nur Figuren im nun von China und Russland beherrschten Spiel sind.

Geopolitische Fragen von Sicherheit und Macht spielen eine entscheidende Rolle bei der Auseinandersetzung um diese begrenzte, aber überlebensnotwendige Ressource, denn eines ist klar: Wer die lebenswichtigen Wasservorkommen, egal in welcher Region, kontrolliert, beherrscht auch zwangsläufig diejenigen Landstriche oder Sektoren, die von diesen Ressourcen abhängig sind.

Dies gilt auch für die Himalaya-Region – oft aufgrund ihrer nach Antarktis und Arktis größten Eismassen als »Dritter Pol« bezeichnet –, wo die drei Atommächte China, Indien und Pakistan aufeinanderstoßen und in der die fünf großen Ströme Indus, Ganges, Brahmaputra, Jangtsekiang und Huang He (der Gelbe Fluss) entspringen, die zusammengenommen jeden fünften Menschen auf der Erde mit Wasser versorgen. Für die Menschen in Indien, China, Pakistan und Südostasien ist das Schmelzwasser der Gletscher von existenzieller Bedeutung, gerade in natürlich bedingten Trockenzeiten. Diese Flüsse stellen also die Lebensader fast ganz Asiens (außer Sibirien) dar, indem sie nicht nur Nahrung und Wasser für die Landwirtschaft bieten, sondern auch als Transportwege eine wichtige Bedeutung haben. Eine zunehmende Erwärmung der Erde würde zum Abschmelzen der Gletscher und dadurch auf Dauer zu weniger die Flüsse speisendem Schmelzwasser führen. So könnte das verfügbare Wasservolumen nach Berechnungen[42] aus dem Indus um acht Prozent, aus dem Jangtsekiang um fünf Prozent, aus dem Ganges um 18 Prozent und aus dem Brahmaputra gar um 20 Prozent zurückgehen, was allein im Einzugsgebiet dieses Flusses die Ernährungssicherheit von rund 40 Millionen Menschen gefährden könnte.

Abschießend sei in diesem Zusammenhang noch kurz auf das Austrocknen von zwei einst riesigen Binnenseen in den letzten Jahren eingegangen. Zum einen handelt es sich beim dramatischen Verschwinden des Aralsees in Zentralasien um eine der größten anthropogen bedingten Umweltkatastrophen. Dieser See war mit einer Fläche der Größe Bayerns noch vor 60 Jahren der viertgrößte See der Erde. Seit der Stalinära wurden in der damaligen Sowjetunion allerdings aus seinen beiden wichtigsten Zuflüssen Amudarja und Syrdarja große Wassermengen für die künstliche Bewässerung riesiger Anbauflächen für Baumwolle in Kasachstan und Usbekistan entnommen. Durch den somit geringeren oder oft völlig ausgebliebenen Zufluss sank dann seit den 60er-Jahren der Wasserspiegel des Sees kontinuierlich bis zu seinem fast kompletten Verschwinden nach der Jahrhundertwende.

Beim in der afrikanischen Sahelzone gelegenen Tschadsee[43] war und ist die Entwicklung ähnlich dramatisch. 1953 noch so groß wie das Bundesland Brandenburg, ist neben dem zunehmenden trockeneren Klima und damit einhergehenden Dürreperioden die Bewässerung von Feldern für seine Austrocknung verantwortlich. Zwischen 1983 und 1994 stieg der Wasserbedarf für die dortige Landwirtschaft um das Vierfache an, was 50 Prozent zur weiteren Austrocknung des Sees beigetragen hat.

Beide Fälle stellen nicht nur eine ökologische Katastrophe für die betroffenen Länder dar, sondern haben ebenso auch massive ökonomische

Auswirkungen. So ist am Aralsee z. B. das Fischereigewerbe fast vollständig zum Erliegen gekommen.

b) Die Wüste wächst: Konflikte um Anbauflächen und die Versorgung mit Nahrungsmitteln

Klimatische Veränderungen stellen bereits heute eine existenzbedrohende Bedeutung für viele Menschen insbesondere in den Entwicklungsländern dar. Dort wiederum sind die Trockengebiete, also aride und semiaride Regionen (z. B. Steppengebiete), stark von Bodendegradation und Desertifikation[44] – also die Bildung bzw. Ausbreitung von Wüsten einhergehend mit Wasser- und Bodenverknappung – geprägt, was noch eine zusätzliche Herausforderung darstellt. Jedoch sind die einzelnen Erdteile von diesem Phänomen durchaus unterschiedlich stark betroffen. Die intensivsten Erscheinungen finden sich in Asien, wo bereits 39 Prozent der Böden degradiert sind; flächenmäßig besonders ausgeprägt in den zentralasiatischen Staaten, im Iran und im Irak. Aber auch in den Randgebieten der großen Wüsten wie beispielsweise in der Sahelzone finden wir dieses Phänomen.

Unter dem globalen Problem Bodendegradation versteht man die Verschlechterung des Bodens bis hin zu seinem völligen Verlust. Dessen Ursachen[45] sind vielfältig. So kann dieser Prozess auf der einen Seite durch natürliche Phänomene wie Klimaveränderungen und Schwankungen der Niederschlagsmengen ausgelöst werden, aber ebenso auch – und das in zunehmender Weise – durch eine nicht nachhaltige, intensive Landnutzung, wenn z. B. zu viel Vieh auf zu geringer Fläche gehalten wird. Die Vernichtung der Vegetationsdecke durch Abholzung, Brandrodung, Wanderfeldbau oder Überweidung, die Verdichtung und damit die Zerstörung der Bodenstruktur durch massiven Einsatz von Maschinen, ein einseitiger Anbau in Form von Monokulturen, eine falsche Bewässerung, ein intensiver Einsatz von Pestiziden und Düngemitteln, all dies sind weitere Ursachen, die das biologische Gleichgewicht verändern und somit Böden unbrauchbar machen können.

In vielen ariden Gebieten hat der Bedarf nach zusätzlichem Ackerland, nach Bau- und Brennholz den Baum- und Waldbestand drastisch reduziert. Vor allem in recht dicht besiedelten Regionen Afrikas ist dies der Fall, da dort Holz nach wie vor den wichtigsten Energieträger darstellt. Dann wird auch nicht vor dem Baumbestand in Nationalparks haltgemacht, wovon sich der Autor 2019 selbst im Kafue-Nationalpark in Sambia leider überzeugen konnte. Der Verkauf von Brennholz oder Holzkohle auf den lokalen

Märkten stellt für viele Menschen in diesen Regionen eben eine, wenn nicht die Einnahmequelle dar.

Die durch den Menschen verursachte Bodendegradation schädigt mittlerweile jedes Jahr Flächen in den Größenordnungen der Schweiz. In den letzten 35 Jahren haben sich die Böden auf ca. 30 Prozent der Landfläche weltweit deutlich verschlechtert. Fruchtbarkeit und Produktivität verringerten sich auf landwirtschaftlich nutzbaren Flächen wie Weide- und Ackerland ebenso wie auf Waldflächen, wovon insgesamt – sowohl in armen wie in reichen Ländern – ein Lebensraum von 3,2 Milliarden Menschen tangiert ist.[46] Eine Zerstörung der Böden führt global zu einer zunehmenden Gefährdung der Ernährungsgrundlage. Besonders in Entwicklungsländern sind sehr viele Menschen davon betroffen, da sie direkt oder indirekt von der Landwirtschaft abhängig sind.[47] Heute zeigen bereits 20 Prozent der von den Menschen landwirtschaftlich genutzten Flächen Degradationserscheinungen. Dies ist besonders bedrohlich, da nur ein kleiner Teil (11 Prozent) der Landfläche uneingeschränkt landwirtschaftlich nutzbar ist. In den folgenden 25 Jahren wird daher auch mit Einbußen in der Nahrungsmittelproduktion zwischen 15 und 35 Prozent gerechnet. Dies wird insbesondere angesichts einer nach wie vor wachsenden Weltbevölkerung die Armut in unmittelbar von Landwirtschaft abhängigen Regionen massiv verschärfen, zu Hunger bzw. Hungersnöten und folglich zu weiteren Ursachen von Migrationsströmen in fruchtbarere Gegenden bzw. nach Europa führen.

Bodendegradation und Desertifikationsprozesse können und werden aus diesen Gründen sicherlich in zunehmendem Maße Krisen auslösen (z. B. wegen der Verletzung von Grenzen bei der Nahrungssuche), die durch eine unzureichende Verteilung von Nahrungsmitteln noch verschärft werden können, wenn manche Bevölkerungsgruppen kaum oder gar keinen Zugang zu ihnen mehr haben sollten.

c) Konflikte um die Energieversorgung am Beispiel von Erdöl und Erdgas

Erdöl ist ein nicht erneuerbares, immer knapper werdendes Gut mit begrenztem Vorkommen, die oftmals auch noch in konfliktträchtigen Regionen zu finden sind. Die meisten westeuropäischen Industriestaaten sind von Öl- und Gasimporten abhängig. Öl und Gas bedeuten nicht nur, dass jederzeit Benzin aus dem Zapfhahn der Tankstelle fließt, die Wohnung im Winter warm und Energie zum Kochen da ist, sie halten auch die Industrieproduktion am Laufen, sichern somit Arbeitsplätze und die Lebensfähigkeit von Städten und Dörfern. Als Energieträger, als Basis für Treibstoff und als Heizöl ist es also in erster Linie für die Industriestaaten eine, wenn nicht bisher die Grundlage ihres Wohlstands. Zur Sicherung der globalisierten Güterindustrie, für die Mobilitätsbedürfnisse einer immer stärker wachsenden Zahl an Menschen, die mit dem Auto oder dem Flugzeug unterwegs ist, sind immense Mengen des »Schwarzen Goldes« nötig. Erdöl wird also – Energiewende hin oder her – auch in Zukunft global betrachtet, zu einer der begehrtesten Ressourcen überhaupt gehören. Gegenwärtig werden mehr als 40 Millionen Barrel täglich gefördert (ein Barrel entsprechen ca. 158 Liter), davon 10,8 Millionen durch die USA und 10,2 Millionen durch Russland.[48]

Noch Anfang der 2000er-Jahre wurden die weltgrößten Reserven in Saudi-Arabien lokalisiert. Mittlerweile sind aber die Kosten für die Förderung anderer Erdöllagerstätten, wie z. B. Ölsande oder durch weiterentwickelte Fördermethoden wie Fracking so weit gesunken, dass sie fast im Bereich der Kosten der konventionellen Erdölförderung liegen. Die Reserven, die mit der mittlerweile zur Verfügung stehenden Technik wirtschaftlich gewonnen werden können, haben in den letzten Jahren insgesamt leicht zugenommen. Während die Reserven im Nahen Osten, China und Lateinamerika aufgrund der Erschöpfung von Lagerstätten und unzureichender Prospektionstätigkeit sanken, stiegen sie in Afrika und auch Europa leicht an. Bei einem Verbrauch auf dem gegenwärtigen Niveau ergibt sich, wie von vielen Wissenschaftlern prognostiziert, eine Reichweite von gut 50 Jahren. Die wichtigsten Erdölförderländer sind neben den USA und Russland derzeit weiterhin die OPEC-Staaten Algerien, Angola, Äquatorialguinea, Gabun, Iran, Irak, die Republik Kongo, Kuwait, Libyen, Nigeria, Saudi-Arabien, die Vereinigten Arabischen Emirate (VAS) und Venezuela. Indonesien trat 2016 aus dem Ölkartell aus, ebenso Katar 2019 und Ecuador Anfang 2020. Auf die dreizehn OPEC-Länder entfallen aktuell rund 40 Prozent der Weltförderung. In Deutschland hat die Erdölförderung heute übrigens nur einen Anteil von 2 Prozent.

Neuentdeckungen von ergiebigen Öl- und Gasfeldern sind vor allem im Bereich der Kontinentalränder und Grabensysteme zu vermuten. Auch in der Nachbarschaft von bereits existierenden großen Ölfeldern sind weitere Funde zu erwarten. Das birgt zwangsläufig ein entsprechendes Konfliktpotenzial in verschiedenen Meeresregionen der Erde, so im besonderen Maße im Ost- und Südchinesischen Meer. Angesichts der weltweit steigenden Nachfrage nach Öl und Gas, insbesondere in China und Indien, ist zudem davon auszugehen, dass Russland angesichts der strategischen Bedeutung seiner Öl- und Gasreserven, weitere Explorationen auch in ökologisch sensible Gebiete wie in der Arktis unternehmen wird.

Der Zugriff auf Erdöl bedeutet für manche Staaten einen klaren geopolitischen Vorteil.

Stoppt Russland beispielsweise seine Öl- und Gasexporte in die EU, so sind durch einen solchen Ausfall die ostdeutschen Raffinerien in Leuna und Schwedt betroffen. Polen, dessen Ölreserven nach Angaben des polnischen Wirtschaftsministeriums für nicht mehr als 80 Tage reichen, ist zu mehr als 90 Prozent seiner Ölimporte von der russischen Drushba-Pipeline abhängig.

Auch in Afrika spielt dieser Rohstoff infolge des dort explodierenden Bevölkerungswachstums und der damit einhergehenden zunehmenden Nachfrage eine immer größere Rolle, hier allerdings eher als geopolitischer Nachteil. Viele der dortigen Ölförderländer wie der größte Produzent Nigeria[49] verfügen nämlich nicht über stabile staatliche Institutionen, die beispielsweise die Rechte der einheimischen Bevölkerung schützen; vielmehr profitieren oftmals die (korrupten) Eliten der Diktaturen oder »Halb-Demokratien« von der Förderung. Damit sind solche rohstoffreichen Länder oft anfälliger für Konflikte als rohstoffarme. Dies ist darin begründet, dass die Mehrzahl der Konflikte nicht geführt wird, weil ein rohstoffarmes Land sich gewaltsam Zugriff auf die Ressourcen eines reicheren Landes sichern will, sondern weil vielmehr sowohl in der Förderung als auch in der Verteilung der Einnahmen sowie in der Lastenverteilung der ökologischen Folgen des Abbaus und der Förderung von Rohstoffen eine erhebliche Ungerechtigkeit herrscht.

Zudem ist der Zugang zu Erdöl von wachsendem geostrategischem Interesse. Die Industrienationen, inklusive der aufstrebenden Schwellenländer, sind daran interessiert, sich dauerhaft einen Zugang zu diesem Rohstoff zu sichern, wenn nötig auch mit militärischen Mitteln (vgl. die US-amerikanische Intervention 2003 im Irak) oder in Zusammenarbeit mit diktatorischen Regimen. Diese erschwert natürlich eine kooperative Form der Verteilung und bedeutet vielmehr eine Form von hegemonialem Machtanspruch.

Ohne eine Einschränkung und Wandlung unserer Konsum- und Produktionsstrukturen und der dahinterstehenden Mentalitäten werden wir das Konfliktpotenzial, das in den verschiedensten Rohstoffen unserer Wohlstandsgesellschaft steckt, nicht entschärfen können, zumal die Rohstoffe ja mit der Zeit immer knapper werden. Hier sind sicherlich staatliche Förderungen von Innovationen, um alternative Energiequellen zu erschließen, eine weitere zukunftsweisende Möglichkeit.

d) Konflikte um Rohstoffe der Zukunft

Wer hat noch nicht von den Seltenen Erden gehört? Ein magischer, beinahe sagenumwobener, aber kostbarer Rohstoff für die weltweite Hightech-Industrie wie z. B. für unsere Alltags- und Wegwerfprodukte wie viele nachlässig verwendete Mobiltelefone bzw. Smartphones. Wir finden sie darüber hinaus in Computerchips und Elektromotoren. Ebenso auch in Windkraftanlagen, die allerdings neben der Verschandelung der Landschaft auch den gravierenden Nachteil haben – ökologisch aber von der Partei »Die Grünen/Bündnis 90« gewollt – Insekten, Vögel und Fledermäuse geradezu zu schreddern. Aber wer weiß von uns, dass um diese Spezialmetalle seit Jahren ein erbitterter Streit tobt? Mehr als 90 Prozent[50] von ihnen werden in China gefördert. Die größten Vorkommen von Seltenen Erden[51] befinden sich in China in der formal autonomen Provinz der Inneren Mongolei. Damit dominiert das kommunistische, undemokratische und somit unfreie Land fast die gesamte Weltproduktion der Seltenen Erden und kann jederzeit nach Lust und Laune die Exporte einschränken, auf die auch Firmen aus Deutschland angewiesen sind.

Die Volksrepublik braucht für ihre heimische Industrie nämlich viele Seltene Erden. Daher hat Peking die Förderung – rein mit dem Blick auf das Ausland – drastisch gedrosselt.

Die Dominanz Chinas hat historische Gründe. Peking ließ lange Zeit zu sehr geringen Preisen die Hightech-Metalle fördern. Da lohnte sich die Produktion im Rest der Welt kaum noch. Die »westlichen« Industriestaaten hatten damals den strategischen Wert der Seltenen Erden lange unterschätzt. Als die Preise dann stiegen, wurde eine gewaltige Suche genau nach diesen Metallen angestoßen. Aber das beendete noch lange nicht die hier herausragende Marktmacht Chinas. Vor allem die Elemente der sogenannten »Schweren Seltenen Erden«, die für Elektromobilität, Windkraftanlagen und Energiesparlampen wichtig sind, werden bislang nur in China gefördert. Damit steht die Frage einer dauerhaften, gesicherten Versorgungslage Europas gerade mit diesen Seltenen Erden mehr denn je auf der Tagesordnung des aktuellen politischen Geschehens. Politische Abhängigkeiten, ja Erpressungen auf Kosten unserer freiheitlichen Grundordnung durch Peking könnten dann zur Gewohnheit werden. Wollen wir das wirklich??

e) Migration als geopolitisches Konfliktinstrument

Derzeit sind gut 65 Millionen Menschen weltweit auf der Flucht. Damit ist jeder 113. Bewohner unseres Planeten davon betroffen. Jeden weiteren Tag verlassen zudem 34.000 Menschen aufs Neue ihre Heimat, das sind 24 pro Minute.[52]

Ungleiche Bevölkerungsdichte sowie erhebliche Wohlstandsunterschiede verbunden mit sozialen Disparitäten führen zu weltweiten Migrationsströmen[53] in wirtschaftlich besser entwickelte Regionen mit erheblichem Konfliktpotenzial für die betroffenen Regionen.

Die Ursachen dafür, dass Menschen wandern, sind vielfältig, doch ist ihnen allen gemeinsam, dass sie auf eine Verbesserung ihrer jeweiligen Lebenssituation abzielen – z. B. mehr Bildung, ein höherer Lebensstandard, Schutz vor Verfolgung. Dabei ist zwischen sogenannten Push- und Pull-Faktoren[54] zu unterscheiden. Wanderungsmotive, die unter dem Sammelbegriff Push-Faktor (abstoßender Faktor) zusammengefasst werden können, haben eine als unbefriedigend empfundene Situation vor Ort als Grundlage. Im Konkreten kann dies heißen: (Bürger)Krieg, religiöse oder politische Verfolgung, Armut und Hunger, Umweltkatastrophen bzw. schwierige klimatische Bedingungen. Der zentrale Grund für Migrationen, die unter dem Sammelbegriff Pull-Faktor (anziehender Faktor) zusammengefasst werden können, ist, dass andere Staaten ein – oft nur vermeintliches – Bild von Sicherheit und Wohlstand suggerieren und dadurch indirekt oder auch direkt für das Verlassen der Heimat werben. Die Anwerbung von Arbeitskräften, die Aussicht auf höhere Löhne und einen allgegenwärtigen, umfassenden Sozialstaat sowie der Wunsch nach Familienzusammenführung sind derartige konkrete Motivationen. Wichtig ist hierbei, eine klare Unterscheidung zwischen Flüchtlingen[55] (Flucht vor Verfolgung und Gewalt) und Wirtschaftsflüchtlingen – wo immer möglich – vorzunehmen.

Spätestens seit 2015 stellt sich in zunehmendem Maße für Europa und hier wiederum speziell auch für Deutschland das Problem umfassender Migrationsströme.[56] 84 Prozent aller Migranten, die seit 2015 nach Europa strömten, kommen aus drei Ländern im Nahen Osten, in denen anhaltend Krieg herrscht: 49 Prozent aus Syrien, 21 Prozent aus Afghanistan und neun Prozent aus dem Irak.[57] Andere Flüchtlinge stammen aus afrikanischen Ländern, hauptsächlich aus Nigeria, Eritrea, Somalia und Gambia. Zudem fliehen verstärkt Menschen aus Ländern wie Pakistan, dem Iran und Ägypten sowie aus ost- und südosteuropäischen Staaten. Auffällig ist, geografisch betrachtet, ein »Bogen der Instabilität«, der sich von Mali über Nigeria, den Tschad, den Sudan bis über den Jemen und Somalia nach Pakistan und

Afghanistan spannt.[58] Prägend sind hier z. B. terroristische Aktivitäten von al-Qaida, Boko Haram und Terrorgruppen in Mali.[59]

Der türkische Präsident Erdoğan instrumentalisierte in den letzten Jahren die durch sein Land ziehenden Flüchtlingsströme, um das Machtverhältnis mit der EU zu ändern. Aus einem einstigen Bittsteller, der vor den Toren der EU wartete, wurde ein machtvoller Akteur, der so Geld und politische Gefälligkeiten einfordern konnte. Zuletzt versuchte der weißrussische Machthaber Alexander Lukaschenko Migranten u. a. aus dem Irak für eine destabilisierende Politik gegenüber der EU zu missbrauchen. Nach einer Studie der US-Politikwissenschaftlerin Kelly Greenhill funktioniert diese Art politischen Drucks besonders gut gegenüber liberalen Demokratien, die Menschenrechte schützen wollen und dann zwischen diesem Anspruch und dem Unmut der eigenen Bevölkerung zerrieben werden.[60] Flüchtlinge werden somit als geopolitisches Druckmittel missbraucht. Mit ihrem Buch »Massenmigration als Waffe«[61] präsentiert Greenhill die erste systematische Untersuchung dieses verbreitet eingesetzten, aber weitgehend unbeachteten Instruments der Einflussnahme von Staaten. Sie zeigt anhand einer Vielzahl von Fallstudien aus Europa, Ostasien und Nordamerika sowohl, wie oft diese unorthodoxe, nicht-militärische Form der Nötigung zum Einsatz kam, nämlich mehr als 50-mal in den letzten 60 Jahren, als auch, wie erfolgreich sie gewesen ist. Zudem befasst sich die Autorin mit den Fragen, wer dieses politische Werkzeug anwendet, zu welchem Zweck, und wie und warum es funktioniert. Diese durch potenziell schwächere Länder strategisch gesteuerte Migration oder auch nur die Drohung einer solchen dient ihnen der Durchsetzung von politischen Zielen, die ansonsten für sie unerreichbar wären. Adressaten dieser bis dato unterschätzten Form der politischen Erpressung bzw. Nötigung sind, wie schon gesagt, liberale und meist wohlhabende Demokratien[62], deren Verpflichtung für die Menschenrechte und deren unterschiedliche politische Interessengruppen ausgenutzt werden können, um jeder Regierung, die einer solch erzwungenen Zuwanderung widerstehen will, etwas aufzuerlegen, das die Autorin als »Heucheleikosten« bezeichnet.[63] Doch sogar autoritäre Staaten wie das moderne China sind verwundbar, wie das Beispiel Nordkorea gezeigt hat. In den 1990er-Jahren wurde das stalinistisch geführte Land neben einem wirtschaftlichen Niedergang (nach dem Ende der UdSSR) von mehreren verheerenden Hungersnöten heimgesucht. Als sich dort die humanitären und ökonomischen Bedingungen immer weiter verschlechterten, wuchs v. a. in China die Sorge vor einem möglichen Zusammenbruch des Regimes in Pjöngjang. Der nordkoreanische Diktator Kim Jong Il nutzte Pekings Angst vor einer möglichen Massenflucht nach

China als politisches Druckmittel, um so Nahrungsmittel und Wirtschaftshilfen zu erhalten.[64]

Die Urheber dieser Nötigungspolitik verfolgen also die Absicht, das Verhalten der Zielstaaten zu verändern, indem sie vorhandene und miteinander konkurrierende politische Interessen und Gruppen ausnutzen und indem sie die Kosten oder Risiken beeinflussen, die den Bevölkerungen der Zielstaaten auferlegt werden. Für die EU stellt sich diese Herausforderung in zunehmendem Maße im Hinblick auf Afrika. Sie ist zwar aktuell noch dessen größter Handelspartner sowie die größte Quelle für ausländische Investitionen und Entwicklungshilfe, aber China tritt im südlichen Kontinent als immer stärkerer Konkurrent gegenüber Europa auf, was Investitionen und politischen Einfluss angeht (vgl. Kap. IV. 1. f.). Es gilt somit umso mehr, diese Wirtschaftsbeziehungen auch mit einer nachhaltigen und strategischen Sicherheits- und Migrationspolitik zu verknüpfen bzw. sie in Einklang zu bringen. Beide Seiten, also EU und Afrikanischen Union (AU), haben sich in den vergangenen Jahren bemüht, Wege zur Eindämmung der Migration über das Mittelmeer zu finden und scheinen weiterhin daran interessiert zu sein, vor allem die Ursachen der Migration zu bekämpfen. In dieser Hinsicht wird auch interessant bleiben, inwiefern sich die Pläne der EU von denen des französischen Präsidenten Emmanuel Macron unterscheiden. Dieser hatte nämlich mehr militärisches Engagement auf dem afrikanischen Kontinent gefordert. Frankreich stellt bereits das größte Militärkontingent der westlichen Welt, das in Mali und der weiteren Sahelregion Operationen gegen aufständische Milizen durchführt und/oder unterstützt. Dennoch hat sich die Sicherheitslage zunehmend verschlechtert; und mit al-Qaida und dem Islamischen Staat verbündete Kämpfer haben ihre Position in der gesamten Region stärken können,[65] womit weitere Migrationsursachen zu konstatieren sind.

Abschließend muss in diesem Zusammenhang auch auf die Rolle der Diaspora eingegangen werden. Einerseits kann sie ab einer gewissen zahlenmäßigen Größe zu einem nicht unerheblichen Einfluss innerhalb der westlichen Länder gelangen, was möglicherweise zur deren inneren Destabilisierung beitragen kann (z. B. Auseinandersetzung von Kurden und Türken). Auf der anderen Seite können Flüchtlinge beispielsweise durch finanzielle Mittel eine Konfliktpartei vor Ort unterstützen und durch derartige Aktivitäten zur Erhaltung bzw. Weiterführung von Kriegen beitragen (z. B. im Konflikt zwischen Armenien und Aserbaidschan).[66]

f) Die Sicherung freier See- und Handelswege

Die Ozeane haben in einer globalisierten Welt gerade auch im wirtschaftlichen Bereich noch mehr an Bedeutung gewonnen. Für Deutschland, so wie ja schon in der Einleitung anhand des Köhler-Zitats verdeutlicht, als eine der größten Exportnationen der Welt und einer der führenden globalen Logistikstandorte ist die Sicherung der Ströme an Rohstoffen und Gütern von lebenswichtiger und damit geostrategischer Bedeutung. So forderte auch der Bundesverband der Deutschen Industrie (BDI) in seinem Grundsatzpapier zur »Sicherheit für das Industrieland Deutschland«:

»Der Schutz der internationalen Logistikketten und Infrastrukturen gegen zunehmende und vielschichtige Sicherheitsbedrohungen wie Terrorismus, organisierte Kriminalität oder Katastrophenszenarien liegt im nationalen Interesse Deutschlands und der EU.«[67]

Diese Sicherung bedeutet im maritimen Kontext der Schutz kritischer Infrastruktur wie Seehäfen, Rohstoff-Förderplattformen und Seeverbindungswegen. Auch das spezielle Wissen um maritime Räume ist von grundlegender Bedeutung, denn erst damit lassen sich mögliche Einflüsse staatlicher wie auch nichtstaatlicher Akteure auf solche Räume analysieren. Dies ist dann eine der wesentlichen Voraussetzungen für eine gesellschaftliche wie politische Diskussion, wie der erforderliche Schutz zu gewährleisten ist, eine Diskussion, die bisher in Deutschland leider noch nicht offensiv geführt wird.

So lehnten das Auswärtige Amt, das Wirtschaftsministerium und das Verkehrsministerium eine nationale Beschäftigung mit dem Problem wachsender Piraterie beispielsweise im Golf von Guinea noch im Frühjahr 2013 ab, obwohl der UNO-Generalsekretär bereits 2012 dazu aufgerufen hatte, sich dieses Problems international anzunehmen.[68] Das Wissen um maritime Räume bedeutet in geografisch-geopolitischer Hinsicht in diesem Zusammenhang z. B. eine Auseinandersetzung mit der besonderen Bedeutung von Meerengen und Kanälen als Nadelöhre für Handelsschiffe und damit ihrer besonderen Gefährdung durch maritime Gewalt wie Piraterie oder auch durch staatliche Gewalt (zum Beispiel Verminung zur örtlichen Sperrung).

Die EU beschloss im Oktober 2013 die Realisierung von EUROSUR (»European border surveillance system«, dt. »Europäisches Grenzüberwachungssystem«) als Netzwerk von Radar-, Satelliten- und Drohneninformationen zur Beobachtung ihrer Küstenräume. Diese Informationen sollen Polizei und Grenzschutz helfen, illegale Aktionen von kriminellen Organisationen wie Drogenschmuggel, Menschenhandel etc. frühzeitig zu erkennen und geeignete Schutzmaßnahmen zu ergreifen.[69] Dieser Schutz kann primär durch Polizeikräfte und die Küstenwachen, bei Bedarf jedoch auch durch Marinekräfte vor Ort geleistet werden. Als weiterer Schritt ist aber dann eine enge Verknüpfung mit Reedereien und Logistikhäusern erforderlich, da diese bereits heute Ersatzrouten für den Fall ausarbeiten, dass ihre bevorzugte Route durch maritime Gewalt, Naturkatastrophen oder auch Schiffsunglücke temporär unterbrochen wird. Die möglichen Alternativen können dann von Ausweichkursen bis hin zum Einsatz polizeilicher, militärischer Gewalt entweder auf staatlicher oder auch privater Ebene zum Schutz dieser Lebensnerven unserer globalen Handels- und Produktionsbeziehungen führen. Allerdings müsste in Deutschland neben diesen internationalen wie nationalen Schutzaufgaben und der Frage der Verantwortlichkeiten von Sicherheitskräften dringend auch eine grundsätzliche Diskussion über ein gesamtstaatliches maritimes Logistikkonzept geführt werden, denn der wachsende Transport von Waren mittels Container wird sich fortsetzen und damit auch der Trend zu immer größeren Containerschiffen.

Vertragliche und diplomatische Lösungsansätze sind natürlich immer möglich, bedürfen aber einer deutlichen Beschleunigung der Verhandlungen, um nicht durch Machtansprüche (vgl. z. B. China) einzelner Staaten überrollt zu werden. Diese könnten in der Folge auch dazu führen, dass bisher freie Seehandelswege in ihrer Nutzung eingeschränkt werden, was für die EU und insbesondere Deutschland als global agierende und damit aber auch abhängige Handelsmacht zu spürbaren wirtschaftlichen Einbußen führen würde.

g) Keine Freiheit der Meere – Wirtschaftszonen und -grenzen im Meer

Das Meer spielte also schon immer eine gewichtige Rolle als Transportweg für die unterschiedlichsten Waren, gewinnt aber im Zuge der Globalisierung eine immer größere Bedeutung. Die Freiheit der Meere und die der Handelswege ist somit eine wichtige Voraussetzung für Wirtschafts- und Wohlstandswachstum – gerade von rohstoffabhängigen Staaten wie Deutschland. Jedoch ist der Gedanke eines freien Zugangs und einer freien Nutzung der See nicht so eindeutig, wie es vielleicht auf den ersten Blick auf den Globus erscheinen mag. Im Gegenteil, die souveränen Staaten haben hier erheblichen Einfluss. Dies ist beispielsweise im Hinblick auf nationale Fischereirechte, die einem Land zur Nahrungsmittelversorgung seiner Bevölkerung dienen, von wesentlicher Bedeutung. Eine mögliche regionale Überfischung durch andere Staaten, die zu wirtschaftlichen Problemen beim Anrainerstaat führen kann, wird dann oft mit dem Anspruch auf die eigenen Nutzungsrechte unterbunden.

Ein weiterer gravierender Aspekt ist in diesem Zusammenhang die künftige Auseinandersetzung um die ökonomische Ausbeutung des Meeres bzw. des Meeresbodens und die Förderung dortiger Rohstoffvorkommen. Dies dürfte die Instabilität in fragilen Regionen deutlich erhöhen, wie es bereits heute im Streit um vermutete Erdölvorkommen im Südchinesischen Meer oder auch in der Arktis deutlich wird. Gerade hinsichtlich der Ausbeutung von Ressourcen wie Erdöl- und Erdgasvorkommen am Meeresgrund oder die Frage von Schürfrechten nach Mineralien und Metallen (z. B. Manganknollen) gewinnen die Meere also immer stärker an Bedeutung.[70] In mehreren 1000 Meter Tiefe lagern nicht nur Milliarden Tonnen von Metallen wie Kupfer, Zink, Eisen, sondern auch Raritäten wie Seltene Erden. Damit geraten die freien Weltmeere ins Visier der rohstoffabhängigen Staaten wie USA, China, Indien und den Europäern. Noch sind diese Meeresgebiete nach internationalem Recht kollektiver Besitz der Menschheit. Diese Position ändert sich allerdings derzeit, auch weil der technologische Fortschritt entsprechend neue Möglichkeiten eröffnet. Moderne Schiffe und U-Boote ermöglichen ebenso eine erheblich bessere militärische Nutzung der hohen See – ein Aspekt, der bei möglichen Verteilungskämpfen um die Ressourcen auf dem Meeresboden eine wesentliche Rolle spielen wird.

All diese Fragen galt und gilt es, rechtlich zu regeln, wobei die Geltung des Rechts auch nur durchsetzbar ist, wenn ein Staat auch die Möglichkeit hat, innerhalb seiner Hoheitsgewässer sein Recht gegen mögliche Rechtsbrecher erfolgreich durchsetzen zu können.

So kennt das moderne Seerecht[71] unterschiedliche Seegebiete, die jeweils unterschiedlichen Regelungen unterliegen. Zunächst ist das Küstenmeer, das auch Buchten[72] einschließt, zu betrachten. Dieses gehört quasi als Territorialgewässer zum Staatsgebiet, aus dem der Küstenstaat in Ausübung seiner uneingeschränkten Souveränität andere Staaten nahezu vollständig ausschließen kann – abgesehen vom Recht der friedlichen Durchfahrt. Auf Basis der historischen »Kanonenschussregel«, nach der sich die Breite der Hoheitsgewässer an der Kontrollierbarkeit mit Geschützfeuer von Land aus orientierte (nach der Überlegung »potestatem terrae finiri, ubi finitur armorum vis« = »Die territoriale Souveränität endet dort, wo die Kraft der Waffen endet«), einigte man sich zunächst auf die ungefähre Weite eines Kanonenschusses mit einheitlich drei Seemeilen (sm). Mit dem Seerechtsübereinkommen (SRÜ) der Vereinten Nationen von 1982 (1994 in Kraft getreten), das jedoch bis heute längst nicht alle Staaten unterzeichnet haben, wurde dieses Höchstmaß, wo nationales Recht gilt, auf 12 Seemeilen

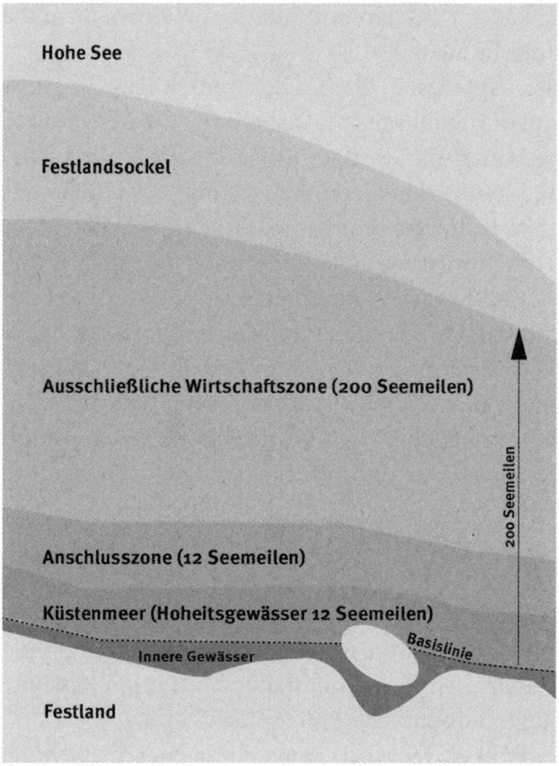

(4) International geregelte Grenzen im Meer

ausgeweitet. Wie breit der beanspruchte Streifen dann allerdings tatsächlich ausfällt, bleibt den einzelnen Staaten selbst überlassen, was zwangsläufig zu Konflikten führen muss.

Manche Staaten machen sogar bis zu 200 Seemeilen geltend – eine Forderung, die allerdings beständig bestritten wird. Hierbei handelt es sich um die sogenannte »Ausschließliche Wirtschaftszone« (AWZ, auch 200-Meilen-Zone genannt), die nach Art. 55 des SRÜ das Meeresgebiet jenseits der 12 Seemeilen-Grenze bis maximal 200 sm Entfernung zur Küste umfasst[73], an die sich dann die hohe See anschließt. Darin kann der angrenzende Küstenstaat in begrenztem Umfang souveräne Rechte und Hoheitsbefugnisse wahrnehmen, insbesondere das alleinige Recht zur wirtschaftlichen Ausbeutung einschließlich des Fischfangs. Oft ist die AWZ im Wesentlichen mit dem sogenannten Festlandsockel identisch. Dieser besteht aus der natürlichen Fortsetzung der Küste unter Wasser, bis diese schließlich in die Tiefsee übergeht. Anders als die anderen Seegebiete kennt aber die Breite des Festlandsockels keine feste Höchstgrenze. Eine Ausnahme stellt die Ausdehnung auf 200 sm für besonders schmale Festlandsockel dar. Die Genfer Konvention über den Festlandsockel von 1958 legte die äußere Grenze bei in der Regel 200 m Wassertiefe fest. Das SRÜ von 1982 bezieht sich mit der »natürlichen Fortsetzung der Landmasse« dabei auf geowissenschaftliche und hydrografische Kriterien. Die Abgrenzung ist immer eine Einzelfallentscheidung. Oft bleibt bei Differenzen den betroffenen Staaten nur eine bilaterale Vereinbarung oder der Gang vor ein Schiedsgericht.[74] Angesichts eines derartigen Konfliktpotenzials nimmt bei vielen Staaten (und insbesondere bei den Binnenstaaten) die Besorgnis zu, dass der Grundsatz des »mare liberum« verdrängt werden könnte.

Die Nordsee mag hier als ein anschauliches Beispiel für die Aufteilung nach dem Prinzip der AWZ dienen. Nachdem unter dem Meeresboden Erdöl und Erdgas entdeckt worden waren, teilten die Anrainerstaaten das Meer überwiegend entsprechend dem Mittellinienprinzip untereinander auf. Zwischen Deutschland, Dänemark und den Niederlanden wurde der Nordseeboden jedoch erst nach langwierigen Auseinandersetzungen und einem Schiedsspruch des Internationalen Gerichtshofs anders verteilt. Da aufgrund seiner geografischen Lage Deutschland nämlich nur ein sehr kleiner Anteil an der Nordsee im Verhältnis zu seiner Küstenlinie zugestanden hätte, kam mit dem sogenannten »Entenschnabel« noch ein zusätzliches Gebiet zur deutschen AWZ.[75]

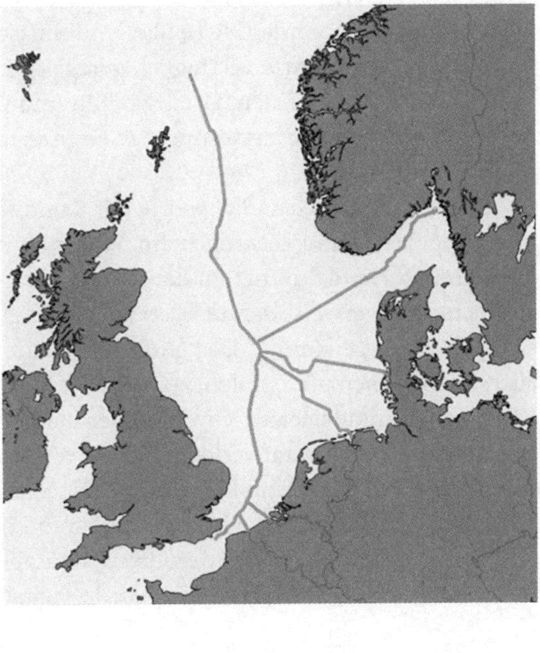

(5) Die Aufteilung der Nordsee gemäß der Ausschließlichen Wirtschaftszone

4. Die geopolitische Bedeutung und Problematik von Grenzen und Umrissformen von Staaten

(Geo-) Politik ist ein Kampf um Einfluss, Macht und somit auch um Grenzen auf dem Land oder im Meer (s. o.). Grenzen waren und sind daher seit jeher umstritten, sind Anlass von Konflikten und Kriegen, verändern sich, werden überwunden, ignoriert, befestigt, überrannt oder anerkannt. Grenzen zwischen Staaten haben immer eine doppelte Funktion, einerseits die Sicherung voneinander, andererseits die Regulierung der Beziehungen und des Verkehrs mit- und untereinander.[76] Derzeit teilen sich knapp 200 Staaten rund 250.000 Kilometer gemeinsame Grenzen.

Das Wort »Grenze« tauchte erstmals im Spätmittelhochdeutschen im 13. Jahrhundert als slawisches Lehnwort in der Form greniz bzw. grenize (polnisch granica, tschechisch hranice) auf.[77] Das altdeutsche Wort für Grenze lautete bis dahin »Mark« und bedeutet im Sinne von »markieren« oder »merken« ursprünglich »Kennzeichen« und wurde für die Landesabgrenzung im Sinne eines Grenzsaums (vgl. die mittelalterlichen Grenzmarken Karls des Großen oder der Ottonen) verwendet.[78] Mit dem zunehmenden Wandel vom Grenzsaum zur Grenzlinie wurde der Begriff Mark sukzessive durch das Wort Grenze verdrängt und ersetzt.

Grundsätzlich müssen drei Kriterien für die Anerkennung einer Grenze erfüllt sein. Zunächst muss ein Gebiet einem Land zugeteilt oder von einem Staat beansprucht werden. Anschließend müssen Einzelheiten und der genaue Verlauf der Grenze vertraglich geregelt werden. Abschließend erfolgt in Form von Grenzsteinen, Grenzzäunen und Grenzübergängen – je nach Lage vor Ort – eine Markierung der Grenze in der Landschaft, die sogenannte Demarkation.

»Grenze ist eine Grundkategorie der Conditio humana, eine universale, unabdingbare Voraussetzung beim Wahrnehmen und Bezeichnen, beim Denken und Handeln«, betont der Althistoriker Alexander Demandt völlig zu Recht und verweist darauf, dass alles, was eine Form habe, diese durch seine Grenzen gewinne.[79] Das gilt somit bis heute in unveränderter Form auch für Nationen und Staaten; ja, vielleicht sogar mehr denn je, will man die Existenz jahrhundertealter europäischer Länder bewahren. »Völker, die ihr abgegrenztes Territorium verloren haben, verschwinden in der Regel aus der Geschichte«, so wiederum Demandt.[80] Die Bedeutung von Grenzen für die Sicherheit und Stabilität von Staaten und ihren Völkern steht also außer Frage.

Dabei erfolgte die Praxis der Grenzziehung im Verlauf der Geschichte nur selten in »idealer Weise«. So wurde vielfach die erstrebenswerte und meist langfristig stabile Zustände versprechende Übereinstimmung von ethnischen und/oder kulturellen und natürlichen Grenzen nicht verwirklicht. Im indischen Subkontinent gehen z. B. die Grenzen auf konfessionelle Unterscheidungen zurück. Indien wurde 1947 mit der Entlassung in seine Unabhängigkeit, soweit es überhaupt möglich war, in einen hinduistischen und einen muslimischen Staat geteilt, der wiederum hinsichtlich seiner geografischen Lage zweigeteilt war (West- und Ostpakistan, das dann als Bangladesch sich 1971 in einem Krieg wiederum seine Unabhängigkeit erkämpfte).

Was macht nun eine gute oder zweckmäßige Grenze v. a. unter geopolitischen Gesichtspunkten aus? Anhand der folgenden Darstellung verschiedener Grenzarten und -formen soll darauf – so weit möglich – eine Antwort gegeben werden.

a. Natürliche Grenzen (Gebirge, Flüsse, Meere)

Hier kommen wieder unsere altbekannten Geofaktoren ins Spiel. Als natürliche Grenzen[81] kann man nämlich solche bezeichnen, die von der Natur quasi selbst geschaffen wurden, oder solche, die sich an natürlichen Hindernissen orientieren. Natürliche Grenzen, wie das Meer, Gebirge, unzugängliche Sümpfe und Wüsten bilden z. T. bis heute Sperr- und Sicherheitsräume. Daher sollte auch eher von Grenzsäumen, statt von Grenzlinien gesprochen werden. Auch Wälder fungierten früher oft als Grenzsäume, so z. B. im Mittelalter zwischen dem Staat des Deutschen Ordens und Litauen. Damit einhergehend können auch Klima- und Vegetationszonen eine natürliche Grenze bilden, so z. B. die Trockengrenze zwischen Wald und Grassteppe.

Flussgrenzen waren zwischen Staaten im Laufe der Geschichte sehr beliebt, da sie sich zum einen problemlos festlegen und zum anderen auch gut kontrollieren ließen. Nicht umsonst hatte die Rhein-Donau-Grenze des Römischen Reiches über Jahrhunderte Bestand. Für Frankreich war jahrhundertelang die Rheingrenze ein wichtiges geopolitisches Ziel, um so die eigene Sicherheit erhöhen zu können. Trotz zahlreicher Versuche in Form einer z. T. aggressiven Politik (Annexion Straßburgs 1681 mitten in einer Friedensperiode, Revolutionskriege ab 1791) konnte diese für Paris »natürliche« Grenze nicht dauerhaft erreicht werden. Hier erwies sich letztlich die Sprachgrenze zwischen Deutschen und Franzosen (sieht man einmal von Elsass-Lothringen ab) als mächtiger.

Heute bilden Flüsse häufig eine natürliche Grenze zwischen zwei Staaten. So z. B. der Rio Grande zwischen den USA und Mexiko, der Amur auf weiten Abschnitten zwischen China und Russland, der Mekong zwischen Laos und Thailand oder der Oranje zwischen Namibia und Südafrika. Allerdings ist festzuhalten, dass Flüsse, wenn sie denn zwischenstaatliche Grenzen bilden, ein mögliches Konfliktpotenzial darstellen, wenn diese infolge einer Laufverlagerung eben dann auch die Grenze zwischen den betroffenen Staaten verändern.

Im Hochgebirge wird die »Wasserscheidelinie«, also der jeweilige Bergkamm, in der Regel als natürliche Grenze festgelegt, wobei diese Linie nicht im Gelände gekennzeichnet wird. Auf Gletschern und Firn bewegt sie sich demzufolge und folgt den morphologischen Veränderungen. Weiterhin bilden Gebirge Wetterscheiden und stell(t)en einerseits natürliche räumliche Barrieren dar, wirkten andererseits durch Passübergänge auch wiederum verbindend.

Für Grabowski stellte das Meer die natürlichste geografische Grenze dar.[82] All diese aufgelisteten natürlichen Grenzen treten heutzutage aber immer mehr in den Hintergrund, da sie aufgrund moderner Technologien ihre Schutzfunktion weitgehend verloren haben. Selbst Meere bilden heute keine trennenden Flächen mehr – ganz im Gegensatz zum 19. und selbst 20. Jahrhundert, als beispielsweise Großbritannien von seiner Insellage in enormen Maße profitieren und eben aus diesem Grunde nicht erobert werden konnte.

b. Politische Grenzen

Politische Grenzen sind, geopolitisch betrachtet, oft extrem konfliktträchtig. Schließlich sind sie immer politisch-kulturell, teilweise auch sehr willkürlich konstruiert, entstanden oft als Ergebnis von Verträgen nach Kriegen (dann natürlich zu Ungunsten des Unterlegenen) und nehmen dabei i.d.R. kaum Rücksicht auf das Relief oder ethnische und wirtschaftliche Zusammenhänge. Solche Grenzen waren und sind z.T. bis heute höchst instabil, betrachtet man z.B. die Grenzen im Nahen Osten, die der reinen Willkür der alliierten Siegermächte des Ersten Weltkriegs entsprangen und bis heute, wie wir noch sehen werden, ein geopolitisches Konfliktpotenzial darstellen. Die Grenzen, die nach dem Ersten Weltkrieg gezogen wurden, erwiesen sich vor allem in Mittel- und Osteuropa, wie schon angesprochen, als höchst problematisch, da sie meist das von US-Präsident Wilson proklamierte Selbstbestimmungsrecht der Völker ignorierten und verletzten. Hier verdeutlicht das Beispiel der 1921 erfolgten Zwangsabtretung Ostoberschlesiens an Polen das Problem mancher rein politischen Grenzen eindrucksvoll im negativen Sinne. Bei der Volksabstimmung vom 20. März 1921 votierten knapp 60 Prozent der Bewohner für den Verbleib beim Deutschen Reich. Dennoch setzten die Siegermächte es durch, dass der wirtschaftlich wertvollere Teil des Industriereviers an Polen fiel, ohne jegliche Rücksichtnahme auf ethnische und – aus deutscher Perspektive – wirtschaftliche Belange.

Als geopolitisch problematisch erwiesen bzw. erweisen sich oft Gebiete, die von einem fremden Staatsgebiet umschlossen sind, die sogenannten Enklaven (aus der Innensicht) oder Exklaven (aus der Außensicht).[83] Mit Büsingen am Hochrhein besitzt Deutschland eine geopolitisch unproblematische Exklave. Während des Kalten Kriegs sorgte hingegen Steinstücken, eine Exklave Westberlins, das wiederum selbst faktisch eine Exklave Westdeutschlands darstellte, für phasenweise erhebliche Konflikte zwischen den Westmächten und der DDR. Die omanische Exklave Musandam besitzt aufgrund ihrer Lage an der Straße von Hormus eine zentrale geopolitische Bedeutung. Gleiches gilt für das seit 1945 russische Nordostpreußen, das sogenannte »Kaliningrader Gebiet«, das mit dem Ende der Sowjetunion zur russischen Exklave wurde und von NATO- und EU-Mitgliedern umgeben ist. Bei einem möglichen Konflikt zwischen Russland und NATO kann diesem Gebiet als ein wichtiger Marinestützpunkt und somit militärischer Vorposten Russlands in Mitteleuropa eine wesentliche geostrategische Bedeutung zukommen (vgl. Kap. IV. 3.). Eine Einbeziehung Russlands in jede Sicherheitslösung für die Ostsee ist aufgrund der geopolitischen Lage dieser Exklave also unerlässlich.

Die Bucht von Guantanamo ist eine 20 Kilometer ins Land ragende und ein bis zu acht Kilometer breiter Teil der Karibik im Südteil von Kuba. Dort befindet sich ein Naturhafen, der aufgrund der großen Wassertiefe auch von U-Booten und großen Schiffen angesteuert werden kann. Am südlichen Teil der Bucht liegt ein von den USA seit 1903 gepachtetes Gebiet mit einer Fläche von 117 km^2, das vom US-Militär genutzt wird und wo sich seit 2002 ein Gefangenenlager für internationale Terroristen befindet. Der rechtliche Status ist ein Streitpunkt zwischen den USA und Kuba, das die Rückgabe des Geländes fordert.

Spanien besitzt mit Ceuta und Melilla zwei Exklaven an der Nordküste Marokkos, die immer wieder von Flüchtlingen als Einfallstor in die EU genutzt werden und aus diesem Grund durch massive Sicherheitsmaßnahmen geschützt sind. Cabinda, eine Exklave Angolas, verfügt über den größten Anteil der angolanischen Erdölproduktion. Immer wieder kam es dort zu separatistischen Bestrebungen.

Berg-Karabach, eine nicht offiziell anerkannte armenische Exklave innerhalb Aserbaidschans, stellt bis heute einen massiven und ungelösten Konfliktherd zwischen beiden Staaten dar, der schon zu zwei Kriegen, zuletzt 2020, geführt hat (vgl. Kap. IV. 3.) Faktische Enklaven sind auch die exterritorialen Stützpunkte der USA und Großbritanniens (z. B. auf Zypern).

Politische Grenzen dominieren weltweit – besonders auffällig in Afrika und im Nahen Osten – und führen immer wieder zu geo- und sicherheitspolitischen Konflikten bis hin zu zwischenstaatlichen Kriegen oder innerstaatlichen Auseinandersetzungen, die wiederum globale Auswirkungen haben können, wie beispielsweise der Bürgerkrieg in Syrien oder die Instabilität des Irak und die damit einhergehenden Migrationsströme beweisen.

c. Ethnische Grenzen bzw. Sprachgrenzen

Sprachgrenzen[84] werden – im Gegensatz zu politischen Grenzen – nicht gezogen, sondern bilden sich heraus. Meistens sind sie eher unscharf und manches Mal auch verworren, verbunden mit Mischzonen, wie z. B. in Bosnien-Herzegowina oder im ehemaligen Oberschlesien, wo in den Städten das Deutsche dominierte, auf dem Land eher das Polnische.

Im Idealfall, aber auch nur in diesem, stimmen analog des Nationalstaatsprinzips die Staatsgrenzen mit der Verbreitung der jeweiligen Ethnie bzw. des gemeinsamen Kulturraums überein. Deutschland z. B. war hingegen jedoch über Jahrhunderte kein geeinter Staat, sondern nach dem Ende des Dreißigjährigen Kriegs 1648 eine reine Kulturnation, verteilt auf über 300 Einzelstaaten mit »Größen« kleiner als heutige Kleinstädte. Auch nach der durch Bismarck vollzogenen kleindeutschen Lösung 1871 verblieben Millionen Deutsche außerhalb des Deutschen Reiches. Nach dem Ersten Weltkrieg ignorierten die Siegermächte dann das von US-Präsident Wilson in seinen 14-Punkten proklamierte Selbstbestimmungsrecht der Völker in vielfältiger Weise. Sie verboten nicht nur die Vereinigung Österreichs mit dem Deutschen Reich, sondern trennten vielmehr ohne jegliche Rücksicht auf ethnische Gegebenheiten zahlreiche Gebiete Deutschlands ab und schlugen sie den Nachbarstaaten zu (z. B. Westpreußen mit einer deutlichen deutschen Bevölkerung an Polen, Eupen-Malmedy mit seiner bis heute rein deutschen Bevölkerung an Belgien).

Sprachliche bzw. ethnische Gebiete, die außerhalb der Nation liegen, können eine Irredenta auslösen, wie z. B. bei den Österreichern und Sudetendeutschen nach dem Ersten Weltkrieg oder bei den Italienern in Triest und Dalmatien nach der italienischen Staatsgründung, einhergehend mit entsprechend hohem Konfliktpotenzial.

Ein Inselstaat wie Großbritannien konnte hingegen lange Zeit in Kriegs- und Friedenszeiten auf vermeintlich homogene Grundlagen vertrauen, aber mittlerweile gibt es selbst dort seit einigen Jahren nicht zu unterschätzende Unabhängigkeitsbestrebungen seitens Schottlands. Auch Frankreich proklamierte den Gedanken der französischen Nation und darauf aufbauend das vermeintliche Recht auf natürliche Grenzen wie den Rhein, aber hier eben unter Missachtung der ethnischen Gegebenheiten, siehe seine (unter heutigen völkerrechtlichen Gesichtspunkten rechtswidrige) Annexion Straßburgs im Jahre 1681 mitten im Frieden. In vielen europäischen Staaten lässt sich aber grundsätzlich eine derartige Übereinstimmung konstatieren. Spanien, Portugal, Griechenland, die skandinavischen Staaten, Italien (abgesehen vom deutschsprachigen Südtirol), Polen seit dem Ende des Zweiten Weltkriegs und der damit einhergehenden Vertreibung der Deutschen aus Schlesien, Pommern, Ostbrandenburg und Südostpreußen, Tschechien (analog gilt das eben Gesagte auch für die Sudetendeutschen), die Slowakei und Slowenien sind adäquate Beispiele dafür. Andererseits stellt gerade der Balkan diesbezüglich ein z. T. bis heute ethnisches Pulverfass dar. So lebt immer noch eine beträchtliche ungarische Minderheit in Rumänien und die Problematik von Bosnien-Herzegowina als staatliches Kunstgebilde wird u. a. in Kapitel III. vertiefend ausgeführt.

Werfen wir den Blick auf andere Kontinente. In Afrika kann beispielsweise von ethnisch stabilen oder gar homogenen Nationalstaaten im europäischen Sinne überhaupt nicht die Rede sein. Namibia umfasst z. B. rund 15 ethnische Gruppen (Ovambos, Hereros, Namas, Himbas, Damaras, San, Capriver, Deutsche usw.), die aber zum Glück seit seiner Unabhängigkeit 1990 bis heute friedlich zusammenleben; eine positive Ausnahme wie auch Botswana. Anders sah es in Ruanda aus, als 1994 Angehörige der Hutu- Mehrheit ca. 800.000 bis 1 Million der Tutsi-Minderheit töteten. Aktuell gibt es mal mehr, mal weniger ethnische Spannungen in Äthiopien, Burundi, Nigeria[85], Mali, Kamerun u. a. mehr. Im Umfeld von Asien strebt derzeit die Insel Bougainville die Unabhängigkeit von Papua-Neuguinea an. Der von 1983 bis 2009 andauernde Bürgerkrieg[86] auf Sri Lanka zwischen Tamilen und Singalesen hinterlässt bis heute in manchen Regionen der traumhaft schönen Insel tiefgreifende Spuren.

d. Strategische Grenzen

Es macht Sinn, sich diesbezüglicher Überlegungen kurz zu fassen. Warum? Ganz einfach, weil im Hinblick auf die Frage nach dem Sinn, Zweck und Nutzen von strategischen Grenzen jeder Akteur (egal ob hinsichtlich historischer Belange oder bezogen auf die Gegenwart) immer eine aus seiner

Sicht befriedigende Antwort liefern muss, um die bestehenden Grenzen zu verteidigen oder eine Veränderung zu rechtfertigen. Die nächste Frage, die sich hier stellt: Was heißt denn eigentlich strategisch? Geht es um eine Vorfeldverteidigung in Form eines geografischen Glacis wie es das Elsass mit den Vogesen dem Deutschen Reich gegenüber Frankreich bot, aktuell Israel mit den Golanhöhen gegenüber Syrien und China es mittels Tibet ermöglicht, Indien in welcher Form auch immer unter Druck zu setzen? War der Rhein für Frankreich eine strategische Grenze? Brückenköpfe, wie einst der englische Festlandsbesitz in Calais mögen eine strategische Bedeutung gehabt haben, ähnlich wie die drei rechtsrheinischen mit dem Zirkel gezogenen Brückenköpfe um Köln, Koblenz und Mainz im Rahmen der alliierten Rheinlandbesetzung nach dem Ersten Weltkrieg einen militärischen Zweck erfüllen sollten. Mit einem ähnlichen Ziel, nämlich der Sicherung Straßburgs, besetzte Frankreich sowohl nach dem Ersten wie auch dem Zweiten Weltkrieg die badische Stadt Kehl als Brückenkopf.

Strategische Grenzen haben – geopolitisch betrachtet – in erster Linie eine militärische Bedeutung und sind insgesamt eher von kurzer Dauer, da sie oft im Rahmen eines Konfliktes entstanden sind und oft durch einen folgenden Krieg wieder revidiert wurden.

e. Mathematische Grenzen

Derartige, sich an Längen- und Breitengraden orientierende astronomische Grenzen finden wir v.a. in Nordamerika als Grenzen vieler US-amerikanischer und kanadischer Bundesstaaten und als Großteil der Grenze zwischen den USA und Kanada, aber auch als ehemalige Kolonialgrenzen in Afrika (beispielsweise große Teile der Grenze von Namibia zu Botswana, der West- und Südgrenze Ägyptens oder der Ostgrenze Mauretaniens). Sie verlaufen über hunderte von Kilometern geradlinig ohne jegliche Rücksicht auf irgendwelche Reliefformen und konnten durch die Europäer nur in aus ihrer Perspektive ursprünglich wenig erschlossenen, weiträumigen und vermeintlich »herrenlosen« Gebieten mit dem Lineal gezogen werden. Damit entsprechen sie hinsichtlich ihres Charakters den politischen Grenzen – verbunden mit allen daraus resultierenden sicherheits- und geopolitischen Problemen.

»Herrenloses Land« gibt es, wenn überhaupt noch, in der Antarktis. Dort wurden bis Anfang des 20. Jahrhunderts jedoch keinerlei Gebietsansprüche gestellt oder, wenn eine Inbesitznahme wie im Falle des Victorialandes durch James Ross 1841 erfolgte, diese durch die damalige Regierung nicht bestätigt. Eine offizielle, 1907 erfolgte Anfrage durch Norwegen an die britische Regierung, ob die antarktische Küste südlich der Falklandinseln (auf die auch Argentinien ja bis heute Anspruch erhebt – man denke hier nur an den Falklandkrieg von 1982) und Südgeorgiens britisches Territorium sei, brachte London in Zugzwang. 1908 wurde daraufhin das Gebiet zwischen 20° und 80° westlicher Länge zu britischem Territorium erklärt. In den 1920er Jahren erhob Großbritannien infolgedessen Lizenzgebühren für die Robbenjagd, was von der argentinischen Regierung scharf abgelehnt wurde. 1923 entstand die sogenannte »Hughes' Doktrin«, die den Standpunkt der US-amerikanischen Politik darlegte und besagt, dass, wenn die Entdeckung unbekannter Länder in Verbindung mit einem formalen Besitzanspruch steht, es keine Anerkennung der Souveränität über den Besitz gibt, es sei denn, dass der Entdeckung eine tatsächliche Besiedlung des entdeckten Gebietes erfolgt. Das änderte aber nichts daran, dass Großbritannien 1923 erklärte, dass das Gebiet der Ross Dependency unter Verwaltung Neuseelands stehe. Dieser Akt löste eine Kettenreaktion aus. 1924 erhob Frankreich seinen Anspruch auf Bergbau-, Jagd- und Fischereirechte für das Adelieland. Norwegen proklamierte daraufhin seinerseits 1939 einen Gebietsanspruch über einen Teil des antarktischen Territoriums. Bis 1946 hatten sieben Staaten Gebietsansprüche entlang verschiedener Längengerade erhoben, nur der Sektor zwischen dem 90° und dem 150° West ist bis dato noch unbeansprucht. Die Anerkennung der Ansprüche erfolgte gegenseitig durch Australien, Frankreich, Großbritannien und Neuseeland, während Argentinien und Chile wegen ihrer untereinander und mit dem britischen Sektor überlappenden Ansprüche keinerlei Anerkennung aussprachen. Hingegen kannten die USA und die UdSSR zu der Zeit diese Gebietsansprüche nicht an und behielten sich ihrerseits eigene vor.

Die aktuell bestehenden Ansprüche – nach mathematischen Grenzlinien definiert – betreffen die Antarktis von der Küstenlinie zum Südpol und die vorgelagerten Inseln bis 60° südlicher Breite. Die Probleme, die mit den sich teilweise überschneidenden Gebietsansprüchen verbunden waren, wurden durch den Antarktisvertrag ad acta gelegt und die Zusammenarbeit zwischen den Unterzeichnerstaaten führte dann zu einer raschen Erforschung des Kontinents. Weitere Abkommen zum Schutz der antarktischen Fauna und Flora (1964), zum Schutz der antarktischen Robben (1978) und zur Erhaltung der lebenden Ressourcen wurden erfreulicherweise beschlossen. Auch wenn im Antarktisvertrag der Umgang mit mineralischen Rohstoffen nicht geregelt wurde, so sollten diesbezüglich keine gravierenden Probleme auftreten, da keine wirklich ökonomisch interessanten Lagerstätten bekannt sind. Zwar vermuten Geologen Erdöl- und Erdgasvorkommen

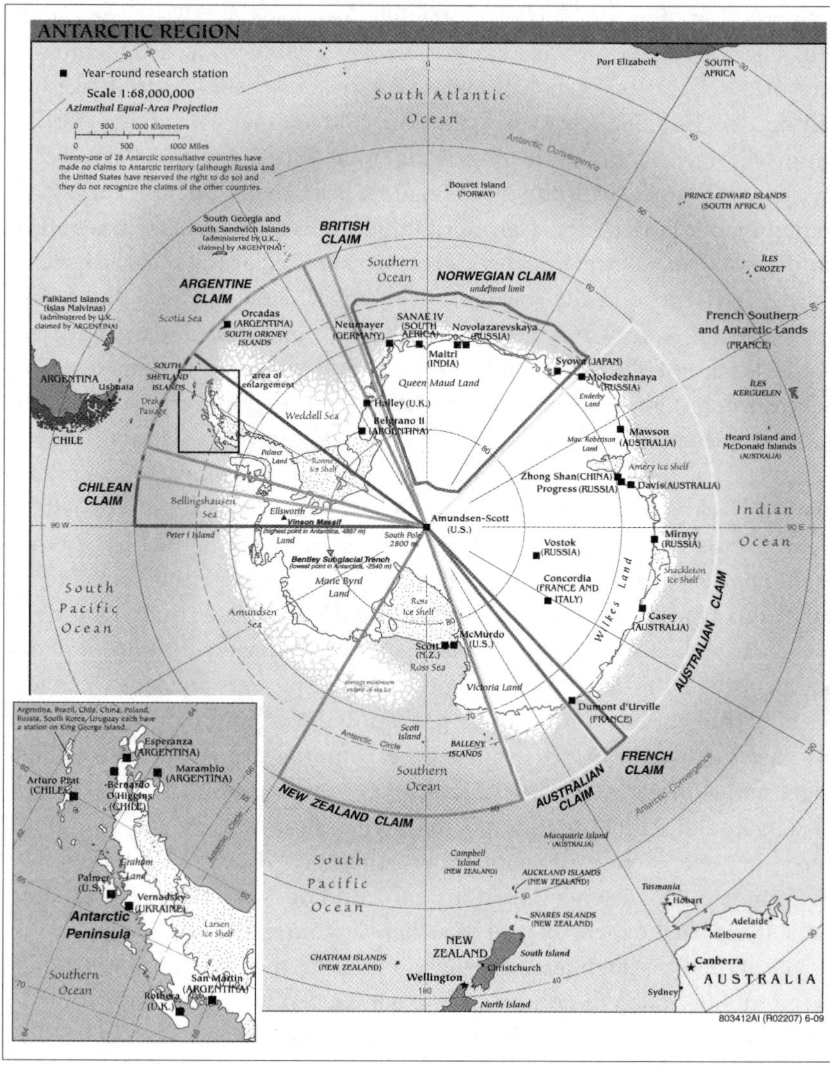

(6) Die verschiedenen Interessenzonen in der Antarktis

auf dem antarktischen Schelf und in den Sedimentbecken im Inneren des Kontinents, aber unter einer bis zu 4 km mächtigen Eisdecke dürfte eine Gewinnung dieser Ressourcen auf absehbare Zeit nicht möglich sein.

Die Problematik von Grenzziehungen ohne Rücksichtnahme auf ethnische Gesichtspunkte bzw. umgekehrt Grenzverläufen rein nach ethnischen Gegebenheiten lässt sich eindrucksvoll am Beispiel des ehemaligen Jugoslawien verfolgen.

III. Krieg vor unserer Haustür: Die Jugoslawienkriege als Beispiel neuer geopolitischer Konflikte nach Ende des Kalten Kriegs[1]

Warum an dieser Stelle ein Rückblick auf die Jugoslawien-Kriege? Nun, sie waren nach dem vermeintlichen, durch den US-amerikanischen Historiker Francis Fukuyama 1992 im Zuge des Zusammenbruchs des Ostblocks ausgerufenen, »Ende der Geschichte«[2] zumindest auf dem europäischen Kontinent das erste unübersehbare Zeichen für die Rückkehr nicht nur des Nationalismus, sondern auch der Geopolitik. Allein aus diesen Gründen lohnt sich an dieser Stelle ein ausführlicherer Rückblick auf einen Krieg vor unserer Haustür, der zu Beginn seitens des »Westens« in sträflichem Leichtsinn völlig unterschätzt, ja sogar ignoriert wurde. Auch die Positionen Huntingtons lassen sich hier mehr als deutlich nachvollziehen, weil man eben genau hier die Bruchlinienkonflikte ethnischer und religiöser Natur nachvollziehen kann.

30 Jahre sind nun mittlerweile vergangen, seit der Vielvölkerstaat Jugoslawien seinen letztlich unausweichlichen Untergang erlebte und die von den Serben dominierten Nationen ihre Unabhängigkeit erlangten. Jugoslawien war ein Staat mit sechs Republiken, in denen – je nach Lesart – sechs bis acht Völker lebten, die sechs Sprachen pflegten, drei Religionen angehörten, zwei Alphabete verwendeten und einer Partei unterstanden. Mit diesem Satz lässt sich in Kurzform schon die gesamte Problematik und Konfliktträchtigkeit dieses Staates umschreiben und dennoch existierte er erstaunlicherweise insgesamt rund 70 Jahre: Von 1918 bis 1941 und dann wieder ab 1945. Die sogenannte »Föderative Volksrepublik Jugoslawien« (»Federetniva Narodna Republika Jugoslavija«) bestand bis 1991 aus den sechs Teilrepubliken Serbien (Srbija), Kroatien (Hrvatska), Slowenien (Slovenija), Bosnien und Herzegowina (Bosna i Hercegovina), Montenegro (CrnaGora) und Makedonien (Makedonija) sowie den beiden autonomen, zu Serbien gehörenden Regionen Wojwodina und Kosovo. Die Völker der Serben, Kroaten, Slowenen, Montenegriner (eng verwandt mit den Serben), Makedonen, Albaner und Ungarn sowie kleine Minderheiten von Rumänen und Bulgaren lebten in diesem Staat zusammen.

Dazu kamen noch die Bosnier, die sich erst später aufgrund der gemeinsamen Religion des Islam als eigene Volksgruppe begriffen, ethnisch gesehen aber serbische und kroatische Wurzeln aufweisen. Tagtäglich wurden wir in den Medien seit 1991 mit dramatischen Meldungen und Bildern dieses Konfliktes konfrontiert. Nachrichten über sogenannte »ethnische Säuberungen«, Vergewaltigungen, verbrannter Erde, Errichtungen von KZ-ähnlichen Lagern riefen die schlimmsten Erinnerungen an längst vergangen geglaubte Zeiten ins Gedächtnis. Und dies nach dem Ende des Ost-West-Konfliktes und trotz der Europa und die Welt erfassenden Aufbruchstimmung. Der Jugoslawienkonflikt kann insgesamt exemplarischen Charakter für das Scheitern eines Vielvölkerstaates beanspruchen. In diesem Zusammenhang gilt es die Bedeutung von Nationalismus, historischen Konfliktwurzeln, ökonomischen Rahmenbedingungen sowie die unterschiedlichen Interessen bzw. das Desinteresse verschiedener Staaten und Organisationen wie UNO, NATO und EG an diesem Konflikt zu analysieren und zu beurteilen. Deutschland war direkt involviert, leistete es doch mit der Aufnahme eines Kontingents von rund 500.000 bosnischen Flüchtlingen den Hauptanteil innerhalb der damaligen EG und wirkte später bei den Friedensmissionen in Bosnien und dem Kosovo-Krieg entscheidend mit. Durch Jugoslawien verlief ein west-östliches Kulturgefälle zwischen dem katholischen und europäisch geprägten Nordwesten (Slowenien, Kroatien) und dem orthodox-byzantinisch sowie islamisch beeinflussten Südosten. Geografisch lässt sich diese Spaltung an der Donau-Save-Una-Linie festmachen. Historisch gesehen ist dies eine Konsequenz der Zugehörigkeit zur Donaumonarchie im Westen und zum Osmanischen Reich im Osten, wie sie den jugoslawischen Völkern über Jahrhunderte und zum Teil bis zur Staatsgründung am 29. Oktober 1918 beschieden war. Diese fundamentalen Unterschiede wirkten sich massiv in politischer, wirtschaftlicher, sozialer und kultureller Hinsicht aus.

Im 6. Jahrhundert vollzog sich im Ostalpengebiet sowie in Dalmatien und den Ebenen von Drau und Save die slowenische und kroatische Siedlungstätigkeit. Durch die Kontakte zum Frankenreich früh christianisiert, kam es um 650 zur Gründung eines kurzlebigen slowenischen »Herzogtums« Karantanien (um 750 von den Franken erobert und damit über 1000 Jahre unter deutschen Einfluss geratend) und 845 zur Bildung des Herzogtums Kroatien (seit 925 Königreich). Erst 1102 verlor es durch die Personalunion mit Ungarn seine Eigenständigkeit. Bis 1526 stellte Kroatien innerhalb Ungarns jedoch eine Region mit eigener Verfassung und Verwaltung dar, woran sich auch in der anschließenden Herrschaft der Habsburger bis 1918 nichts ändern sollte. Die Serben, seit dem 9. Jahrhundert von Ostrom aus christianisiert, bildeten im Mittelalter ebenfalls ein regional durchaus bedeutendes Königreich, das allerdings nach der traumatischen Niederlage gegen die Türken 1389 auf dem Amselfeld und innenpolitischer Wirren dann rasch vom Osmanischen Reich erobert wurde. Zentrum dieses Reiches bildete das heutige Kosovo, das in Serbien somit als »Wiege des Serbentums« gilt. Über 400 Jahre waren die Serben (wie auch andere Volksgruppen) in den heutigen Staaten Makedonien, das Kosovo, Serbien und Bosnien-Herzegowina orientalisch-islamischen Einflüssen ausgesetzt und verblieben bis weit in das 19. Jahrhundert unter türkischer Herrschaft. Die Epoche der Fremdherrschaft ist aber auch aufgrund der zahlreichen Bevölkerungsverschiebungen in dieser Zeit von Bedeutung. Sie verwandelten die südslawische Region in den heute noch existierenden ethnischen Flickenteppich. Vor allem die im 16. Jahrhundert als Schutzgürtel gegen die Türken angelegte österreichische Militärgrenze (sie bestand von 1522–1881) ist in diesem Zusammenhang zu nennen. Sie stellte als ein eigenes Rechts- und Verwaltungsgebiet ein System befestigter Siedlungen dar, deren Bewohner als Wehrbauern ständig zur Verteidigung gegen die Türken bereit sein mussten und im Gegenzug Siedlungsland und zahlreiche rechtliche Privilegien (Selbstverwaltung, Steuer- und Religionsfreiheit sowie persönliche Freiheit) erhielten.

Vor allem vor den Türken geflohene Serben (insgesamt rund 30.000) bot die Militärgrenze eine neue Heimat. Dadurch entstanden in Kroatien weitgehend geschlossene serbische Siedlungsgebiete wie die Kraijna. Insbesondere aus dem Kosovo wanderten viele Serben ab und islamisierte Albaner besiedelten nun die weitgehend entvölkerte Region.

1. Nationalismus im 19. Jahrhundert

Im Zuge der Französischen Revolution erwachte auch bei den Südslawen das nationale Bewusstsein. Als erste probten die Serben 1813 und 1815 Aufstände gegen die osmanische Herrschaft, unterstützt von Russland, und erlangten 1830 einen Autonomiestatus. Ziel dieses gegenüber dem mittelalterlichen Königreich deutlich kleineren Staates war die Schaffung eines Großserbiens, notfalls auch in Form einer Balkanföderation, dann allerdings unter serbischer Führung. Nach dem russisch-türkischen Krieg 1877/78 wurde die volle Unabhängigkeit Serbiens (wie auch Montenegros) auf dem Berliner Kongress bestätigt. Im Zuge der Balkankriege 1912/13 vergrößerte Serbien dann sein Territorium (u. a. um das Kosovo). Gelang diesem Volk also die Gründung und Etablierung eines eigenen Staates, so existierte bei den unter österreichisch-ungarischer Herrschaft stehenden Kroaten hingegen keine einheitliche nationale Linie. Südslawische Einigungskonzepte in Form des sogenannten »Illyrismus« dominierten. Hier wurde die sprachliche Verwandtschaft aller Südslawen betont. Im Zuge der Revolution von 1848 entwickelte sich dann ein zweites Konzept des kroatischen Nationalismus, nämlich der großkroatische Gedanke. Basis sollten hier Kroaten und Slowenen sowie der Katholizismus bilden. Die Einbeziehung der Serben war – im Gegensatz zum Illyrismus – nur ein sekundäres Ziel. Ein 1914 noch nicht abgeschlossener nationaler Integrationsprozess der Kroaten und eine Hinwendung zu den Serben seit 1907 (Motto: »Mit den Serben können wir viel, ohne die Serben wenig, gegen die Serben gar nichts«) begünstigte trotz der politisch gegebenen Gegensätze wiederum das Aufkommen eines Südslawismus (= Jugoslawismus). Gegen Ende des Ersten Weltkriegs kam es dann zu einer Annäherung der Serben und der bis dahin der Donaumonarchie gegenüber sich loyal verhaltenden Kroaten und Slowenen, die zunächst in der Deklaration von Korfu (20. 6. 1917) mündete und die Bildung eines gemeinsamen südslawischen Staates vorsah.

2. Das Königreich Jugoslawien 1918–1941

Das am 29. Oktober gegründete und am 1. Dezember 1918 proklamierte Königreich Jugoslawien, bis 1929 als »Königreich der Serben, Kroaten und Slowenen« (SHS), bezeichnet, bildete einen Staat oder vielmehr ein Kunstgebilde, das gut zwanzig Jahre nach seiner Gründung an seinen inneren Widersprüchen zugrunde gehen sollte. Der Anspruch Serbiens auf die Führungsrolle in diesem neuen Staat spielte hierbei eine nicht unwesentliche Rolle. Die Serben stellten 44 Prozent der Bevölkerung (Kroaten 23 Prozent, Slowenen 8 Prozent) und setzten eine zentralistische Verfassung durch, die alle föderalistischen Hoffnungen zunichtemachte und eine Integration der Nationalitäten in den neuen Staat immens erschwerte. Eine höhere Besteuerung des Nordens, dagegen eine politische Diskriminierung (von 1918 bis 1941 waren beispielsweise bis auf eine Ausnahme alle Ministerpräsidenten Serben) verschärften die nationalen Gegensätze und führten zu einer innenpolitischen Dauerkrise. Zudem waren die Streitkräfte in ihrer Befehlsstruktur allein auf der alten serbischen Armee aufgebaut und es galt der Grundsatz, dass diejenigen Soldaten, die in der österreichischen, ungarischen oder montenegrinischen Armee gedient hatten, nicht jugoslawische Offiziere werden konnten. Die serbische Dominanz auf allen politischen, gesellschaftlichen und wirtschaftlichen Ebenen – so wurden beispielsweise 95 Prozent der in Kroatien erwirtschafteten Gelder auf Befehl der Regierung nach Belgrad gebracht – führten zu Konflikten v. a. mit der stärksten Oppositionspartei, der Kroatischen Bauernpartei unter Stjepan Radić. Negativer Höhepunkt war das Attentat auf ihn und weitere kroatische Abgeordnete während einer Parlamentssitzung am 20. Juni 1928 durch einen montenegrinischen Abgeordneten.

Die Folge all dieser aufgrund des serbischen Machtanspruchs entstandenen Probleme und Konfliktpotenziale war die Errichtung einer Königsdiktatur durch Alexander I. am 6. Januar 1929, der den Staat nun in »Königreich Jugoslawien« umbenannte und in neun Banate (= Verwaltungsbezirke) ohne Rücksichtnahme auf nationale oder historische Strukturen gliederte. Sein Ziel war die Förderung eines supranationalen Jugoslawismus (vgl. den Illyrismus). Die radikalen kroatischen Nationalisten, unter ihnen der Führer der Ustascha (= Aufständische), Ante Pavelić, gingen ins Exil. Die Ustascha plante von nun an die Ermordung des Königs. Alexander fiel am 9. Oktober 1934 bei einem Staatsbesuch in Frankreich zusammen mit dem französischen Außenminister in Marseille einem Attentat dieser Terrororganisation zum Opfer. Innenpolitische Dauerkrisen prägten also Jugoslawien seit seiner Gründung.

3. Zweiter Weltkrieg

Nachdem Jugoslawien 1941 dem Dreimächtepakt beigetreten war, stürzten serbische Offiziere zwei Tage nach der Vertragsunterzeichnung die deutschfreundliche Regierung und ließen sich die Kursänderung vom minderjährigen König Petre II. bestätigen. Der darauffolgende Einmarsch deutscher Truppen im April 1941 führte zur Zerschlagung Jugoslawiens binnen eines 11-tägigen »Blitzkrieges«. Slowenien wurde zwischen Deutschland und Italien aufgeteilt, Makedonien fiel an Bulgarien, Montenegro und das Kosovo wurden italienisch besetzt, Serbien unterstand einer deutschen Militärverwaltung und der am 10. April proklamierte »Unabhängige Staat Kroatien« umfasste zusätzlich noch Bosnien-Herzegowina. Beherrscht wurde dieser Staat, der rund 3,3 Millionen katholischer Kroaten, rund zwei Millionen orthodoxer Serben sowie ca. 800.000 bosnischer Muslime umfasste, von der faschistischen »Ustascha«, die mit dem Tag ihrer Machtübernahme ein Terrorregime etablierte, das sich insbesondere gegen die einheimischen Minderheiten richtete. Unter ihrem Führer (Poglavnic) Ante Pavelić war ein fanatischer Serbenhass die Folge, der sich in Form von Zwangskatholisierungen, Massentaufen, Vertreibungen und Deportationen in Konzentrationslager (das berüchtigtste war Jasenovac) äußerte. Die Zahl der serbischen Opfer im Ustascha-Staat ist umstritten: Die Kroaten nennen 70.000, die kommunistische Regierung des ehemaligen Jugoslawiens gab 400.000 bis 700.000 an. Widerstand gegen die deutschen und italienischen Besatzer leisteten die königstreuen Cetniks unter dem serbischen Oberst Mihajlovic und die kommunistischen Partisanen unter dem Kroaten Tito, die sich auch im weiteren Verlauf gegenseitig bekämpften. Ab 1943 wurden die Kommunisten von den Alliierten unterstützt und konnten am 20. Oktober 1944 gemeinsam mit sowjetischen Truppen Belgrad befreien. Nach dem Zusammenbruch des Dritten Reichs, dessen letzter Verbündeter Pavelić war, folgte die Rache: Rund 100.000 Soldaten der kroatischen Armee, die sich in Kärnten den Engländern ergeben hatten, wurden von diesen an die kommunistischen Partisanen Titos ausgeliefert und anschließend ermordet. Pavelić selbst entkam allerdings nach Argentinien, wo er eine Exilregierung gründete und am 28. Dezember 1959 in Madrid verstarb.

4. Jugoslawien unter Tito 1945–1980

Nach Ausrufung der »Föderativen Volksrepublik Jugoslawien« am 11. November 1945 und der Verfassung vom 30. Januar 1946, die großenteils nach dem Vorbild der sowjetischen Verfassung aus dem Jahr 1936 geschaffen wurde, gliederte sich das Land in sechs Teilrepubliken, die aufgrund des Rechtes auf Selbstbestimmung, inklusive des Rechtes auf Loslösung, den Willen ausgedrückt haben, »gemeinsam in einem föderativen Staat zu leben«.[3] Die Verfassung sah eine Kammer der Völker vor, die eine der beiden Kammern des Nationalparlamentes darstellte und Ausdruck der juristischen und politischen Gleichberechtigung aller vereinten Völker sein sollte. Die Verfassung bestätigte auch die Autonomie der Provinzen Woiwodina und Kosovo.[4] Nicht von ungefähr erhielt Jugoslawien die Bezeichnung »Bundes-Volksstaat republikanischer Form« als »Gemeinschaft gleichberechtigter Völker, die aufgrund des Rechtes auf Selbstbestimmung, inklusive des Rechtes auf Loslösung, den Willen ausgedrückt haben, gemeinsam in einem föderativen Staat zu leben«.[5] Damit wurde seitens Titos der Versuch unternommen, nationalitätenpolitisch-ethnischen Erwägungen Rechnung zu tragen, um die nichtserbischen Völker zu befriedigen sowie einem Großserbismus den Boden zu entziehen, lebten doch nun wieder die Völker der Serben, Kroaten, Slowenen, Montenegriner, Makedonen, Albaner und Ungarn in diesem Staat zusammen.

1948 erklärte Tito dann die Nationalfrage zur »allseitigen Zufriedenheit unserer Nationen« für gelöst. Dass dem nicht so war, sondern eine serbisch-montenegrinische Dominanz vorlag, verdeutlichen folgende Zahlen: Bereits 1961 stellten diese beiden Volksgruppen bei einem Anteil von 45 Prozent der Gesamtbevölkerung 84 Prozent der Minister, Beamten und Funktionäre, 84 Prozent der Bundesrichter, 70 Prozent der Offiziere usw. Die wirtschaftlich effektiven Teilrepubliken Slowenien und Kroatien (das Zweifache des durchschnittlichen BIP Jugoslawiens) wurden auf politischer Ebene sowie innerhalb der Armeeführung von den Serben, die sich wieder als Staatsnation verstanden, somit vollständig dominiert. Eine gewisse Autonomie der Teilrepubliken stand auf serbischer Seite nie zur Debatte. Dies zeigte sich auch an der gewaltsamen Niederschlagung des »Kroatischen Frühlings« 1971. Nach dem Tod des Diktators Titos 1980 fehlte dem Staat die einigende Klammer. Slowenien begann ab 1986 auf Reformen zu setzen, Serbien dagegen auf ein eigenes nationales Selbstbewusstsein. 1987 wurde dort Slobodan Milošević zum Vorsitzenden der serbischen KP und zum Präsidenten gewählt. Dies bedeutete den entscheidenden Richtungswechsel in der serbischen Politik nach Titos Tod und eine abrupte Abkehr von dessen auf ein Gleichgewicht zwischen den verschiedenen Volksgruppen ausgerichteten Innenpolitik. Sehr deutlich wird dies anhand einer Rede von Milošević am 28. Juni 1989, dem 600. Jahrestag der Schlacht auf dem Amselfeld (1389). Mit demagogischen Worten verkündete er in Pristina:

»An diesem Platz, auf diesem Fleck im Herzen von Serbien, auf dem Amselfeld des Kosovo, fand vor 600 Jahren eine der größten Schlachten aller Zeiten statt. […] Der 600. Jahrestag der Schlacht auf dem Amselfeld fällt auf ein Jahr, in dem Serbien seine nationale und geistige Integrität wiedererlangt hat. […] Im ungewissen Lauf der Geschichte und des Lebens scheint es, daß Serbien in diesem Jahr 1989 sein Staatswesen und seine Würde zurückgewonnen und somit Grund hat, ein Ereignis zu feiern, das sich als historisch und symbolisch überaus bedeutsames für seine Zukunft erweisen sollte. […] Das, was bekannt ist, […] ist, daß uns vor 600 Jahren die Zwietracht ereilte. Die verlorene Schlacht war weniger das Ergebnis gesellschaftlicher Überlegenheit und militärischer Stärke des Osmanischen Reiches als Resultat tragischer Uneinigkeit der damaligen Führung des serbischen Staates. […] Uneinigkeit und Verrat in Kosovo haben die serbische Nation wie ein übles Schicksal während der gesamten Geschichte verfolgt. […] Später, als das sozialistische Jugoslawien gegründet wurde, blieb die serbische Führung in diesem neuen Land gespalten und ging auf Kosten der eigenen Bevölkerung viele Kompromisse ein. Kein Volk der Welt könnte unter ethnischen und historischen Gesichtspunkten die Zugeständnisse akzeptieren, welche

(7) Ein Denkmal für den Begründer und ersten Präsidenten des unabhängigen Kroatiens Dr. Franjo Tudjman.

die verschiedenen serbischen Führer zulasten ihres Volkes gemacht haben. [...] Die Uneinigkeit unter den serbischen Politikern [...] trug zur Erniedrigung Serbiens und dazu bei, es minderwertig erscheinen zu lassen. [...] Heute sind wir hier auf dem Amselfeld versammelt, um zu sagen, daß die Eintracht in Serbien, dem serbischen Volk und Serbien und jedem seiner Bürger, ungeachtet seiner nationalen und religiösen Zugehörigkeit, Prosperität ermöglichen wird. [...] Die Kosovo-Schlacht ist überdies zu einem Symbol des Heroismus geworden [...]. Sechs Jahrhunderte später befinden wir uns wieder in Kämpfen und vor Kämpfen«[6]

Diese nationalistischen Töne galten zunächst in erster Linie den Albanern im Kosovo, deren Autonomie dann 1989/90 quasi aufgehoben wurde. Praktisch bedeutete dies für die Menschen vor Ort den Verlust aller politischen Rechte. Im Juli 1990 wurde das kosovarische Parlament aufgelöst; rund 100.000 Albaner wurden sukzessive arbeitslos, deren Schulen und Universitäten geschlossen und albanische Zeitungen verboten. Praktisch wurde eine serbische Militärdiktatur im Kosovo errichtet. Doch das war nur ein Vorgeschmack für das, was in knapp zehn Jahren den Vielvölkerstaat in seine Bestandteile zerlegen sollte.

5. Der Weg zum Krieg

Im Zuge der Auflösungserscheinungen im kommunistischen Lager gründeten sich in Slowenien und Kroatien Parteien, die auf Liberalismus, freie Meinungsäußerung und Autonomie bis evtl. Unabhängigkeit setzten. Am Beispiel Kroatiens lässt sich der Weg hin zum Zerfall Jugoslawiens gut nachzeichnen. Vater der kroatischen Unabhängigkeit war der ehemalige General der Jugoslawischen Volksarmee und Historiker Dr. Franjo Tudjman, Gründer der »Kroatischen Demokratischen Gemeinschaft« (HDZ). Bei den ersten freien Wahlen im April 1990 errang die HDZ in der Teilrepublik Kroatien die absolute Mehrheit. Am 30. Mai wurde eine eigene Verfassung verabschiedet, doch zunächst favorisierte Tudjman eine konföderative Lösung. In einem Referendum sprachen sich 94 Prozent der Kroaten ebenfalls für einen Bund souveräner Staaten aus. Das Ziel war aber zunächst keineswegs eine radikale, komplette und einseitige Unabhängigkeit, vielmehr waren Slowenien und Kroatien zu diesem Zeitpunkt nämlich noch bereit, an Gesprächen teilzunehmen, die die Bildung einer Gemeinschaft oder eines Bundes souveräner Staaten mit den anderen jugoslawischen Teilrepubliken auf dem Territorium des ehemaligen Jugoslawien zum Ziel hatten. Zumindest aber sollte eine unbehinderte wirtschaftliche Zusammenarbeit aufrechterhalten werden, um so den freien Austausch von Gütern, Kapital, Dienstleistungen und Menschen zu ermöglichen.

Auch ein Blick in die Verfassung der Republik Kroatien vom 22. Dezember 1990 macht deutlich, dass keinerlei Diskriminierung der nationalen Minderheiten beabsichtigt war. Nachvollziehbarerweise ging es natürlich um die Souveränität des kroatischen Volkes, doch gleichzeitig wurde allen auf kroatischem Staatsgebiet lebenden ethnischen Minderheiten Gleichberechtigung zugesichert:

»[…] Ausgehend von den dargestellten historischen Tatsachen sowie den in der heutigen Welt allgemein anerkannten Prinzipien der Unveräußerlichkeit und Unteilbarkeit, Unübertragbarkeit und Unvergänglichkeit des Rechtes auf Selbstbestimmung und staatliche Souveränität des kroatischen Volkes, […] konstituiert sich die Republik Kroatien als Nationalstaat des kroatischen Volkes und als Staat der nationalen Minderheiten: Serben, Tschechen, Slowaken […] und anderer seiner Staatsbürger, denen Gleichberechtigung mit den Bürgern kroatischer Nationalität und die Verwirklichung nationaler Rechte in Einklang mit den demokratischen Regeln der Vereinten Nationen und den Ländern der freien Welt garantiert werden. […].«[7]

Doch es kam anders. Obwohl, wie eben betont, den Serben und allen weiteren Minderheiten kulturelle Autonomie und alle bürgerlichen Rechte garantiert wurden, steuerte die serbische Partei Kroatiens von Beginn an auf Konfrontationskurs. Sogenannte von Belgrad aus initiierte »Aufstände« – zuerst im aus »Karl-May-Filmen« bekannten Gebiet der Plitvicer Seen – markierten dann im August 1990 den Beginn des serbischen Krieges gegen Kroatien. Und selbst zu diesem Zeitpunkt verzichtete Tudjman auf eine legitime Gegenwehr, um eine Eskalation des Konfliktes zu vermeiden. Als jedoch serbische Freischärler, die sogenannten Cetniks, im April 1991 dank massiver Unterstützung durch die »jugoslawische« Bundesarmee die Unabhängigkeit der überwiegend von Serben bewohnten Krajna ausriefen, beschloss Tudjman, bis zum 25. Juni 1991 im Einklang mit Slowenien die völlige Unabhängigkeit seines Landes zu vollziehen, ein laut der jugoslawischen Verfassung von 1974 legitimer Schritt. Volksabstimmungen über eine Unabhängigkeit in Slowenien im Dezember 1990 und Kroatien (am 19.5.1991) mit 88,5 Prozent bzw. 93,2 Prozent Zustimmung stellten zuvor schon eine eindrucksvolle Legitimation dieses Schrittes dar. Dennoch wurden auf internationalen Druck hin die Unabhängigkeitserklärungen für drei Monate ausgesetzt, weitere Verhandlungen und Vermittlungen durch die EG blieben in dieser Zeit aber erfolglos. Völkerrechtlich anerkannt wurden beide Staaten durch die EG und weitere Länder erst am 15. Januar 1992, nicht zuletzt dank der positiven deutschen Vorreiterrolle (Anerkennung schon am 23. Dezember 1991). Unabhängig davon wurde von Seiten Serbiens unter seinem nationalistischen Präsidenten Milošević der Weg Richtung Eskalation und Gewalt eingeschlagen.

6. Kriegsverlauf und Folgen

So kam es zunächst vom 27. Juni bis 5. Juli 1991 zu kriegerischen Auseinandersetzungen in Slowenien, der ethnisch homogensten Teilrepublik des nun endgültig zerfallenden Jugoslawiens, wo allein aus dieser Perspektive Serbien nun überhaupt keine politisch-territorialen Ansprüche hätte geltend machen können. Der slowenische Widerstand war dementsprechend. Die sogenannte »jugoslawische« Bundesarmee konnte sich gegen slowenische Polizeieinheiten nicht durchsetzen. Nach einem von der EG vermittelten Waffenstillstand zog die Armee bis zum 26. Oktober ab. Dennoch waren diese Ereignisse erste deutliche Alarmzeichen für das europäische Haus. Vor allem Österreich als unmittelbarer Nachbar war hier direkt tangiert, wie ein Zeitungsbericht vom 29. Juni 1991 die Lage an der österreichisch-jugoslawischen Grenze verdeutlicht:

»Durch die Nacht hallen immer wieder Schüsse; manchmal ist der Himmel von Artillerie hell erleuchtet. In den Kärntner und steirischen Grenzregionen zu Slowenien herrscht Angst. Angst in doppelter Hinsicht, denn neben der tiefen Betroffenheit über den Krieg vor der Haustür haben die Ereignisse beim südlichen Nachbarn auch wirtschaftlich schwere Folgen. ›Es ist a Wahnsinn. Die jugoslawischen Flieger kommen tief nach Österreich rein, des kann kein Orientierungsfehler mehr sein.‹ Augenzeugen sind entsetzt. Sie müssen des öfteren in Deckung gehen, weil immer wieder Querschläger aus den Kämpfen um die nur wenige Meter entfernten jugoslawischen Grenzstationen auf österreichischem Gebiet einschlagen. ›Des geht ja noch, aber wenn man bedenkt, daß bald auch die Österreicher hier aufmarschieren werden, dann wird mir schon angst und bange‹, meint eine ältere Bäuerin, die eigentlich ihr direkt an der Grenze gelegenes Feld bestellen wollte. Sie hat den Partisanenkrieg am Ende des Zweiten Weltkriegs noch miterlebt. Viele Touristen wollten trotz der Spannungen in den letzten Wochen nicht auf ihren Adria-Urlaub verzichten. Die Folge: An den wenigen offenen Grenzübergängen Richtung Österreich kommt es zu kilometerlangen Staus. Ein deutscher Tourist schlug sich vom Campingplatz in Zadar bis zur Grenze durch. Zehn Stunden habe er vor der Grenze warten müssen. Mehrmals sei er von Blockaden aufgehalten worden. Schon bisher am Rande gelegen, lebten die Grenzregionen Kärntens und der Steiermark in erster Linie vom Transitverkehr. Die ›letzte Tankstelle vor der Grenze‹ konnte da den einzigen Lebensunterhalt bedeuten. Die jetzt ausbleibenden wenigen Käufer aus Slowenien und Kroatien bekommen die grenznahen Supermärkte dennoch kräftig zu spüren. Jetzt bleiben auch die letzten Touristen auf dem Weg in die klassischen kroatischen Urlaubsgebiete aus, die zumindest ein letztes Mal ohne Benzingutschein auftankten und bei dieser Gelegenheit noch einmal bodenständig österreichisch essen gingen. Besonders betroffen sind die südsteirischen Spediteure, deren einziges Geschäft mit slowenischen Händlern völlig zum Erliegen gekommen ist.«[8]

Slowenien gelang es, in rund einer Woche seine staatliche Unabhängigkeit faktisch zu behaupten. In Kroatien eskalierte die Lage jedoch. Die »jugoslawischen« – faktisch serbischen – Streitkräfte befanden sich raschen Schrittes auf dem Vormarsch Richtung Zagreb und Karlovac. Allerdings leisteten die Kroaten, und wenn mit einfachsten Mitteln, erbitterten Widerstand. Ein beeindruckendes Beispiel und nationales Mahnmal dafür ist die Gedenkstätte von Turanj (wie die folgenden Bilder es verdeutlichen) in der Nähe von Karlovac. Sie verdeutlicht eindrucksvoll, mit welch z. T. pri-

(8) Die Gedenkstätte von Turanj bei Karlovac, wo die kroatischen Verteidigungskräfte den Vormarsch der Serben stoppten.

mitiven Mitteln es den aufopferungsvoll kämpfenden Kroaten gelang, die serbischen Aggressoren, verkörpert als sogenannte »Jugoslawische Bundesarmee«, zu stoppen. Zu sehen ist dort ein Teil der Ausrüstung, die die kroatische Armee im Heimatkrieg von 1991 bis 1995 benutzte. Realistisch betrachtet, handelte es sich aber nur um gepanzerte Traktoren, LKWs und veraltete Haubitzen.

Aber rückblickend betrachtet wurde auf dem Raum der alten Kaserne von Turanj die heutige Geschichte der Stadt Karlovac und des freien und souveränen Kroatiens geschrieben. Turanj und seine alten zerstörten Gebäude erzählen die Geschichte über die Verteidigung der kroatischen Heimat gegenüber einem radikal-nationalistischen Aggressor. Dennoch bedeutete dieser Stopp der serbischen Panzer – wenn überhaupt – zunächst nur einen Teilerfolg. Innerhalb kurzer Zeit besetzten serbische Einheiten schließlich mehr als ein Drittel des Landes, darunter viele rein kroatisch besiedelte Gebiete, wie z. b. die Stadt Vukovar, aus der die Serben sämtliche kroatische Bewohner auf brutalste Weise vertrieben. Gleiches galt für die Krajna, wo kroatische Familien aus ihren Häusern von serbischen Milizen, die zuvor Polizei- und Verwaltungsstellen besetzt hatten, gejagt wurden. Trotz des Abkommens von Brioni weiteten sich die bewaffneten Auseinandersetzungen zu einem klassischen konventionellen Krieg aus, in dem mehrere Tausend Menschen bis dahin ihr Leben verloren hatten und über eine halbe Million auf der Flucht waren. Somit ging es in diesem Krieg überhaupt nicht um einen, von serbischer Regierungsseite regelmäßig propagierten vermeintlichen Schutz serbischer Minderheiten, sondern vielmehr eindeutig um Gebietseroberungen für ein von Slobodan Milošević geplantes Großserbien. Nach unzählig erfolglosen Waffenstillstandsbemühungen, die allesamt an Serbien und seinem Präsidenten scheiterten, stoppte dann ab Februar 1992 eine 14.000 Mann starke UNO-Blauhelmmission (UNPROFOR) die bewaffneten Auseinandersetzungen. Da die serbische Führungsspitze in Belgrad und in der Krajna zu keinerlei Kompromissen bereit war, die UNO-Truppen die Vertreibung der Kroaten (»ethnische Säuberungen«) nicht verhinderten und die serbische Besatzung dadurch im Prinzip festigten, war eine politische Lösung des Konflikts nicht ersichtlich. Diese Tatsache veranlasste Kroatiens Präsidenten Tudjman, letztendlich nachvollziehbar, zu einer militärischen Lösung bezüglich der serbisch besetzten Gebiete. Am 11. Januar 1994 erklärte er, dass Kroatien einer Erneuerung des UNPROFOR-Mandats über den 31. März 1995 hinaus nicht zustimmen werde, da die UNO zu geringe Aktivitäten gezeigt hätte, das von den Serben völkerrechtswidrig besetzte Gebiet unter die Souveränität Kroatiens zurückzuführen. Ein Jahr später kündigte Kroatien den UNPROFOR-Aufenthalt auf, ließ dann aber die Forderung nach Rückzug wieder fallen und akzeptierte eine auf 5000 Mann reduzierte UNO-Mission. Am kroatischen Entschluss zum Handeln sollte dies jedoch nichts ändern: Innerhalb weniger Tage eroberte die mittlerweile aufgerüstete kroatische Armee im Mai 1995 Westslawonien zurück (Operation »Bljesak«/Blitz). Vom 4. bis 7. August erfolgte im Zuge der Operation »Oluja« (Gewittersturm) mit rund 120.000 Soldaten die Befreiung der Krajna. Unter dem Schutz von Artilleriesperrfeuer gelang es den kroatischen Verbänden auch die Serbenhochburg Knin zu erobern, und auf der Zitadelle von Knin wurde die kroatische Flagge gehisst. Bei diesem militärischen Vorgehen handelte es sich eindeutig um das legitime Recht eines souveränen Staates und UNO-Mitgliedes auf Selbstverteidigung und Schutz seiner territorialen Integrität, waren doch die Aggressionen in den Jahren zuvor von serbischer Seite ausgegangen. Parallel zu den Geschehnissen in Kroatien tobte seit 1992 auch in Bosnien-Herzegowina – quasi ein Jugoslawien im Kleinen – ein Bürgerkrieg, zunächst zwischen Serben (Proklamation der »Republika Srbska«) auf der einen und Kroaten und Muslimen auf der anderen Seite. Nachdem am 1. März 1992 eine breite Mehrheit in einem Referendum für die Unabhängigkeit votiert

(9) Ein zum Panzer umfunktionierter LKW (Gedenkstätte Turanj)

hatte und der Staat von der EG und der USA anerkannt worden war, kam es im April zu ersten Kämpfen sowie der Belagerung von Sarajevo. Auch hier wurden rund 30 erfolglose Waffenstillstände vereinbart. Im April und Mai 1993 beschloss die UNO dann eine militärische Flugverbotszone sowie die Einrichtung von sechs sogenannten »Schutzzonen« in Bosnien (u. a. Srebrenica). Gleichzeitig brach ein blutiger Separatkrieg zwischen Muslimen und bosnischen Kroaten aus, der erst im März 1994 beendet wurde. Ein Massaker auf dem Marktplatz von Sarajevo (68 Tote) bewirkte ein erstes ernsthaftes Engagement der NATO ab Februar 1994, zunehmend auch in Form von Luftangriffen auf serbische Stellungen. Wie heikel die Lage der UN-Blauhelmsoldaten in den sogenannten UNO-Schutzzonen war, zeigt die Tatsache, dass Ende Mai 1995 serbische Einheiten erstmals UNO-Soldaten als Geiseln zum »Schutz« gegen weitere NATO-Luftangriffe genommen hatten. Wie wirkungslos die UNO-Schutzzonen insgesamt waren, verdeutlichte dann der traurige und schreckliche Höhepunkt des Krieges in Bosnien: das Massaker von Srebenica. Am 11. Juli 1995 nahmen bosnisch-serbische Truppen die moslemische Enklave ein und ermordeten rund 8000 muslimische Jungen und Männer. Niederländische Blauhelme hatten den

Angreifern unter General Mladic die »Schutzzone« kampflos überlassen. Dieses Massaker führte zum moralischen Legitimationsverlust, zur Diskreditierung und damit auch zur Selbstentmachtung der Vereinten Nationen. Lassen wir an dieser Stelle rückblickend eine Betroffene zu Wort kommen, auch wenn es in ihren Erinnerungen nicht primär um das Massaker von Srbrenica, sondern um einen serbischen Angriff auf das bosnische Dorf Zaklopaca geht:

»Jasmina Dzinic weiß aus ihren Träumen, wie sich das Sterben anfühlt. [...] Noch Jahre später arbeitete die 33-jährige Schneiderin die Ermordung ihrer Verwandten in ihren Albträumen auf. [...] Dzinics Trauerarbeit findet in den Tagen um den 11. Juli alljährlich ihren Höhepunkt. Am europäischen Gedenktag zum Massaker von Srebrenica am 11. Juli 1995. ›Dieser Tag steht als Symbol für das Schreckliche, was im ganzen Land passiert ist›, sagt Dzinic, die selbst zwei Onkel in Srebrenica verloren hat. Und die ›sauer auf die ganze Welt‹ ist, die zugesehen hat, wie Soldaten des bosnisch-serbischen Generals Ratko Mladić in die muslimische Enklave Srebrenica einfielen und ihr das Herz herausrissen. Mitten in Europa. [...] Ihr Srebrenica erlebt Jasmina Dzinic als 14-Jährige schon am 16. Mai 1992. Einige Wochen nach der Unabhängigkeitserklärung Bosniens im März herrscht in ihrem Heimatdorf Zaklopaca, rund 25 Kilometer westlich von Srebrenica, eine bedrohliche Stimmung. Schüsse sind aus der Entfernung zu vernehmen, Panzer patrouillieren durch das Dorf der Gemeinde Vlasenica. Die Polizei verhängt ein Ausgehverbot für die 200 Muslime des 350-Einwohner-Dorfes, alle Jagdgewehre werden eingesammelt. ›Eine Vorbereitung für einen Angriff der Serben?‹, fragen sich die Erwachsenen. Die Angst, dass bald etwas Grauenhaftes geschehen wird, geht im ganzen Dorf um. ›Ich und meine Verwandten verschanzten uns jede Nacht in einem anderen Haus.‹ Unvergessen bleibt der Bosniakin der Nachbar, der ihnen sagte, sie könnten wieder in ihre eigenen Häuser, ›obwohl er im Gegensatz zu uns sah, was vorbereitet wurde‹. Der 16. Mai beginnt ›auffällig ruhig‹. Doch die friedliche Stille täuscht: Gegen 17 Uhr marschieren serbische Truppen in das Dorf ein. Die muslimischen Männer, darunter auch Jasminas Vater Haso Hodzic, verstecken sich außer Haus, manche laufen in die umliegenden Wälder. Denn sie wissen: Männer werden das hauptsächliche Ziel der Angriffe sein. Die ersten Schüsse fallen. ›Sie haben gnadenlos auf alles geschossen, was sich im Dorf bewegt hat‹, sagt Jasmina Dzinic. Ihr Vater taucht besorgt aus seinem Versteck auf, als er seine vor Schreck schreiende Mutter hört und läuft zum Haus der Familie. Wohl wissend, dass die Milizen ihn im Visier haben. ›Keine Angst, euch wird nichts passieren‹, habe Hodzic sie vor der Haustür beruhigt, Jasmina um eine Zigarette gebeten, um sich dann wieder zu entfernen. Er geht einige Schritte, will sich gerade die Zigarette anzünden, als er durch den Einschlag der Kalaschnikow-Kugeln in seinen Körper in die Luft geschleudert wird. ›Baba!‹, ruft die 14-jährige Jasmina bestürzt, die noch auf der Veranda steht und den Mord mit ansehen muss. In diesem Moment weiß sie noch nicht, dass sie mit ihrem Aufschrei das Leben ihres Cousins rettet. Er befindet sich in der Nähe des Hauses und rennt daraufhin endgültig in die Wälder, wie er ihr Monate später erzählen wird. Zehn bis 20 Minuten wüten die Soldaten in Zaklopaca, bevor der Todessturm abflaut. Es sterben etwa 80 Menschen, darunter auch Kinder. Als die Soldaten abziehen, rennt Jasmina zu ihrem am Boden liegenden Vater. ›Sie hatten sein Gesicht zerschossen‹, erinnert sie sich. Seine Zigarette schwimmt in einem Fluss aus Blut neben seinem leblosen Körper. Jasmina und ihre Familie fliehen anschließend durch die Wälder, stets unter Beschuss durch die serbischen Soldaten. Nach drei Tagen ergeben sich die Frauen und Kinder den Serben in Vlasenica, die sie in die Nähe der bosnisch-kontrollierten Stadt Tuzla deportieren. Von dort aus geht es in das kroatische Zagreb, wo sie ihren künftigen Mann Fahrudin Dzinic kennenlernt […].«[9]

Die damalige »Europäische Gemeinschaft« sah monatelang dem in diesem dramatischen Beispiel verdeutlichten Völkermord an den muslimischen Bosniern teilnahmslos zu und beließ es bei Beschwichtigungen und Worthülsen gegenüber den serbischen Machthabern.

Erst weitere NATO-Angriffe sowie eine gemeinsame Herbstoffensive von Muslimen und Kroaten nach den erfolgreichen kroatischen Operationen im August 1995 führten zu einem serbischen Einlenken und einem landesweiten Waffenstillstand am 12. Oktober. Im November begannen in Dayton (USA) Friedensverhandlungen, als deren Folge am 14. Dezember die Staatschefs von Bosnien (Izetbegović), Serbien (Milošević) und Kroatien (Tuđjman) das Abkommen von Dayton unterzeichneten, das die Grundlage des heutigen Staates Bosnien-Herzegowina bildet. Es manifestierte die Teilstaaten Republika Srpska sowie die bosnisch-kroatische Föderation, vielfach wurden dabei im Krieg vorgenommene Vertreibungen (»ethnische Säuberungen«) nicht wieder rückgängig gemacht.

NATO-Truppen (SFOR), auch mit Beteiligung der Bundeswehr, die erstmals mit Kampftruppen in einen Auslandseinsatz gingen, sicherten die Einhaltung der Waffenruhe und unterstützten den Friedensprozess. Insgesamt wurden zwischen 1991 und 1995 150.000 bis 200.000 Menschen getötet und Millionen vertrieben. Weite Teile Bosniens und Kroatiens wurden zerstört, bis heute sind die Narben noch sichtbar. Der wirtschaftliche Schaden betrug für Kroatien ca. 27 Mrd. US-Dollar, für Bosnien zwischen 50–70 Mrd. US-Dollar.

(10) Bosnien-Herzegowina und seine beiden Teilrepubliken

7. Kosovo-Krieg 1999

Eine letzte Kriegsphase erlebte der Balkan im Kosovo 1999. Auch hier unternahm der serbische Diktator Milošević eine Serbisierungspolitik analog zum Vorgehen in Bosnien. Blicken wir zunächst aber einmal kurz zurück: Der Kosovo bzw. das Amselfeld war seit dem 13. Jahrhundert Teil des mittelalterlichen serbischen Königreiches. Hier befinden sich auch einige der wichtigsten religiösen Zentren der serbisch-orthodoxen Kirche, weshalb viele nationalistische Serben das Kosovo als ihr »Heiliges Land« betrachteten bzw. auch noch heute eine derartige Sichtweise vertreten. Nach der Zerschlagung des serbischen Reiches durch die Osmanen im Laufe des 15. Jahrhunderts geriet das Kosovo dann bis 1913 unter türkische Herrschaft. Die Folge war u.a. eine verstärkte Auswanderung von Serben, u.a. in das Gebiet der schon erwähnten österreichischen Militärgrenze. Albaner rückten häufig in die verlassenen Regionen nach, sodass deren Bevölkerungsanteil seit dem 16. Jahrhundert stetig wuchs. Infolge der Balkankriege 1912/13 fiel das Kosovo dann an Serbien und war seitdem völkerrechtlich ein Bestandteil dieses Staats. Unter Tito verblasste der serbisch geprägte Kosovo-Mythos, und den Albanern wurden sukzessive Autonomierechte zugestanden, auch wenn das Kosovo innerhalb Jugoslawiens keine eigene Teilrepublik, sondern eine Provinz Serbiens verkörperte. Dennoch erfuhr das kulturelle Leben der Albaner in den 1970er-Jahren einen Aufschwung. So erschienen z.B. viele Bücher in albanischer Sprache. 1981 kam es v.a. aufgrund der schwierigen wirtschaftlichen und sozialen Verhältnisse zu ersten Massenprotesten der albanischen Bevölkerungsmehrheit, die auch von der ein oder anderen nationalistischen Parole gekennzeichnet waren und in einem rund 1000 Tote fordernden Aufstand gegen Diskriminierung und serbische Dominanz gipfelten. Auf die Karte des Nationalismus setzte, wie ja schon deutlich geworden ist, dann auch Serbiens Präsident Milošević spätestens seit seiner 1989 gehaltenen Rede zum 600. Jahrestag der Schlacht auf dem Amselfeld. Zwischen 1988 und 1990 veranlasste er verschiedene Schritte, um die Autonomie der Kosovo-Albaner massiv einzuschränken. Nach der Absetzung ihrer politischen Führung wurde durch eine Verfassungsänderung der von Tito erweiterte Autonomiestatus von 1974 faktisch aufgehoben. Am 5. Juli 1990 lösten dann serbische Polizei und Armee das Parlament und die Regierung des Kosovo auf. Parallel dazu kam es zu der Entlassung von über 100.000 Albanern im öffentlichen Dienst, in Firmen, Krankenhäusern und Schulen. Auch an der Universität in Priština wurde fast das gesamte albanische Lehrpersonal entlassen und albanische Studenten ausgeschlossen. Zudem wurden seitens der serbischen Behörden alle albanischen Radio- und Fernsehsender und die wichtigsten albanischen Tageszeitungen verboten und Albanisch als offizielle Sprache abgeschafft. Infolge immer häufigerer Übergriffe durch die serbische Polizei verschärfte sich auf Seiten der Albaner der Widerstand, der insbesondere ab 1996 durch die paramilitärisch organisierte UÇK dominiert und geprägt wurde. Ziel der UÇK war, durch einen bewaffneten Aufstand die Unabhängigkeit des Kosovo von Serbien zu erlangen. Dazu schmuggelte sie Waffen aus Albanien in den Kosovo, die u.a. für Anschläge gegen serbische Einrichtungen wie Polizeistationen genutzt wurden. Damit überschritt der Konflikt die Schwelle zum (Bürger)krieg. Im Sommer 1998 besetzte die UÇK das Berg- und Hügelland des Zentralkosovo, kontrollierte wichtige Verbindungsstraßen und wurde immer mehr zum Symbol des albanischen Widerstands. Allerdings blieb sie eher schlecht organisiert und verfügte auch nicht über schwere Waffen, um gegen eine hochgerüstete serbische Polizei und Armee bestehen zu können. Diese gingen dann auch alsbald massiv gegen die UÇK und andere albanische Milizen, aber ebenso auch gegen Zivilisten vor. Um den UÇK-Kämpfern die Möglichkeit zu nehmen, sich in den Dörfern und Städten zu verstecken oder dort Nachschub zu organisieren, wählten die serbischen Streitkräfte eine Strategie der »ethnischen Säuberung«, sprich die Vertreibung der albanischen Bevölkerung mittels Artillerieeinsatz. Anschließend erfolgten die Plünderung und Zerstörung der Häuser bzw. ganze Dörfer wurden niedergebrannt und das Vieh als Lebensgrundlage einer bäuerlich geprägten Gesellschaft getötet. Diese Politik der verbrannten Erde führte zu einer Spirale zunehmender Radikalisierung. Zunächst versuchten die USA, Frankreich, Großbritannien, Russland und Deutschland, auf diplomatischem Wege den Konflikt beizulegen. Die EU beschloss im Juni 1998 verschärfte Sanktionen gegen Jugoslawien, und ab November wurden ca. 2000 OSZE-Beobachter (darunter 200 aus Deutschland) in den Kosovo entsandt, um den (angeblichen) Abzug serbischer Militäreinheiten und die Rückkehr von Flüchtlingen zu kontrollieren. Nachdem dann allerdings die Friedensgespräche (vom 6.–23. 2.) zwischen der serbischen Führung und den Führern der Kosovo-Albaner im französischen Rambouillet gescheitert waren, zögerte die westliche Staatengemeinschaft – ganz im Gegensatz zum Bosnienkrieg – dieses Mal nicht lange. Ab dem 24. März 1999 flogen NATO-Kampfflugzeuge[10] unter Beteiligung der Bundeswehr mit 14 Tornado-Kampfflugzeugen 79 Tage lang Luftangriffe (allerdings ohne UN-Mandat) sowohl gegen militärische Ziele als auch gegen Brücken, Straßen, Flughäfen und Fabriken, um die Bewegung und den Nachschub der serbischen Armee zu unterbinden. Der Beginn der Luftangriffe am 24. März 1999 löste in Deutschland eine heftige öffentliche Debatte aus. Die bezeichnenderweise von SPD und Grünen geführte Bundesregierung unter Kanzler Gerhard Schröder verteidigte die Angriffe und die deutsche Beteiligung, u. a. mit dem Argument, einen möglichen Völkermord zu verhindern (»Nie wieder Auschwitz«, so Joschka Fischer). Die Frage, ob bzw. inwieweit es sich dabei jedoch um einen vom Grundgesetz nicht legitimierten Angriffskrieg gehandelt hat, sei an dieser Stelle offengelassen. Dies ist ein Feld für die Juristen. Die NATO-Intervention führte aber rasch zum Ende der serbischen Aggression und letztendlich zur Unabhängigkeit des Kosovo im Jahr 2008, allerdings auch zu einer ersten Entfremdung mit Russland, wozu insbesondere die Bombardierung Belgrads (dabei wurde auch die chinesische Botschaft getroffen) beitrug. Am Ende des Krieges waren rund 1,2 Mio. Menschen innerhalb und außerhalb des

Kosovo (nach Albanien und Makedonien) auf der Flucht. Hier leistete die Bundeswehr mit fast 3100 Soldaten auch einen entscheidenden Beitrag in Form humanitärer Hilfe. Nach dem Ende der Kampfhandlungen beteiligte sich Deutschland zudem an der Kosovo Force (KFOR), um den Frieden im Land zu sichern. Sowohl für die UNO wie für die EG bzw. EU bedeuteten die Jugoslawienkriege eine Geschichte des eigenen politischen Scheiterns. Weder waren sie diplomatisch noch militärisch fähig, den Konflikt ohne die USA beizulegen. Immerhin trugen die Kriege aber mit dazu bei, das (humanitäre) Völkerrecht um das Konzept der »Responsibility to Protect« zu erweitern und so eine Schutzverantwortung beispielsweise gegenüber einer ethnischen Minderheit vor schweren Menschenrechtsverletzungen zu implementieren.

8. Zusammenfassung

Das ehemalige Königreich bzw. die spätere Sozialistische Föderative Republik Jugoslawien war ein Vielvölkerstaat und Kunstgebilde unter serbischer Dominanz. Nach dem Tod des diktatorischen Staatschefs Tito und im Zuge des kommunistischen Machtverfalls 1989/90 sollte dieser Staat dann rasch auf einen Zerfall zusteuern. Zu groß waren angesichts eines aufkommenden Nationalismus die kulturellen, religiösen, wirtschaftlichen und politischen Gegensätze zwischen den einzelnen Völkern. 1991 und 1992 traten Slowenien, Kroatien, Makedonien und Bosnien-Herzegowina aus der Bundesrepublik Jugoslawien aus. Nach einem (mit Unterbrechungen) bis 1995 dauernden Unabhängigkeitskrieg Kroatiens entwickelte sich parallel dazu in Bosnien-Herzegowina, ein Jugoslawien »im Kleinen«, ein blutiger Krieg v. a. zwischen moslemischen Bosniern und Serben, aber zeitweise auch zwischen Bosniern und Kroaten. Nach Massakern an der bosnischen Zivilbevölkerung wie beispielsweise in Srebrenica (und dies trotz Einrichtung sogenannter UNO-Schutzzonen) kam es nach daraufhin erfolgten NATO-Luftschlägen Ende 1995 zum Friedensabkommen von Dayton und der Stationierung einer NATO-geführten UNO-Schutztruppe. Mit dem Kosovo-Krieg 1999 und der 2008 erfolgten Unabhängigkeit des Kosovo bestehen auf dem Boden des ehemaligen Jugoslawiens heute sieben souveräne Staaten mit z. T. fragiler Struktur. Auch wenn erste vorsichtige Schritte einer gemeinsamen europäischen Außen- und Sicherheitspolitik während der Jugoslawienkriege versucht wurden, so waren sie letztlich nicht von Erfolg gekrönt.[11]

Wenden wir uns nach diesem historisch-politischen Exkurs, der Europa damals schonungslos einen ersten dramatischen Vorgeschmack der Bedeutung von ethnischen Konflikten sowie der u. a. daraus resultierenden unterschiedlichen Interessen, aber auch eben klarer geopolitischer Ziele (z. B. der Versuch Miloševics, ein Großserbien mit Meereszugang zu errichten) lieferte, nun aktuell geopolitisch bedeutenden Staaten, Räumen und Konflikten zu. Auch hier werden wir, wenn auch nicht in einer derart extremen Form wie in den Jugoslawienkriegen praktiziert, auf die Bedeutung und Instrumentalisierung ethnischer Minderheiten, auf raumbezogene Interessen und den Ausmaß von militärischer Macht stoßen.

IV. Aktuelle exemplarische Analysen verschiedener Staaten bzw. Regionen

1. China – der Drache auf dem Weg zur Weltmacht

Beginnen wir dabei mit China, das nach dem Willen seines Präsidenten Xi Jinping bis zum Jahre 2049, also 100 Jahre nach der Gründung der Volksrepublik, zur globalen Großmacht und zum modernen sozialistischen Industriestaat aufgestiegen sein soll. Die Volksbefreiungsarmee, deren Schlagkräftigkeit ständig erhöht wird, soll bis 2035 auf Weltniveau modernisiert werden, um dann auch mögliche Kriege gewinnen zu können.[1] Hierfür baut Peking u. a. seinen Einfluss in internationalen Organisationen kontinuierlich aus, um die Weltpolitik maßgeblich im Sinne des chinesischen Systems zu beeinflussen. Bisher betont die chinesische Führung immer wieder, dass das Land seinen Aufstieg allein mit friedlichen Mitteln erreichen möchte. Zu bedenken ist dabei jedoch die Tatsache, dass wir es hier mit einem durch die Kommunistische Partei Chinas (KPCh) autoritär regierten Staat zu tun haben, dessen Bevölkerung strenger Kontrolle unterworfen ist und wo Rechtsstaatlichkeit und Meinungsfreiheit nicht im Ansatz westlichen Maßstäben entsprechen. Ob überhaupt eine Demokratie nach unseren Vorstellungen in einem solch multiethnischen und äußerst vielschichtigen Land möglich ist, steht auf einem anderen Blatt Papier. Derartig prägende Rahmenbedingungen, gepaart mit Nationalismus, können – beispielsweise infolge einer Wirtschaftskrise – jedoch dazu führen, dass die Volksrepublik international künftig auch ganz andere Töne anschlagen wird. Fakt ist jedenfalls, dass die Chinesen mit allen Mitteln die Rückkehr zu einem Status anstreben, den sie vor einigen Jahrhunderten schon einmal innehatten, nämlich den des mächtigsten Volkes auf der Erde. Zu welchen geopolitischen Problemen und Konflikten dieses Machtstreben führt und inwieweit sich hier die Supermacht USA herausgefordert sieht, wird u. a. an den Beispielen der chinesischen Seidenstraßenpolitik und Pekings Ambitionen im Südchinesischen Meer im Folgenden veranschaulicht.

Wenn China erwacht, wird die Welt erbeben, soll einst Napoleon gesagt haben. Mittlerweile ist es erwacht und beeinflusst in mannigfaltiger Weise das globale Geschehen. China, das »Reich der Mitte«, hat seinen Ursprungsraum in den fruchtbaren Lössgebieten des Nordens rund um den »Gelben Fluss«. In seiner rund 1300-jährigen Geschichte[2] (nach der Einigung unter der Qin- und Han-Dynastie 221–206 v. Chr. und 202–220 n. Chr.) erlebte es zunächst – trotz mancher Rückschläge durch aus dem Norden stammende Angriffe von Nomadenvölkern – einen kulturellen, ökonomischen und politischen Aufstieg. Die traditionelle chinesische Überlieferung stellt an den Beginn ihrer Geschichte Persönlichkeiten, die den Ackerbau forcierten, indem sie die großen Ströme eindeichten und den Bewässerungsfeldbau pflegten. Derartige Merkmale von Hochkulturen sind nun nicht gerade typisch chinesisch, denn auch in anderen Regionen wie Mesopotamien oder Ägypten fanden die Prozesse der Sesshaftwerdung, die Entwicklung von Religionen und gesellschaftlichen bzw. staatlichen Ordnungsmodellen statt. Die derzeitige Forschung geht jedoch davon aus, dass sich die chinesische Hochkultur weitgehend unabhängig von den anderen bedeutenden Hochkulturen entwickelt hat. Unterschiedlich wird allerdings die Frage diskutiert, inwieweit benachbarte Kulturen zur Entwicklung der chinesischen Zivilisation beigetragen haben. Wie auch im weiteren Verlauf der chinesischen Geschichte immer wieder zu sehen, wird hier zum einen die Abgrenzung bis hin zur Isolation hervorgehoben, andererseits die Fähigkeit zur Anpassung und Integration fremder Einflüsse als produktive Impulse anerkannt. So erbrachte das chinesische Volk im Verlauf seiner Geschichte viele herausragende kulturelle Leistungen. Lange vor den Europäern kannte es das Papier, Geld, den Buchdruck, stellte Schießpulver und Raketen, Porzellan, Seide und Stahl her, beherrschte die Orientierung mit dem Kompass und berechnete die Planetenlaufbahn. Grundlegend für den Staatsaufbau war die Denkschule des Konfuzianismus. Basis dieser Idee sind moralische Werte wie z. B. Loyalität – ein extrem wichtiger Aspekt auch für die herrschende Kommunistische Partei – Verantwortung, Tugend, Menschenliebe und Güte. Daneben begann sich am Ende der Han-Dynastie (um 200 n. Chr.) während eines Zerfallsprozesses des Reiches auch der Buddhismus in China zu verbreiten, dessen Lehre von der ewigen Wiedergeburt aller Wesen und die Erlösung von allen Begierden Hoffnungen in krisenhaften Zeiten (z. B. Dürreperiode, Überschwemmungen, Erdbeben) weckte. Zur Zeit der Tang-Dynastie (618–907) erlebte China eine Zeit der wirtschaftlichen und kulturellen Blüte. Das Ende der Tang bedeutete einen erneuten Zerfall des Staates, der aber zu Beginn der Song-Dynastie (960–1279) wieder geeint werden konnte. Eine Weiterentwicklung von Handel, Städtewesen und damit einhergehender Steigerung des Lebensstandards führten zu einer dem damaligen Europa weit überlegenen Gesellschaft. Unter den letzten Kaiser der Ming-Dynastie (1368–1644) waren die Staatsfinanzen aufgrund von Kriegen gegen Japan und Korea zerrüttet, zahlreiche Hungersnöte und Aufstände von verarmten Bauern führten zum Niedergang und der Machtübernahme der Qing-Dynastie der Mandschu, d.h. ein nicht-chinesisches Volk. Unter den Mandschu erreichte China seine territorial größte Ausdehnung (z.B. 1683 Eroberung Taiwans, 1751 Besetzung Tibets) mit rund 11,5 Mio. km^2, auf die sich auch die heutige Volksrepublik zur Legitimierung mancher Gebietsansprüche immer wieder einmal beruft.

Ab dem 19. Jahrhundert wandelte sich die Position Chinas von der beherrschenden Macht seines geografischen Raums hin zu einem Objekt konkurrierender Kolonialstaaten. Es wurde für rund 100 Jahre zum Spielball der europäischen Mächte und sukzessive zu einem semikolonialen Staat degradiert. Seit den 1830er-Jahren nahm der Druck der Europäer, insbesondere der Briten (Opiumkriege) massiv zu. Innere Bedrohungen der staatlichen Ordnung wie durch den antikonfuzianistisch geprägten Taiping-Aufstand (1850–1864) mit ca. 20 Millionen Toten führten zu einem weiteren Verfall von Staat und Kaiserhof, ein Umstand, den die imperialistischen Mächte gnadenlos ausnutzten, wenn wir hier an die sogenannten Pachtgebiete, Einflusszonen und Konzessionen Großbritanniens, Frankreichs, Deutschlands oder Russlands in zahlreichen Städten wie Hongkong, Shanghai, Qingdao u.a. denken. Im Jahre 1900 unternahmen die sogenannten »Boxer«, eine zunächst antidynastische – also gegen die Herrschaft der Mandschu gerichtet – später dann insbesondere fremdenfeindliche Geheimgesellschaft einen Aufstand mit dem Ziel, alle Ausländer, insbesondere die christlichen Missionare, aus dem Land zu vertreiben. Das Herrscherhaus stellte sich auf ihre Seite, überschätzte allerdings deren Stärke und Möglichkeiten. Ein marodierender Mob ermordete Ausländer und zum Christentum konvertierte Chinesen, woraufhin die Großmächte in einer gemeinsamen Aktion den Aufstand niederschlugen und im anschließenden »Boxerprotokoll« vom September 1901 u.a. China immense Reparationszahlungen auferlegten – ein Umstand, der den Staatshaushalt ruinierte und zum weiteren Niedergang des Kaiserreiches erheblich beitrug. Auch nach der Revolution von 1911 und der Ausrufung der Republik durch Sun Yatsen setzte keine innere Stabilisierung ein, vielmehr blieb China nach 1912 ein von Bürgerkriegen zerrissener und Sezessionen bedrohter Staat. Warlords kämpften in den verschiedenen Provinzen um die Vormacht. Sie befehligten eigene Armeen und sicherten ihren Unterhalt aus der jeweils beherrschten Region. Prägend wurde dann die Auseinandersetzung zwischen der Guomindang, der Nationalen Volkspartei Sun Yatsens, und der 1921 in Shanghai gegründeten Kommunistischen Partei Chinas (KPCh), die zusätzlich von einer zunehmend japanischen Aggression begleitet wurde. Diese Zeit vom Ende des Kaiserreichs bis zur Ausrufung der Volksrepublik durch Mao Zedong 1949 ist in ihrer herrschaftsgeschichtlichen Dimension ebenso vielschichtig wie in sozialer, wirtschaftlicher und kultureller Hinsicht. Aus der Perspektive der chinesischen Bevölkerung lässt sich diese Epoche getrost als Krieg und Chaos bezeichnen. Setzt man jedoch den Umsturz der politischen Ordnung und die Versuche nach Befreiung von tradierten und belastenden Gesellschaftsbedingungen in den Fokus der Betrachtung, kann der Begriff der Revolution angewandt werden. Blickt man auf längerfristige strukturelle Wandlungen in Wirtschaft und Gesellschaft – vor allem ab Mitte der 20er-Jahre unter Tschiang Kai-schek (1887–1975) ist der Aspekt der Modernisierung ein durchaus erkenntnisleitender Begriff. Die hier deutlich werdende Ambivalenz dieser Phase sollte sich jedenfalls für den Aufstieg der Kommunisten unter Mao als wegweisend und prägend erweisen.

Mit der Proklamation der Volksrepublik China am 1. Oktober 1949 begann das Land – zunächst auf politischer Ebene – sich als regionaler Machtfaktor zu etablieren. Die KPCh sah sich zunächst jedoch vor die Aufgabe gestellt, ein zerfallenes Staatswesen von beinahe kontinentalem Ausmaß wieder regierbar zu machen. Mao war die zentrale Persönlichkeit. Der heutige chinesische Zentralstaat, bedingt durch die gewaltsame militärische Einigung, war ebenso sein Werk wie die unabhängige Entwicklung Chinas vor allem seit der Emanzipation von der UdSSR Ende der 50er-Jahre. Allerdings kann Mao auch als ein Zerstörer des traditionellen Chinas gelten, der von seinem Volk einen ungeheuren Tribut forderte, ohne den Aufbau eines konkurrenzfähigen modernen Staatswesens umzusetzen. Denken wir hier an die katastrophalen Konsequenzen beispielsweise des »Großen Sprungs nach vorn«, durch den Kollektivierung und Massenmobilisierung vorangetrieben werden sollten. Der damals vorhandene industrielle und technologische Rückstand sowie die damit einhergehende Armut sollten durch eine Erziehung zum »richtigen« Bewusstsein sowie den parallel laufenden kollektiven Arbeitseinsatz überwunden werden. Sogenannte Volkskommunen – bestehend aus mehreren Dörfern – bildeten die Basis für industrielle und handwerkliche Kleinbetriebe. Die Menschen mussten ihr noch verbliebenes Eigentum abgeben und sich gänzlich der Produktion widmen, beispielsweise mittels millionenfach errichteter Kleinhochöfen, die für eine Verdoppelung der Stahlproduktion sorgen sollten. Das Gegenteil war der Fall: China erlebte von 1960–1962 eine massive Wirtschaftskrise mit Millionen von Hungertoten. Auch die Kulturrevolution von 1966 bis zum Tod Maos 1976, durch die dieser sein durch die Krise verlorenes Ansehen zurückgewinnen wollte, bekämpfte traditionelle konfuzianische Werte und mündete in einer Welle von Gewalt und Terror. Die Produktion stockte, die Bildung kam zum Erliegen und China isolierte sich gegenüber dem Ausland. Millionen Chinesen wurden im Namen Maos als vermeint-

(11) Der von Deutschland entwickelte Transrapid auf der Einfahrt in Shanghai

liche »Konterrevolutionäre« oder »Landesverräter« verhaftet, deportiert oder getötet. Erst unter Deng Xiaoping setzte sich eine pragmatische, in die Moderne führende Politik durch. Die durch ihn forcierte wirtschaftliche Öffnung und die damit einhergehenden Reformen ab 1978 ermöglichten den heutigen Aufstieg Chinas zur wirtschaftlichen und politischen Weltmacht mit all den dabei einhergehenden Konfliktpotenzialen. »Das Mittelmeer ist der Ozean der Vergangenheit, der Atlantik ist der Ozean der Gegenwart, und der Pazifik ist der Ozean der Zukunft«, lautete eine Prognose des US-Außenministeriums Anfang des 20. Jahrhunderts. Diese Aussage sollte sich zuerst durch den Aufstieg Japans, gefolgt von den sogenannten »Tigerstaaten« Südkorea, Taiwan und Singapur bewahrheiten. Seit dieser Zeit beherrscht die »asiatische Herausforderung«[3] die Schlagzeilen der westlichen Medienlandschaft. Diese wird aufgrund des starken Wachstums der exportorientierten Volkswirtschaften dieser Staaten insbesondere ökonomisch verstanden, wobei aber neben sozialen und ökologischen Folgen zunehmend auch der Aspekt eines kulturellen Wettbewerbs betont wird. Bezogen auf China wurden unter Deng Xiaoping in den 80er-Jahren u. a. sogenannte »Sonderwirtschaftszonen« mit günstigen Bedingungen für eine exportorientierte Produktion eingerichtet und ausländischen Kapitalanlegern der Zugang zum chinesischen Markt erleichtert. Die Etablierung dieser »sozialistischen Marktwirtschaft« bildete die Grundlage für den bis heute andauernden rasanten wirtschaftlichen Aufschwung Chinas.

Seit nun spätestens ab den 1990er-Jahren China als Global Player die Weltbühne betreten hat, ist in diesem Zusammenhang vom »Wirtschaftsgiganten« oder der künftigen »Supermacht« China die Rede, woraus ein »asiatisches Jahrhundert« erfolgen werde. Zahlreiche auch geografische Fakten und Faktoren mögen dafür sprechen. China – ein Land der Superlative: Hier befindet sich an der Grenze zu Nepal mit dem Mount Everest der höchste Berg der Welt. Der Jangtsekiang ist der drittlängste Fluss der Welt, China ist selbst mit einer Fläche von 9572 km^2 das viertgrößte Land der Erde mit Anteil an fast allen Klima- und Vegetationszonen. China – das ist der Aufsteiger des 20. und die neue Weltmacht des 21. Jahrhunderts. Aufgrund seiner politischen Öffnung und der rasanten und staunenswerten wirtschaftlichen wie gesellschaftlichen Entwicklung der letzten rund 40 Jahre hat die Volksrepublik China ein Gewicht erlangt, dem nicht nur Asien, sondern auch Europa und die USA eine entsprechende Bedeutung beimessen müssen. Es ist noch nicht lange her, dass es für Deutschland beispielsweise von nur geringer Bedeutung war, was in China geschieht.

Seit aber das einstige Entwicklungsland ein zentraler Akteur im globalen Machtspiel geworden ist, der sich aktiv an der Ausgestaltung der politischen, gesellschaftlichen und ökonomischen Strukturen beteiligt, beeinflusst China unser Alltagsleben auf vielfältige Weise. Nicht nur in Form von Produkten »Made in China« wie Textilien, Spielzeug oder Elektroartikel, auch konjunkturelle Schwankungen sowie Chinas Energie- und Rohstoffbedarf haben beispielsweise Einfluss auf die Sicherheit deutscher Arbeitsplätze. Hinzu kommen der technologische und damit der einhergehende militärische Aufstieg Chinas, sei es anhand spektakulärer Projekte wie den Bau eigener Flugzeugträger oder die Präsentation eines wie auch immer funktionstüchtigen Tarnkappenbombers. China wird auch auf diesem Sektor in den nächsten Jahren eine erhebliche Rolle spielen und sich zu einem bedeutenden Gegenspieler zu den USA entwickeln. Auch territoriale Ansprüche – ob nun berechtigt oder nicht – z. B. im Südchinesischen Meer (u. a. die Spratly-Inseln vgl. Kap. IV. 1. d.) können somit deutlich untermauert werden. Mit China ist also auf vielfältiger Weise in Zukunft zu rechnen, wobei dessen gegenwärtige Politik eben häufig nur aus seinen Erfahrungen aus der Vergangenheit zu erklären ist.

»China will eine Weltmacht werden, die hinter keiner anderen zurücksteht«, betonte genau aus dieser Perspektive heraus auch während seiner

(12) In Peking 2007 vor der Verbotenen Stadt – an Aktualität nichts verloren

Amtszeit Hu Jintao, von 2003 bis 2013 Präsident der Volksrepublik China. Sein Nachfolger Xi Jinping knüpfte nahtlos an diese Politik an.

Daher hat Peking in den letzten Jahren eine radikale Änderung seiner Außenpolitik vollzogen. Entgegen der früheren Konzentration auf innenpolitische Belange, treten nun immer mehr geopolitische Aspekte in den Vordergrund. Dabei lassen sich grundsätzlich fünf Hauptarenen wachsenden chinesischen Engagements identifizieren: Das Gelbe und das Japanische Meer, der Pazifik, das Subsahara-Afrika, Südasien und der Himalaya.

Lassen wir an dieser Stelle einen bekannten Sinologen zu Wort kommen. Dr. Jörg-M. Rudolph äußerte sich vor einigen Jahren in einem Interview mit dem Autor ähnlich deutlich, wie es der damalige chinesische Partei- und Staatschef tat:

»China ist ein Newcomer, der nach oben will, vergleichbar wie z. B. Deutschland Ende des 19. Jahrhunderts. Problematisch ist allerdings, dass eine Zentralregierung 20 Prozent der Weltbevölkerung beherrscht und ihre Interessen durchsetzen will, z. B. bei der Rohstoffsicherung: Öl, Kupfer, Getreide wären hier zu nennen. Ein großer neuer Spieler betritt die Bühne, sodass nichts so bleibt, wie es war. Was wird passieren? China arbeitet ohne Skrupel mit autoritären Regimen in Afrika zusammen. Auch europäische

Staaten tun dies sicher z. T. oder würden es tun, nur mit anderen Mitteln, da hier durch eine unabhängige Presse eine kritische Auseinandersetzung stattfindet. Wird es eng, dann werden Konflikte nicht ausbleiben. China wird globale Interessen entwickeln, seine Schifffahrtswege sichern, seine Interessen wahren, siehe Libyen 2011. Eine rein friedliche Expansion kann ich mir nicht vorstellen. Ein Anstieg des Militäretats von drei auf 14 Prozent innerhalb der letzten Jahre spricht hier Bände. Oder denken Sie an die nach wie vor aktuelle Taiwanproblematik. Es soll nach außen der Anschein einer Friedfertigkeit erweckt werden, in Wirklichkeit hat China Interessen, die durchgesetzt werden sollen und auch werden.«[4]

Der Aufstieg Chinas als internationale politische und wirtschaftliche Groß-, ja Weltmacht, hat massive Konsequenzen für die internationale Sicherheitspolitik, die Energieversorgung und -sicherheit, die internationale Arbeitsteilung sowie generell für die Zukunft des derzeitigen internationalen Systems. Das zunehmende wirtschaftliche Gewicht der Volksrepublik, ihre politische Stellung in Asien und anderen Weltregionen wie Afrika und die zunehmende Machtkonkurrenz zu den USA sind auch für die deutsche und europäische Politik von herausragender Bedeutung und werden beispielsweise die Beziehungen Europas zu den USA nicht unberührt lassen.

China verfolgt globale Interessen zum einen auf territorialer Ebene wie in Bezug auf Taiwan und im Ost- und Südchinesischen Meer (vgl. Kap. IV. 1. c. und d.), weiterhin auf wirtschaftlichem Gebiet, was den Zugriff auf Energieressourcen wie Erdöl und Kohle betrifft. Insbesondere für seine Stahlerzeugung erfolgt ein hoher Kohle- bzw. Koks-Import aus Südostasien und Australien. Als Atommacht (seit 1964) ist China auf Uran angewiesen. Bisher konnte der Bedarf aus eigenen Vorkommen gedeckt werden, in zunehmendem Maße erfolgt dies jedoch aus Afrika und Australien. Erze und Metalle wie Aluminium, Nickel, Kupfer, Eisen und Gold werden ebenfalls seitens Pekings stark nachgefragt. Ein unproblematischer Zugang zu den Waren- und den Finanzmärkten hat daher für China hohe Priorität, was sich auch in seinen regionalen und internationalen militärischen Interessen widerspiegelt: Sicherung der Landgrenzen, Landesverteidigung, Invasionsfähigkeit gegenüber Taiwan, Sicherung der strategischen Seewege, Flottenstützpunkte im pazifischen und indischen Ozean sowie bilaterale Militärabkommen.

Unter gesellschaftlichen, politischen und geografischen Gesichtspunkten sind allerdings auch folgende Tatsachen ebenso zu beachten: China ist ein Land der Gegensätze mit regionalen und sozialen Disparitäten. Die Gegensätze zwischen den Wachstumsprovinzen der pazifischen Küstenregionen – die sogenannte »Goldküste« mit ihren Sonderwirtschaftszonen

(13) Ein chinesischer Räumpanzer, eingesetzt im Rahmen einer Übung der zivil-militärischen Zusammenarbeit in Chongching 2007.

– und dem armen Hinterland mit den besonders strukturschwachen »autonomen« Regionen Tibet und Xinjiang sowie beispielsweise gravierende Einkommensunterschiede sind hier zu nennen. Auf der einen Seite verarmte Bauern – auf der anderen die Wachstumsmetropolen mit einer aufstrebenden Mittelschicht. Landflucht und die Wanderarbeiter sind hierfür markante Indizien. Hinzu kommen, u. a. auch bedingt durch eine intensive Ressourcenausbeute im Zuge des rasanten Wirtschaftswachstums, zahlreiche ökologische Belastungen, die die Lebensqualität der Menschen in vielen Regionen stark einschränken und das Wachstums langfristig möglicherweise gefährden können. Die Luftverschmutzung in den Städten überschreitet häufig die Grenzwerte der führenden Industriestaaten. Steinkohle als Energielieferant bildet nach wie vor den Schwerpunkt. 2011 hat China die USA als größten Energieverbraucher der Welt abgelöst. Seine Mitverantwortung für globale ökologische Folgen und den Klimawandel tangiert uns somit massiv. Daher kann es der übrigen Welt nicht gleichgültig sein, welche Politik China hinsichtlich so brennender Probleme wie Bevölkerungswachstum, Migration, Umweltschutz oder der Globalisierung der Wirtschaft verfolgt.

a. Der Naturraum: Viel Land – wenig Lebensraum

Werfen wir nach dieser skizzenhaften historisch-politischen Einführung nun zunächst einen kurzen Blick auf die Geografie Chinas und seiner damit einhergehenden Geofaktoren.

Betrachtet man dabei zunächst die Grenzen Chinas, so blickt man auf eine Großmacht, die heute darauf vertrauen kann, durch ihre territoriale Größe und die zahlreichen natürlichen Grenzen wie den Himalaya, das Tianshan-Gebirge oder auch den Amur sich in einer gesicherten Lage zu befinden, die eine effektive Verteidigung, aber auch umfassenden Handel gewährleistet. Umgekehrt jedoch gilt ein weiterer geografischer Grundsatz für China seit Jahrhunderten, dass trotz seiner Größe die bewohnbaren und (land)wirtschaftlich nutzbaren Räume begrenzt sind; ein wesentlicher Faktor, der auch Pekings Geopolitik mitbeeinflusst, wie in den folgenden Kapiteln noch verdeutlicht wird.

Mit 9,6 Mio. km² ist China der viertgrößte Staat der Erde und damit fast so groß wie ganz Europa. Die Nord-Süd-Entfernung umfasst 35 Breitengrade, die West-Ost-Ausdehnung dieses sehr vielfältigen und von gegensätzlichen Oberflächenformen geprägten Landes erstreckt sich auf etwa 60 Längengrade.

Seine geografischen Voraussetzungen beeinflussen in hohem Maße die wirtschaftlichen und damit natürlich auch die gesellschaftlichen und politischen Verhältnisse des Landes. China nimmt fast ein Viertel des asiatischen Kontinents ein und 6,41 Prozent der Erdoberfläche (zum Vergleich, der gesamte europäische Kontinent — vom Ural bis Portugal — hat eine Oberfläche von rund 10.500.000 km², ist also nur wenig größer als China; Deutschland hat ein Staatsgebiet von rund 357.000 km², also etwa der 27. Teil des Fläche Chinas). Es grenzt an 14 Nachbarstaaten: Vietnam, Laos, Myanmar, Bhutan, Nepal, Indien, Pakistan, Afghanistan, Tadschikistan, Kirgisistan, Kasachstan, Russland, Mongolei und Nordkorea und hat somit die längste Landesgrenze auf der Erde mit 22.133 Kilometer Gesamtlänge. Zusätzlich zählt eine Meeresfläche von 4.730.000 km² zum chinesischen Hoheitsgewässer, einschließlich etwa 5400 Inseln.

Das geografische Phänomen bzw. Problem ist, dass Gebirge, Hochländer und Hochplateaus rund 60 Prozent des Territoriums umfassen und nur 40 Prozent auf Becken, Ebenen und Flusslandschaften entfallen. Als ein weiterer nicht unbedeutender Faktor ist festzustellen, dass nur 16 Prozent der Fläche Chinas unter 500 Meter liegen, hingegen 19 Prozent über 5000 Meter. Sein Relief weist eine treppenförmige Struktur auf. Es fällt von Westen nach Osten stufenweise in drei Schritten ab: Hochgebirge, Bergland und Becken bis hin zur Küstenebene. In den kontinentalen Hochgebirgsregionen dominieren weitgehend unfruchtbare Gebirgsböden mit Viehzucht (Yaks, Schafe, Ziegen) als Nutzungsmöglichkeit, vergleichbar mit der nomadischen Viehzucht in den Wüstenregionen. Der humide Osten Chinas weist eine größere Bodenvielfalt auf. Die durch die großen Ströme Huang He – der »Gelbe Fluss« führt bei seinem Eintritt in die »Große Ebene« eine Schlammfracht von jährlich fast einer Milliarde m^3 mit sich – und Jangtsekiang entstandenen Schwemmlandböden besitzen infolge großer Lössablagerung eine hohe Fruchtbarkeit und werden landwirtschaftlich intensiv genutzt.

Rund 1,4 Mrd. Menschen (= 22 Prozent der Weltbevölkerung) leben in China. Dort allein gibt es 175 Städte mit mehr als einer Million Einwohner, davon sogar 7 mit über 10 Millionen – darunter mit Chongqing (rd. 30 Millionen Einwohner) auch noch die größte Stadt der Welt (zum Vergleich: in Nordamerika sind es 46, in Europa 60 Millionenstädte bzw. Agglomerationen). Der bei weitem größte Teil der Bevölkerung lebt in den Küstenregionen mit den großen Metropolen. Etwa 115 Millionen Menschen, also fast 10 Prozent der chinesischen Bevölkerung, konzentrieren sich allerdings auf eine Fläche von nur 50.000 km^2. Etwa die Hälfte der Bevölkerung lebt auf 10 Prozent der Fläche, was einer Bevölkerungsdichte von 740 Personen pro Quadratkilometer entspricht. 90 Prozent der Bevölkerung leben nur auf einem Drittel des Staatsterritoriums, was bedeutet, dass 90 Prozent der Bevölkerung in Gebieten leben, die mit durchschnittlich 350 Einw./km^2 so dicht bevölkert sind wie Europas am dichtesten besiedelte Länder Belgien und die Niederlande.

Der Landwirtschaft und damit der Versorgung des eigenen Volkes sind jedoch enge Grenzen gesetzt. Chinas Einwohner müssen sich von lediglich 7 Prozent der Weltanbaufläche ernähren, da nur 11 Prozent der Landesfläche Chinas nutzbar sind, d. h. auf jeden Chinesen entfallen nur 0,09 ha Anbaufläche. Und nur 30 Prozent der gesamten landwirtschaftlichen Nutzfläche gelten als ertragsstabil, 17 Prozent werden jährlich von Überschwemmungen, Dürreperioden oder anderen Naturkatastrophen heimgesucht. China weist somit extreme Klima-, Höhen- und Temperaturunterschiede auf. Der feuchte Osten steht im Kontrast zum trockenen Westen. Die durch den Sommer- und Wintermonsun verursachten extremen Niederschlagsunterschiede nehmen nach Westen hin zu, die Temperaturschwankungen zwischen Winter und Sommer, aber auch zwischen den einzelnen Regionen nehmen zum Landesinneren ebenfalls zu. Sie reichen von den kältesten und höchsten Regionen wie dem Himalaya und dem tibetischen Hochland bis hin zum Bergland im Südosten mit subtropischem Klima. Im Norden

Chinas befinden sich wiederum ausgedehnte Wüstenregionen wie die Takla Makan im Tarimbecken und die Gobi in der Inneren Mongolei. Somit sind die landwirtschaftlich nutzbaren Flächen sehr ungleich verteilt. Hinsichtlich der landwirtschaftlichen Nutzungsmöglichkeiten lässt sich China grob in vier Regionen gliedern. Erstens das aride »braune China« im Nordwesten mit Steppen, Halbwüsten und Wüsten mit extensiver Weidewirtschaft und geringem Ackerbau entlang der Flüsse. Zweitens das »weiße China« im Südwesten mit den schon dargestellten Hochgebirgslandschaften. Drittens das »gelbe China« im Nordosten mit seinen Lössböden, das als Kornkammer des Landes gilt. Viertens das südlich und südöstlichen gelegene »grüne China«, wo der Reisanbau vorherrscht, ergänzt durch Weizen, Baumwolle und lokale Seidenraupenzucht.

Die Auseinandersetzungen mit diesen natürlichen Rahmenbedingungen des Landes stellen bis heute ein Kernproblem dar. Für die nach wie vor wachsende Bevölkerung muss also einerseits die Nahrungsmittelproduktion im eigenen Land gesteigert werden. Doch ist dies durch eine Ausweitung der Anbauflächen kaum möglich, sodass hier nur technische Maßnahmen wie Bewässerung, Düngung oder Mechanisierung Abhilfe schaffen können. Zudem nimmt durch die Urbanisierung und weiter vorangetriebene Industrialisierung vor allem im Osten des Landes die landwirtschaftliche Nutzfläche weiter ab, was auf Dauer zu einem verstärkten Nahrungsmittelimport führen wird.

Ein Interview mit der Sinologin Margarete Prüch[5] verdeutlicht sehr anschaulich die damit einhergehenden Herausforderungen und Probleme:

»Wirtschaftlich gut geht es den Provinzen an der Ostküste, mit direktem Zugang zum Meer. Die Küstenlänge aller Seegrenzen Chinas beläuft sich auf 14.500 km. Direkt erreichbar sind von dort aus Korea und Japan im Norden, Hong Kong und Taiwan im Süden, die für Direktinvestitionen und Kapitalfluss sorgen. Besonders günstig ist auch die Situation am Jangtse-Delta mit Shanghai und dem Perlfluss-Delta im Süden mit der Provinzhauptstadt Kanton. Das chinesische Hinterland allerdings profitiert nur ansatzweise von dem steigenden Wirtschaftsboom. Durch den Bau des Drei-Schluchten-Staudamms wird zum ersten Mal die Schifffahrt mit großen Frachtschiffen bis hin zur Provinz Sichuan möglich sein. Chongqing im besonderen und auch die Städte am Ober- und Unterlauf des Jangtse profitieren wirtschaftlich davon. Chinas Umsiedlungspolitik allerdings raubt vielen Anrainern des Flusses die Lebensgrundlage. Eigentliche Problemzonen sind die im Norden gelegenen Provinzen Qinghai, Gansu, Xingjiang und Ningxia, deren Gebiete von Wüsten und Gebirgen beherrscht werden. Die Gebirge bedecken in China zwei Drittel des Landes. Hier sind vor allem der

Bergbau und die Bodenschätze wichtigster Wirtschaftsfaktor. Seit einigen Jahren engagieren sich Investoren aus Shanghai in der Provinz Qinghai, allerdings bleibt diese Unterstützung zumeist auf die Provinzhauptstädte begrenzt. Im Süden sind es die Provinzen Yunnan, Guanxi und Guizhou, deren Gebiete von Bergregionen und Hochebenen bestimmt wird.«

Auf die Frage, welche (Natur-)Räume sie als zukünftiges Entwicklungspotenzial Chinas ansieht bzw. welchen sie hingegen eher eine negative Zukunft prognostizieren würde, führte Prüch aus:

»Das chinesische Territorium kann man grob in drei Bereiche unterteilen. Der Osten Chinas ist geprägt von fruchtbaren Schwemmebenen mit den Deltas der beiden großen Flüsse, dem Jangtse und dem Gelben Fluss. Dieses Gebiet hat eine maximale Höhe von ca. 500 Metern über dem Meeresspiegel. An diesen fruchtbaren Ebenen schließen sich 1000 bis 2000 Meter hohe Gebirge mit großen Hochebenen und Becken, wie zum Beispiel die Mongolische Hochebene im Norden oder das Sichuan-Becken im Westen, an. Der gesamte Westen Chinas ist geprägt von sehr hohen Gebirgszügen, die im Tibetanischen Hochland bis zu 4500 Meter hoch sein können. Diese geografische Dreiteilung (Ost-, Mittel- und Westchina) spiegelte sich auch in den Vorgaben der Wirtschafts-Fünf-Jahrespläne wider. Bis zum Jahre 1996 wurde diese Dreiteilung beibehalten, seit diesem Zeitpunkt aber, und mit der Ausrufung des 9. Fünf-Jahresplan, wurden sieben Wirtschaftsregionen aufgeführt. Dabei wurde verstärkt deren innere Organisation berücksichtigt, d. h. die Position der wichtigsten Städte, interne Wirtschaftsverbindungen und Transportsysteme. Weit mehr als die Regionalisierung wird seit dem Jahre 2000 über zahlreiche Entwicklungsprojekte und Investitionen für den zentralen und westlichen Teil des großen Reiches diskutiert. Hier sind es insbesondere die Provinzen Shaanxi, Gansu, Ningxia, Xinjiang, die Innere Mongolei im Norden, Qinghai, Sichuan im Westen und Guizhou, Guanxi, Yunnan im Süden. Dies geschieht vor allem mit Blick auf die wirtschaftspolitischen Spannungen des sogenannten ›Erste-Welt-China‹ an den Küsten und dem ›Dritte-Welt-China‹ im Binnenland. Im Juni 2000 publizierte der Staatsrat eine Liste mit insgesamt 225 Projekten, die die Entwicklung der Landwirtschaft, der Nahrungsmittelindustrie, des Bergbaus, aber auch des Tourismus umfassten. Besonders Infrastrukturprojekte und technische Innovationen werden unterstützt, auch um ausländische Investoren anzulocken. So wurde die Eisenbahn-Strecke nach Tibet gebaut oder die Schiffbarkeit des Jangtse verbessert. In beiden Projekten waren europäische, amerikanische und asiatische Investoren sehr gefragt. Ob es eine wirklich negative Zukunft für besondere Regionen Chinas gibt, ist nicht absehbar. Soviel ist aber sicher: Wenn sich auch die wirtschaftliche Entwicklung positiv gestaltet, so führen doch Unwägbarkeiten wie zum Beispiel Naturkatastrophen oftmals zu großen Rückschlägen gerade in den schwächer entwickelten Gebieten Chinas. In den letzten Jahren ist es vor allem aber auch der ökologische Raubbau, der in China für große Probleme sorgt. China steht an der Schwelle, ein hochentwickeltes und ökonomisch prosperierendes Land zu werden, respektive es schon zu sein. Dies erfordert die volle Ausschöpfung aller Ressourcen und Energien. So ist es von dieser Warte vollkommen verständlich, dass China in punkto Stromversorgung, dem Abbau von Kohle und Erdöl, der Förderung von Gas etc. einen sehr hohen Stellenwert einräumt. Schon Mao Zedong träumte davon, die Fluten des Jangtse zu bändigen und durch einen großen Staudamm die alljährlichen Überschwemmungen zu verhindern. Das Projekt entwickelte sich zu einem großen, von allen nachfolgenden Regierungschefs favorisierten Bauwerk, dessen Vollendung unter anderem die Stromversorgung des Landes sichern soll. Trotzdem ist der Staudamm bei vielen Umweltorganisationen im Ausland und auch in China sehr umstritten.«

Anhand der dargelegten geografisch bedingten Probleme und Herausforderungen sieht sich die VR China gezwungen, auch nach auswärtigen landwirtschaftlichen Produktionsmöglichkeiten Ausschau zu halten, wie z. B. in Afrika. Grundsätzlich gilt für die KPCh das Überleben des Einparteienstaates auch »in Zeiten hoher sozialer Dynamiken, technologischer Umbrüche und weltweiter Krisen sicherzustellen«.[6] Dazu müssen alle materiellen und immateriellen Ressourcen sowohl im eigenen Land wie auch auf globaler Ebene mobilisiert und gesichert werden. Die chinesische Außen-und damit einhergehend ihre Geopolitik soll die Basis und den Rahmen für den Wiederaufstieg der eigenen Nation nach »Jahrhunderten der Demütigung« bilden und ihr einen zentralen bzw. den hegemonialen Platz als führende Nation in einer kommenden Weltordnung verschaffen.[7]

b. Chinas Anspruch auf das Dach der Welt: Tibet[8]

»Tibet ist nicht China«, so hieß es noch 1994 in einem Marco-Polo-Reiseführer China,[9] auch wenn es zu diesem Zeitpunkt schon seit weit über 40 Jahre wieder zu China gehörte bzw. seit 1950/51 von der Volksrepublik besetzt war, ein Vorgang, der seitens der Kommunistischen Partei Chinas (KPCh) euphemistisch als »friedliche Befreiung Tibets« bezeichnet wird.

Blicken wir kurz zurück. Im Zuge der chinesischen Revolution 1911/12 und dem Sturz der Monarchie gelang es Tibet, die chinesische Oberhoheit, die seit der Qing-Dynastie im 18. Jahrhundert bestand[10], abzuschütteln.

China zog seine Vertreter – die Ambane (= kaiserliche Gesandte) – aus Lhasa ab, der 13. Dalai Lama kehrte aus dem indischen Exil zurück, erklärte am 14. Februar 1913 formal die Unabhängigkeit Tibets und schloss noch im gleichen Jahr einen Freundschaftsvertrag mit der Mongolei, die 1911 ebenfalls ihre Unabhängigkeit von China erklärt hatte. Tibet war nun de facto ein von China unabhängiger Staat mit eigener Armee, Regierung und Währung, der über vier Jahrzehnte Bestand hatte. Daran änderte realiter auch die 1914 von Großbritannien, Tibet und China ausgehandelte, von China jedoch nicht ratifizierte Konvention von Simla[11] nichts. Sie bestätigte zwar die völlige innere Autonomie Tibets, jedoch ohne den Anspruch der chinesischen Suzeränität[12] über Tibet aufzugeben. China war aufgrund der nach der Revolution folgenden Phasen der Warlords, des Bürgerkriegs zwischen Maos Kommunisten und Tschiang Kai-scheks Kuomintang sowie des Kriegs mit Japan (seit 1937) nicht in der Lage, die tibetische Unabhängigkeit in Frage zu stellen. Noch weniger war es ihm möglich, diese rückgängig zu machen oder gar einen realen Anspruch auf Tibet durchzusetzen, ebenso wenig dort eine Regierungsgewalt auszuüben, auch wenn es ab 1934 (bis 1949) wieder zwei chinesische Vertreter in Lhasa gab.

(14) Der Potala-Palast in Lhasa

Wie sah nun aber die Lage für Tibet völkerrechtlich auf internationaler Ebene aus? Ausgehend von der Konvention von Montevideo vom 26. Dezember 1933 über Rechte und Pflichten von Staaten, definierte der Völkerbund – basierend auch auf der Drei-Elemente-Lehre von Georg Jellinek – die folgenden Kriterien für die Anerkennung eines Staates: Eine permanente Bevölkerung (Staatsvolk), ein fest umrissenes Territorium (Staatsgebiet), eine Regierung (Staatsgewalt). Hinzu kam noch – hier im Gegensatz zu Jellinek – als ein weiteres konstituierendes Element die Beziehungen zu anderen Staaten und die damit einhergehende Anerkennung. Die ersten drei dieser Voraussetzungen waren im Falle Tibets erfüllt. Allerdings unterhielt es keine diplomatischen Beziehungen zu anderen Staaten. Es gab in Lhasa lediglich Gesandtschaften von Nepal, Bhutan und Britisch-Indien. Ansonsten verharrte es in einer außenpolitischen Isolation. Somit war es zwischen 1911 und 1950 auch international kein offiziell anerkannter Staat. Tibet hatte sich zwar für unabhängig erklärt, es aber zugleich versäumt, seine Unabhängigkeit international abzusichern. So war es weder Mitglied des Völkerbundes noch der Vereinten Nationen. 1947/48 hatte die tibetische Regierung – allerdings vergeblich – Missionen in die Hauptstädte der wichtigsten westlichen Staaten gesandt, um eine Anerkennung zu erreichen, zumal bereits 1943 die USA der Regierung von Tschiang Kai-schek versichert hatten, dass sie Tibet als einen Bestandteil Chinas betrachteten.[13] Umgekehrt war es, wie eingangs schon betont, de facto ein eigenständiger Staat mit Einschränkung seiner außenpolitischen Handlungsspielräume (siehe die chinesische Suzeränität). Tibet war also mindestens ein partielles Völkerrechtssubjekt, das somit unter dem Schutz des gewohnheitsrechtlich geltenden Gewaltverbots stand. Andererseits wiederum fehlten ihm – praktisch und realpolitisch gesehen – 1950 drei entscheidende Voraussetzungen für eine fortdauernde bzw. gesicherte Unabhängigkeit: 1. Eine völkerrechtlich offizielle Anerkennung durch die internationale Staatengemeinschaft bzw. ein diplomatisches Mitwirken in dieser, was die Besetzung durch China dann auch ohne internationale Proteste bzw. Schwierigkeiten oder dergleichen ermöglichte. 2. Die Fortdauer der Schwäche Chinas. 3. Eine Schutzmacht, die die gewaltsame Eingliederung durch China hätte verhindern können. Großbritannien schied diesbezüglich nach seinem 1947 erfolgten Rückzug aus Indien aus. Aus chinesischer Sicht war und ist die gewaltsame Wiedereingliederung Tibets hingegen völlig gerechtfertigt. China geht von einem anderen Nations- und Staatsbegriff aus als die westlichen Länder. Danach sind alle Völker, die bis 1911 auf chinesischem Territorium gelebt haben, Teil des chinesischen Volkes. Der in China verwendete Begriff »Chinesen« schließt alle Bewohner des Landes unabhängig von ihrer Nationalität ein. Von daher stehen sich hier zwei unterschiedliche Rechtskonzepte gegenüber. Nach den Normen des heutigen Völkerrechts war die Ausdehnung der chinesischen Macht auf Tibet eindeutig eine Okkupation. Nach chinesischem Rechtsverständnis dagegen handelte es sich um die Wiederherstellung legitimer Rechte, die China lediglich aufgrund zeitweiliger Schwäche und Zerrissenheit nicht hatte ausüben können. Peking hatte demnach aus seiner Sicht nichts anderes getan, als einem lange missachteten Rechtsprinzip wieder Geltung zu verschaffen.

Betrachtet man eine physisch-geografische Karte Tibets, so wird dessen geopolitische Bedeutung für China schon auf den ersten Blick deutlich. Die tibetische Hochebene ist mit einer durchschnittlichen Höhe von 4000 bis 5500 Meter über dem Meeresspiegel das höchste Plateau der Welt und umfasst rund 2 Millionen km². Darin eingeschlossen sind gewaltige Gebirgszüge mit elf Gipfeln von mehr als 8000 Meter und 50 von mehr als 7000 Meter Höhe, große Flüsse und unzählige Seen. Das Qinghai-Tibet-Plateau, auch »Dach der Welt« genannt, ist das ausgedehnteste und höchste Plateau der Erde. Es ist von schneebedeckten Gebirgsketten umschlossen, so im Süden und Westen von den Gebirgen Himalaya, Karakorum und Pamir. Im Norden bilden die Wüsten des Tarimbeckens und Qaidam-Beckens natürliche Grenzen. Zum Hochland von Tibet zählen auch die Gebiete Ladakh, Zanskar, Lahaul und Spiti, Nord-Sikkim und weite Teile von Arunachal Pradesh in Nordindien, wie auch große Teile Bhutans und der Norden Nepals. Hingegen ist das seit 1965 existierende sogenannte »Autonome Gebiet Tibet« deutlich kleiner als der eigentliche tibetische Kulturraum. Mit über 1,2 Mio. km² – so viel wie Großbritannien, Frankreich, Deutschland, die Niederlande und Luxemburg zusammen – nimmt es allerdings rund ein Achtel der Gesamtfläche Chinas ein und wird in der Größe nur noch vom »Autonomen Gebiet Xinjiang« übertroffen. Im Norden stößt Tibet an die chinesischen Provinzen Qinghai und Xinjiang, im Osten und Südosten an Sichuan und Yunnan, während es im Süden und Westen an die Staaten Myanmar, Indien, Bhutan und Nepal sowie an Kaschmir grenzt. Die wichtigsten Städte sind die Hauptstadt Lhasa und Xigaze, die zweitgrößte Stadt. Tibet ist die am dünnsten besiedelte Region Chinas mit einer durchschnittlichen Bevölkerungsdichte von weniger als zwei Menschen pro km². Der Anteil der Tibeter an der Bevölkerung beträgt laut offiziellen – allerdings durchaus zu bezweifelnden – chinesischen Angaben gut 96 Prozent, wohingegen die Han-Chinesen angeblich nur knapp 3 Prozent ausmachen. Durch die Einnahme Tibets (und auch Xinjiangs) hatte die Volksrepublik China die historischen Grenzen des Kaiserreichs (abgesehen von der Mongolei und Taiwans) weitgehend wieder erreicht.

(15) Tibeter mit traditioneller Yak-Haltung

(16) Am Nam-Co, dem höchstgelegenen See der Welt in Tibet

Bei der Besetzung Tibets spielt(e) seine **militärstrategische Lage** eine wesentliche Rolle. Als natürliche Grenze nach Süden dient es China als Glacis bzw. wichtige Barriere (wenn man möchte auch als »natürliche Version der chinesischen Mauer«[14]) gegenüber seinem Rivalen Indien, mit dem bis heute Grenzstreitigkeiten bestehen.[15] Diese strategische Bedeutung darf, vor allem unter den früheren Bedingungen des Kalten Krieges, als nicht gering bewertet werden. 1962 eskalierten die Grenzkonflikte in einem Krieg, als Mao aus seiner Perspektive Chinas historische Grenze bedroht sah. Konkret ging es um zwei Regionen im Himalaya. China beanspruchte an dessen Südrand große Teile des indischen Bundesstaates Arunachal Pradesh. Hintergrund war hier die Grenzziehung zwischen Britisch-Indien und Tibet im Zuge der o. a. Konvention von Simla, die nach dem britischen Unterhändler »McMahon-Linie« genannt wurde. Großbritannien hatte damals eine Korrektur des tibetisch-indischen Grenzverlaufs zu seinen Gunsten erreichen können, den die VR China jedoch nicht anerkannte, da die chinesischen Delegierten damals das Abkommen nur paraphierten, es aber von der Republik China nicht ratifiziert wurde.[16] Als Indien unabhängig wurde, verzichtete es nicht auf die Ansprüche seiner einstigen Kolonialmacht Großbritannien, d. h. es bestand auf der MacMahon-Linie als Staatsgrenze und – ein weiterer Grenzstreit mit China – auf seinen Anspruch auf Aksai Chin, einen Teil Kaschmirs. Bis heute sind die Konflikte nicht gelöst, sind die Gebiete zwischen Indien und China umstritten, aber immerhin hat keine Seite seitdem versucht, über das von ihr kontrollierte Territorium hinaus vorzurücken. Der chinesisch-indische Krieg verdeutlicht somit eindrucksvoll die o. a. militärstrategische Bedeutung Tibets für China, da durch Chinas dortige Herrschaft sein südlicher Landesteil geschützt ist. Ein unabhängiges Tibet hingegen würde aller Wahrscheinlichkeit nach unter indischen Einfluss gelangen (so wie Großbritannien als Kolonialmacht von Indien seinen Einfluss auf Tibet ausgeweitet hatte), was für China wiederum nicht hinnehmbar wäre. Wer Tibet kontrolliert, hat im strategischen Dreieck von China, Indien und Russland einen klaren Vorteil. Und diesen wird sich China nicht mehr nehmen lassen.

In diesem Zusammenhang verdient Chinas auf globale Reichweite angelegtes Projekt der neuen Seidenstraße[17] (»One Belt, One Road« – OBOR oder »Belt an Road Initiative« – BRI) – bestehend aus einem »Seidenstraßenwirtschaftsgürtel« und einer »Maritimen Seidenstraße für das 21. Jahrhundert« – Beachtung (vgl. dazu ausführlich Kap. IV. 1. e.). Im Rahmen dieser Vielzahl von geplanten, im Bau befindlichen oder schon realisierten Infrastrukturprojekten wie Fernstraßen, Autobahnen, Schnellzugstrecken, Häfen, Flughäfen und Kraftwerken ist auch Chinas enger Partner Pakistan von Bedeutung. Mit Islamabad betreibt die Volksrepublik nicht nur eine intensive militärtechnische Zusammenarbeit, sondern hat massive Investitionen in Pakistans Infrastruktur getätigt. Exemplarisch ist hier der Karakorum-Highway zu nennen, der am Tiefseehafen von Gwadar endet. Damit ist Pakistan ein Schlüsselstaat in Chinas neuem Seidenstraßenprojekt. Tibet als Transferregion stellt somit ein wesentliches Kernstück einer Landbrücke dar, über die Chinas zentralasiatische Westprovinzen von Gwadar aus mit Erdöl und anderen Rohstoffen aus Arabien und Afrika versorgt werden.

Chinas Präsident Xi Jinping beabsichtigt, im Rahmen der BRI auch Nepal an seine »neue Seidenstraße« anzubinden.[18] Diese Kooperation ist für den nepalesischen Regierungschef Oli, der in einem der ärmsten Länder der Welt politische Stabilität und wirtschaftliche Entwicklung vorantreiben will und von den chinesischen Investitionen zu profitieren hofft, von großer Bedeutung. Ein weiteres wichtiges Motiv für eine verstärkte Anbindung an China besteht für Nepal darin, die Abhängigkeit von Indien zu reduzieren. So ist China mittlerweile in Nepal zum größten ausländischen Direktinvestor noch vor Indien geworden. Mit Nepals Beteiligung an der BRI soll laut chinesischer Vorstellung durch ein grenzüberschreitendes Straßen- und Schienennetz, Stromleitungen und Internetverbindungen ein »den Himalaya überspannendes, mehrdimensionales Netzwerk der Konnektivität« entstehen.[19] Für all diese Projekte ist jedoch eine ausreichende und sichere Stromversorgung Voraussetzung, woran es in Nepal trotz seines enormen Potenzials an Wasserkraft mangelt. Deshalb will China auch in den Ausbau der Wasserkraft in Nepal investieren.

Gleichzeitig spannt so China Nepal für seine Sicherheitsstrategie und seine Tibet-Politik ein. Zuletzt hat China für die nepalesische »Armed Police Force« (APF) eine Polizeiakademie finanziert und errichtet. Da die APF für die Grenzkontrollen zuständig ist, wird deutlich, dass China Flüchtlingsbewegungen aus Tibet nach Nepal bzw. durch Nepal nach Indien einschränken möchte. Ein weiteres wichtiges Infrastrukturprojekt ist die Eisenbahnverbindung vom tibetischen Xigaze in die nepalesische Hauptstadt Kathmandu, die laut chinesischen Angaben 2022 fertiggestellt sein soll.

Der in den Beziehungen zu Nepal schon deutlich gewordene **Wasserreichtum**[20] Tibets, der »Wasserturm Chinas«[21], ist auch ganz grundsätzlich für China von enormer geopolitischer Relevanz. Neben seinen Gletschern, die ca. 30 Prozent des chinesischen Wasserhaushaltes speisen, machen seine rund 1500 Seen mit einer Seefläche von 24.566 km^2 30 Prozent der Gesamtseefläche Chinas aus. Vor allem aber ist der Zugriff auf die Quellgebiete der 20 größten Ströme und Flüsse, die im tibetischen Zentralmassiv entspringen, hier natürlich an erster Stelle die chinesischen Flüsse

Jangtsekiang, mit 6380 km der längste Fluss Chinas (und der drittlängste der Welt), und Huang He (Gelber Fluss) mit einer Länge von rund 5400 km, für China unverzichtbar und nicht verhandelbar. Ihre Wassermassen sind für die chinesische Land- und Energiewirtschaft von herausragender Bedeutung. So strömt der Huang He in tief eingeschnittenen Tälern (eine große Chance für Energiegewinnung) durch die fruchtbaren Lössgebiete des Nordens und führt bei seinem Eintritt in die »Große Ebene« eine für die Landwirtschaft fruchtbare und wertvolle Schlammfracht von jährlich fast einer Milliarde m^3 mit sich. Ausgedehnte Bewässerungssysteme sichern den landwirtschaftlichen Ertrag und vermeiden Hungersnöte, wie sie noch vor einigen Jahrzehnten vorkamen (so die letzte im Zusammenhang mit dem »Großen Sprung nach vorn« 1959–1961). Peking leidet beispielsweise seit Jahren unter Wassermangel, der Grundwasserspiegel sinkt beständig. Neben der eigenen Wasserversorgung sind die Ströme und Flüsse für China weiterhin für seine Energieversorgung in Form von Staudämmen (die zudem auch dem Hochwasserschutz dienen) und Wasserkraftwerken unverzichtbar. Exemplarisch sei an dieser Stelle nur der Drei-Schluchten-Damm erwähnt. Insgesamt umfasst Tibet 365 Flüsse, deren Wasserenergiereserven jeweils mehr als zehntausend kW betragen. Damit machen seine Wasserenergiereserven 15 Prozent aller Reserven Chinas aus und stehen auch auf dem ersten Platz in der Volksrepublik. In der sogenannten »Autonomen Region Tibet« sowie an den Flüssen in den angrenzenden tibetischen Siedlungsgebieten sind mittlerweile über 100 Wasserkraftwerke in Betrieb, im Bau oder in Planung.[22] Ein Drittel allen in China aus Wasserkraft erzeugten Stroms stammt aus Tibet bzw. soll dies künftig der Fall sein.[23]

Zu guter Letzt kann Peking seine Herrschaft über die Quellgebiete dieser Ströme und Flüsse aber auch als mögliches geopolitisches Druckmittel gegenüber den Nachbarstaaten Indien, Myanmar, Laos und Vietnam instrumentalisieren. Allein die Vorstellung, dass China Flüsse wie den Indus, den Mekong, den Irawadi oder den Brahmaputra durch weitere Staudämme oder Bewässerungsprojekte, von einer potenziellen Umleitung gar nicht zu reden[24], steuern und kontrollieren kann, muss in den Anrainerstaaten wie z. B. Pakistan (trotz enger Beziehungen zu Peking), Indien und Bangladesch als ein Horrorszenario erscheinen. Immerhin liefern diese Flüsse für diese Staaten nicht nur Trinkwasser, sondern sind auch für die Bewässerung von Anbaugebieten für mehrere 100 Millionen Menschen unverzichtbar. Schon der Bau von diversen Staudämmen an den Oberläufen dieser Flüsse kann daher massive Auswirkungen auf die Wasserversorgung des indischen Subkontinents haben. Bleibt die Frage offen, wie die Nachbarstaaten in einem solchen Fall reagieren würden. Ein weiterer Krieg zwischen den Atommächten China und Indien wäre dann nicht vollkommen auszuschließen, zumal sich Peking bis heute weigert, einem Abkommen über das Wasser aus Tibet beizutreten und die gemeinsamen Grenzen im Himalaya nach wie vor heftig umstritten sind. So erhebt China, wie schon erwähnt, bis heute Anspruch auf den indischen Bundesstaat Arunachal Pradesh, durch den der Tsangpo, der Oberlauf des späteren Brahmaputra strömt.

Weiterhin ist Tibet als extrem dünn besiedeltes Hochland nicht nur als potenzielles Siedlungsgebiet für die Han-Chinesen, sondern v.a. aufgrund seines großen **Rohstoffpotenzials** – bedingt durch seine vielfältige Topografie – von großem Interesse, um mittels dieses umfangreichen Potenzials ein dauerhaftes und kräftiges Wirtschaftswachstum generieren zu können. Neben großen Salzvorräten (z.B. Kaliumchlorid) werden über 90 Sorten von Bodenschätzen vermutet bzw. sind entdeckt worden; 26 werden bereits gefördert. Neben zahlreichen (Edel)metallen und Erzen wie u.a. Eisen, Aluminium, Zink, Chrom, Kupfer und Blei (von beiden ca. die Hälfte der chinesischen Vorkommen), Magnesit, Gold, Lithium und Uran, stehen Bor, Graphit, fossile Brennstoffe wie Erdöl und Kohle sowie diverse Edelsteine auf der Liste.

Auch aufgrund dieser geopolitischen Gesichtspunkte beschloss die Führung der KPCh, Tibet durch den Ausbau des Straßennetzes und insbesondere den Bau einer Eisenbahn – der **Tibetbahn** – noch intensiver an das chinesische Kernland zu binden. Letztere wurde am 1. Juli 2006 eröffnet. Das Projekt, das Kosten von rd. 3,3, Mrd. €[25] verursachte, stellt ohne Frage eine technische Meisterleistung dar, schließlich waren Pässe und Höhen von knapp 5000 m zu überwinden, und auch der Permafrostboden stellte die Ingenieure vor große Herausforderungen.

(17) Höhenangabe im Zug der Tibetbahn auf dem Weg nach Lhasa

(18) Höhenzüge des Transhimalayas

Damit geht allerdings eine verstärkte Sinifizierung des Landes einher. Millionen Han-Chinesischen wurden und werden auf dem Hochland angesiedelt und drängen somit die einheimische tibetische Kultur weiter zurück. Weiterhin dient die Bahn dem Ausbau der chinesischen Militärpräsenz und der Ausbeutung der erwähnten Ressourcen. Die schon zu Wort gekommene Sinologin Prüch kommentierte dieses Projekt wie folgt:

»Die Tibet-Bahn wurde sicher nicht nur gebaut, damit die Tibeter leichter nach China reisen können. Die Bahn ist Schlüsselprojekt im Rahmen der 1999 begonnen Kampagne ›Westliche Entwicklungsstrategie‹, um Tibet noch enger an China zu binden. Die höchste Bahnstrecke der Welt ist eine beliebte Touristenattraktion für Chinesen und ausländische Gäste. Seit Eröffnung der Strecke sind rund 1,5 Millionen Passagiere befördert worden, darunter 40 Prozent Touristen. Beim Rest handelt es sich um chinesische Arbeitsmigranten. Und, so meinen ihre Kritiker, die chinesische Regierung verfolge damit ganz andere politische Ziele. Tibeter hätten kein Mitspracherecht bei der Gestaltung des eigenen Landes. Peking siedelt gezielt Chinesen in Tibet an, um so wichtige Stellen zu besetzen. Schulbildung bleibt den Tibetern meist verwehrt, so haben die Chinesen bessere Chan-

(19) In Tibet, im Hintergrund ist eine Brücke der Tibet-Bahn zu erkennen

(20) Der Jangtsekiang in seinem Quellgebiet im tibetischen Hochland

cen auf gute Arbeitsplätze. Finanzielle Anreize nach Tibet zu gehen, werden von Chinesen ebenfalls dankbar angenommen. Mit den Projekten wie die Tibetbahn wird einerseits die technische Überlegenheit demonstriert, andererseits aber auch die Erschließung von wertvollen Bodenschätzen im tibetanischen Hochland vorbereitet. Die ›Westliche Entwicklungsstrategie‹ verfolgt vor allem eben wirtschaftliche Ziele. Eisenerz, Kupfer, Blei und Zink können seit dem Bau der Eisenbahn deutlich kostengünstiger transportiert werden. Die Bahn markiert zudem einen massiven Einschnitt in das empfindliche Öko-System im Hochland und die potenziellen weitreichenden Folgen für ganz Asien sind noch nicht absehbar. Ob die Bahn auch eine Chance für Tibet sein kann, wage ich zu bezweifeln. Denn unwiederbringlich wird eine alte Kultur und ein Land langsam zu einer echten chinesischen Provinz.«[26]

Die Abhängigkeit Tibets von der chinesischen Zentralregierung besteht derzeit auf allen Ebenen. Insbesondere in finanzieller Hinsicht ist es nahezu vollkommen auf Zuweisungen Pekings angewiesen. Eine Unabhängigkeit, ja selbst eine Autonomie Tibets ist aktuell utopisch. Sie wäre – wenn überhaupt – nur bei einem extremen Umbruch in der Volksrepublik China und mit äußerer Unterstützung denkbar. Zudem bedeutete eine solche Entwicklung einen massiven Gesichtsverlust für jede chinesische Führung, die sie sich auch aus innenpolitischen Gesichtspunkten nicht leisten kann. Faktisch setzt sich zudem keine westliche Regierung für eine politische Unabhängigkeit Tibets ein. Dafür sind deren wirtschaftlichen Verflechtungen, ja z. T. Abhängigkeiten, gegenüber China viel zu ausgeprägt, als dass hier ein Risiko eingegangen würde. Theoretisch könnten asiatische Staaten wie v. a. Indien oder Thailand, sollte ihnen Chinas Einfluss als zu mächtig erscheinen, sich mithilfe von Exiltibetern für eine stärkere Autonomie Tibets einsetzen, um so evtl. die chinesische Macht ein wenig eindämmen zu können. Fakt ist jedoch, dass ein Kerninteresse der chinesischen Außenpolitik »die Verteidigung der nationalen Souveränität und Sicherheit sowie der territorialen Integrität und nationalen Einheit«[27] darstellt. Eine wie auch immer geartete Herauslösung Tibets aus dem chinesischen Staatsverband steht somit nicht einmal ansatzweise zur Debatte. Die Volksrepublik China hatte 1950 unter realpolitischen Gesichtspunkten mit der Besetzung Tibets die geografischen Rahmenbedingungen und Voraussetzungen nicht nur erkannt, sondern eiskalt für ihre strategische Position genutzt.

Fassen wir zusammen:
Einer (illusorischen) tibetischen Unabhängigkeit stehen also Geografie und Demografie diametral entgegen. Die uneingeschränkte Kontrolle Tibets ist

eine grundlegende Voraussetzung für die in den letzten Jahren stark gewachsenen Ambitionen Chinas in den Himalaya-Regionen. Diese zielen insbesondere auf eine strategische Schwächung der Position Indiens. Objekte chinesischer Hegemonialpolitik sind – wie eben schon erwähnt – dabei sowohl Arunachal Pradesh, aber auch Ladakh und Sikkim. Zu den traditionellen fünf Gebieten chinesischer Übergriffe im Himalaya kommen die westlich anschließenden Konfliktregionen des Karakorum und des Hindukusch hinzu. Der Kaschmirkonflikt und das Pulverfass Afghanistan verschärfen hier die Gesamtsituation in der brisanten Konkurrenz zwischen den drei Atommächten China, Indien und Pakistan. Die überwiegend strategischen Interessen Chinas in Zentral- und Hochasien, die sogenannten »Five Fingers in the Himalayas«[28], passen geostrategisch zu einer räumlich noch weitaus größeren Umfassungsbewegung, die sowohl militärische wie ökonomische Ziele verfolgt. Im Vordergrund stehen dabei die Vergrößerung des chinesischen Hoheitsgebietes, die Handelswegsicherung über den Karakorum-Highway nach Pakistan bis zum Hafen Gwadar und damit einhergehend der Aufbau quasi-kolonialer Strukturen im südlichen Pakistan sowie eine Zunahme des chinesischen Einflusses im Indischen Ozean. Ein wesentliches geostrategisches Hauptziel ist hier die Schwächung der Position Indiens.

c. Chinas geopolitisches Verhältnis zu Japan und Taiwan

Betrachtet man die gesamte Geschichte der chinesisch-japanischen Beziehung, so lässt sich insgesamt feststellen, dass beide Nationen über viele Jahrhunderte durchaus ein relativ gutnachbarschaftliches, bisweilen auch freundliches Verhältnis untereinander pflegten. Erst Ende des 19. Jahrhunderts nach der Niederlage Chinas im ersten chinesisch-japanischen Krieg 1895, dessen Ursprung der Status von Korea war, begannen sich die Beziehungen bis zum heutigen Zeitpunkt rapide zu verschlechtern. Der Verlust von Taiwan (damals Formosa genannt), der Pescadoren-Inseln und von Port Arthur auf der Halbinsel Liaodong sowie die Anerkennung der Unabhängigkeit Koreas waren ein harter Schlag für Peking.

Laut dem Sinologen Jörg-M. Rudolph stellte diese Niederlage den Ausgangspunkt für die darauffolgende »Erbfeindschaft« zu Japan dar:

»Der wirkliche Schlag für diese Elite war allerdings der chinesisch-japanische Krieg 1895, den China verlor. Der ganze Hass gegenüber den Japanern hat meiner Meinung nach mehr mit diesem Krieg zu tun, als mit dem 2. Weltkrieg. Der grandiose Untergang der Chinesen in diesem Krieg führte dazu, dass die Japaner keinerlei Achtung mehr vor den Chinesen hatten, nach dem Sieg über Russland 1904/05 stieg dann das japanische Selbstbewusstsein quasi ins Unermessliche.«[29]

Die anschließenden diplomatischen Demütigungen und die ab den 1930er-Jahren kriegerischen Scharmützel in der Mandschurei, die seit 1932 als formell unabhängiges Kaiserreich (ab 1934) Mandschukuo unter der Herrschaft des letzten Kaisers von China Pu Yi als japanischer Marionettenstaat existierte, führten 1937 zum zweiten chinesisch-japanischen Krieg, der nahtlos in den Zweiten Weltkrieg überging. Die damit einhergehenden japanischen Eroberungen und Kriegsverbrechen (wie z. B. das Massaker von Nanjing im Dezember 1937, das der absolut sehenswerte Spielfilm »John Rabe« eindrucksvoll nachzeichnet[30]) vergiften bis zum heutigen Tage die bilateralen Beziehungen. Der Angriff der Japaner ging vor allem auf ihren damaligen Militarismus und ihre aufgrund fehlender Rohstoffe mitbedingte Hegemonialpolitik zurück. Ziel der Expansionsambitionen war die Dominanz im asiatischen Raum und die Schaffung neuer Absatzmärkte für den vergleichsweise kleinen, doch zu diesem Zeitpunkt bereits weit industrialisierten Inselstaat. Diesem Ziel entsprach auch der Drei-Mächte-Pakt mit dem faschistischen Italien und dem nationalsozialistischen Deutschland.

Zu diesen bis heute das Verhältnis zu China extrem belastenden Faktoren sei an dieser Stelle ein Interview des Autors mit dem ehemaligen chinesischen Generalkonsul von Zürich in der Schweiz, Xiaosi Li, wiedergegeben.[31]

Die Folgen der japanischen Besatzung waren verheerend. Allein das Massaker von Nanjing forderte ca. 350.000 Todesopfer unter hilflosen Zivilisten. Zahllose Frauen wurden vergewaltigt, Männer erschossen. Denken Sie, dass diese Gräueltaten den heutigen Umgang noch massiv belasten?

Li: Ich denke, dass diese Punkte nach wie vor eine große Rolle spielen. Allerdings nur aufgrund der bisher fehlenden Entschuldigung durch die japanische Regierung. China ist ohne weiteres bereit zu vergeben, wenn die japanische Regierung die Geschichte aufarbeitet und Entgegenkommen zeigt.

Von den Folgen des Zweiten Weltkriegs waren vor allem die Generationen Ihres Vaters und Großvaters betroffen. Inwiefern gab es Auswirkungen auf Ihr Leben? Wurden Japans Verbrechen oft in Ihrer Erziehung thematisiert?

Li: Ich selbst habe diese Epoche der chinesischen Geschichte zwar nicht miterlebt, doch wurde sie in den Geschichtsbüchern der Schule als selbstverständlicher Teil der Geschichte meines Landes behandelt. Im Gegensatz dazu wird dieses Kapitel in der japanischen Geschichte in der Schule ausgeklammert. Für mich persönlich lag darin die Erkenntnis, dass China, um sich gegen Aggressoren zu wehren, stark sein muss und Weltfrieden ein elementarer Bestandteil jeder Außenpolitik sein muss.

Was sagen Sie zu der These, die chinesische Regierung instrumentalisiere den Hass der Bevölkerung auf Japan, um selbst politische Vorteile daraus zu ziehen? Japan ist ja quasi im Unrecht. Dadurch steht China international in einem viel besseren Licht da.

Li: Ich glaube nicht, dass die chinesische Bevölkerung durch die Regierung instrumentalisiert wird. All diese Anti-Japan-Bewegungen bilden sich spontan, einfach aus der Faktenlage heraus, vor allem aufgrund der fehlenden Entschuldigung der japanischen Regierung. Was China im Moment benötigt, ist Stabilität; eine Aufwiegelung der Bevölkerung führt zu gefährlicher Instabilität ohne Planungssicherheit für uns und für andere. Als beispielsweise der japanische Premier 2004 den Yasukuni-Schrein[32] besuchte, versuchte die chinesische Regierung die aufgebrachte Bevölkerung zu beschwichtigen. Eine gute Beziehung zu Japan ist uns um einiges wichtiger, als international gut auszusehen. Langfristig führt nämlich eines zum anderen.

Chinas neue Generation besitzt ein ganz anderes Denkmuster als Ihre. Chinesische Jugendliche stehen heute Japans Vergehen viel weniger kritisch gegenüber. Man könnte fast meinen, es herrsche eine Pro-Japan-Stimmung unter den jungen Menschen. Man hört japanische Musik, trägt japanische Mode, schaut japanisches Fernsehen. Wie sehen Sie dieses Phänomen?

Li: China ist offen für andere Kulturen und Stilrichtungen. Nichtsdestotrotz sind viele junge Chinesen sehr patriotisch und zornig über die japanischen Provokationen. Es waren Studenten, nicht Veteranen oder Funktionäre, die als erste auf der Straße waren, als Koizumi [damaliger japanischer Ministerpräsident] den Schrein besuchte.

Wie glauben Sie, könnte man Japan dazu bringen, öffentlich und offiziell Reue zu zeigen?

Li: Wahre Reue kann nicht durch Zwang erfolgen. Wenn Japan sich zu seiner Schuld bekennt und damit Vergebung möglich macht, dann nur auf freiwilliger Basis. Es unterliegt Japans internationaler Verantwortung, sich endlich dazu zu bekennen. Auch wenn manche japanischen Gruppierungen sich vor einer chinesischen Expansionspolitik fürchten: China lernt auch aus den Fehlern anderer. Japan hat Hegemonialpolitik betrieben und verloren. Diesen Fehler, sowohl politisch als auch ethisch, wird China nicht machen.

Zum Schluss: Halten Sie es für wahrscheinlich, dass die japanisch-chinesischen Beziehungen sich irgendwann normalisieren werden, wie die zwischen Frankreich und Deutschland nach dem 2. Weltkrieg? Oder sitzt der Hass bzw. die Verachtung auf beiden Seiten noch zu tief?

Li: Ich sehe die chinesisch-japanischen Beziehungen bereits auf einem guten Weg. Ich halte allein schon die Geste Shinzo Abes [der damalige japanische Ministerpräsident] und seines Nachfolgers, den Yasukuni-Schrein nicht mehr zu besuchen, bereits für ein positives Zeichen eines ersten Schrittes. Unter dem Vorbehalt einer japanischen Entschuldigung lässt sich die Annäherung der chinesischen Regierung auch auf die breite Masse der Bevölkerung übertragen. China ist auf jeden Fall bereit zu vergeben, wenn Japan bereut.«

Bei aller Annäherungsbereitschaft verdeutlicht dieses Interview die nach wie vor nicht nur latent, sondern immer wieder ganz offen zur Schau gestellten höchst problematischen Beziehungen beider asiatischen Wirtschaftsgroßmächte untereinander. Zugespitzt formuliert, kann immer noch von einer »in Peking wie in Tokio von weiten Kreisen gefühlte[n] und gepflegte[n] Erbfeindschaft« gesprochen werden, die »Annäherung, Ausgleich und Aussöhnung nach dem deutsch-französischen Vorbild bisher immer wieder vereitelt« hat.[33] Nach wie vor hegen beide Staaten bzw. Völker keine oder nur wenige Sympathien füreinander. Verschärft wurden die Beziehungen zudem noch – und damit betreten wir wieder das geopolitische Parkett – durch den Streit um fünf unbewohnte Inseln sowie einiger Felsriffe im Ostchinesischen Meer.[34] Die Japaner nennen sie **Senkaku**, die Chinesen Diayatao. Diese Inselgruppe befindet sich gut 330 Kilometer entfernt von der Küste Chinas und wird seit 1972 (nach Abzug der Amerikaner) wieder von Japan verwaltet. Das Seegebiet hat eine wichtige strategische Bedeutung als Transitroute für Handels- oder Kriegsschiffe auf dem Weg in den Pazifik. Beide Nationen reklamieren ihren Anspruch auf diese Inselgruppe anhand alter Karten und Urkunden. Japan erklärte sie seit seinem Seekrieg mit China 1894/95 zu seinem Hoheitsgebiet. Peking führt seinen Anspruch auf die Inseln auf die Ming-Dynastie (1368–1644)

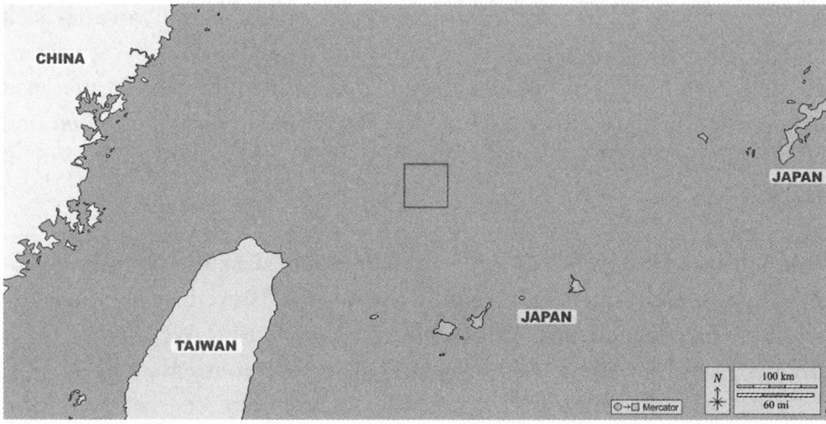

(21) Die von China beanspruchten Senkaku-Inseln

zurück. Aber auch Taiwan erhebt seit 1970/71 Anspruch auf diese Inseln. Was ist an den paar Felsen so von Interesse? Der geneigte Leser mag es sich denken. Neben Fischfangrechten werden auch dort, wie an so vielen anderen Meeresregionen, Erdöl- und Erdgasvorkommen vermutet. Waren diese Eilande jahrzehntelang völlig uninteressant, so erklärten Tokio und Peking im Laufe der 90er-Jahre sie zu ihrer jeweiligen ausschließlichen Wirtschaftszone. Damit war der Konflikt vorprogrammiert und äußert sich bis zum heutigen Tage in einseitigen chinesischen Explorationen, in Auseinandersetzungen zwischen japanischen und chinesischen Fischkuttern bzw. der jeweiligen Küstenwache. Zudem dringen immer wieder chinesische Kampfflugzeuge bis an die Grenze des japanischen Luftraums vor. 2012 kaufte Japan Teile der Inseln von ihren privaten Besitzern. Dies führte auf chinesischer Seite zu großen antijapanischen Protesten, zu gewalttätigen Übergriffen und zum Boykott von Waren aus dem Nachbarland. Die VR China erklärte jedenfalls den Kauf für ungültig und illegal.

Nicht umsonst artikuliert Japan daher in seinem aktuellen Weißbuch seine »tiefe Besorgnis über Chinas ständige Ausweitung seiner militärischen Präsenz […] und warnte vor unbeabsichtigten Konsequenzen.«[35] Jedenfalls betonten auch die USA, dass die Senkaku-Inseln unter den japanisch-amerikanischen Sicherheitspakt fallen und ein chinesischer Angriff auf sie den Beistand der USA auslösen würde. Zuletzt gewann der Konflikt um diese Inselgruppe wieder an Schärfe, nachdem China nicht nur im Jahr 2020 an 333 Tagen Schiffe seiner Küstenwache zu den Inseln geschickt hatte, sondern seit dem 1. Februar 2021 ihnen auch erlaubt, Waffen gegen feindliche Schiffe, die in chinesische Hoheitsgewässer eindringen, einzusetzen. Im Gegenzug hat Japan seine Küstenwache wiederum ermächtigt, Schiffe zu beschießen, die eine Landung auf den Inseln versuchen.[36]

Auch die Ryukyu-Inselkette mit Okinawa als größter Insel, auf der die USA rund 30.000 Soldaten stationiert haben, geraten immer wieder in das Visier Pekings. Schließlich riegeln diese Eilande das Ostchinesische Meer vom Pazifik ab. Wollen also chinesische Kriegsschiffe die offene See erreichen, so müssen sie japanische Gewässer queren. China erhebt zwar derzeit keine offiziellen Ansprüche auf die Inselkette, aber vor einigen Jahren veröffentlichte die Parteizeitung »People's Daily« einen Artikel zweier Historiker, die mit dem Argument, das frühere Königreich Ryukyu habe über Jahrhunderte dem chinesischen Kaiserreich Tribute gezahlt, bevor es dann im 19. Jahrhundert von Japan annektiert wurde, einen historischen Anspruch Pekings in den Raum stellten.[37]

Angesichts des historischen, die bilateralen Beziehungen belastenden Erbes und der aktuellen geopolitischen Konfliktfelder ist von einer tief greifenden Aussöhnung beider Staaten in den kommenden Jahren kaum auszugehen. Die Stimmungslage in beiden Völkern steht dem nach wie vor entgegen.[38]

Nun zu **Taiwan:**
Seit der Trennung Taiwans[39], der Republik China, vom Festland 1949 bedroht dieser Umstand die Stabilität und Sicherheit im asiatisch-pazifischen Raum, da die Volksrepublik den Inselstaat als eine abtrünnige Provinz bezeichnet und an der Wiedervereinigung festhält. »Taiwan ist ein Teil des geheiligten Territoriums der Volksrepublik China. Es ist die heilige Pflicht des ganzen chinesischen Volkes, einschließlich der Landleute in Taiwan, die große Aufgabe der Wiedervereinigung des Vaterlandes zu vollbringen«, heißt es in der Präambel der chinesischen Verfassung.[40]

Taiwan lehnt die von Peking proklamierte »Ein-China-Politik« ab und betont immer wieder, seine offizielle Unabhängigkeit zu proklamieren; ein Akt, den die Volksrepublik wiederum als Kriegsgrund definiert. Das 2005 verabschiedete Antisezessionsgesetz, das eine politische wie militärische Bekämpfung von vermeintlichen Separatisten ermöglicht, unterstreicht die Entschlossenheit Chinas, eine Unabhängigkeit Taiwans keinesfalls anzuerkennen. Außenpolitisch ist Taiwan mittlerweile weitgehend isoliert, da Peking von seinen diplomatischen Partnern verlangt, mit Taipeh keine offiziellen Beziehungen zu unterhalten, eine Politik, die an die Hallstein-Doktrin der BR Deutschland in den 1950er- und 1960er-Jahren erinnert. Als beispielsweise Panama 2017 diplomatische Beziehungen zur Volksrepublik China aufnahm, beendete es gleichzeitig die bis dahin bestehende Anerkennung der Republik China.[41] Gegenwärtig unterhält Taiwan als Republik China nur noch zu 15 Ländern, überwiegend Insel- oder Kleinstaaten, diplomatische Beziehungen.

Die USA hingegen, die bis 1979 die Inselrepublik diplomatisch anerkannt hatten, verpflichten sich durch den »Taiwan Relations Act« von 1979, Taipeh auch weiterhin militärisch beim Erhalt seiner Verteidigungsfähigkeit zu unterstützen. Natürlich bleibt offen, ob und wenn ja, in welchem Maße Washington Taiwan bei einer militärischen Aktion oder gar einem Invasionsversuch seitens der Volksrepublik zur Hilfe käme. Ex-Bundeskanzler Helmut Schmidt hielt jedenfalls eine kriegerische Auseinandersetzung um Taiwan für unwahrscheinlich, wenn auch nicht für völlig ausgeschlossen. Seiner damaligen Ansicht nach sei Peking »sicher bereit, sich mit Taiwan zu einigen, aber Amerika ist dagegen«.[42]

Der Erhalt des Status quo in der Taiwanstraße ist angesichts der Bedeutung des asiatisch-pazifischen Raums für die Weltwirtschaft von überregionaler, ja globaler Bedeutung und stellt nach wie vor eine geo- und sicherheitspolitische Herausforderung in Asien dar. Die zunehmenden wirtschaftlichen Verflechtungen beider Staaten könnten aber hierbei einen mäßigenden und somit positiven Einfluss haben. Umgekehrt würde eine Inbesitznahme Taiwans durch die Volksrepublik dieser einen ungehinderten Zugang zum offenen Meer ermöglichen und ein Ausbrechen aus der einengenden »Ersten Inselkette« (vgl. Karte auf S. 154) ermöglichen. Eine gewaltsame Eroberung der Insel würde auch die japanischen Sicherheitsinteressen massiv berühren. China würde dann nämlich die Taiwan-Straße beherrschen, könnte weite Teile des Pazifiks kontrollieren und möglicherweise auch versuchen, entlegene Teile der Ryukyu-Inselkette in Besitz zu nehmen. Grundsätzlich ist es für eine Exportnation wie Japan von existenzieller Bedeutung, dass seine Schifffahrtswege uneingeschränkt offen bleiben.

d. Chinas »Kuhzunge« – seine Ansprüche im Südchinesischen Meer

China hatte sich als maritime Großmacht einst selbst demontiert, als es im 15. Jahrhundert seine Flotte zerstört und sich auf den Status einer reinen Kontinentalmacht zurückgezogen hatte.[43] Die Folge war eine Demütigung ab dem 19. Jahrhundert durch die damals dominante Seemacht Großbritannien und weitere europäische imperialistische Mächte bis hin zu den Japanern. Heute ist den Machthabern in Peking klar, dass es ohne maritime

Stärke keine Großmacht von Dauer sein wird und entsprechend verwundbar bleibt. Im Weißbuch von 2015 heißt es daher auch folgerichtig: »Die traditionelle Mentalität, dass das Land wichtiger sei als das Meer, muss aufgegeben werden.«[44] Für die Volksrepublik sind Wasserstraßen und Seefahrtswege im ostasiatischen Großraum nämlich von vitaler wirtschaftlicher Bedeutung.

Trotz eines auf den ersten Blick umfassenden Meereszugangs können Chinas maritime Entfaltungsmöglichkeiten durchaus beeinträchtigt werden. So verlaufen vor der nordöstlichen und östlichen Küste Chinas eine Reihe von Inseln bzw. Inselketten, nämlich Japan und die zu ihm gehörenden Nansei-Inseln mit Okinawa sowie Taiwan, die beide – genauso wie Südkorea und die Philippinen – Verbündete bzw. Partner der USA sind. Hinzu besitzen diese mit der Pazifikinsel Guam einen natürlichen Flugzeugträger und Marinestützpunkt. Weitere Stützpunkte unterhält Washington in Singapur und auf Diego Garcia im Indischen Ozean. Somit können die Amerikaner eine maritime Eindämmungspolitik gegenüber China betreiben und besitzen die Möglichkeit, diesen Meeresabschnitt militärisch durch entsprechende Flottenverbände in Form einer Seeblockade abzuriegeln. Bleibt China also nur das Südchinesische Meer als möglicher Ausweg. Aus geopolitischer Sicht Pekings gibt es also kaum eine Alternative, als in dieser Region kompromisslos aufzutreten. Das Beherrschen des Südchinesischen Meeres ist somit für China von essenzieller Bedeutung, um auf globaler Ebene seinen Einfluss ausüben zu können.

Es hat daher seine im Süden der Insel Hainan gelegene Marinebasis Sanya ausgebaut. Die Lage dieses Stützpunktes bietet Peking die Möglichkeit, unmittelbar auf diese Region einzuwirken. »Vor Hainan wird das Meer schnell 5000 Meter tief. Die U-Boote können also schnell tief abtauchen und sich vor Entdeckung schützen. Die Anleger bieten viel Platz, sogar für große Überwassereinheiten wie Zerstörer und Fregatten. China will sich eine U-Boot-Basis im Süden schaffen, um seine Operationsmöglichkeiten Richtung Pazifik und der südostasiatischen Wasserstraßen zu verbessern«, erklärte beispielsweise der Journalist und Rüstungsexperte Otfried Nassauer in einem Interview mit dem *Spiegel* 2008.[45] Die Lage und Streuung zahlreicher chinesischer Stützpunkte rund um und im Indischen Ozean lässt manche von einer »Perlenkettenstrategie« Pekings sprechen, die auf den Theorien Mackinders und Spykmans aufbaut, entsprechen doch die Staaten in Süd- und Südostasien dem inneren Halbmond (Mackinder) bzw. dem Rimland (Spykman): »The South China Sea for China is the ›girdle of the marginal seas‹. Control of the margin sea will not only act as a protective buffer against any belligerent seapower, but also allow China to project its seapower further in the Pacific and the Indian Ocean region. The importance of the South China Sea is the potential it contains for wealth as well as the strategic advantage it will bequest upon whoever controls it.«[46]

Werfen wir also anhand solcher Problem- und Fragestellungen einen genaueren Blick auf das Südchinesische Meer und die dort akuten geopolitischen Konfliktfelder.

Das **Südchinesische Meer** erstreckt sich als ein Randmeer des Pazifiks über eine Fläche von 3,68 Millionen km². Bei einer mittleren Tiefe von 1060 Metern ergibt das ein Wasservolumen von 3.907.000 km³. Die größte Tiefe liegt im China Sea Basin und beträgt 5016 Meter. Anrainerstaaten sind im Norden die VR China und die Republik China (Taiwan), und – als Mitglieder der ASEAN – im Osten die Philippinen, im Westen Vietnam und im Süden Malaysia, Brunei und Indonesien. Neben diesen Staaten haben zudem Südkorea, Japan und als deren Verbündeter die USA geopolitische und -strategische Interessen im Südchinesischen Meer. Wir befinden uns hier schließlich in einer der am höchsten frequentierten und wichtigsten Wasserstraßen der Welt. Etwa ein Viertel aller weltweiten Transportschiffrouten führt durch das Südchinesische Meer und ca. 80 Prozent der Öl-Lieferungen werden auf diesem Weg in den Nordosten von Asien verschifft. Seine strategische Bedeutung als die Versorgungsstraße Ostasiens und somit auch Chinas kann also nicht unterschätzt werden. Neben seinen reichhaltigen Fischvorkommen werden hier, wie könnte es anders sein, auch umfangreiche Erdöl- und Erdgasvorkommen vermutet.

Es verwundert daher nicht, dass die dortigen Inselgruppen, nämlich die Paracel-Inseln, die schon 1974 von China besetzt wurden[47], und die Spratly-Inseln, zwischen den Anrainerstaaten Vietnam, Malaysia, Brunei, den Philippinen sowie Taiwan und der Volksrepublik umstritten sind.[48] So waren beispielsweise 1999 27 Inseln im Spratly-Archipel von Vietnam, acht von den Philippinen und damals nur sieben von China besetzt, das 260 Soldaten stationiert hatte, hingegen Vietnam 600 und die Philippinen fast ebenso viele.[49] Alle drei Staaten haben ihre Gebietsansprüche in dieser Meeresregion auch per Gesetz bzw. in ihrer Verfassung verankert.[50]

Die Liste der Zwischenfälle ist dementsprechend lang.[51] 1988 töteten Angehörige der chinesischen Marine über 70 Vietnamesen, die auf dem Johnson Riff der Spratlys ihre Flagge hissten. In dieser kurzen Seeschlacht von einer halben Stunde verlor Vietnam dabei auch drei Schiffe. 1994 landete die chinesische Marine dann auf dem Mischief-Riff, das von den Philippinen beansprucht wird.

Im Jahr 2009 ging die Volksrepublik wieder einen Schritt weiter und legte bei der UNO eine Landkarte vor, um die in Form einer Kuhzunge vermeintlich historischen Ansprüche auf über 80 Prozent des südchinesischen Meeres zu begründen. Es handelt sich dabei um die sogenannten »Neun-Striche-Linie«. Schon 60 Jahre zuvor hatte Zhou Enlai eine fast identische Karte präsentiert.[52] »China besitzt die unbestreitbare Oberhoheit über die Inseln im Südchinesischen Meer und die angrenzenden Gewässer und es genießt Hoheitsrechte und Jurisdiktion über die fraglichen Gewässer sowie über den Meeresboden und dessen Untergrund«, hieß es in der diplomatischen Note an den UN-Generalsekretär.[53] Zudem hat es den gesamten Meeresraum administrativ in die Inselprovinz Hainan eingegliedert und dem ehemaligen Fischerdorf Shansha, das zur Stadt und Präfektur erhoben wurde, zugewiesen.[54] Das sogenannte »Stadtgebiet« hat dadurch ungefähr die Größe Kasachstans. Chinas Ansprüche, die damit auch die ausschließlichen Wirtschaftszonen (AWZ) der andern Anrainerstaaten umfassen, stehen jedoch im Gegensatz zum innerhalb der Vereinten Nationen ausgehandelten Seerechtsübereinkommen, dem China 1996 beigetreten war. Dies regelt die Grenzziehung der AWZ und berücksichtigt bewohnte und bewohnbare Inseln, nicht jedoch unbewohnbare Riffe und Felsen. Überdies erklärten Vietnam, die Philippinen, Malaysia und Brunei gegenüber der UNO, im Gegensatz zu China lediglich die 12-Seemeilen-Zone im Südchinesischen Meer zu beanspruchen.

Im Bereich der Spratly-Inseln versucht China daher seit Jahren Fakten zu schaffen, indem es in der mehr als 100 Inseln, Atolle und Riffe umfassenden Inselgruppe letztere zu Inseln ausgebaut bzw. als künstliche Inseln aufgeschüttet hat.[55] Stützpunkte mit Häfen für Kriegsschiffe und Landebahnen auf den drei Riffen Fiery Cross Reef, Subi Reef und Michief-Reef ermöglichen mittlerweile der chinesischen Luftwaffe praktisch ein ungehindertes Operieren über dem gesamten Seegebiet.[56]

Pekings Territorialkonflikte im Südchinesischen Meer mit den anderen Anrainerstaaten spitzten sich in den letzten Jahren weiter zu. 2012 trotzte die Volksrepublik den Philippinen das Scarborough-Riff in einem militärischen Scharmützel zwischen philippinischen und chinesischen Schiffen, das sich zu einer ernsten Krise zwischen den beiden beteiligten Staaten ausweitete, ab.

Im Juni 2012 erließ Vietnam ein neues Schifffahrtsgesetz, dessen Gültigkeit auch umstrittenes Gebiet um die Spratly- und Paracel-Inseln umfasst. Eine Klärung der unterschiedlichen Ansprüche der Anrainerstaaten wäre durch ein Schiedsverfahren des Internationalen Gerichtshofes möglich, was jedoch von China kategorisch abgelehnt wird.

2014 gerieten dann chinesische und vietnamesische Schiffe aneinander, nachdem China von Mai bis Juli die Tiefseebohrinsel Haiyang Shiyou 981 (HYSY 981) in die weit südlich von Hainan gelegenen Gewässer vor den Paracel-Inseln brachte, auf die, wie schon erwähnt, sowohl China als auch Vietnam Hoheitsrechte anmelden. Schiffe beider Seiten rammten sich gegenseitig, man schoss mit Wasserkanonen aufeinander, in Vietnam kam es zu Ausschreitungen, denen vier Chinesen zum Opfer fielen.[57]

Nachdem China weitere Riffe zu künstlichen Inseln aufgeschüttet hatte, schickten die USA dann Ende Oktober 2015 demonstrativ einen Zerstörer vor die Spratly-Inseln und zeigten damit, dass sie einen chinesischen Anspruch auf diese Inseln nicht anerkennen.[58]

Im Juli 2020 schickte die US-Navy Kriegsschiffe, darunter zwei Flugzeugträger, zu sogenannten »Freedom of Navigation-Fahrten« in die von China beanspruchten Gewässer. Damit demonstrierte Washington eindrucksvoll, dass es die o. a. sogenannte »Nine-dash-Linie« im Südchinesischen Meer, die offiziell von China ja als Landesgrenze beansprucht wird, ebenso wenig akzeptiert. Der damalige US-Außenminister Pompeo bezeichnete Chinas Gebietsansprüche dementsprechend als illegal.[59]

Auf Antrag der Philippinen (später unterstützt durch Vietnam), die verhindern wollen, dass Peking die Bodenschätze im Südchinesischen Meer ausbeutet, ist 2013 auch das Internationale Schiedsgericht in Den Haag tätig geworden.[60] Im Juli 2016 gaben die Richter den Philippinen recht und erklärten die chinesischen Gebietsansprüche für hinfällig. Es bestehe keine »rechtliche Grundlage« dafür, dass China »historische Rechte« auf die Ressourcen in dem Seegebiet beanspruche. China akzeptiert jedoch das Urteil des Schiedsgerichts nicht, sondern bezeichnete es vielmehr als »null und nichtig«.

Zwar hatten sich im November 2017 Peking und die anderen asiatischen Staaten auf die Aufnahme von Verhandlungen geeinigt, um den seit Jahren andauernden Streit beizulegen, der auch der deutschen Marine Sorgen bereitet[61], eine grundlegende Änderung der Positionen oder gar eine Entspannung sind bis dato allerdings nicht in Sicht. Xi Jinping betonte vielmehr bei der Feier zum 90-jährigen Bestehen der Volksbefreiungsarmee, seine Regierung werde nicht zulassen, dass »irgendjemand einen Teil des chinesischen Territoriums aus dem Land heraustrennt«.[62] Diese Aussage galt auch für das Südchinesische Meer.

China sieht traditionell sowohl im Gelben Meer, im Ostchinesischen und im Südchinesischen Meer jeweils ein »mare nostrum«. Diese aus Sicht Pekings »nahen Seegebiete« reichen demnach bis zu einer »Ersten Inselkette«, die von der Südspitze Japans über Taiwan bis zu den Philippinen verläuft. Es ist aber zu vermuten, dass die Volksrepublik ihre Dominanz sogar bis zu einer weiter östlichen »Zweiten Inselkette« bei den Marianen, dem amerikanischen Militärstützpunkt Guam und Palau sichern möchte. Dann könnten die USA auch nicht mehr ihre Flugzeugträger-Verbände in die Straße von Taiwan entsenden, wie das bei der letzten Krise 1996 der Fall

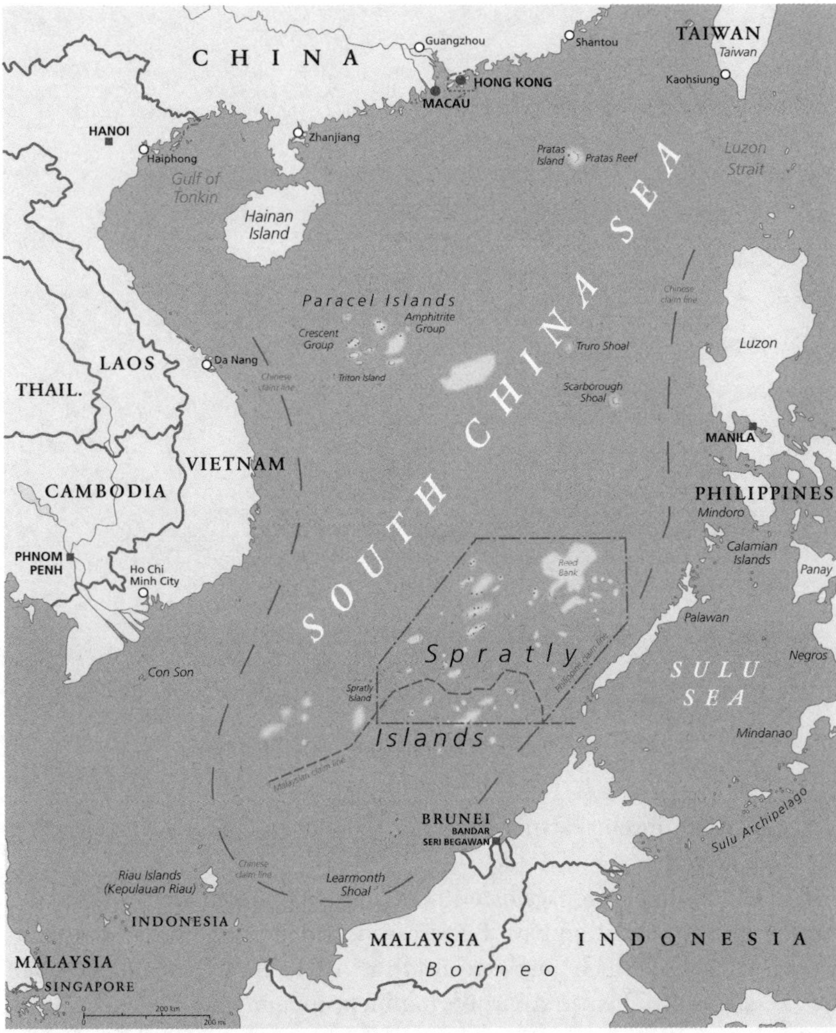

(22) Die territorialen Ansprüche Chinas im Südchinesischen Meer

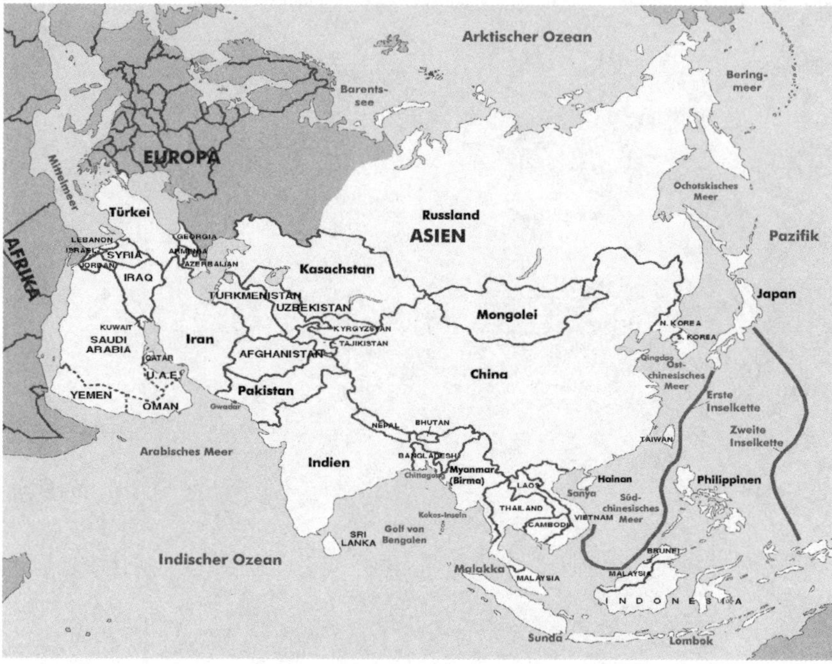

(23) Die intendierte Ausweitung des ständigen Operationsraumes der PLAN nach Angaben des »China Report 2006« des US-Verteidigungsministeriums, mit den für Ostasien wichtigsten Seefahrtsrouten.

war, und somit ihrem Partner bei einer möglichen chinesischen Invasion zur Hilfe kommen.

Um Chinas Expansionsgelüste einzudämmen, müssen die USA und der Westen ihre Kooperation bzw. Bündnisse mit den übrigen asiatisch-pazifischen Staaten deutlich ausbauen und intensivieren.[63] Verstanden haben dies zuletzt Australien und Großbritannien, indem sie mit den USA im September 2021 ein neues Bündnis abgeschlossen haben. Im Rahmen von AUKUS (Australia, United Kingdom, United States) erhält Canberra, wie zuvor schon London, die Möglichkeit, atomgetriebene U-Boote von den USA zu bekommen. Auch die »Quad-Partnerschaft«, eine Kooperation zwischen Indien, Japan, Australien und den USA sowie das Freihandelsabkommen CPTPP (Comprehensive and Porgressive Agreement for Trans-Pacific Partnership) besitzen eine klar antichinesische Stoßrichtung.[64] Aus Perspektive Pekings liegt somit der Verdacht nahe, dass die USA und ihre Verbündeten das Reich der Mitte einkreisen wollen. Bleiben für China als weiterer Ausweg noch gut ausgebaute Landverbindungen in Form des Seidenstraßenprojekts, das im nun folgenden Kapitel vorgestellt wird.

e. Chinas neues Seidenstraßenprojekt – ein Mittel der Expansion

Die Seidenstraße war über Jahrhunderte hinweg die zentrale Kommunikationsroute zwischen Europa und China. Nicht von ungefähr ist sie wieder von hochaktueller Bedeutung und Brisanz, nachdem Chinas Parteichef und Staatspräsident Xi Jinping erstmals im September 2013 sein damals als »One Belt, One Road« (OBOR) bezeichnetes Projekt vor der Nasarbajew-Universität in Kasachstan vorstellte.[65] Dieses Jahrhundertprojekt – mittlerweile als »Belt and Road Initiative« (BRI) bezeichnet – knüpft zum einen auf kontinentaler Ebene an die alte Seidenstraße an, in ihrer maritimen Variante zum anderen an die sieben Expeditionen des chinesischen Admirals Zheng He und seiner Flotte zwischen 1403 und 1433, die bis nach Arabien und Ostafrika führten.[66] Heute soll die BRI mit dem zentralasiatischen Raum jene Region weiterentwickeln, in der die letzten noch unerschlossenen fossilen und mineralischen Ressourcen der Welt lagern, und die größten Wirtschaftsräume Europa und Asien miteinander verbinden. Aber darüber hinaus können mittlerweile alle Länder, auch in Amerika und Afrika Partner der BRI sein. So hat Peking rund 100 Staaten und Organisationen aufgerufen, sich beim Ausbau der verschiedenen Zweige und Korridore der neuen Seidenstraßen zu engagieren. Dabei wurden bereits mit mehr als 80 Ländern Kooperationsverträge abgeschlossen. Neuerdings ist sogar ein Plan für eine »Polare Seidenstraße« skizziert worden.[67] Offiziell geht es Xi um eine verstärkte Zusammenarbeit, die Vernetzung sowie die Förderung von Handel und Investitionen. Dabei spielt der Ausbau der Infrastruktur und des Verkehrsnetzes in Form von Eisenbahnen und Straßen, von Pipelines, Staudämmen und Kraftwerken und den Ausbau des Glasfasernetzes die zentrale Basis.

Bisher soll China schon über 115 Mrd. US-Dollar in dieses Projekt investiert haben, insgesamt stehen aber gut 1000 Mrd. US-Dollar für 900 einzelne Seidenstraßen-Vorhaben bereit.[68] Von geopolitischer Brisanz ist dabei die Tatsache, dass in den Kernräumen der BRI auch die zentralen politischen Akteure unserer Zeit aufeinandertreffen und China damit deren Interessen mehr oder weniger stark tangiert. Im Westen ist dies die EU, im Norden Russland und im Süden wird mit Indien das zukünftig bevölkerungsreichste Land der Erde auch eine gewichtige Rolle spielen. Auch die USA, dort zwar nicht unmittelbar geografisch verortet, sind in Form zahlreicher Stützpunkte und Abkommen militärisch wie politisch präsent. Demzufolge besitzt diese Region als eine geopolitische und geostrategische Bruchlinie für die Machtkonstellationen des 21. Jahrhunderts höchste geopolitische Relevanz – Interessenkonflikte der »Global Player« sind dort

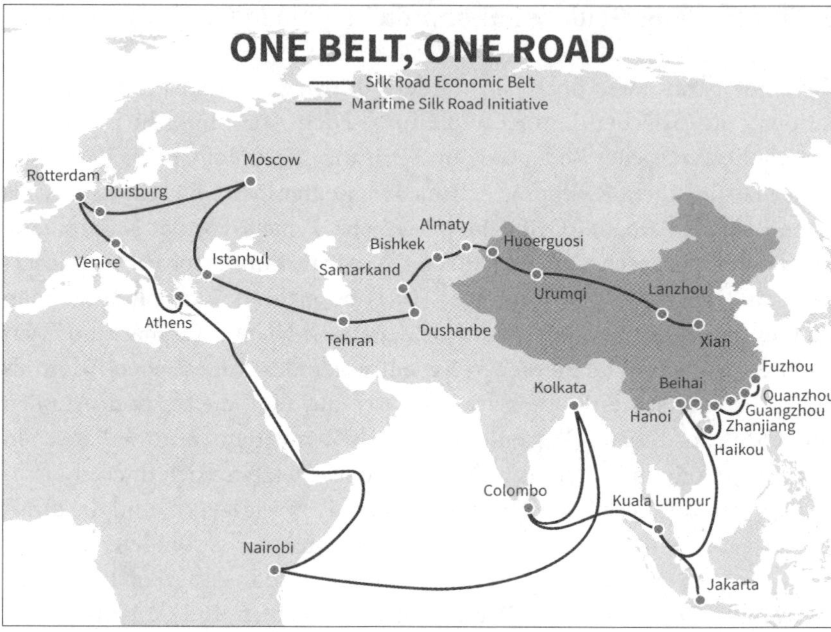

(24) Zentrale Routen der chinesischen Seidenstraße zu Land und zu Wasser

vorprogrammiert. Schon im 19. Jahrhundert war Zentralasien Schauplatz eines geopolitischen Machtspiels: Im »Great Game« zwischen Russland und Großbritannien ging es um den Einfluss in Afghanistan, Indien und den westlichen Provinzen Chinas.

Xi Jinpings Seidenstraßenprojekt kombiniert die geopolitischen Ansätze von Mackinder und Mahan (vgl. Kap. I. 2.). Die maritime Südroute basiert auf den Ideen Mahans und setzt eine leistungsstarke Flotte voraus, während die nördliche kontinentale Route eine Durchdringung und damit eine Kontrolle Eurasiens zum Ziel hat. Nicht umsonst sind in Form von abzweigenden Strecken und Verläufen u. a. Moskau, Kasachstan, Kasan, Irkutsk und Duisburg bzw. Rotterdam als Endpunkt vorgesehen bzw. schon existent. Damit entsprechen die Regionen Mittel- und Osteuropa, der Nahe und Mittlere Osten sowie Zentralasien dem von Mackinder definierten Herzland.

Der frühere deutsche Außenminister Sigmar Gabriel vertritt die Ansicht, die Neue Seidenstraße sei »eine geostrategische Jahrhundertidee, mit der China seine Ordnungsvorstellungen und Machtprojektion durchzusetzen entschlossen ist«.[69] Frankreichs Staatspräsident Macron warnte davor, dass Staaten, die sich an der BRI beteiligten, zu Vasallen Chinas werden könnten.[70] Botschafter der EU-Mitglieder kritisierten 2018 in einem gemeinsa-

(25) Brückenneubau über den Jangtsekiang

men Bericht die Tendenz Chinas, die Union spalten zu wollen und bilaterale Abkommen mit EU-Einzelstaaten anzustreben.[71] Druck seitens Peking auf Staaten, die sich an der BRI beteiligen, hat bereits dazu geführt, dass Kritik gegenüber chinesischen Menschen- und Völkerrechtsverletzungen abgeschwächt wurde. So erwirkten beispielsweise Griechenland, Ungarn und Kroatien 2016, dass die EU die Zurückweisung von Pekings Gebietsansprüchen im Südchinesischen Meer durch den Ständigen Schiedshof in Den Haag lediglich »zur Kenntnis« nahm und nicht »begrüßte«.[72] 2017 verhinderte das Veto Griechenlands eine Stellungnahme der EU zur Menschenrechtslage in China, nachdem chinesische Investoren 2009 den Hafen von Piräus, ein Bestandteil der BRI, mehrheitlich übernommen hatten.[73]

Problematisch ist darüber hinaus, dass sich schon einige Staaten infolge umfassender chinesischer Kredite für Projekte der Neuen Seidenstraße massiv verschuldet haben und sich dadurch ihre Abhängigkeit von China weiter verschärft hat. Am Beispiel von Sri Lanka wird dies sehr deutlich. Es geht dabei vor allem um Hambantota[74], den größten Hafen des Landes, der faktisch nicht mehr Sri Lanka gehört, sondern China, das diesen für die nächsten 99 Jahre gepachtet hat. Im Gegenzug hat Peking dem Inselstaat einen Teil seiner hohen Schulden erlassen. Damit erlangte China die

Kontrolle über ein Territorium und einen Hafen an einer wichtigen See- und Handelsroute im Indischen Ozean. Aufgrund seiner zentralen Lage hat Sri Lanka das Potenzial, sich zu einem Verkehrsknotenpunkt ähnlich wie Singapur oder Dubai zu entwickeln. Nicht umsonst wird auch in seiner Hauptstadt Colombo mit chinesischen Finanzmitteln und Arbeitskräften der Hafen ausgebaut. Aber auch die unmittelbare Nachbarschaft zu Pekings Rivalen und geostrategischen Wettbewerber Indien spielt hier eine bedeutende Rolle. In der Auseinandersetzung der beiden bevölkerungsreichsten Staaten der Erde um den Einfluss im Indischen Ozean kann China Hambantota vor allem als Machtbasis dienen und im Falle einer kriegerischen Auseinandersetzung – beispielsweise mit Indien – den Hafen als Flottenstützpunkt nutzen.

Ähnliches ist für die Hafenstadt Mombasa in Kenia ebenfalls nicht auszuschließen, sollte Nairobi die Kredite für eine Eisenbahnlinie quer durch Kenia nicht fristgerecht zurückzahlen können.

Damit berührt die BRI v.a. auf der maritimen Ebene massiv Indiens Interessen, stellt sie eben nicht nur ein Wirtschaftsprojekt zur Förderung des internationalen Handels dar, sondern ermöglicht mittels der Nutzungsrechte von Hafeneinrichtungen auch die Versorgung chinesischer Kriegsschiffe fernab nationaler Logistik-Stützpunkte. Über Jahrzehnte ging Neu-Delhi davon aus, dass der Indische Ozean seine alleinige Einflusssphäre sei. Spätestens mit der Beteiligung der chinesischen Volksmarine (»People Liberation Army Navy« – PLAN) an der Bekämpfung der Piraterie am Horn von Afrika wurde aber deutlich, dass China seine Ambitionen auf den Indischen Ozean, das Arabische Meer sowie die jeweiligen Anrainerstaaten ausdehnt. Das untermauern auch die Errichtung des Stützpunktes in Djibouti und der Bau des Tiefseehafens und der damit einhergehenden Rechte im pakistanischen Gwadar. Letzterem kommt aufgrund seiner Lage nur 400 Kilometer östlich der Straße von Hormus und als möglicher Endpunkt einer oder gar mehrerer Pipelines eine zentrale Bedeutung bei der Sicherung der Energielieferungen aus dem Nahen Osten und Zentralasien ins Reich der Mitte zu. In Chittagong (Bangladesch) verfügt China zudem über einen großen Containerhafen.

All diese Häfen und Stützpunkte – wie eben auch derjenige in Hambantota – sowie Verträge mit ostafrikanischen Staaten und den Malediven unterstreichen das deutlich gewachsene Interesse Chinas an ständiger Präsenz und Machtausübung im Indischen Ozean. Mit ihren Nutzungsrechten in diesen Häfen verfügt die PLAN künftig über Basen für Operationen im Indischen Ozean, die nicht nur dem Schutz der international genutzten Seeverbindungswege (vom Kap der Guten Hoffnung, über das Rote Meer und den Persischen Golf bis hin zu den Meerengen der Malakka-, Sunda- und Lombokstraße in das Südchinesische Meer und weiter ostwärts) dienen, sondern sich auch als Ausgangspunkte für militärische Aktionen gegenüber Indien oder einem Nachbarstaat eignen. Dabei geht China bei seinen maritimen geopolitischen Überlegungen von der Notwendigkeit einer »Zwei-Ozean-Marine«, bezogen auf den Pazifik und den Indischen Ozean, aus, um seine für die eigene Wirtschaft lebenswichtigen Seeverbindungslinien besser schützen zu können.

Indien benötigt ebenfalls sichere Seeverbindungen für seine wachsende Bevölkerung und Wirtschaft, um seinen Handel und Warenaustausch auf globaler Ebene ausweiten zu können. Um seinen zunehmenden Energiehunger auch künftig befriedigen zu können, ist es ebenso auf Öl- und Erdgaslieferungen angewiesen. Es gilt für Neu-Delhi in diesem Zusammenhang somit, Chinas Bestrebungen möglichst einzudämmen. Dabei möchte es angesichts der zunehmenden chinesischen Präsenz im Südchinesischen Meer und dem dortigen Bau künstlicher Inseln, die von China auch militärisch genutzt werden, eine vergleichbare Entwicklung im Indischen Ozean verhindern.

Dem schnellen Auf- und Ausbau der PLAN kann Indien jedoch nichts Vergleichbares entgegensetzen, auch wenn die Fertigstellung eines eigenen Flugzeugträgers – die »Vikrant« – fast vollendet ist.[75] So kann und muss die indische Marine bei der Umsetzung einer eigenen nationalen maritimen Strategie[76] aufgrund ihrer erkennbaren Grenzen nur nach dem Prinzip der vernetzten maritimen Sicherheit mit Partnern versuchen, dieser zunehmenden Bedrohung zu begegnen. Die dabei von Indien angestrebte Zusammenarbeit insbesondere mit Australien und Indonesien, aber auch mit Vietnam, Singapur, Japan, Großbritannien und Frankreich zielt in die Richtung einer Allianz von Mittelmächten im maritimen Bereich. Da bis auf Indonesien und Vietnam eine enge Zusammenarbeit dieser möglichen Partner mit der US-Navy besteht, könnten mittelbar auch US-amerikanische Interessen zum Tragen kommen, ohne nach außen sichtbar zu werden. Weiterhin bemüht sich Indien auch grundsätzlich, die Anrainer des Indischen Ozeans in eine gemeinsame Sicherheitsarchitektur einzubinden, die von Freiheit, Offenheit und Rechtsstaatlichkeit geprägt sein soll und davon ausgeht, dass die Hohe See ein gemeinsames Gut der Menschheit ist und von allen gleichberechtigt genutzt werden sollte.

Weitere Länder, die sich im Rahmen der BRI ähnlich wie Sri Lanka in massive finanzielle Abhängigkeit gegenüber der Volksrepublik begeben haben, sind u. a. Pakistan, Malaysia, Tadschikistan (2011 trat es 1158 km^2 umstrittenes Grenzland an China für einen Erlass von Schulden ab)[77],

Kirgisistan, die Mongolei, Laos, die Malediven und Dschibuti. Die Seidenstraßeninitiative ist also in perfektem Maße dafür geeignet, solche Staaten zu ködern, die entweder schon zuvor in wirtschaftliche bzw. finanzielle Schwierigkeiten geraten sind und/oder die sich von ihren traditionellen Partnern vernachlässigt fühlen. Für europäische Staaten trifft dieser Sachverhalt auf die Mittelmeerstaaten Griechenland, Spanien und Italien zu, die zunehmend das Interesse Pekings finden. Auch das NATO-Mitglied und EU-Beitrittskandidat Montenegro hat sich 2014 für ein fragwürdiges Autobahnprojekt massiv bei der VR China verschuldet.[78] Kann der Kredit in Höhe von 944 Mio. Euro nicht zurückgezahlt werden, könnte durchaus die Gefahr bestehen, dass das kleine Mittelmeerland zu einem weiteren chinesischen Brückenkopf in Europa wird und der Einfluss Pekings auf NATO und EU weiter zunimmt. Zudem erhöhte die PLAN in den letzten Jahren ihre Aktivitäten im östlichen Mittelmeer und hielt 2015 gemeinsame Manöver mit der griechischen Kriegsmarine ab.[79]

Über die BRI, hier auf der maritimen Ebene, gelingt es somit China durch seine Handels- und Infrastrukturpolitik immer mehr, seinen wirtschaftlichen und politischen Einfluss auf die Staaten Afrikas, aber auch Länder Europas auszudehnen, neue Partner zu gewinnen und seinem Militär neue Stützpunkte zu verschaffen. Damit werden seine Öl- und Gasversorgungsrouten zum Nahen Osten, die Rohstoffverbindungen nach Afrika und die Handelswege mit und über Südostasien (v.a. die Straße von Malakka) auch militärisch abgesichert. Die Seidenstraßenverbindungen zu Lande wiederum machen die Volksrepublik von den Handelsrouten auf See unabhängiger.

Letztlich dient die BRI dazu, Chinas geopolitische und geostrategische Position gegenüber den USA zu verbessern. Endziel dieses Projekts ist die Bildung eines gemeinsamen asiatisch-europäischen Marktes, der »das geopolitische Gravitationszentrum wieder weg von den USA und zurück nach Eurasien« holt, so Wang Yiwei, einer der Vordenker der BRI.[80] Dieser künftige eurasische Verbund soll auf Dauer an die Stelle der transatlantischen Allianz und somit auch der NATO treten. Als Landbrücke nach Europa und als Rohstofflieferant spielt Russland in Chinas geopolitischen Überlegungen hier eine wesentliche Rolle. Nicht umsonst bildet Moskau eine wesentliche Zwischenstation der Seidenstraße, die sukzessive mit der von Russland ins Leben gerufenen »Eurasischen Wirtschaftsunion« (vgl. Kap. IV. 3.) verzahnt werden soll. In diesem Zusammenhang ist auch die schon 2001 gegründete »Shanghaier Organisation für Zusammenarbeit« (SOZ bzw. »Shanghai Cooperation Organisation«, SCO)[81] zu sehen, zu deren Mitgliedern mittlerweile neben China, Russland, Kasachstan, Usbekistan, Tadschikistan und Kirgisistan seit 2019 Pakistan und sogar Indien zählen. Der Iran als wichtigster Öllieferant Chinas hat einen Beobachterstatus inne, wie auch Afghanistan, Weißrussland und die Mongolei. Selbst die Türkei als NATO-Mitglied gilt als ein sogenannter Dialogpartner der SCO; ebenso Sri Lanka, Armenien, Aserbaidschan, Nepal und Kambodscha. Das geopolitische Ziel, das Peking mit der BRI verfolgt, ist, Europa zum westlichen Appendix dieser eurasischen und künftig zentralen Achse der Weltpolitik zu machen. So verkehren schon heute zwischen chinesischen und deutschen Städten regelmäßig Güterzüge. Allein in Duisburg mit dem größten Binnenhafen der Welt kommen pro Woche mehr als 30 Züge aus China an und acht verlassen es in umgekehrter Richtung. Bahnfracht zwischen Duisburg und Chongqing wird bei ca. zwölf Tagen Transportzeit dreimal so schnell befördert wie auf dem Seeweg.[82] Auf dem ersten Gipfeltreffen der BRI im Mai 2017 nahmen die Regierungschefs der EU-Staaten Spanien, Italien, Griechenland, dessen Containerhafen Piräus – wie oben schon kurz erwähnt – 2009 im Zuge der griechischen Finanzkrise an das chinesische Staatsunternehmen China Ocean Shipping (Group) Company (COSCO) für die Dauer von 35 Jahren verpachtet wurde, Polen, Ungarn und Tschechien teil. In Europa besitzen chinesische Unternehmen mittlerweile in neun Ländern Flughäfen, Häfen und Windparks, allesamt Bereiche der kritischen Infrastruktur. Chinesische Unternehmen sind ebenfalls Allein- oder Miteigentümer der Häfen von Rotterdam (beabsichtigter Endpunkt der Seidenstraße und Europas größter Hafen), Antwerpen und Zeebrugge.[83] Die Liste ließe sich beliebig fortsetzen und verlängern, aber auch so wird der wachsende Einfluss Chinas in Europa deutlich.

Die Heartland-Theorie von Mackinder lässt grüßen. Peking setzt sie unverhohlen und mit Macht, aber in geschickter und gut getarnter Form von Tag zu Tag mehr in die Realität um. Logisch, dass die USA die BRI mit Argusaugen betrachten und Staaten wie Indien und Vietnam verstärkt umwerben. Der damit einhergehende Ausbau von Marinestützpunkten im Indischen Ozean verdeutlicht die globalen Ambitionen Pekings und entsprechende Gegenreaktionen in eindrucksvoller Form. Kein Wunder, bedeutet doch die Seidenstraßeninitiative eine geopolitische West-Ost-Verschiebung vom Nordatlantik zurück nach Asien und als zentrales geopolitisches Instrument zur Erfüllung, »ein Reich der Mitte 2.0 zu schaffen«.[84] Schon Sun Yatsen, der Begründer der chinesischen Republik 1911/12, hatte die Idee, China mit Russland und dem restlichen Europa mittels einer gemeinsamen Infrastruktur zu verbinden und so zu einem gemeinsamen Marktes zu vereinen[85], ein Vorgang, der aktuell rasant an Fahrt aufnimmt, hinsichtlich seiner geopolitischen Konsequenzen und der damit einhergehenden massiven Brisanz in Europa allerdings mit sträflichem Leichtsinn unterschätzt wird.

Nicht unmittelbar in direktem Zusammenhang mit der Seidenstraßeninitiative zu sehen ist eine aktuelle Meldung[86], dass eine chinesische Firma auf Daru Island, einer Insel, die zu Papua-Neuguinea gehört und direkt gegenüber der Nordspitze Australiens liegt, eine Stadt mit Industrie- und Gewerbezonen und Hafenanlagen plane: »New Daru City«. Allein diese Meldung sorgte in Australien für Aufsehen, wirkt doch ein solcher Plan, selbst wenn er derzeit nur ein Hirngespinst darstellt, wie eine abermalige Provokation seitens Pekings. Spätestens seit der Corona-Pandemie sind die Beziehungen zwischen beiden Staaten extrem angespannt. So erließ China u. a. Strafzölle auf australischen Wein und stellt Australien regelmäßig als »willenloser Lakai der USA« dar.[87] Das grundsätzliche Problem ist die zunehmende Einflussnahme der Volksrepublik im Pazifik. 2019 führte Peking nördlich von Papua-Neuguinea Meeresuntersuchungen durch, wo die USA und Australien einen gemeinsamen Marinestützpunkt betreiben. Im März 2020 wurde ein chinesisches Forschungsschiff in den Gewässern vor Westaustralien nahe bei den Weihnachtsinseln gesichtet. Zuletzt entdeckten indonesische Fischer eine chinesische U-Boot-Drohne auf dem Weg nach Australien.[88] Auch wenn die Meldung des geplanten Baus dieser Stadt vermutlich jeglicher Grundlage entbehrt, so war es doch ein Zeichen der subtilen Machtdemonstration Pekings gegenüber Australien, das sich als traditionelle pazifische Ordnungsmacht durch die chinesische Expansion in zunehmendem Maße bedroht sieht.

f. China und das südliche Afrika – ein Beispiel für Neokolonialismus

In unserer Wahrnehmung ist Afrika der Kontinent mit dem stärksten Bevölkerungswachstum (aktuell leben dort rund 1,2 Milliarden Menschen). Dieser Erdteil – zerrissen zwischen Korruption, Bürgerkriegen und Demokratieentwicklung – hat ein schier unermessliches Rohstoffvorkommen, ob nun Erdöl, Kobalt, Diamanten o. a. Weiter ist es ein Kontinent der Träume, der Freiheit, der Weiten, ein Erdteil zwischen demokratischer Aufbruchstimmung und Verharrung in traditionellen Lebensweisen, zwischen Naturschutz und wirtschaftlicher Entwicklung und zwischen Hinwendung Richtung Europa oder Asien. Es ist ein Kontinent, der einen Kontrast zwischen nördlichen und südlichen Wüsten, Savannensteppen und tropischen Regenwäldern und insgesamt äußerst vielfältigen Vegetationszonen aufweist, hinsichtlich hydrogeografischer Gesichtspunkte aber keine natürlichen Abgrenzungen kennt. Beispielsweise sei an dieser Stelle nur darauf verwiesen, dass die großen Ströme Nil, Niger, Kongo und Sambesi, allesamt im afrikanischen Hochland entspringend, vielfach nicht für die Schifffahrt und somit auch nicht als Handelswege geeignet sind, da ihr Verlauf oft über Wasserfälle oder Katarakte führt.

Diese zunächst rein plakativen und äußerst skizzenhaften Gedanken können dennoch schon zu Beginn die Chancen und Risiken des »schwarzen Kontinents« umreißen.

Waren während des Kalten Krieges afrikanische Staatsführer quasi mehr oder weniger gezwungen, sich entweder dem Westen unter Führung der USA oder dem Osten unter sowjetischer Herrschaft zuzuwenden – verbunden mit allen Vorteilen und Risiken –, so hat sich die Lage mit dem Ende des Ost-West-Konflikts 1990/91 grundlegend verändert. Afrikanische Politiker haben heute viel stärker die Wahl bzw. die Möglichkeit, zu entscheiden, was sie zum einen aus ihren Ländern machen wollen und mit wem sie vor allem zusammenarbeiten möchten.

An dieser Stelle kommt nun die aufstrebende Weltmacht China ins Spiel. Kein Land investierte in den letzten 15 bis 20 Jahren mehr in die Infrastruktur Afrikas als die Volksrepublik.[89] Laut Frank Sieren fallen darunter 80 Sportstadien, über 200 Schulen, 20 Parlamentsgebäude, rund 6000 km Straßen und gut 6500 km Eisenbahnverbindungen, dazu kommen noch gut 70 Kraftwerke sowie die Errichtung zahlreicher Flughäfen und der Bau oder Ausbau von Seehäfen.[90] Chinas Präsident Xi Jinping betonte zuletzt, dass es nirgends mehr Entwicklungspotenzial gebe als in Afrika.[91] Ein entscheidendes Instrumentarium für Chinas Machtausbau ist auch hier die Vergabe von Krediten zu häufig vermeintlich günstigen Konditionen. So versprach Xi beispielsweise in einer Rede vom 25. März 2013 vor dem Julius Nyerere International Convetion Center in Dar es Salam, afrikanischen Staaten ein Kreditvolumen in Höhe von 20 Mrd. US-Dollar für die kommenden zwei Jahre mit der Absicht »help Africa exploit it's wealth of resources, and achieve independent and sustainable development.«[92] Dass das Gegenteil oftmals der Fall ist, merken die zuvor begünstigten und nun betroffenen Staaten dann meist zu spät. Allerdings gibt es bis dato kein vergleichbares europäisches Investitionsprogramm bezüglich Afrikas.[93] Hingegen sind in den letzten zehn Jahren verschiedene Vertreter der chinesischen Regierung insgesamt 79-mal in insgesamt 43 afrikanische Staaten gereist.[94] Eine wichtige Grundlage bildet auch das 2000 gegründete »Forum on China-Africa-Cooperation«[95], dem alle afrikanischen Staaten mit Ausnahme von Eswatini angehören. Das ehemalige Swaziland hält nämlich bis heute an seinen diplomatischen Beziehungen zur Republik China, also Taiwan, fest. Diese Politik grenzt – mittlerweile nicht nur in dieser Region – allerdings schon fast an diplomatischen Selbstmord.

Selbstverständlich – und das muss mit aller Deutlichkeit gesagt werden – agiert die VR China nicht altruistisch, vielmehr geht es der Führung der Kommunistischen Partei Chinas (KPCh) um einen massiven Einfluss in zahlreichen afrikanischen Staaten, um deren Ressourcen und strategisch günstigen Lagen für die eigenen Interessen ausnutzen zu können.[96] Dort, wo China seine Positionen und Ansprüche – wie auch immer – definiert, sind auch seine Protagonisten in der entsprechend angepassten Form, sei es ziviler, wirtschaftlicher oder – im extremen Fall – militärischer Natur vor Ort. Das chinesische Engagement ist jedenfalls für viele afrikanische Staats- und Regierungschefs von hoher Attraktivität, stellt Peking doch keine Bedingungen hinsichtlich der Einhaltung von Menschenrechten oder verlangt Wirtschaftsreformen[97], so wie dies die meisten westlichen Staaten oder Weltbank und IWF es zu tun pflegen. Vielmehr erklärte Xi Jinping, dass China »always be Africa's good friend, good partner and good brother« sein wird.[98] Dies erleichtert den Zugang nicht nur zu den Märkten zahlreicher afrikanischer Staaten enorm. Grundsätzlich sind sich offiziell beide Seiten (die VR China und der jeweilige afrikanische Staat) darüber bewusst, dass sie von ihrer Zusammenarbeit profitieren. Ob allerdings die »Chinesen die Afrikaner als ebenbürtige Menschen« ansehen und dies – im Gegensatz zu den Europäern – »ihr maßgeblicher Trumpf auf diesem Kontinent« ist[99], soll an dieser Stelle nicht weiter vertieft werden; schließlich sind derartige Einschätzungen in Europa durchaus umstritten.

Blicken wir nun aber konkret auf das südliche Afrika, das auf dem Festland die Staaten Angola, Sambia, Malawi, Mosambik, Zimbabwe, Botswana, Namibia, Südafrika, Lesotho und Eswatini umfasst. Das Hochland bietet z. T. gute Bedingungen für eine exportorientierte Landwirtschaft. Weiterhin existieren zahlreiche Regionen, die nur bedingt nutzbar sind, bis hin zu lebensfeindlichen Wüsten. Besonders reich ist diese Region mit Rohstoffen wie Erdöl in Angola, Kupfer in Sambia, Eisenerzen und Schwermetallen sowie Gold und Diamanten ausgestattet.

Vom Dekolonialisierungsprozess seit 1960 wurde das südliche Afrika eher spät erfasst. Mit der Unabhängigkeit Angolas und Mosambiks 1975 betraten dann zwei weitere Akteure die politische Weltbühne, wenn auch zunächst v. a. in Form von Bürgerkriegen als Stellvertreterkriege zwischen Ost und West. Mit der auch international anerkannten Unabhängigkeit

Zimbabwes 1980 (im Gegensatz zu der 1965 einseitig erklärten Souveränität Rhodesiens) und des ehemaligen (Deutsch-) Südwestafrikas 1990 als Namibia hatte sich die dortige politische Landkarte massiv verändert.

Daher soll an dieser Stelle der Blick auf chinesische Investitionen und Ambitionen auch südlich des Äquators gelenkt werden, gerade weil die dortigen Länder auf den ersten Blick – betrachtet man entsprechende Karten und Verlautbarungen – nicht im global angelegten Projekt der neuen Seidenstraße[100] (»Belt an Road Initiative« – BRI), bestehend aus einem »Seidenstraßenwirtschaftsgürtel« und einer »Maritimen Seidenstraße für das 21. Jahrhundert«, auftauchen. Im Rahmen dieser Vielzahl von geplanten, im Bau befindlichen oder schon realisierten Infrastrukturprojekten wie Fernstraßen, Autobahnen, Schnellzugstrecken, Häfen, Flughäfen und Kraftwerken sind zahlreiche afrikanische Saaten schwerpunktmäßig auf der nördlichen Hemisphäre zu finden, so insbesondere in Form des chinesischen Marinestützpunkts in Djibouti. Ein weiteres Beispiel ist Chinas Engagement in Kenia, hier speziell in der bedeutenden Hafenstadt Mombasa, mit dem Bau der Eisenbahnverbindung nach Nairobi[101], während bei derartigen Betrachtungen die Länder des südlichen Afrikas zu Unrecht eher am Rande stehen. Blenden wir dabei das wirtschaftlich stärkste Land Südafrika, als Mitglied der G20 und der BRICS-Staaten auch der größte Handelspartner Chinas in Afrika, einmal aus, so handelt es sich es bei allen anderen Staaten im südlichen Afrika nach wie vor um Entwicklungsländer.

In welche Projekte investiert die VR China – exemplarisch an diesen Ländern betrachtet – nun konkret? In vorderster Linie steht – neben zahlreichen Neubauten – auch der Ausbau bzw. die Renovierung von bestehenden, oft aus der Kolonialzeit stammenden Eisenbahnlinien, Straßenverbindungen oder Hafenanlagen.

Mosambik

Kommt man – gewollt oder ungewollt – in das Hafenviertel seiner Hauptstadt Maputo[102], so hat man beinahe das Gefühl, sich in einer chinesischen Hafenstadt zu befinden, zumindest, wenn man die Werbetafeln, Projektbeschreibungen und sonstigen Informationen bezüglich des Ausbaus des Hafens und seiner gesamten Infrastruktur, die bis weit in das Hinterland reichen sollen, betrachtet. Gigantische Brückenprojekte, die Anlage eines Tiefseehafens, schnelle Straßen- und Eisenbahnverbindungen an der Küste Richtung Norden, aber auch z. T. Richtung Westen, also in das Binnenland, sind hier nicht zu übersehen. Ein untrügliches Zeichen, dass das Seidenstraßenprojekt auch massiv in Richtung südliches Afrika ausgeweitet wird, auch wenn offizielle Verlautbarungen – beispielsweise in Form von allgemein zugänglichen und entsprechend verbreiteten Karten – etwas anderes suggerieren sollen. Das Gegenteil ist jedoch der Fall. Maputo ist als Hafenstadt nämlich von zentraler strategischer Bedeutung, um die Rohstoffe der Binnenstaaten Sambia, Zimbabwe und Botswana umzuschlagen.

Eine ähnlich wichtige Bedeutung besitzt der Hafen von Beira, der zu den drei größten des Landes (neben Maputo und Nacala) zählt. Im Jahr 2017 übernahm ihn China faktisch und verdoppelte dessen Kapazität, sodass dort nun 100 Trawler der chinesischen Fischereiflotte versorgt werden können.[103] Ohne Rücksicht auf die lokale Kleinfischerei und das ökologische Gleichgewicht im Indischen Ozean fischen diese pro Jahr über 60.000 Tonnen großer, hochwertiger Grundfische wie Meerbrassen und Zackenbarsche aus dem Wasser. Für die Fischeirechte zahlt Peking der mosambikanischen Regierung lediglich ein neokolonialistisches Almosen, während die einheimischen Fischer kaum noch etwas fangen und in ihrer Existenzgrundlage massiv bedroht sind.

Mosambik ist mit 300 Prozent seines BIP verschuldet, wovon ein Großteil aus Zinsen für ausländische Kredite von China besteht[104], was seine politische Abhängigkeit gegenüber Peking weiter erhöht. Obwohl es über bedeutende Rohstoffreserven verfügt, ist seine Handelsbilanz noch immer stark negativ. Exportiert werden hauptsächlich Cashewnüsse, Krustentiere, Baumwolle und Zucker. Seit einigen Jahren ist allerdings Aluminium das wichtigste Exportprodukt. Importiert hingegen werden Maschinen, elektronische Geräte, Erdöl, Nahrungsmittel und Konsumgüter – meist aus China. Der Tourismus steckt bis heute noch in den Kinderschuhen. Unterkünfte wie Hotels usw. sind rar. Insgesamt basiert Mosambiks ökonomische Basis, die in den 1980er-Jahren durch den nach der Unabhängigkeit 1975 ausgebrochenen Bürgerkrieg, die Abwanderung portugiesischer Fachkräfte und mehrere Dürreperioden massiv geschwächt wurde, bis heute allerdings vorwiegend auf der Landwirtschaft – auch das kann für Peking von Interesse hinsichtlich möglicher Monokulturen wie z. B. Sojaanbau sein.

Im Folgenden sei nun der Blick auf die schon erwähnten äußerst rohstoffreichen Binnenstaaten Sambia, Zimbabwe und Botswana gerichtet.

(26) Ein von China finanziertes Brückenbauwerk in Maputo Richtung Hafen

(27) Eine Werbetafel in Maputo, die das chinesische Engagement in Mosambik eindrucksvoll belegt.

Sambia

Sambia verfügt über zahlreiche Bodenschätze wie insbesondere Kupfer (hier ist das Land weltweit der zehntgrößte Produzent), das neben Kobalt massiv die chinesischen Interessen weckt. Schlangen von mit Kupfer beladenen, ja überladenen LKWs von Sambia über Zimbabwe bis hin nach Maputo sind mittlerweile Alltag. Darüber hinaus kommen zu einem recht ausgeprägten Vorkommen von Edelsteinen noch große Wasserressourcen und ausgedehnte landwirtschaftlich nutzbare Flächen. Weiterhin bilden insbesondere die Nationalparks mit einer hohen Wildtierdichte ein großes touristisches Potenzial.

Problematisch erweist sich – wie bei vielen Entwicklungsländern – die oft einseitige Abhängigkeit ihrer Rohstoffexporte in Bezug auf die Weltmarktpreise; am Beispiel Sambias v.a. das eben erwähnte Kupfer. Der Abbau dieses Metalls im sogenannten Copperbelt stellte den wichtigsten Wirtschaftszweig dieses Landes der letzten Jahre dar, da rund 6 Prozent der weltweiten Kupferreserven sich dort befinden.[105] Betrug Sambias Wirtschaftswachstum beispielsweise 2014 noch rd. 5,6 Prozent, so verlangsamte es sich in den Jahren 2016 und 2017 auf 3,8 bzw. 3,5 Prozent.[106]; 2018 betrug es nur noch 3,3 Prozent. Der Rückgang aufgrund weltweit fallender Rohstoffpreise führte zur Abwertung der Landeswährung und damit einer einhergehenden wachsenden Staatsverschuldung, die 2018 in Sambia bei ca. 65 Prozent des BIP und zuletzt bei 110 Prozent lag; Tendenz steigend bei zunehmender Verschleierung des wahren Ausmaßes durch die Regierung.[107]

Laut Frank Sieren liegt sie aktuell bei 300 Prozent des BIP, wovon die Hälfte allein auf China fällt.[108] Diese Ausgangslage machen sich natürlich chinesische Staatsunternehmen zu Nutze, nachdem zahlreiche westliche Staaten aufgrund der grassierenden Korruption ihre Unterstützung entweder massiv eingeschränkt oder gar gänzlich eingestellt haben.[109] So stammen nicht nur die Mittel für den Neubau des Kenneth Kaunda International Airport in Lusaka von der Exim Bank of China, vielmehr hat die VR China ganze Industrien übernommen und in den letzten fünf Jahren unter der Ägide von Präsident Lungu weitere prestigeträchtige Infrastrukturprojekte, hier insbesondere Straßen, finanziert. Eine Auslandsverschuldung in Höhe von rund zwölf Mrd. Dollar ist somit eine fast logische Konsequenz.[110]

Immerhin hat sich das durchschnittliche Bruttoinlandsprodukt Sambias aktuell auf mehr als 1800 US-Dollar pro Einwohner vervierfacht. Damit liegt Sambia heute im unteren Bereich der Länder mit mittlerem Einkommen. Dieses Wachstum basierte bis dato jedoch in erster Linie auf – im afrikanischen Vergleich – stabilen politischen Verhältnissen, einer soliden Haus-

(28) An der Fähre über den Sambesi zwischen Sambia und Botswana – ein mit Kupfer beladener LKW.

halts- und Finanzpolitik und hoher Nachfrage des Hauptexportprodukts Kupfer, hier in erster Linie eben seitens der VR China. 1998 schon erwarb die China Nonferrous Metals Corporation für nur 20 Millionen US-Dollar einen Anteil von 85 Prozent an der Chambishi-Kupfermine. Mittlerweile sind bereits mehr als 11.000 Chinesen in der sambischen Minenindustrie beschäftigt.[111]

Das wirtschaftliche Wachstum und damit gestiegene Einkommen sind jedoch extrem ungleich verteilt, und öffentliche Investitionen tragen wenig zur Armutsbekämpfung bei. Vor allem in ländlichen Gebieten leben über 60 Prozent der Bevölkerung auch heute noch von weniger als einem Dollar pro Tag. Eine Folge ist u. a. die Unterernährung v. a. bei Kindern. Damit befindet sich Sambia mit Platz 141 von 187 des Human Development Index der UNO noch immer im unteren Viertel. Gleichzeitig gilt es als eines der zukünftig am stärksten von den Auswirkungen des Klimawandels betroffenen Länder. Der Schutz der Umwelt und der natürlichen Ressourcen ist somit ein wichtiges Thema. Der Fokus liegt auf der Vermeidung bzw. der Umkehr der fortschreitenden Entwaldung – Sambia zählt zu den Ländern mit den weltweit höchsten Abholzungsraten –, dem Erhalt der Wildtierbestände, der Verhinderung der Verarmung und dem Schutz von Feuchtbiotopen.

Hinzu kommen Programme für Wiederaufforstungen, ein nachhaltiges Landmanagement, die Aussetzung von Nashörnern in verschiedenen Natur- und Nationalparks sowie die Überprüfung und Stärkung rechtlicher Rahmenbedingungen für den Schutz und Erhalt der Umwelt.

Der chinesische Einfluss, ja die chinesische Übernahme manch lokaler Wirtschaftszweige, ist auch in ländlichen und abgelegenen Regionen unübersehbar. Fährt man – wie zuletzt der Autor 2019 – durch Sambias Nationalparks, so kann man – neben einer nach wie vor beeindruckenden Tierwelt – weitere interessante und ungewöhnliche Begegnungen erleben. Im oder am Rande des Kafue-Nationalparks, der hier nur als ein Beispiel von vielen dienen mag, traf der Autor im Jahr 2019 zu seiner Überraschung nicht nur auf eine exzellent ausgebaute, komplett neue Schotterstraße, die zunächst die eigene Orientierung eher erschwerte, da noch nicht auf der recht aktuellen Karte verzeichnet, sondern auch auf afrikanische Arbeiter unter dem Kommando eines chinesischen Vorarbeiters. Eine kurze Konversation der Frau des Autors auf Chinesisch mitten im Busch, um nach dem richtigen Weg zu fragen, erwies sich als hilfreich, warf aber gleichzeitig zahlreiche Fragen auf. Fragen, auf die vor Ort natürlich keine klare Antwort gegeben werden konnte; umso mehr aber auf einen anderen wirtschaftlichen Aspekt auf der Ebene der touristischen Dienstleistungen. Bis zum Jahr 2021 sollen bzw. müssen alle weißen Touristen-Guides in Sambia neben der Amtssprache Englisch Putonghua, also die chinesische Hochsprache, beherrschen, wollen sie ihren Job behalten.[112] Das mag auf den ersten Blick unverfänglich wirken, stellt aber eine lautlose, schleichende und umso gefährlichere Infiltration des Landes auf einer breit gefächerten Ebene dar mit noch nicht bis ins Detail absehbaren Konsequenzen. Wer soll hiermit hofiert werden? Sicherlich auf der einen Seite wohlhabende chinesische Touristen, andererseits aber eben auch chinesische Manager, die das weitere ökonomische Engagement der VR China vor Ort vorbereiten sollen. Auch dies kann der Autor anhand eines relativ aktuellen Austauschs mit einem führenden Vertreter eines chinesischen Unternehmens im Mayukuyuku-Camp im Jahr 2019 bestätigen. Dessen Auftrag lautete schlicht und ergreifend, die Lage vor Ort zu sondieren und das entsprechende ökonomische Potential für seine Firma in Erfahrung zu bringen. Mittlerweile wird schon in Kreisen von sambischen Touristenführern offen davon gesprochen, dass ihr Land die erste chinesische Kolonie auf dem afrikanischen Kontinent sei.[113] Ob, wie im »Busch« oder in der Hauptstadt Lusaka erlebt, die grundsätzlichen chinesischen Ambitionen zielen auf einen langfristigen Zugriff Pekings auf die Ressourcen des Landes. Auch wenn tendenziell diese Politik derzeit noch als eine eher informelle Einflussnahme kaschiert wird, so hält sie der VR China alle Optionen offen. Umso mehr, wenn man bedenkt, dass Sambia 2020 erstmals seit 1998 wieder in eine Rezession geriet und das erste Land Afrikas war, das z. T. zahlungsunfähig wurde.[114]

Zimbabwe

Das ehemals relativ wohlhabende Zimbabwe mutierte von der einstigen Kornkammer Afrikas »dank« jahrelanger Misswirtschaft unter dem Diktator Robert Mugabe zu einem der ärmsten Länder der Welt. Aufgrund des diktatorischen politischen Umfeldes haben sich die Voraussetzungen für die einst prosperierende Wirtschaft substanziell verschlechtert. Nahezu alle Sektoren der verarbeitenden Industrie mussten massive Umsatzeinbußen hinnehmen. Darüber hinaus haben die Kriegsverwicklung mit der DR Kongo der Wirtschaft Devisen im Wert mehrerer hundert Millionen US-Dollar entzogen. Die aktuelle Arbeitslosigkeit wird auf rund 80 Prozent geschätzt. Weiterhin ist die Bargeldknappheit in Zimbabwe nach wie vor eines der zentralen wirtschaftlichen Probleme[115], dem mit dem Anwerfen der Notenpresse begegnet wurde, wobei die 2016 vollzogene Einführung sogenannter Bonds (eine Art Schuldschein), die die Regierung selbst drucken kann (wie schon zu Hochzeiten der Inflation), kaum von Erfolg gekrönt war. Schon 2009 hatte der US-Dollar die von der Hyperinflation völlig zerrüttete landeseigene Währung abgelöst. Am 24. Juni 2019 wurde der US-Dollar schließlich durch den Zimbabwe-Dollar ersetzt. Es besteht dennoch nach wie vor ein Mangel an Bargeld. Ausländische Währungen, selbst US-Dollar, können derzeit nicht in die neue Landeswährung umgetauscht werden. Kreditkarten werden nur selten akzeptiert.[116]

Die bereits 2015 schlecht ausgefallene Ernte hat zusammen mit den Folgen der Dürre 2015/16 aufgrund des El Niño-Phänomens[117] zu einer gravierenden Reduktion des Viehbestandes, zu Ernährungsunsicherheit und Hunger geführt. Das Bildungssystem leidet an Unterfinanzierung und Lehrermangel. Seit 2008 haben Tausende von Lehrern das Land verlassen. Die niedrigen Lehrergehälter wirken sich somit negativ auf die Qualität des Unterrichts aus.

Betrachtet man weitere Herausforderungen, wie die überfällige Erweiterung des Kraftwerks am Kariba-Damm, den Ausbau des Highways zwischen Harare und Beitbridge, eine grundlegende Modernisierung der desolaten Infrastruktur des nationalen Eisenbahnnetzes und die Wiederbelebung der heruntergekommenen Industrie, so ist es nur eine Frage der

Zeit, wann auch hier die VR China massiv Einfluss nehmen wird. Ein Artikel in der *Newsday* vom 26. Mai 2016 betonte nicht von ungefähr: »China and Zimbabwe are good friends, good partners and good brothers who have stood together through thick and thin.«[118]

Botswana

Botswana wird zu Recht wegen seiner politischen Stabilität, seiner wirtschaftlichen Entwicklung und seiner stetigen Verbesserung der Lebensumstände oft als ein afrikanisches Musterland bezeichnet. Auch auf regionaler Ebene wird dies immer wieder bei den Wahlen deutlich. Faire Auseinandersetzungen, wenn ein lokaler Spitzenkandidat als »Löwe von Maun«[119] gegen den Amtsinhaber antritt, aber dennoch der Wahlkampf weitgehend nach europäischen Regularien stattfindet, gehören zum politischen Alltag von Botswana. Diese innenpolitische Stabilität erleichtert und begünstigt natürlich das Erschließen der Rohstoffquellen. Neben Diamanten, hier ist Botswana der größte Produzent Afrikas, gelten auch die Kohle-, Kupfer- und Uranvorkommen als gewinnbringend. Gerade aus diesem Grund ist der generelle Ausbau der botswanischen Infrastruktur bis hin nach Maputo in Mosambik für die chinesischen Investitionen und Ambitionen eine wesentliche Voraussetzung; schließlich spielen für China die dortigen sowie, wie schon dargelegt, die sambischen Kupfervorkommen eine zentrale Rolle. Somit lohnt sich in diesem Zusammenhang der Blick auf ein weiteres Beispiel für eine asiatische Investition in die Infrastruktur, die von der westlichen Außenwelt leider viel zu wenig beachtet wird, nämlich das Brückenbauprogramm über den Sambesi, das Sambia mit Botswana an der nur wenige hundert Meter breiten gemeinsamen Grenze verbinden und den jahrzehntelangen Fährverkehr ersetzen wird. Auch dieses Infrastrukturprojekt wird die Logistik sambischer Rohstoffe, wie eben Kupfer, erleichtern und beschleunigen. Über den Trans-Kalahari-Highway ist ein zügiger Transport über Maun, Ghanzi und dann in Namibia über Gobabis, Windhoek bis nach Walvis Bay problemlos möglich, wo die Chinesen ein massives Investitionsprogramm betreiben.[120]

Namibia

Blickt man unter ökonomischen Gesichtspunkten auf das ehemalige Südwestafrika, so fällt natürlich die historische Gewinnung von Diamanten[121]

(29) Eine Bautafel vor dem »Tintenpalast«,
dem namibischen Parlament in Windhoek 2011.

in der Namib-Wüste zunächst in aller Deutlichkeit ins Auge. Dennoch gilt es auch weitere Rohstoffe[122] wie Uran (v. a. abgebaut in der Rössing-Mine), Buntmetalle und potenzielle Erdöllagerstätten, wie das Lüderitz- und das Walvis- Bassin sowie Erdgasvorkommen vor der Südküste im Auge zu behalten, die auf das Interesse der VR China stoßen.

Ein sehr eindrucksvolles Beispiel stellt in diesem Zusammenhang die Strecke in Namibia von Lüderitz nach Keetmanshoop dar, die 1905–1907 von der deutschen Kolonialverwaltung errichtet, von 2001 bis 2014 durch chinesische Firmen vollständig neu gebaut und wieder in Betrieb genommen wurde, wovon sich der Autor 2014 selbst überzeugen konnte. Sie kann mittelfristig ein wichtiges Bindeglied zwischen dem Hafen Lüderitz und dem Binnenland Botswana darstellen, wobei Sandverwehungen in der Namib-Wüste nach wie vor ein großes Problem darstellen. Teile der Strecke sollen daher in einen Tunnel verlegt werden.

Da ist es nur ein Randaspekt, dass auch bei der Renovierung des namibischen Parlamentsgebäudes in Windhoek – dem sogenannten »Tintenpalast« – chinesische Unternehmen beteiligt waren.

Angola

In Angola, einer der wenigen afrikanischen Staaten mit relativ natürlichen Grenzen, herrschte seit der Unabhängigkeit von Portugal im Jahr 1975 jahrzehntelang ein blutiger Bürgerkrieg zwischen der sozialistischen MPLA und der westlich orientierten UNITA, der bis 2002 währte. Angolas Wirtschaft leidet immer noch unter den Folgen dieses Konflikts. Mehr als die Hälfte der Bürger ist arbeitslos, fast drei Viertel leben unterhalb der Armutsgrenze. Somit verwundert es nicht, dass im HDI der UNO Angola einen der letzten Plätze einnimmt.

Dennoch ist das OPEC-Mitglied Angola (seit 2007) mittlerweile der größte Erdölproduzent Afrikas, dessen Offshore-Ölfelder vor der Küste v. a. vor seiner Exklave Cabinda liegen. Über die Hälfte der Fördermenge wird nach China exportiert, das rd. 17 Prozent seines Rohölbedarfs aus angolanischen Förderquellen deckt, und damit die USA als Haupthandelspartner abgelöst hat. Damit ist das Land nach Saudi-Arabien der zweitgrößte Öllieferant der Volksrepublik.[123] Diese hat im Gegenzug in den letzten zehn Jahren rund 8 Mrd. US-Dollar investiert und finanziert damit den neuen Flughafen der Hauptstadt Luanda, den Bau eines neuen Regierungspalasts sowie zahlreiche Straßen- und Eisenbahnprojekte wie die Modernisierung der Benguelabahn[124], die den Süden der DR Kongo mit dem 1300 km entfernten angolanischen Hafen Lobito verbindet. Dies erleichtert natürlich auch in diesem Fall chinesischen Unternehmen die Ausbeutung der südkongolesischen Rohstoffvorkommen wie Kobalt und Kupfer.

Ergänzend zu den Ölfeldern existieren im Nordosten Diamantenvorkommen sowie weitere Minerallagerstätten. Angola ist somit (potentiell) eines der reichsten Länder Afrikas. Es verkauft jährlich Rohdiamanten im Wert von rd. einer Milliarde Euro. Die Edelsteine werden z. T. seit 2019 auch im Land selbst bearbeitet, um den Verkaufserlös zu steigern.

Dank seiner Bodenschätze gelang dem Land während der letzten Jahre ein großer wirtschaftlicher Aufschwung, der besonders augenfällig an der Prosperität seiner Hauptstadt Luanda abzulesen war. Allerdings führte die einseitige Ausrichtung seiner Ökonomie auf Erdöl – über 90 Prozent von Angolas Exporteinnahmen und damit ca. 45 Prozent des BIP werden nach Angaben der OPEC damit erwirtschaftet[125] – auch infolge des Verfalls des Ölpreises zu einer enormen Staatsverschuldung. Trotz des Wirtschaftsbooms hat es die Regierung zudem nicht vermocht, die Armut in den ländlichen Regionen zu beheben[126], was aktuell zu weiteren Schwierigkeiten führt.

Fazit

Auch wenn meist eher wenig beachtet, so ist das südliche Afrika nicht nur im Hinblick auf seine Rohstoffe (wie z. B. Kupfer und weitere Metalle) ein wichtiges Bindeglied der maritimen Seidenstraße Chinas – so stammt ca. ein Drittel der chinesischen Importe von Erdöl insgesamt aus Afrika.[127] Zudem geht es auch um eine langfristige Kontrolle der Seewege um das »Kap der Guten Hoffnung« und damit um die Verbindung zwischen dem Atlantischen und Indischen Ozean. Nicht umsonst beherrschten einst die Niederländer, dann ab dem frühen 19. Jahrhundert die Engländer ganz bewusst diese geopolitische Schlüsselposition. War während des Kalten Kriegs die Republik Südafrika in unterschiedlicher Intensität Bündnispartner für den Westen – unabhängig von ihrer Apartheidpolitik – so sind mittlerweile die Karten völlig neu gemischt. Neben dem zunehmend selbstbewussten Agieren mancher afrikanischer Staaten lassen die europäischen Staaten nach wie vor ein realpolitisches und grundlegendes Engagement in dieser Region vermissen; von den USA ganz zu schweigen.

Wen wundert es somit, dass die VR China hier in ein Machtvakuum hineinstößt und dies auf geschickte Weise für die eigenen Interessen ausnutzt – getreu nach dem großen Lehrer und Meister Sunzi: »Wahre Vortrefflichkeit ist es, insgeheim zu planen, sich heimlich zu bewegen, dem Feind einen Strich durch die Rechnung zu machen und seine Pläne zu vereiteln«.[128]

Ob »die Chinesen das Vertrauen der Afrikaner gewonnen« haben und diese »sich den Ausbau der chinesischen Präsenz in Afrika nur wünschen können«[129] bzw. ob »China will always see in Africa a tried and tested friend«[130], sei an dieser Stelle dahingestellt. Faktisch bedeutet dies aber, ganz plakativ formuliert, dass »die Chinesen« nicht nur im südlichen Afrika angekommen sind, sondern vielmehr auch dort in Zukunft – in welcher Form auch immer – bleiben werden. So wurden beispielsweise rund um die angolanische Hauptstadt Luanda große Wohnkomplexe errichtet, die ca. 150.000 bis 200.000 chinesische Arbeitskräfte beherbergen, von denen auch zahlreiche über eine militärische Ausbildung verfügen[131] und die dann relativ problemlos als Soldaten – falls aus Pekings Sicht erforderlich – eingesetzt werden könnten. Kommen die Investitionen der Chinesen wenigstens der afrikanischen Bevölkerung zugute? Die Antwort lautet in der Gesamtbilanz eher »Nein!« Natürlich profitieren die in diesem Beitrag untersuchten Staaten auf den ersten Blick von diesen Investitionen, nachhaltig betrachtet partizipiert allerdings die einheimische Bevölkerung daran nur partiell, wenn überhaupt. In der Regel werden Arbeiter aus China nach Afrika entsandt, setzen die vereinbarten Projekte vor Ort um und kehren nach deren Beendigung nach China zurück oder bleiben im jeweiligen Land präsent, was dann mittelfristig zu Spannungen mit der einheimischen Bevölkerung führen kann. Chinas Argumentation lautet hingegen, dass seine Investitionen einerseits den Afrikanern helfen soll und andererseits die eigene Wirtschaft weiter belebt.

Dabei darf auch nicht übersehen werden, dass Xi Jinping 2015 schon 30.000 Regierungsstipendien für Afrikaner angeboten und diese drei Jahre später um weitere 50.000 aufgestockt hatte. Auch finanziert Peking die Ausbildung Zehntausender afrikanischer Ingenieure, Techniker und hochrangiger Administratoren in China.[132] Doch was bleibt letztlich für die breite Masse der einheimischen Bevölkerung übrig? Wovon kann sie langfristig und nachhaltig profitieren? Diese Fragen müssen schlussendlich auch von der europäischen Außenpolitik geklärt werden, wollen die Europäer hier nicht völlig abgehängt werden.

Dass Chinas Außen- und Geopolitik sich aber immer noch an dem Motto des damaligen Verteidigungsministers und Mao-Vertrauten Lin Biao aus dem Jahr 1967 orientiert – »Afrika muß dazu beitragen, das kapitalistische Europa und Nordamerika zu umzingeln und zu zerstören«[133] – erscheint aus den dargelegten Betrachtungen nicht gänzlich abwegig.

2. Indien und Pakistan – zwei verfeindete Atommächte im Konflikt um Kaschmir

Indien und Pakistan sind die beiden dominierenden Staaten Südasiens und neben Bangladesch auch die dort bevölkerungsreichsten (Indien 1,3 Mrd., Pakistan 212 Mio.). Auch hier wird wie im ehemaligen Jugoslawien der geopolitische Ansatz von Huntington im Hinblick auf Bruchlinienkonflikte mehr als deutlich und verdient daher einer intensiven Betrachtung.

Geografisch auf dem indischen Subkontinent im Norden durch Hindukusch und Himalaya begrenzt, eine natürliche und als britische Kronkolonie Indien bis 1947 ebenfalls auch eine politische Einheit bildend, sind beide Staaten seit ihrer Unabhängigkeit jedoch zu politischen Erzfeinden geworden (s. u.). Dabei stützt sich Pakistan als wesentlich ärmerer und politisch instabilerer Staat v. a. auf die Partnerschaft mit China und definiert sich augenscheinlich über seinen Gegensatz zum verfeindeten Nachbarn.

Blicken wir zunächst nach Indien.[134] Als aufstrebende Wirtschaftsmacht und formal größte Demokratie der Welt strebt es nach internationaler Anerkennung als Großmacht, so z.B. mit seinen Ambitionen nach einem ständigen Sitz im UN-Sicherheitsrat.

Zunächst soll daher an dieser Stelle ein skizzenhafter Überblick seiner außen- und sicherheitspolitischen Beziehungen zu seinen Nachbarn sowie zu weiteren Staaten und Mächten dargelegt werden.

Nach 1990 musste Indien seine bis dato während des Kalten Krieges vom Prinzip der offiziellen Blockfreiheit bei gleichzeitiger Anlehnung an die UdSSR geprägte Außenpolitik neu orientieren. Mit dem Zusammenbruch der Sowjetunion verlor es seinen wichtigsten strategischen Partner und geriet zudem in eine Wirtschaftskrise. Zusätzlich bewirkte das Ende des Kalten Krieges, dass »Indien seine spezifische Rolle in der Weltordnung verloren [hatte] und [...] in eine Identitätskrise« stürzte.[135] Mittlerweile verfolgt es nun eine Politik der »strategischen Autonomie«[136] und hat dabei in den letzten Jahren geschickt seine Zusammenarbeit mit den unterschiedlichsten Akteuren ausgebaut, ohne sich dabei zu stark an einzelne (potenzielle) Partner wie die USA, die EU, Russland oder Iran zu binden.

Die Wahrung des eigenen Handlungsspielraums, das Prinzip der Nichteinmischung und die Weigerung, formale Allianzen zu bilden, gehen einher mit dem Ziel einer multipolaren Weltordnung. Dabei ist die Diversifizierung der Partnerschaften – also eine Kooperation mit unterschiedlichsten Partnern – eine Basis der durchaus erfolgreichen und konsequenten Politik Neu-Delhis. Indien hatte es daher auch von Beginn seiner atomaren Forschung an abgelehnt, dem nuklearen Nichtverbreitungsvertrag (NVV) beizutreten und betonte dabei stets seine strategische Unabhängigkeit. Heute vertritt es eine Position der minimalen nuklearen Abschreckung ausschließlich gegen Kernwaffenstaaten.[137]

Allerdings haben Indiens Nachbarstaaten seinen Anspruch auf eine regionale Vormachtstellung immer stets zurückgewiesen, da vor allem in den 1980er-Jahren unter der von Ministerpräsidentin Indira Gandhi proklamierten Südasien-Doktrin die damit verbundene Einmischung Indiens in die inneren Angelegenheiten seiner Nachbarn die bilateralen Konflikte in der Region verschärften – so z.B. den Bürgerkrieg zwischen Singalesen und Tamilen in Sri Lanka.[138]

Die Beziehungen zu den USA waren während des Kalten Kriegs (Stichwort: Blockfreien-Bewegung und des Abschlusses des Freundschaftsvertrags mit der UdSSR von 1971) recht problematisch. Mit dessen Ende und der Öffnung des indischen Marktes (1991) entspannten sich allerdings die bilateralen Beziehungen.

Mit Blick auf Südost- und Ostasien wurde in geopolitischer Hinsicht 1992 die »Look East«-Politik lanciert, primär, um vom wirtschaftlichen

Aufschwung der aufstrebenden »Tigerstaaten« Südostasiens zu profitieren. Dabei wurde zwangsläufig ein starker Fokus auf den Handel gelegt. Multilaterale und bilaterale Kooperationen wie z. B. in Richtung ASEAN oder umgekehrt strategische Partnerschaften mit Japan 2006 und Südkorea 2010 waren die Folge.

Gegenüber Russland (bzw. früher der Sowjetunion) pflegt Indien, wie schon erwähnt, traditionell gute Beziehungen. Aktuell ist Moskau Indiens größter Waffenlieferant, so stammen im Jahr 2018 62 Prozent der indischen Importe aus Russland. Seit dem Ende des Kalten Krieg unterhält Indien ebenso gute Beziehungen zum Iran sowie zu verschiedenen arabischen Staaten; die strategische Partnerschaft mit der EU ist hingegen von geringer Substanz.[139]

Indien sieht sich in zunehmendem Maße der Konkurrenz Chinas ausgesetzt. Zwar weisen beide Länder fast die gleiche Bevölkerungszahl auf, dennoch ist die Volksrepublik in ihrer wirtschaftlichen und technologischen Entwicklung dem südasiatischen Staat mittlerweile um Jahre voraus. Die höchst ambivalenten Beziehungen zu Peking sind dabei von einer Mischung aus einem lokalen Konflikt (Kaschmir und die Auseinandersetzung um den indischen Bundesstaat Arunachal Pradesh), einer regionalen Konkurrenz und einer globalen Kooperation – so z. B. im Rahmen der Shanghai Cooperation Organsiation (SCO) und der BRICS-Staaten (Brasilien, Russland, Indien, China, Südafrika) – bei durchaus gemeinsamen Interessen geprägt.

Hinsichtlich der Konfliktregion Himalaya geht es China dort erst in zweiter Linie um eine Ressourcen-Sicherungspolitik. Im Vordergrund stehen vielmehr strategische Interessen, deren Wurzeln eben in der traditionellen Konkurrenz zu Indien liegen. Peking strebt im Himalaya Indiens Schwächung an. Die geopolitischen Hauptaktionsräume sind dabei Kaschmir, Ladakh, Nepal, Bhutan sowie die indischen Bundesstaaten Sikkim und Arunachal Pradesh. Umso mehr muss Indien gegenhalten, um den zunehmenden chinesischen Einfluss dort einzudämmen.

Indien boykottiert als einer der wenigen Staaten Asiens Chinas BRI (also das Seidenstraßenprojekt), zumal der »China-Pakistan Economic Corridor« CPEC)[140] in Kaschmir durch umstrittenes Territorium verläuft und mit seiner Länge von rund 3.000 km Straßen, Eisenbahnen und Gaspipelines umfasst. Es befürchtet infolge des CPEC einen wirtschaftlichen Aufschwung Pakistans, den dieses wiederum verstärkt für eine weitere Aufrüstung nutzen könnte.[141]

Bis Ende der 1960er-Jahre waren die chinesischen Ambitionen in Hochasien lediglich auf eine Fixierung des Status Quo ausgerichtet, einer Politik, der Indien militärisch mehr oder weniger gewachsen war. Die im Laufe des indisch-pakistanischen Konflikts jedoch vertiefte chinesisch-pakistanische strategische Regionalkooperation, die – wie am Beispiel des CPEC verdeutlicht – mittlerweile längst zu einem Teil chinesischer geostrategischer Interessen geworden ist und bei der ökonomische und militärische Ziele eng miteinander verwoben sind, stellen für Neu-Delhi ein zunehmendes Bedrohungspotenzial dar. In beiden strategischen Expansionsräumen zeigt sich Indien weitgehend in der Defensive und einer klar unterlegenen Position gegenüber China. Die Furcht vor einer Einkreisung durch China angesichts seiner Stützpunkte in Gwadar, Hambantota, Djibouti u. a. nehmen daher deutlich zu.

Als Reaktion auf die zunehmende chinesische Präsenz in seinem Einflussgebiet hat Indien zuletzt seine militärische Zusammenarbeit mit den Inselstaaten im Indischen Ozean, also Madagaskar, den Malediven, den Seychellen, den Komoren und mit Mauritius verstärkt. Im Oman hat die indische Marine zudem einen Zugang zum Hafen von Duqm erhalten.[142]

Da Indiens Ressourcen begrenzt sind und es weiterhin großes Interesse haben wird, mit anderen Staaten zu kooperieren, kann es für den »Westen« als größte Demokratie der Welt und potenzielles Gegengewicht zu China durchaus ein interessanter Partner sein, v. a. hinsichtlich gemeinsamer Interessen im Indischen Ozean, wie die Förderung der Meereswirtschaft und der Schutz maritimer Ressourcen. Sein Pragmatismus und seine Kooperation auf globaler Ebene stellen diesbezüglich eine entsprechende Grundlage dar, auch wenn China trotz aller Gegensätze weiterhin Indiens wichtigster Handelspartner ist.

Während Indien insgesamt also eine eher zurückhaltende Außen- und Sicherheitspolitik verfolgt, vertritt Peking seine Ziele im asiatischen Raum deutlich aggressiver und verfolgt seine Interessen im Himalaya oft gemeinsam mit Indiens Erzfeind Pakistan.

Pakistan

In Pakistan, ein Land, in dem die Bevölkerung nach wie vor fast ungebremst wächst, nehmen Militär und Geheimdienst seit jeher eine starke innenpolitische Stellung ein, ein Umstand, der durch den Konflikt mit Indien massiv begünstigt wurde. So haben seit dem ersten Militärputsch 1958 bis zum Jahr 2008 die Streitkräfte das Land insgesamt 32 Jahre regiert, demokratisch gewählte Politiker und Parteien hingegen nur 18 Jahre.[143] Aber ihnen gelang es nicht, die Dominanz des Militärs auf Dauer einzuschränken bzw. den Primat der Politik durchzusetzen.[144]

Der zentrale geopolitische Konfliktherd zwischen den beiden Atommächten sowie China als dritter Atommacht ist der Territorialkonflikt um **Kaschmir**[145], ein Gebiet des 1947 aufgelösten indischen Fürstenstaates Jammu und Kaschmir. Seine geopolitische Bedeutung erwuchs aus seiner Lage als Drehkreuz an den bedeutenden Fernhandelswegen zwischen Zentral-, Vorder- und Südasien. Sowohl Indien wie auch Pakistan erheben nach wie vor Anspruch auf dieses umstrittene Gebiet bzw. auf Teile davon. Dabei sind nicht nur die politische Herrschaft, sondern auch Rohstoffe Anlass für diesen Konflikt, der zu vier Kriegen zwischen Indien und Pakistan führte: 1948, 1965, 1971 (wobei hier allerdings die Frage der Unabhängigkeit von Bangladesch, bis dahin als Ostpakistan ein Bestandteil Gesamtpakistans, im Fokus stand) und 1999.

1947 begann mit der Teilung des indischen Subkontinents nach dem Rückzug der Briten der bis heute andauernde hochexplosive Konflikt zwischen beiden Staaten. Damals erhielten die indischen Fürstenstaaten die Möglichkeit, sich einem der beiden Nachfolgestaaten – geteilt in das überwiegend hinduistisch geprägte Indien und das moslemisch dominierte Pakistan (rein geografisch, nicht aber politisch wiederum getrennt in West- und Ostpakistan) – anzuschließen. Kaschmirs Maharadscha sprach sich – trotz einer muslimischen Mehrheit – gegen einen Anschluss an Pakistan aus.

1948 mündeten im Oktober 1947 begonnene bewaffnete Scharmützel zwischen pakistanischen und indischen Truppen im ersten indisch-pakistanischen Krieg. Erst im Juli 1949 wurde ein Waffenstillstandsabkommen geschlossen, welches sich in der Folge als problematisch erwies, da die Waffenstillstandslinie nicht exakt festgelegt wurde.

Pakistan orientierte sich dann während des Kalten Kriegs eindeutig in Richtung Westen (vgl. seine Mitgliedschaft in der SEATO und der CENTO), Indien hingegen orientierte sich in Richtung Sowjetunion, blieb aber blockfrei und somit neutral. Nachdem Indien 1962 im Krieg mit China – Ausgangspunkt war hier die umstrittene Grenze im Himalaya bezogen auf den Bundestaats Arunachal Pradesh – eine Niederlage erlitten hatte, besetzte China das zwischen Kaschmir und Tibet gelegene Grenzgebiet Aksai Chin. Pakistan schloss ein Bündnis und einen Grenzvertrag mit China ab und sah die Chance zu einem zweiten Waffengang.[146] In der »Operation Gibraltar« sollten 1965 Zehntausende von muslimischen Stammeskämpfern in den indischen Teil Kaschmirs eindringen und ihre dortigen Glaubensbrüder zum Aufstand anstacheln. Pakistan, das damals von den USA unterstützt wurde, verfügte zu dieser Zeit über modernere Waffen als das blockfreie Indien. Neu-Delhi erklärte daraufhin dem Nachbarn den Krieg und drang mit seinen Truppen in den Punjab ein. Nach einigen Wochen einigten sich die Parteien auf einen von der UNO geforderten Waffenstillstand. Wie nach dem ersten Krieg von 1947 gab es keinen echten Frieden und keine territorialen Veränderungen.

Der dritte Krieg (März bis Dezember 1971)[147] hatte seinen Ursprung in den Unabhängigkeitsbestrebungen Ostpakistans. Pakistan bestand seit seiner Unabhängigkeit aus zwei Teilen (Ost- und Westpakistan), die, durch Indien getrennt, geografisch weit voneinander entfernt lagen. Da Westpakistan die Führung der beiden Landesteile beanspruchte, kam es aufgrund kultureller, ökonomischer und politischer Differenzen und Diskriminierungen des östlichen Teils bald zu Konflikten. Die Bengalen in Ostpakistan waren, obwohl sie etwa die Hälfte der Gesamtbevölkerung ausmachten, in der Führungsspitze des Staates und insbesondere auch in der Armeeführung im Vergleich zu ihrem Anteil an der Gesamtbevölkerung erheblich unterrepräsentiert. Nach einem verheerenden Zyklon im November 1970 mit tausenden von Toten – ein dramatisches Beispiel, wie auch hier die Geografie politische Auswirkungen haben kann – wuchs die Unzufriedenheit in Ostpakistan weiter, da die Zentralregierung sich mit Hilfsmaßnahmen Zeit ließ.[148] Bei den ersten Wahlen zur pakistanischen Nationalversammlung im Dezember 1970 errang die oppositionelle ostpakistanische Awami-Liga die meisten Stimmen. Die militärische Zentralregierung in Westpakistan sah dadurch den Fortbestand ihrer Vormachtstellung und die Einheit Pakistans gefährdet und weigerte sich, den Sieg der Awami-Liga anzuerkennen und ihr die Regierungsgeschäfte zu übergeben. Dies verstärkte die bereits vorhandenen Sezessionsbestrebungen im Ostteil des Landes weiter. Ursprünglich hatte die Furcht der muslimischen Bevölkerung beider Teile Pakistans vor der Hindu-Mehrheit im früheren Britisch-Indien die eigentliche Grundlage eines gemeinsamen Staates gebildet. Mittlerweile jedoch betrachteten die moslemischen Bengalen die Inder als Bundesgenossen im Kampf gegen ihre westpakistanischen Glaubensbrüder. Als die Militärregierung Westpakistans im März 1971 die verfassungsgebende Versammlung aussetzte, rief die Awami-Liga zum zivilen Ungehorsam und zum Generalstreik auf, der schließlich zum Zusammenbruch der öffentlichen Ordnung in ganz Ostpakistan führte. Am 25. März 1971 brach der westpakistanische Militär- und Regierungschef Yahya Khan alle Verhandlungen mit der Awami-Liga ab und gab den in Ostpakistan stationierten Truppen einen Einsatzbefehl. Daraufhin rief die Awami-Liga den unabhängigen Staat »Bangladesch« aus. Unterstützung erfuhr dieser durch Indien, das die ostpakistanische Guerilla ausbildete und die Grenzen für westpakistanische Versorgungsgüter sperrte. Ebenso verbot es Pakistan das Überfliegen seines Hoheitsgebiets, um die militärische Versorgung der in Ostpakistan stationierten Streitkräfte zu erschweren.[149] Als der Flüchtlingsstrom auf bis zu zehn Millionen Menschen anschwoll, entschloss sich Indien schließlich auch zum direkten Eingriff. Nach Abschluss eines »Freundschafts- und Beistandsvertrags« durch Indiens Premierministerin Indira Gandhi mit der UdSSR im August 1971 drangen mit dieser Rückendeckung (mit Blick auf China und die USA) militärische Einheiten Indiens in ostpakistanisches Territorium ein, um die dortige Guerilla zu unterstützen. Dieser »kaltblütig geplante und gründlich vorbereitete indische Feldzug in Ostpakistan«[150] führte zu einer weiteren Eskalation des Konfliktes. Am 3. Dezember 1971 bombardierte Pakistans Luftwaffe Ziele in Indien. Daraufhin kam es auch zu offenen Kampfhandlungen an der indisch-westpakistanischen Grenze. Indien hatte ein strategisches Interesse an einem unabhängigen Bangladesch, da dadurch in potenziellen weiteren Kriegen mit Pakistan keine Zwei-Fronten-Situation im Osten und Westen Indiens bestand. Der Krieg endete in Ostpakistan am 16. Dezember 1971 mit der Kapitulation der westpakistanischen Einheiten und in Westpakistan am 17. Dezember durch einen Waffenstillstand mit Indien.

Am 2. Juli 1972 wurde dann zwischen beiden Staaten das sogenannte Shimla-Abkommen zwecks Regelung der zwischenstaatlichen Beziehungen unterzeichnet. Es stellt bis heute eine der wichtigsten Grundlagen für Verhandlungen zwischen Islamabad und Neu-Delhi dar. Beide Seiten verpflichteten sich darin, ihre Meinungsverschiedenheiten auf friedlichem Weg durch bilaterale Verhandlungen beizulegen. Darüber wurden in dem Abkommen die Waffenstillstandslinien in Kaschmir vom 17. Dezember 1971 als »Line of Control« bezeichnet und ihnen somit eine grenzähnliche Funktion zugebilligt.

Ein Jahr später trat Pakistan aus dem westlichen Verteidigungsbündnis SEATO und aus dem Commonwealth aus. Der Schwerpunkt seiner Beziehungen verlagerte sich auf die islamischen Staaten im Nahen Osten, vorrangig Iran und Saudi-Arabien. Durch die engere Zusammenarbeit mit den erdölproduzierenden Staaten konnte der Verlust[151] der östlichen Landeshälfte wirtschaftlich mehr als kompensiert werden.

Seit den späten 1980er-Jahren tobte dann eine Art unerklärter Kleinkrieg in Kaschmir, der 1999 erneut in einer bewaffneten Auseinandersetzung um Kaschmir eskalierte. Zwar blieb der sogenannten »Kargil-Krieg« (benannt nach der dortigen Hochgebirgsregion) auf einen kleinen geografischen Raum beschränkt, dennoch kamen auf indischer Seite etwa 500 bis 600 Soldaten ums Leben. Verlässliche Schätzungen zur Zahl der Toten auf pakistanischer Seite gibt es nicht. Unmittelbarer Anlass war das Eindringen bewaffneter pakistanischer Einheiten auf indisch kontrolliertes Territorium. Indien beschuldigte Pakistan, diese Einheiten zu unterstützen. Der Krieg endete mit einem Erfolg für Indien, löste jedoch die seit 1947 bestehende Kaschmirfrage nicht. Außenpolitisch führte der Konflikt zu einer Annäherung Indiens an die USA, welche die Position Neu-Delhis unterstützt hatten. Pakistan hingegen sah sich durch den außenpolitischen Druck, die bewaffneten Einheiten zurückzuziehen, isoliert. Seine Haltung, dass es mit den anti-indischen Einheiten in Kargil nicht in Verbindung gestanden habe, wurde von den meisten Staaten als unglaubwürdig angesehen. China, seit den 1960er-Jahren einer der wichtigsten Verbündeten Pakistans, hatte während dieses kurzen Kriegs die Truppenpräsenz an der Grenze zu Indien erhöht.

Die aufgrund des scheinbar unversöhnlichen Gegensatzes seit Jahrzehnten betriebene Aufrüstung beider Staaten hatte schließlich zwei weitere Atommächte zur Folge: Indien führte 1974 erfolgreich seinen ersten Atomtest durch. Pakistan startete daraufhin ebenfalls ein eigenes Nuklearprogramm, um so seinem prinzipiell übermächtigen Nachbarn Paroli bieten zu können. Im Mai 1998 testete Indien dann erstmals seit 24 Jahren wieder Atombomben, woraufhin Pakistan ebenfalls mit der Testzündung einer eigenen Atomwaffe reagierte. Heute besitzen Indien und Pakistan geschätzt rund 140 bzw. 150 Atomsprengköpfe.[152] Indien hat im Gegensatz zu Pakistan Erstschläge bereits explizit ausgeschlossen. Gemessen an der Wirtschaftsleistung sind die pakistanischen Ausgaben für das Atomprogramm sehr hoch und sollen dazu dienen, militärisch nicht hinter den Nachbarn zurückzufallen.

Das gegenwärtige Verhältnis beider Atommächte kann man als eine Art »Krieg-in-Sicht-Krise« beschreiben, die von einem unübersichtlichen Guerillakrieg – so kämpfen muslimische Freischärler zum einen für die Unabhängigkeit Kaschmirs, zum anderen für einen Anschluss an Pakistan – jederzeit angefeuert werden kann. Keine angenehmen Aussichten für die gesamte Region.

Ein weiteres Konfliktpotenzial zwischen beiden Staaten stellt die Ressource Wasser dar. Direkt nach der Unabhängigkeit beider Länder kam es zu Auseinandersetzungen bezüglich der Nutzung der aus Hochasien in das Indus-Becken fließenden Gewässer. Anfang der 1950er-Jahre bestand die Gefahr, dass dieser Konflikt in einer militärischen Auseinandersetzung eskaliert. 1960 einigten sich beide Parteien unter der Vermittlung der Weltbank auf die Formel, dass die östlichen drei Flüsse (Sutlej, Beas und Ravi) ausschließlich Indien zur Verfügung stehen sollen, wohingegen Pakistan das Wasser des Indus, Chenab und Jhelum vollständig nutzen darf.[153] Mit

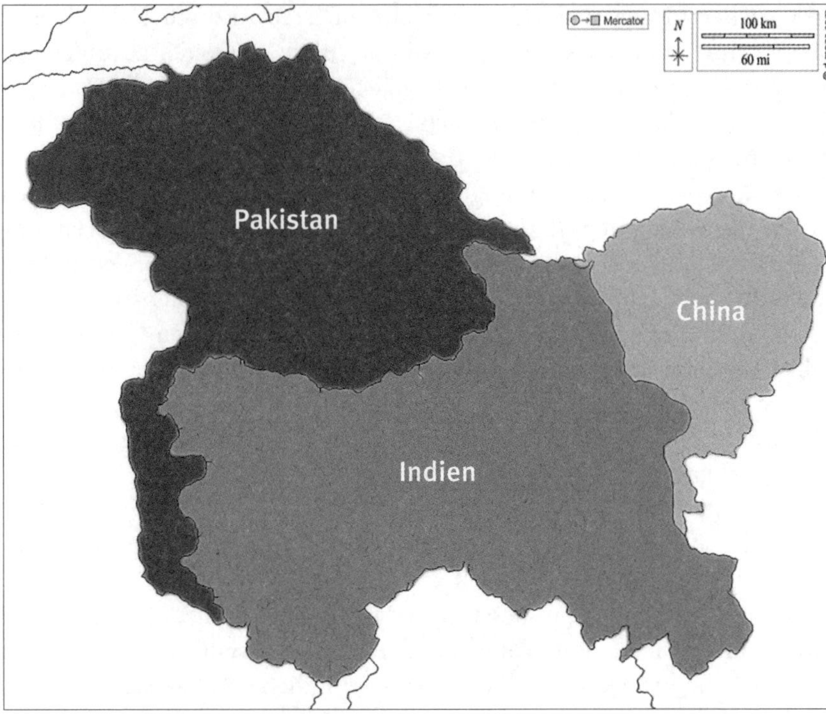

(30) Die derzeitige politische Aufteilung Kaschmirs zwischen Pakistan, Indien und China

diesem Abkommen erhielt Pakistan den größeren Teil der zur Verfügung stehenden Wassermenge zugesprochen. Bleibt zu hoffen, dass zumindest dieses Thema auch in Zukunft nicht wieder ein konfliktträchtiger Zankapfel zwischen den beiden Rivalen werden wird. Durchaus fraglich, wenn 2016 Indiens Premierminister Narendra Modi Überlegungen anstellte, die Verteilung des Wassers vom Indus möglicherweise zu ändern.[154] Das ungebremste Bevölkerungswachstum in Indien mit einem damit einhergehenden steigenden Wasserverbrauch, der im ganzen Land sinkende Grundwasserspiegel oder die infolge der zunehmenden globalen Erwärmung häufigeren Dürren werden die Lage nicht vereinfachen. Ganz im Gegenteil: Seit Jahren liegt Indien nämlich auch mit China im Zwist, was die Wasserversorgung aus dem chinesisch besetzten Tibet angeht.

3. Russland – die größte Landmacht der Erde

Russland ist seit einigen Jahrhunderten eine europäische Großmacht. Beginnend mit den Großfürsten von Moskau über Iwan den Schrecklichen, Peter den Großen und Josef Stalin bis hin zu Wladimir Putin sah und sieht sich jeder russische Staatschef[155] denselben geopolitischen Problemen ausgesetzt, egal ob im Zarismus, im Kommunismus oder in der Gegenwart, nämlich seinen europäischen Grenzen. Russland ist mit seinen über 17 Millionen Quadratkilometern, die sich über elf Zeitzonen erstrecken, nicht nur das größte Land der Erde, sondern auch ein Staat mit den Ausmaßen eines Kontinents. Jedoch hat es nur 144 Millionen Einwohner und damit weniger als beispielsweise aktuell Nigeria oder Pakistan. Das bietet viel Angriffsfläche. Angrenzend an den Pazifik, das Nordpolarmeer, das Schwarze Meer und die Ostsee[156], verfügt es auf den ersten Blick über vermeintlich ausgezeichnete Bedingungen für eine maritim geprägte Geo- und Sicherheitspolitik. Allerdings versehen mit dem kleinen Haken, dass der Zugang zu diesen Welt- bzw. Randmeeren entweder keine dauerhaft eisfreien Häfen bietet oder eben keinen direkten Anschluss zur offenen See, wie im Falle der Ostsee und des Schwarzen Meeres, was bis heute einen ungehinderten Zugang zu den globalen maritimen Handelsrouten erschwert bzw. die Operationsmöglichkeiten der Marine einschränkt. Ein gutes Beispiel stellt hier Wladiwostok – das ehemalige chinesische Fischerdorf Haishen-wie – als größter russischer Pazifikhafen dar: Er ist gut vier Monate im Jahr nicht eisfrei und liegt am eingeschlossenen, von Japan kontrollierten Japanischen Meer. Schon der Begründer der Geopolitik, Rudolf Kjellén, verglich Russlands Lage mit dem »Bild eines Inlandeises, das in vier Zungen das Meer zu erreichen sucht. So sehen wir ein mittelländisches, ein atlantisches, ein indisches und ein pazifisches Expansionsprogramm.«[157] Und die russische Zeitung »Nowoje Wremja« schrieb 1905: »Will Rußland seine historischen Aufgaben lösen, so braucht es einen Zugang zum Weltmeer, der seiner Größe entspricht. Einem Volk von 130 Millionen darf man den Rock nicht zu eng schneiden und die Ärmel zunähen.«[158]

Damit ist schon gleich zu Beginn ein erstes bedeutendes geopolitisches Grundproblem Russlands skizziert. Jedem einigermaßen historisch interessierten Leser wird in diesem Zusammenhang die sogenannte Meerengen-Problematik ein Begriff sein. Seit dem 19. Jahrhundert versuchte Russland mit allen Mitteln, sei es auf entweder friedlicher und diplomatischer Weise oder in Form von militärischem Vorgehen, eine Kontrolle über den Bosporus und die Dardanellen zu erringen, um so auch im Mittelmeer operieren

(31) Russland

zu können. Aus vergleichbaren Gründen drang es schon früher unter Peter dem Großen in Richtung Ostsee vor, und nicht zuletzt muss auch die sowjetische Invasion in Afghanistan 1979 unter dem Gesichtspunkt gesehen werden, langfristig in Pakistan einen ganzjährig eisfreien Hafen am Indischen Ozean zu erlangen.

Nicht umsonst verfügt Russland seit 1971 am Mittelmeer über einen allerdings nur 1,5 Hektar großen Marinestützpunkt in Tartus in Syrien, den es auch mit allen Mitteln behaupten will, was auch seine Unterstützung der syrischen Regierung im Bürgerkrieg miterklärt.

Im Zuge des Klimawandels lohnt sich an dieser Stelle noch ein kurzer Blick auf die Arktis. Die schmelzenden Eiskappen offenbaren bisher unerreichbare Ressourcen und machen diese Region zugänglich für deren Ausbeutung, was insbesondere auf die Erdgasförderung zutrifft, die Russland zunehmend forciert. Jedenfalls ist davon auszugehen, dass Moskau seine dortigen geopolitischen Interessen mit allen Mitteln verteidigen wird, was zu einer Konfrontation mit den USA bzw. der NATO führen könnte. Gerade das norwegische Territorium Spitzbergen wäre durch das transatlantische Bündnis bei einer militärischen Intervention Russlands kaum zu verteidigen.

Wenden wir nun den Blick auf die weiteren geopolitischen Rahmenbedingungen und die geopolitischen Interessen des eurasischen Landes von West nach Ost. Im Westen steht dabei die gemeinsame Grenze mit der NATO im Mittelpunkt. Nach dem Ende des Kalten Kriegs rückte das westliche Verteidigungsbündnis mit der Aufnahme der mittel- und osteuropäischen Staaten zwischen 1999 (Beitritt Ungarns, Polens und Tschechiens) und 2004 (Beitritt von Estland, Lettland, Litauen, Rumänien, Bulgarien, Slowenien und die Slowakei) immer näher an Russland heran, was dort zunehmend als Einkreisung und entsprechende Bedrohung empfunden wurde und wird.[159] Moskau fühlt sich dabei seitens des Westens, der eine russische Schwächephase ausgenutzt habe, über den Tisch gezogen und spricht von Vertragsbruch, auch wenn die NATO-Beitritte auf Ersuchen der ehemaligen Sowjetrepubliken oder Warschauer-Pakt-Staaten erfolgte.[160] Diese Wahrnehmung war auch schon 1999 vorhanden, wie Alexander Solschenizyn 2007 in einem Interview mit dem *Spiegel* erläuterte:

»Dazu [zu dem NATO-Bombardement Serbiens] kamen die Versuche der NATO, Teile der zerfallenen UdSSR in ihre Sphäre zu ziehen, vor allem – was besonders schmerzlich war – die Ukraine, ein mit uns eng verwandtes Land, mit dem wir durch Millionen familiärer Beziehungen verbunden sind. Diese könnten durch eine militärische Bündnisgrenze im Nu zerschnitten werden.«[161]

Schon 1997 äußerte sich der US-amerikanische Historiker und Diplomat George F. Kennan in der *New York Times* in weiser Voraussicht, dass es der verhängnisvollste Fehler der amerikanischen Politik nach Ende des Kalten Krieges wäre, die NATO bis an die Grenzen Russlands auszuweiten.

Ungeachtet aller Warnungen und realpolitischen Grundsätzen nahm schließlich mit dem amerikanischen Militärengagement in Afghanistan nach dem 11. September 2001 die Einflussnahme der USA und die damit verbundene Ausdehnung aus russischer Perspektive zusehends die Gestalt einer militärischen Einkreisung durch den Westen an.[162]

So sah sich Moskau an seiner Südgrenze von US-Militärstützpunkten (z. B. in Usbekistan) umgeben. Gleichzeitig schritten die Planungen für einen US-amerikanischen Raketenschild an seiner Westgrenze weiter voran. Mit dem Versuch der USA, ihre eigene sowie die europäische Sicherheit zu optimieren, nahmen sie also gleichzeitig den Sicherheitsverlust Russlands in Kauf. Die Idee einer nach dem Ende des Kalten Krieges möglichen »gemeinsamen Sicherheit« war damit vom Tisch.

Im Hinblick auf die Sorgen bezüglich der NATO-Osterweiterung kommt nun wieder die Geografie ins Spiel. So fehlen in Mittel- und Osteuropa nämlich jegliche natürlichen Abgrenzungen bzw. Verteidigungslinien in Form von beispielsweise Grenzgebirgen. Vielmehr ist das nur schwach gegliederte Relief der nordeuropäischen Tiefebene, die von Flüssen in eine insgesamt eher west-südöstliche Richtung durchzogen wird, lediglich von einigen Landrücken und der Mittelrussischen Platte geprägt. Nur die Pripjetsümpfe in Weißrussland bilden eine klassische geografische Grenze im Süden zur Ukraine und im Westen zu Polen. Infolge ihrer Unzugänglichkeit bot dieses Gebiet zu früheren Zeiten einen gewissen Schutz vor feindlichen Invasoren.

Aus russischer Sicht ist diese geografische Lage einerseits problematisch, da die Breite der nordeuropäischen Tiefebene an der russischen Grenze schon über 3200 km beträgt; eine Linie, die nur schwer zu verteidigen ist. Umgekehrt bietet die Weite des Raumes eine strategische Tiefe, die eine Eroberung Russlands aus westlicher Richtung dreimal (Karl XII. von Schweden 1709, Napoleon 1812, Hitler 1941) erfolgreich verhinderte. Vergleichbares gilt auch für Russlands fernen Osten verbunden mit dem großen Vorteil, dass hier Gebirgszüge wie das Stanowoi- und das Jablonowygebirge mit Höhen von bis über 2000 Meter ein Eindringen zusätzlich erschweren würden. Jedenfalls müssten in beiden Fällen – im Westen, wie im Osten – riesige Gebiete mit ausgedehnten Nachschublinien von einem Gegner gehalten werden.

Insgesamt blieb Russland aber immer ein Land ohne natürliche Grenzen. Daher war es immer ein Bestreben der russischen Geopolitik, das Zentrum durch Pufferstaaten und eine Expansion in die Rand- und Grenzgebiete zusätzlich abzusichern. Ein zaristischer Minister soll einmal gesagt haben: »Die Grenze Rußlands ist nur dann sicher, wenn auf beiden Seiten der Grenze russische Soldaten stehen.«[163] Ähnlich formulierte es Katharina die Große: »Der einzige Weg, Russland zu schützen, ist es, seine Grenzen beständig auszuweiten.«[164] Das bedeutet nichts anderes, als dass Russland sein geografisch kaum geschütztes Kernland mit einem Schutzgürtel aus eroberten oder abhängigen Staaten (so z.B. seit dem 18. Jahrhundert das Baltikum, seit Anfang des 19. Jahrhunderts der südliche Kaukasus und später noch Zentralasien) aus seiner Sicht umgeben muss(te) – für den Kreml ein bis heute gültiger geopolitischer Faktor.

So strebte nach dem Zusammenbruch des Zarenreiches 1917 die neue kommunistische Führung unter Lenin und Stalin nach einem Gürtel an Pufferstaaten als Verteidigungswall gegen den vermeintlichen westlichen Imperialismus. Der Winterkrieg gegen Finnland 1939/40, der mit sowjetischen Gebietsforderungen in der Landenge von Karelien, begründet mit unabdingbaren Sicherheitsinteressen für die Stadt Leningrad, ausgelöst wurde, weist eine frappierende Gemeinsamkeit mit dem Krieg gegen die Ukraine auf. Nachdem Finnland die Forderungen abgelehnt hatte, griff die Rote Armee den Nachbarstaat an und zwang Helsinki zu großen Gebietsabtretungen. Die Auslöschung von Polen und den drei baltischen Staaten im Zuge des Molotow-Ribbentrop-Paktes von 1939 zeigten den Willen Moskaus, eigene Interessen auch mit militärischer Gewalt durchzusetzen. Dabei gab es in dieser Zeit durchaus berechtigte Ängste vor fremden Invasoren. So waren im Russischen Bürgerkrieg auch ausländische Streitkräfte involviert und der schon erwähnte deutsche Überfall am 22. Juni 1941 bleibt bis heute ein nationales Trauma. Die Sowjetisierung Ostmitteleuropas nach dem Zweiten Weltkrieg veränderte die geopolitische Lage dieser Region nachhaltig. Viele Aspekte der Interventionspolitik blieben gleich, aber diesmal drohte Moskau keine andere Gefahr als der Freiheits- und Unabhängigkeitswille unterdrückter Völker. So schlugen beispielsweise 1953 sowjetische Panzer den Volksaufstand in der DDR nieder, 1956 wurde die ungarische Freiheitsaufstand militärisch unterdrückt, ebenso 1968 der »Prager Frühling«.

Diese historischen Ereignisse und die geografischen Rahmenbedingungen erklären, warum 2005 Präsident Putin[165] betonte, der Zerfall der UdSSR sei die größte geopolitische Katastrophe des 20. Jahrhunderts gewesen.[166] Russland verlor nicht nur seinen strategisch bedeutsamen Sicherheitsgürtel, bestehend aus den Warschauer-Pakt-Staaten und den nun unabhängigen, ehemaligen Sowjetrepubliken, sondern es befanden sich nun auch noch rund 25 Millionen Russen, wichtige wirtschaftliche und industrielle Zentren sowie Streitkräftestützpunkte über Nacht im Ausland. Setzt man also die Sowjetunion mit Russland gleich, so verlor es durch deren Zusammenbruch knapp 24 Prozent seines Territoriums, 48,5 Prozent der Bevölkerung, 41 Prozent des Bruttosozialprodukts und knapp 40 Prozent des industriellen Potenzials.

Aus der geopolitischen Perspektive Russlands war es also durchaus nachvollziehbar, dass und warum die ehemaligen Sowjetrepubliken für Moskau sogenanntes »nahes Ausland« darstellen. Dass dessen Haltung auch als eine Reaktion auf die NATO-Osterweiterung zu verstehen ist, kam bzw. kommt noch hinzu.[167] Zudem wird auch in intellektuellen Kreisen Russlands auf eine »kulturelle und ethnische Einheit der ostslawischen Völker verwiesen« und der Ukraine und Belarus das Recht auf politische Eigenständigkeit abgesprochen.[168] Die im Januar 1994 formulierte sogenannte »Kozyrev-Doktrin« zielt darauf ab, entlang der Grenze Russlands einen »Gurt der guten Nachbarschaft aus den Staaten zu schaffen, die auf Zusammenarbeit und Union mit Russland orientiert sind.«[169] Diese russische Initiative hinsichtlich einer engeren politischen oder wirtschaftlichen Zusammenarbeit wurde und wird zu Recht als einseitige und unzulässige Einmischung in die inneren Angelegenheiten seiner Nachbarstaaten wahrgenommen. Oft auch, weil Russland versucht(e) durch Druck entsprechende Zugeständnisse zu erreichen. So intervenierte der Kreml wiederholt im »nahen Ausland«, wie z. B. 2008 in Georgien, 2014 auf der Krim und im ostukrainischen Donezbecken, dem sogenannten Donbass, oder führte gegen die abtrünnige Provinz Tschetschenien zwei Kriege, den ersten unter dem damaligen Präsidenten Boris Jelzin von 1994 bis 1996, den zweiten von 1999 bis 2009 unter Putin. Die russischen Interventionen zielten dabei jeweils auf eine Erhöhung der eigenen Sicherheit durch die Erweiterung des eigenen Territoriums beziehungsweise die Errichtung von Satelliten- oder Pufferstaaten (wie Südossetien und Abchasien). Damit sollten westlicher Einfluss (wie z. B. durch eine NATO-Mitgliedschaft der Ukraine oder Georgiens) und fremde Truppen ferngehalten werden.

Weiterhin stand nach dem Ende der UdSSR die Frage im Raum, wie Russland nun sein Verhältnis zum Westen definieren sollte und welches Verhältnis es zu den Nachfolgestaaten der UdSSR einnehmen wird.[170] Putin machte zunächst nicht nur Deutschland, sondern dem Westen ein eindeutiges Angebot in Richtung Zusammenarbeit, als er bei seiner in perfektem Deutsch gehaltenen historischen Rede vor dem Deutschen Bundestag 2001 nicht nur den USA seine Zusammenarbeit im Kampf gegen den internationalen Terrorismus anbot.[171] Wer nach den Terroranschlägen vom 11. September 2001 nach den Schuldigen frage, müsse erkennen, dass alle daran schuld seien – vor allem »wir, die Politiker«. Alle lebten noch in alten Wertesystemen und hätten noch nicht gelernt, einander zu vertrauen. Eine ehrliche und absolut nachvollziehbare Aussage. »Der Kalte Krieg ist vorbei«, erklärte Putin und betonte die Einheit der europäischen Wertekultur und die Zugehörigkeit Russlands zu Europa. Das einheitliche und sichere Europa müsse zum »Vorboten« für eine sichere Welt werden. Russland sei ein freundliches Land und wolle Frieden sichern. Niemand könne Russland in die Vergangenheit zurücktreiben, so damals der russische Präsident, der in diesem Moment dem Westen die Hand der Zusammenarbeit und Kooperation ausgestreckt hatte. Was gewesen wäre, wenn der Westen dieses Angebot einer Partnerschaft auf Augenhöhe angenommen hätte, bleibt offen. Vielleicht hätte ein Eingehen auf diesen Vorschlag die Eskalation bis hin zum Ukraine-Krieg verhindern können? Aber dies ist reine Spekulation. Jedenfalls muss das zuletzt von Putin im Juni 2021 in einem Beitrag für die *Zeit* den übrigen europäischen Staaten gemachte Angebot einer umfassenden Kooperation leider als eine reine Finte verstanden werden:

»Russland plädiert für eine Wiederherstellung einer umfassenden Partnerschaft zu Europa. Es gibt viele Themen von gemeinsamem Interesse: Sicherheit und strategische Stabilität, Gesundheit und Bildung, Digitalisierung, Energiewirtschaft, Kultur, Wissenschaft und Technologie, Lösungen für Klima- und Umweltprobleme. [...] Und wir können es uns einfach nicht leisten, die Last früherer Missverständnisse, Kränkungen, Konflikte und Fehler mit uns herumzuschleppen. [...] Unser gemeinsames und unstrittiges Ziel ist es, die Sicherheit des Kontinents ohne Trennlinien und einen einheitlichen Raum für eine gleichberechtigte Kooperation und kollektive Entwicklung im Sinne der Prosperität Europas und der ganzen Welt sicherzustellen.«[172]

In diesem Zusammenhang lohnt sich v.a. ein Blick auf den Energiesektor, die Schlüsselbranche Russlands. Nachdem Putin 2014 die Einstellung des Pipeline-Projekts »South Stream« bekanntgegeben hatte[173], ist die Nord-Stream-Pipeline die einzige, die bei einer Störung des Gastransits durch Weißrussland oder die Ukraine die Versorgung Westeuropas mit russischem Erdgas in nennenswertem Umfang sicherstellen könnte. Russische Energierohstoffe können somit mögliche Auslöser von Spannungen sein, wie auch die kontinentalen Transit-Pipelines ein weiteres Konfliktpotenzial darstellen, verlaufen doch zwei wichtige Gaspipelines von Russland Richtung Westen durch weißrussisches Gebiet: Die Jamal (33 Mrd. m^3/Jahr) und die Northern-Lights-Pipeline (46–48 Mrd. m^3/Jahr) decken damit einen Großteil des westeuropäischen Erdgasbedarfs ab. Russland übte durch zeitweilige Aussetzung seiner Erdgas- und Erdöllieferungen an Weißrussland[174] und die Ukraine, die nicht über die Primärenergieträger Erdöl und Erdgas verfügen, auch immer wieder politischen Druck auf seine Nachbarn aus. So gerieten diese durch die russischen Konzerne Gazprom sowie Rosneft und Lukoil in eine starke wirtschaftliche Abhängigkeit von Russland. 2011 erfolgte sogar die Privatisierung des belarussischen Gastransportunternehmens Beltransgas durch Gazprom. Damit ist Weißrussland das einzige Land, das Russland die eigenen Gaspipelines verkauft hat.

Zahlreiche europäische Staaten sind von den russischen Gaslieferungen abhängig: Finnland, Estland, Lettland, die Slowakei zu 100 Prozent, Tschechien, Bulgarien, Litauen zu 80 Prozent, Griechenland, Österreich, Ungarn zu 60 Prozent und Deutschland ungefähr zur Hälfte.[175] Die aktuellen Kontroversen um »Nord Stream 2« sind in diesem Kontext von besonderer Bedeutung.

a. Die Ukraine und die russische Schwarzmeerflotte in Sewastopol

In der Ukraine[176] bzw. im frühmittelalterlichen Kiewer Reich (die Kiewer Rus) liegen die historischen Ursprünge Russlands. Das Wort Ukraine bedeutet »Grenzland«. Diese Funktion nahm die Region auch über Jahrhunderte für Russland ein, sei es gegenüber Polen, den Habsburgern und insbesondere dem Osmanischen Reich.

Nach dem Zerfall des sowjetischen Imperiums und der erfolgten Unabhängigkeitserklärung der Ukraine vom 24.8.1991 belastete der Separatismus auf der Krim, die übrigens erst 1954 im Rahmen der ehemaligen Sowjetunion von deren damaligem starken Mann Nikita Chruschtschow der Ukraine quasi geschenkt wurde, und die Zukunft des wichtigen Kriegshafens Sewastopol, wo die russische Schwarzmeerflotte stationiert ist, die Beziehungen zu Russland. Der Verlust der Ukraine schränkte Russlands geostrategische Optionen massiv ein, es verlor mit Odessa als bedeutendem Hafen seine beherrschende Position am Schwarzen Meer und zudem wichtige Schwerindustriezentren sowie die wertvollen Schwarzerdeböden, die den Ruf der Ukraine als russische Kornkammer begründeten. Die nun unabhängige Ukraine, die für Russland immer auch als geopolitische Pufferzone diente, lavierte seitdem zwischen einer Orientierung Richtung NATO und EU und einer Anlehnung an Moskau.

Erschwerend kam für den neuen Staat eine »innere Spaltung« in einen westlichen, jahrhundertelang polnisch, z.T. habsburgisch beherrschten, und einen östlich, russisch kontrollierten Teil hinzu.[177] Der Osten der Ukraine unterscheidet sich aus mehreren Gründen vom westlichen Teil des Landes. Im Osten wird überwiegend russisch gesprochen. Die dortige Wirtschaft ist geprägt vom Bergbau und der Schwerindustrie. Das Problem war jedoch, dass diese Industrie nur teilweise international wettbewerbsfähig gewesen ist und mit massiven staatlichen Subventionen unterstützt wurde. Die Schwerindustrie in der Ost-Ukraine war veraltet und produzierte nicht umweltverträglich. Trotzdem waren sehr viele Bewohner in diesem Teil der Ukraine der Auffassung, dass sie den eigentlichen Wohlstand der Ukraine erwirtschaften. Umso problematischer und diskriminierender wirkte nach der Absetzung des Präsidenten Viktor Janukowitsch und dem damit einhergehenden Machtwechsel Anfang 2014 die Absicht der neuen ukrainischen Regierung, Russisch als zweite Amtssprache in den östlichen Regionen abzuschaffen.

Mit der Orientierung der neuen Regierung Richtung Westen 2014 musste Russland aus seiner Sicht reagieren, denn solange die Unabhängigkeit der Ukraine besteht, bleibt für Moskau auch die Kontrolle des Schwarzen Meers höchst unsicher.[178]

Dafür muss man in diesem Zusammenhang unbedingt die amerikanische Geopolitik bzw. die darauf basierende Geostrategie kennen. Laut den Prämissen Brzezinskis (vgl. Kap. I. 2.) bedeutet die Kontrolle über die Ukraine eine der, wenn nicht die zentrale Voraussetzung für eine Vormachtstellung auf dem eurasischen Kontinent. Das Land bildet also einen Dreh- und Angelpunkt zwischen dem transatlantischen und dem eurasischen Block[179] und ist für Russland eine zentrale geopolitische Gelenkstelle.

Für Putin, vermutlich aber auch für jeden anderen russischen Präsidenten, erscheint eine NATO- (oder auch EU-) Mitgliedschaft der Ukraine, der damit einhergehende Verlust der Schwarzmeerflotte und möglicherweise eine NATO-Marinebasis vor der Haustür, als massive Bedrohung der eigenen Interessen und ist für ihn somit nicht hinnehmbar. Eine gewaltsame Gegenreaktion war daher fast nur eine Frage der Zeit. Die am 18. März 2014 erfolgte russische Besetzung der Krim verlief aufgrund der damaligen Schwäche der ukrainischen Armee noch weitgehend unblutig, im Gegensatz zur anschließenden Intervention im Osten der Ukraine[180], wo im Donbass in den Regionen Luhansk und Donezk sogenannte »Volksrepubliken« ausgerufen wurden. Ein direktes militärisches Eingreifen Russlands war dabei zunächst gar nicht erforderlich, da es auch so genügte, durch die dortigen kriegerischen Auseinandersetzungen die Ukraine an einer klaren Westbindung zu hindern. Parallel dazu schwebte die Idee eines »Neurusslands« (Novorossija), das acht Regionen der Ost- und Südukraine einschließen und von Odessa bis zu dem seit 1991 von Moldau abtrünnigen Transnistrien reichen soll, bei russischen Nationalisten im Raum; eine Idee, die Putin 2014 in einer Rede bezogen, auf diese »verlorenen Gebiete«[181], aufgriff.

Von entscheidender geopolitischer Bedeutung war für Russland im Konflikt mit der Ukraine also zunächst der Besitz der eisfreien Krim.[182] In diesem Zusammenhang wurde die Schwarzmeerflotte in Sewastopol intensiv ausgebaut, 80 neue Schiffe sowie mehrere U-Boote wurden in Auftrag gegeben. Zusätzlich wird in der russischen Schwarzmeerstadt Noworossijsk ein neuer Marinehafen errichtet.[183] Die Stationierung des modernsten russischen Luftabwehrsystems S-400 im August 2016[184] und der Bau einer Brücke über die Straße von Kertsch verstärkten zusätzlich die Anbindung der Krim an Russland. Schritt für Schritt eskalierte Moskau dann den Konflikt. Im April 2021 plante nach Moskauer Zeitungsberichten das russische Militär, Teile des Schwarzen Meeres und die Meerenge von Kertsch für ausländische Marinen und Schiffe für sechs Monate zu sperren.[185] Damit wäre die Ukraine schon nicht mehr in der Lage gewesen, ihre am Asowschen Meer gelegenen Häfen Mariupol und Berdjansk zu verteidigen. Ab November 2021 begann Putin dann sukzessive einen massiven Truppenaufmarsch an den Grenzen zur Ukraine, im ganzen rund 190.000 Mann, verbunden mit ultimativen Maximalforderungen gegenüber Kiew und dem Westen, wie z. B. der Verzicht auf eine Erweiterung der NATO, ein Europa ohne amerikanische Atomwaffen und letztlich der Garantie einer russischen Einfluss- und Interessensphäre[186], analog zu der »Kozyrev-Doktrin«. Ge-

(32) Die politischen und militärischen Machtverhältnisse vor Beginn des Ukraine-Kriegs

(33) Politische Gliederung der Ukraine

meinsame Militärmanöver mit Weißrussland und die »Anerkennung« der beiden »Volksrepubliken« Luhansk und Donezk waren die letzten Vorbereitungen für die russische Aggression gegenüber der Ukraine, der Putin gar zuletzt absprach, eine eigene Nation zu sein.

Zu konstatieren war bis zum Einmarsch der russischen Armee allerdings leider auch, dass kein Staat bzw. Bündnis der Ukraine eine klare und eindeutige Sicherheitsgarantie gegeben hatte. Sie war also bei dem russischen Angriff von drei Fronten, dem Donbass im Osten, der Krim im Süden und von Belarus im Norden mit Stoßrichtung Kiew, auf sich alleine gestellt.

»Wladimir Putin [griff] aus einem sehr bestimmten Grund an: Einfach, weil er es kann. Und er hat seinen Krieg gegen die Ukraine sehr gut vorbereitet. Erst stellte Putin Forderungen an die USA und die Nato, wohl wissend, dass diese nicht erfüllbar waren. Dann ließ er sich von westlichen Politikern hofieren – nur um dann doch den Angriffsbefehl zu geben. [...] Russland wollte keinen diplomatischen Kompromiss – zu dieser Annahme besteht reichlich Grund. Anscheinend nutzte der Kreml die Zeit der Diplomatie nur als notwendigen Vorlauf, um genügend Truppen an der Grenze aufmarschieren zu lassen, die Ukraine gewissermaßen von drei Seiten zu umzingeln und nun angreifen zu können«, so auch die Einschätzung des Politikwissenschaftlers Carlo Masala.[187]

b. Russland und Weißrussland

Im Gegensatz zur Ukraine ist Weißrussland bzw. Belarus ein Pufferstaat in Richtung NATO, der nach wie vor in einem sehr engen Verhältnis zu Russland steht.[188] Das gilt nicht nur auf der offiziellen politischen Ebene, weil auch die weißrussische Gesellschaft traditionell als prorussisch eingestellt ist. So bestehen intensive sprachliche und kulturelle Gemeinsamkeiten und Verbindungen mit Russland als engstem Freund und wichtigstem militärischen, außen- und wirtschaftspolitischen Partner. Neben einer Zollunion mit Belarus läuft mit unterschiedlicher Intensität seit 1996 das Projekt einer gemeinsamen Union. Ein entsprechender Vertrag vom Dezember 1999 beinhaltet eine intensive innen- wie außenpolitische Annäherung und als Fernziel sogar eine gemeinsame Verfassung. 2002 schlug Putin vor, Belarus Russland anzugliedern,[189] was der belarussische Präsident Alexander Lukaschenko jedoch ablehnte. Zudem kam Weißrussland der russischen Forderung, die sich von Georgien abgespaltenen Gebiete Abchasien und Südossetien als unabhängige Staaten anzuerkennen, nicht nach. Ebenso wenig schloss sich Minsk den russischen Handelsbeschränkungen gegenüber der

Ukraine an. Zu konstatieren ist daher ein nach wie vor ambivalentes, nicht immer spannungsfreies Verhältnis zum großen Nachbarn Russland. Dennoch besitzt Belarus für Russlands nationale Sicherheit und gegenüber der NATO insbesondere als Pufferstaat eine sehr hohe strategische Bedeutung. Eine gemeinsame Luftabwehr ist dabei eines der Kernstücke der Kooperation. In Belarus befinden sich zudem zwei militärstrategische Komponenten Russlands, deren Verlust nicht absehbare Folgen haben könnte. Das sind zum einen die seit 2003 betriebene Radarstation »Wolga« in der Nähe von Baranowitschi, die als Bestandteil des Raketen-Frühwarnsystems genutzt wird, und zum anderen der Führungspunkt der russischen Atom-U-Boot-Flotte in Wilejka.[190]

c. Russische Minderheiten im Baltikum und die Lücke von Suwalki

Estland und Lettland weisen einen erheblichen Anteil einer russischen Minderheit von 25 bzw. 27 Prozent auf.[191] Dennoch erscheint ein direkter Angriff auf diese Staaten eher unwahrscheinlich, da Russland automatisch den NATO-Bündnisfall nach Artikel 5 provozieren und sich damit militärisch übernehmen würde. Aber die dortige russische Bevölkerung, die wie auch russische Minderheiten in anderen Nachfolgestaaten der UdSSR unter russischem Schutz stehen[192], kann natürlich instrumentalisiert werden, um die innenpolitische Lage – in welcher Form auch immer – zu verkomplizieren oder destabilisieren. Schließlich bilden die baltischen Staaten aus russischer Perspektive einen Schwachpunkt in Bezug auf die eigene Verteidigung.

In NATO-Kreisen wird gegenwärtig immer wieder das Szenario eines von Russland ausgelösten konventionellen Regionalkriegs diskutiert, der zu einer Abtrennung der baltischen Staaten von der NATO führen könnte.[193] Der Schwerpunkt läge dabei im nur 65 km breiten Korridor zwischen dem »Kaliningrader Gebiet« und Belarus. Dieser Landstrich zwischen Polen und Litauen, die »Lücke von Suwalki«, ist die einzige territoriale Verbindung des Baltikums zu Polen und somit den übrigen NATO-Staaten. Ein schneller russischer Vorstoß an dieser Stelle, auch aus dem Gebiet um Königsberg, läge also theoretisch im Bereich des Möglichen, um sodann die baltischen Staaten vom Rest der NATO abzuriegeln, was gravierende Folgen für deren Versorgungslage hätte. Konventionell ist das Baltikum jedenfalls kaum zu verteidigen. Museumsführer in den beiden Okkupationsmuseen in Riga und Tallinn äußerten in Gesprächen mit dem Autor ihre Befürchtung, dass bei einem eventuellen russischen Angriff die NATO das

Baltikum nicht verteidigen werde. Diese Sorge sei in der Bevölkerung der baltischen Staaten weit verbreitet.[194] Eine nicht zu unterschätzende Problematik, selbst wenn der frühere US-Präsident Barack Obama erklärte: »NATO, including the United Staes, will defend Estonia. We will defend Latvia. Will defend Lithuania. Will defend all of our NATO allies. As NATO allies we stand together. We stand as one.«[195]

Ähnlich wie die Ukraine und Weißrussland betrachtet Moskau auch **Moldau** bzw. Moldawien als einen potenziellen Pufferstaat. Die Küstenebene am Schwarzen Meer könnte hier, ähnlich wie die nordeuropäische Tiefebene, nämlich als mögliches Einfallstor über die Ukraine in Richtung Russland interpretiert werden, das somit seinen Einfluss in dieser Region geltend macht. Und dies ganz konkret in Form von Transnistrien[196], dessen prorussisch eingestellte Bevölkerung sich 1991 von Moldau abgespalten hatte. Seine De-Facto-Unabhängigkeit wird durch dort stationierte russische Truppen gewährleistet. Wirtschaftlich ist Moldau stark von Russland abhängig, es importiert russisches Gas und exportiert Getreide und Wein. Diese Abhängigkeit im Außenhandel kann Russland jederzeit politisch instrumentalisieren, so als es z. B. 2006 einen Importstopp für moldawischen Wein erließ (»Russischer Weinkrieg«).[197] Die Kontrolle über Transnistrien hat für Moskau einen großen strategischen Wert, um auch hier eine zu intensive westliche Einflussnahme auf Moldau zu unterbinden.

Vergleichbare geopolitische Aktivitäten Moskaus finden wir auch im **Kaukasus.**[198] Dieser bildete in Zeiten des Zarenreichs und der Sowjetunion eine wichtige natürliche Grenze, stellt aber auch mit über 50 Völkern eine extreme ethnische und religiöse Gemengelage dar. Das markante Hochgebirge liegt am Schnittpunkt Russlands, der Türkei und des Iran. Von besonderer Bedeutung sind die Erdölvorkommen am Kaspischen Meer, die Ursache eines unterschwelligen Machtkampfs zwischen Russland und den USA (Stichwort Iran) bilden. Dabei kommt dem Kaukasus als Brücke nach Europa eine Schlüsselfunktion zu. Allein aus diesem Grund, aber auch um einem zunehmenden türkischen Einfluss zu begegnen, kann es sich Russland nicht leisten, dort an Einfluss zu verlieren oder gar seine territoriale Integrität zu gefährden. Diese Gefahr drohte in massiver Form mit der Unabhängigkeitserklärung der russischen Teilrepublik Tschetschenien 1991, die aber in zwei Kriegen (1994–1996 und 1999–2009) im russischen Staatsverband gehalten werden konnte.

Georgien ist für Russland von besonderem Interesse, da über sein Territorium zwei wichtige Ölpipelines von Baku zur Schwarzmeerstadt Supsa und zum türkischen Ceyhan am Mittelmeer führen. Auch dieser Staat wurde von ethnischen Konflikten erfasst, als 1992 Abchasien und Südossetien ihre Unabhängigkeit erklärten und dies zu Sezessionskriegen führte. Seit 1992 bzw. 1994 sind dort sogenannte russische »Friedenstruppen« stationiert. Georgien, das seit diesem Zeitpunkt faktisch keine Kontrolle über beide Regionen ausübte, versuchte unter Präsident Michail Saakaschwili im August 2008 Südossetien mit militärischen Mitteln zurückzugewinnen und brach einen Krieg mit Russland vom Zaun, den es innerhalb weniger Tage verlor.[199] In der Folge erkannte Russland die Unabhängigkeit Abchasiens und Südossetiens an und stattete die Bewohner mit russischen Pässen aus. Das russische Vorgehen 2008 im kurzen Krieg gegen Georgien war auch als eine Warnung an die NATO zu verstehen, vor einer weiteren Expansion durch eine Aufnahme Georgiens abzusehen, ähnlich wie bei Russlands Intervention in der Ukraine. Tatsächlich wurde die von den USA beabsichtigte NATO-Erweiterung um Georgien und die Ukraine auf Intervention Deutschlands und Frankreichs nicht verwirklicht.[200]

Das christliche Armenien, eingezwängt zwischen der Türkei und Aserbaidschan, befindet sich seit seiner Unabhängigkeit in einer ausgeprägten Abhängigkeit von Russland, sei es in sicherheitspolitischer Hinsicht in Form von dort stationierten russischen Truppen oder im Bereich der Energieversorgung, die weitgehend in der Hand Moskaus liegt. Zugespitzt kann man Armenien auch als Russlands Vorposten in der Kaukasusregion bezeichnen. Dabei kommt Moskau mittlerweile auch der Konflikt um Nagornyj Karabach zugute. Zwischen 1992 bis 1994 verteidigten armenische Milizen nicht nur diese mehrheitlich von Armeniern bewohnte, völkerrechtlich aber zu Aserbaidschan gehörende Region, sondern eroberten auch noch die Städte Agdam, und Fisoli samt Umland; insgesamt ein Fünftel aserbaidschanischen Territoriums.[201] Nachdem anschließend der Konflikt jahrelang eingefroren war, gelang es Aserbaidschan nach umfangreicher Aufrüstung, in einem kurzen Krieg zwischen September und November 2020 die Armenier zu großen Teilen aus Nagornyj Karabach und den umliegenden Gebieten zu vertreiben.

Russland ging aus diesem Konflikt nicht nur als diplomatischer Sieger hervor, indem es seine Position in Armenien ausgebaut hat, ohne dabei seine Beziehungen zu Aserbaidschan zu gefährden, sondern auch unter militärischen Gesichtspunkten. Knapp 2000 Mann russischer Friedenstruppen sind nun entlang der Kontaktlinie in Nagornyj Karabach und entlang des Latschin-Korridors, der die Verbindung zu Armenien darstellt, stationiert. Damit ist Russland in allen drei Kaukasusstaaten militärisch präsent und kann jederzeit seinen Einfluss geltend machen.

(34) Die drei Kaukasus-Staaten Georgien, Armenien und Aserbaidschan

d. Eurasische Wirtschaftsunion (EAWU) – eine Neuauflage der UdSSR?

Infolge der für viele Menschen sehr schmerzhaften und heftigen Umbrüche auf politischer, v. a. aber wirtschaftlicher und sozialer Ebene nach Ende der UdSSR entstand in breiten Bevölkerungskreisen recht bald eine Sowjetnostalgie. Auch russischstämmige Minderheiten in den ehemaligen Sowjetrepubliken bezogen sich in diesem Zusammenhang auf die russische Sprache und die sowjetische Alltagskultur. Hinzu kam und kommt, insbesondere in Russland, die Erinnerung an die einstige Bedeutung der UdSSR als globale Supermacht. Die politischen Eliten in zahlreichen postsowjetischen Staaten stehen dieser Sowjetnostalgie durchaus positiv gegenüber, u. a. weil sie ihnen zur Legitimation der eigenen Herrschaft dienen kann. Abgesehen von den baltischen Staaten fanden sich somit in allen ehemaligen Sowjetrepubliken mehr oder weniger Befürworter einer Reintegration innerhalb der ehemaligen sowjetischen Grenzen. Insbesondere für Russland handelt es sich bei diesen Staaten, wie schon erwähnt, um sogenanntes »nahes Ausland«. Von daher hat Russland zügig versucht, seine Nachbarstaaten in Bündnisse zu integrieren. Hauptmotiv war und ist vor allem ein

Gegengewicht zur EU zu schaffen sowie die Brückenfunktion Russlands zwischen Europa und Asien ökonomisch zu nutzen und zu intensivieren. Damit sollen mögliche Abhängigkeiten vom Westen weiter reduziert und neue Märkte für russische Rohstoffe (v. a. im Energiesektor) erschlossen werden.

2006 einigten sich Russland, Weißrussland und Kasachstan auf die Gründung einer Eurasischen Zollunion. Im Oktober 2007 verabschiedeten die drei Staaten ein umfangreiches Maßnahmenpaket und beschlossen am 28. November 2009 in Minsk, 2010 die Zollunion ins Leben zu rufen. 2011 wurden die Zollkontrollen an den Grenzen zwischen den drei Partnern abgeschafft. Die Weltfinanzkrise war hier ein wesentliches Motiv, wie auch die Überlegung, dass eine derartige Zollunion die Verhandlungsmacht ihrer Mitglieder gegenüber der EU und asiatischen Staaten erhöht.[202] 2012 nahm – ein erstes Erfolgssignal – der Binnenhandel der drei Länder um 9 Prozent zu. Knapp 20 Jahre nach Ende der UdSSR intensivierte Putin dieses Reintegrationsprojekt. Die am 29. Mai 2014 in Astana beschlossene und am 1. Januar 2015 in Kraft getretene Eurasischen Wirtschaftsunion soll als gemeinsamer Markt der postsowjetischen Region zu einer umfassenderen Eurasischen Union weiterentwickelt werden und ein Konkurrenzmodell zur EU darstellen. Mehreren ehemaligen Sowjetrepubliken wurden Assoziierungsabkommen angeboten (u. a. Ukraine, Moldawien, Georgien, Armenien). Putins Pläne umfassen dabei ebenfalls eine Freihandelszone und einen gemeinsamen Wirtschaftsraum. Längerfristig soll dann eine politische Integration erfolgen, wobei sich bei dieser Frage derzeit die Mitgliedsstaaten allerdings zurückhaltend äußern.

Die Eurasische Wirtschaftsunion umfasst 170 Millionen Menschen, mehr als 2,2 Billionen Dollar Wirtschaftsleistungen und ein Fünftel der weltweiten Gasvorkommen. Es besteht die Möglichkeit, dass sie das erste erfolgreiche Integrationsprojekt ehemaliger Sowjetrepubliken werden könnte. Immerhin traten Armenien und Kirgisistan 2015 der EAWU bei und Usbekistan gilt als Beitrittskandidat. Weiterhin unterhält Russland militärische Präsenzen in Kirgisistan und Tadschikistan.

Damit nähern wir uns abschließend noch kurz China, das vor allem an den Rohstoffen der zentralasiatischen Staaten interessiert ist und somit in dieser Region in Konkurrenz zu Russland tritt. Auch wenn es Mitglied in der Shanghaier Organisation für Zusammenarbeit ist, so sind mögliche Konflikte mit China hier nicht auszuschließen. In Fernost bilden der mächtige Strom Amur und sein Nebenfluss Ussuri, an dem es 1969 heftige Gefechte gab, die Grenze zwischen den beiden Großmächten. Peking hat großes Interesse, seinen ökonomischen Einfluss in den ostsibirischen

Provinzen Russlands auszuweiten. Problematisch dürfte sich für Russland hier seine demografische Entwicklung erweisen. Aufgrund sinkender Geburtenraten ist der Anteil der europäischen Bevölkerung mittlerweile in diesen Regionen um gut 40 Prozent zurückgegangen.[203] Nicht auszuschließen ist, dass China sich dieses Vakuum zunutze macht und auf lange Sicht eine Kontrolle von Teilen Sibiriens erlangen wird. So ist in den letzten Jahren eine verstärkte chinesische Einwanderung und Landnahme im südöstlichen Sibirien, v. a. im Amurgebiet zu verzeichnen. Dies könnte bei einer Fortdauer faktisch eine Rückgewinnung der in der zweiten Hälfte des 19. Jahrhunderts an Russland verlorenen Territorien bedeuten. Für Peking ist der damals aufgrund seiner militärischen Schwäche durch Moskau erzwungene Verlust seines nördlichen Vorgartens jedenfalls noch kein abgeschlossenes Kapitel der Weltgeschichte.

Noch ein Wort zu Japan: Hier steht dessen Anspruch auf die 1945 von der UdSSR besetzten Südkurilen einem Friedensvertrag nach wie vor entgegen.

e. Fazit

Zum Ende gilt es im Hinblick auf die künftige russische Geo- und Sicherheitspolitik die schon in Kapitel I. 2 dargestellte Heartland-Theorie von Mackinder zu beachten.[204] Das Heartland umfasst, wie schon beschrieben, den europäischen Teil Russlands und Westsibirien und reicht im Süden bis an das Schwarze und Kaspische Meer. Mackinder folgerte, dass derjenige, der Osteuropa beherrscht, das Heartland beherrscht; wer über das Heartland herrscht, beherrscht die Weltinsel, und wer über die Weltinsel herrscht, beherrscht die Welt.[205] Sicherlich wird Russland nicht nach der Weltherrschaft streben, dafür fehlen ihm auch die Mittel. Aber es bildet nach wie vor einen enormen kontinentalen Block mit geografischer und somit strategischer Tiefe und bedeutenden Ressourcen, es verfügt über Atomwaffen und wird somit auch in Zukunft als politisches Zentrum eines osteuropäisch-eurasischen Großraums einen erheblichen Gegenspieler zu den USA verkörpern und eine massive Herausforderung für das freiheitliche Europa darstellen. Dabei ist auch eine Zusammenarbeit mit China – dann aber wohl eher in Form eines Juniorpartners – denkbar, was für die Vereinigten Staaten eine noch größere Herausforderung darstellt.

Da die geopolitische Kultur eines Landes von den Machtstrukturen und ihren Traditionen geprägt ist, wie der Historiker Jörg Baberowski betont[206], sind diese auch im Falle Russlands klar zu benennen, nämlich Autokratie, die Idee des Machtstaats und das Imperium. Es hat daher wenig Sinn, dessen Politik »immer wieder mit heutigen französischen, englischen oder amerikanischen Maßstäben zu messen; wir werden sie damit kaum beeinflussen. Noch weniger wird man sie [die Russen] mit moralischen Vorwürfen und Beschuldigungen beeinflussen; im Gegenteil: dies kann in Moskau zu einem verbissenen Rückzug auf den russischen Messianismus führen«, konstatierte schon 1987 der ehemalige Bundeskanzler Helmut Schmidt.[207] Darunter ist nach der Eroberung Konstantinopels 1453 durch die Türken die moskauzentrierte Position eines »Dritten Roms« zu verstehen, die dann im 19. Jahrhundert als moskauzentrischer Panslawismus und im 20. Jahrhundert als moskauzentrischer weltrevolutionärer Kommunismus eine politische Form erfuhr.[208] Auch künftig, so steht zu befürchten, wird Russland, egal unter welchem Präsidenten, seine Ansprüche als souveräne Großmacht betonen und auch mit aggressiven Mitteln durchsetzen, insbesondere in den meisten Nachfolgestaaten der Sowjetunion, die alle in vielfältiger Form mit ihm und untereinander verbunden sind. Dies wird allerdings in einer multipolaren Welt nicht unbedingt im Namen westlicher Wertevorstellungen geschehen. Und die NATO-Osterweiterung, die Moskau nie akzeptiert hat, führte jedenfalls mit dazu, dass Russland sich wieder vom Westen distanzierte und heute zusammen mit China und auch dem Iran eine zwar lockere, aber dennoch nicht zu unterschätzende Allianz gegen den Westen, dessen Politik somit kontraproduktiv war, bildet bzw. bilden kann.

Die USA sind also augenscheinlich mit ihrem Versuch, »Russland in die Knie zu zwingen, oder dem bescheideneren, es zu isolieren, im Scheitern begriffen, auch wenn sie noch immer so tun, als ob ihr alter strategischer Gegner nicht mehr zähle: mit Demütigungen, mit Demonstrationen eines Wohlwollens, wie man es Sterbenden schuldet, oder auch zuweilen mit Kombination aus beidem.«[209] Die Modernisierung der russischen Streitkräfte in den letzten Jahren führte jedenfalls dazu, dass sie in der Lage sind, im Konfliktfall NATO-Verbänden den Zugang zu bestimmten Regionen zu erschweren, wenn nicht gar zu verwehren.[210] Grundsätzlich gilt, dass Russland eine strategische Kultur besitzt, die von einem ausgeprägten Streben nach innerer und äußerer Sicherheit geprägt ist.[211] Diese ist auch historisch bedingt, da Russland auch jahrhundertelang Opfer von Aggressionen durch den Einfall fremder Mächte (Schweden, Frankreich, Deutschland) oder Einmischungen von außen (Krimkrieg, Krieg gegen Japan 1904/05) war.

Derzeit kann Russland sein Abschreckungspotenzial einerseits darin entfalten, dass es sich von außen bedroht sieht und potenzielle Gegner von einem Angriff abhalten möchte, oder dass es nun selbst in der Ukraine und gegenüber dem Westen als Aggressor auftritt. Russland wird jedenfalls auch weiterhin nach Ebenbürtigkeit und Anerkennung seiner Position gegenüber den USA trachten und einen »Weg zurück auf die Weltbühne« suchen.[212]

4. Der Nahe Osten – ein ewiger Konfliktherd

Der Nahe Osten[213] stellt eine wichtige Region der Welt dar, wenn es darum geht, den Einfluss von Geofaktoren auf politische Entwicklungen und Entscheidungen zu verdeutlichen. Nicht umsonst war er historisch gesehen schon immer ein geostrategischer Raum. Geografisch betrachtet beginnt er im Westen mit Ägypten und erstreckt sich nach Osten bis in den Iran. Im Norden reicht er bis zur Türkei und im Süden bis zum Jemen und dem Oman. Geopolitisch begeben wir uns dabei in die explosivste Region der Erde. Wenn wir hier über Geopolitik sprechen, dann sprechen wir insbesondere auch über strategische Fragen im Zusammenhang mit dem Vorhandensein von Erdöl und Erdgas.

Geprägt wird der Nahen Osten neben dem fruchtbaren Mesopotamien, also dem Zweistromland zwischen Euphrat und Tigris, vor allem von Buschsavannen und Wüsten wie die Rub al-Chali, das »Leere Viertel«, die größte zusammenhängende Sandwüste der Erde. Aufgrund dieser geografischen Gegebenheiten lebt der größte Teil der Bewohner dort eher an der Peripherie. Ebenso war es für die meisten Menschen unüblich, in Kategorien wie Nationalstaaten und gesetzlich bzw. politisch festgelegten Grenzen zu denken. Das änderte sich allerdings mit dem Einfluss der Europäer im Zuge der Kolonisation. Dabei wurden die Weichen der aktuellen Konfliktlinien v. a. während und dann nach dem Ersten Weltkrieg gestellt.

1916 teilten die Diplomaten Mark Sykes[214], ein Brite, und der Franzose François Georges-Picot[215], in der Hoffnung auf den dann eingetreten Sieges ihrer Staaten, die arabischen Teile des Osmanischen Reiches auf (vgl. dazu auch Kap. IV. 5). Mit einem Stift in der Hand zogen sie auf einer Karte des Nahen Ostens die Linien der künftigen und bis heute existenten Staaten – ein Vorgang, der als »Sykes-Picot-Abkommen« in die Geschichte einging. Die Grenze erstreckte sich vom Mittelmeer etwas nördlich von Haifa im heutigen Israel bis in Richtung Nordosten nach Kirkuk im Irak. Der nördlich davon gelegene Teil – das heutige Syrien und der Libanon – geriet als sogenanntes Treuhandgebiet des Völkerbundes unter französische

Kontrolle, der südliche Teil, heute Israel, Jordanien und der Irak – wurden dementsprechend britisch. Faktisch handelte es sich dabei um Kolonien.

Davor gab es – ganz grundsätzlich gesprochen – keinen Staat Syrien, keinen Libanon, kein Jordanien, keinen Irak, kein Kuwait, aber auch kein Israel oder Palästina. Dieser Vorgang zeigt eindrucksvoll, dass durch künstliche politische Grenzen, die jeglicher realen Grundlage entbehren, eine willkürliche Schaffung sogenannter Nationalstaaten mit Menschen, die es eben nicht gewohnt sind, in einem Gebiet zusammenzuleben, kein Rezept für Stabilität ist.

Israel verkörpert hier allerdings auch gerade auf historischer Ebene eine Ausnahme. Nicht von ungefähr stellt dieser Staat in einer der instabilsten und geopolitisch bedeutendsten Regionen der Welt als die einzige Demokratie vor Ort einen stabilisierenden Anker dar – trotz aller innenpolitischen Auseinandersetzungen – und verdient daher eine eindeutige, ja unumstößliche Unterstützung seitens des sogenannten »Westens«.

Schließlich ist nämlich Folgendes festzuhalten: Seit 1948 war und ist in erster Linie Israel das Aggressionsopfer vieler seiner Nachbarn. Die Friedensverträge mit Ägypten (1979) und Jordanien (1994) und die Aufnahme diplomatischer Beziehungen zu den Vereinigten Arabischen Emiraten (VAE) und Bahrain haben sicherlich ein gewisses Maß zur Stabilität beigetragen. Dennoch handelt es sich um eine Region, die nach wie vor von ständigen Konflikten und Kriegen geprägt ist, speziell in der Region des Persischen Golfs, denken wir nur an den Ersten Golfkrieg zwischen Irak und Iran von 1980 bis 1988. Ihm folgten der Zweite Golfkrieg 1990/91[216], der der Befreiung Kuwaits durch eine UNO-Streitmacht diente, und der dann allerdings äußerst umstrittene Dritte Golfkrieg zwischen dem Irak und einer US-amerikanisch geführten Koalition, der geführt wurde, um Bagdad am Einsatz (oder was auch immer) von angeblichen, allerdings nie gefundenen und bewiesenen irakischen Massenvernichtungswaffen zu hindern.

Aufgrund seiner staatsrechtlichen, innen- und gesellschaftspolitischen Struktur verkörpert der Iran derzeit ein – je nach Sichtweise des betroffenen Staates – deutliches Spannungselement in dieser Region.

a. Iran und Saudi-Arabien im Streit um die regionale Vormacht

Der Iran bzw. Persien ist eine Jahrtausende alte Kulturnation, die in der Antike als Großmacht und Gegenspieler von Griechen und Römern auftrat, und mit der man in der Moderne den letzte Schah mit seinen Frauen Soraya und Farah Diba, und das durch Khomeini im Zuge der Islamischen

(35) Die Länder des Nahen Ostens

Revolution von 1979[217] geprägte Mullah-Regime mit seinem aktuellen Atomprogramm verbindet. All dies sind Assoziationen zu einem vom »Westen« derzeit verfemten Land. Umso mehr lohnt sich ein Blick auf seine geopolitische Lage und seine daraus ableitbaren sicherheits-, außen- und wirtschaftspolitischen Interessen.

Der Iran ist mit einer Fläche von knapp 1.650.000 km² größer als Deutschland, Frankreich und Großbritannien zusammen, allerdings weist er mit rund 81 Millionen Einwohnern eine deutlich geringere Bevölkerungszahl auf.

Damit sind wir bei einem ersten geografisch bedingten Problem. Nicht nur die großen Wüsten und Salzebenen im Innern des Landes sind als Siedlungsgebiet kaum geeignet, sondern ebenso wenig die Hochgebirge, die den Lebensraum dieses uralten Volkes begrenzen. Zwei mächtige Gebirgsketten mit Gipfeln von über 4000 m Höhe (der Damawend im Elburs ist mit sogar 5670 m der höchste Berg) durchziehen das Land. Im Norden in west-östlicher Richtung der Elburs südlich des Kaspischen Meeres, und von Nordwesten nach Südosten das Zagrosgebirge, das von der Grenze zum Irak bis zur geopolitisch bedeutenden Straße von Hormus am Ausgang des Persischen Golfs zum Golf von Oman und dann zum Indischen Ozean reicht. Damit besitzt der Iran, verteidigungspolitisch gesehen, ausgezeichnete natürliche Grenzen. Nicht umsonst gelang es seit den Mongolen im 13. Jahrhundert nicht mehr, dieses Land dauerhaft zu beherrschen; auch nicht den europäischen Großmächten Russland und Großbritannien, die 1907 das damalige Persien in Interessengebiete aufteilten. Lediglich während des Zweiten Weltkriegs wurde der Iran als Gesamtstaat kurzfristig von alliierten Streitkräften besetzt. Allerdings bedeutet das gebirgige Terrain im Umkehrschluss, dass es schwierig ist, eine vernetzte Wirtschaft zu etablieren. Die ungünstige Naturausstattung des Staatsgebiets führt dazu, dass nur gerade einmal 15 Prozent der gesamten Fläche landwirtschaftlich nutzbar sind.[218] Erdöl und Erdgas sind die mit Abstand volks- und weltwirtschaftlich bedeutendsten Rohstoffe des Rentierstaates[219] Iran, deren Exporte die wichtigste Devisenquelle darstellt. Die Erschließung großer Off-Shore-Felder im Persischen Golf hatte seit den 70er-Jahren die Ölproduktion nochmals erheblich gesteigert. Diesen externen Einkommen aus den Öl- und Gasexporten, Renten genannt, stehen allerdings keine entsprechenden produktiven innergesellschaftlichen Aktivitäten gegenüber und bewirken somit eine extreme Abhängigkeit der Staatsbürokratie von der Aufrechterhaltung des Rentenzuflusses und damit auch der entsprechenden Weltmarktpreise. Neben diesen fossilen Ressourcen finden sich im Hochland auch wertvolle Buntmetalle wie Kupfer, Blei, Zink und Chrom.[220]

Ethnisch ist der Iran recht zersplittert. Nur gut die Hälfte seiner Bewohner spricht die Nationalsprache Farsi. Im Nordwesten leben v. a. Aserbaidschaner und Kurden, die 25 bzw. 7 Prozent der Gesamtbevölkerung ausmachen.[221]

Im Iran haben sich zwei politische Gruppen herausgebildet:[222] Eine »Rechte Gruppe« umfasst religiöse Traditionalisten, konservative Geistliche und religiöse Technokraten, die für eine pragmatische Politik eintreten. Auf der anderen Seite existiert eine »Linke Gruppe«, bestehend aus Sozialrevolutionären, linksorientierten Geistlichen und religiösen Laien, die für eine dogmatische Politik, eine Staatskontrolle der Wirtschaft, eine egalitäre Wirtschaftspolitik und einen Export der Islamischen Revolution stehen.

Die konservative Gruppe setzt sich für ein islamisches kulturelles System, eine strenge Interpretation islamischer Werte und den Einsatz von Gewalt als gesellschaftliches Erziehungsmittel ein, während die reformistische Gruppe politische Reformen auf allen Politikfeldern eine Befriedigung säkularer Bedürfnisse der Bevölkerung, eine Demokratisierung aller gesellschaftlicher Bereiche und die Stärkung der Rechte von Frauen anstrebt.[223]

Aufgrund seiner geografischen Lage nimmt das Land eine ausgesprochene Mittlerstellung zwischen den großen Landmassen Asiens einerseits und den Küstengebieten des Indischen Ozeans sowie seiner Randmeere andererseits ein. Der Iran liegt damit auch im Schnittpunkt unterschiedlicher Völker und Kulturen und verkörpert somit ein geopolitisches Gelenk bzw. Bindeglied zwischen Zentralasien, Indien, den arabischen Staaten und der Türkei.

Bis zur Islamischen Revolution 1979 war der Iran unter dem Schah-Regime u. a. als Mitglied des CENTO-Pakts[224] nicht von ungefähr ein wichtiger und verlässlicher Partner der westlichen Welt und wurde von den USA militärisch massiv unterstützt, um so die Südflanke gegenüber der Sowjetunion zu sichern. Mit dem Sturz des Schahs änderte sich die Lage grundlegend. Der 1980 seitens des Irak begonnene erste Golfkrieg gegen den Iran[225] verschärfte die Lage im Nahen und Mittleren Osten dann weiter. Einer der Gründe, der zu diesem Konflikt führte, war der Streit um die Schifffahrtsrechte auf dem Grenzfluss Schatt al-Arab. Der irakische Präsident Saddam Hussein hatte die Erringung der regionalen Vormachtstellung für sein Land als Ziel und hoffte auf einen schnellen Erfolg gegen den durch die Revolution von 1979 vermeintlich geschwächten Nachbarn. Ein erfolgreicher Feldzug hätte den Irak, der während des Krieges – ganz im Gegensatz zum revolutionären Iran – erhebliche diplomatische, militärische und wirtschaftliche Unterstützung durch die UdSSR, Frankreich und die USA erhielt, zur dominierenden Macht am Persischen Golf und zum Kontrolleur über einen lukrativen Erdölmarkt gemacht. Er bezog außerdem finanzielle Hilfe von anderen arabischen Staaten, wie Kuwait und Saudi-Arabien, das schon damals an einer Schwächung des Iran interessiert war. Nach anfänglichen Erfolgen des Irak endete der Krieg 1988 nach hohen menschlichen und wirtschaftlichen Verlusten auf beiden Seiten ohne Sieger durch einen Waffenstillstand. Mit dem Sturz Saddam Husseins nach dem dritten Golfkrieg[226] und der durch den Westen herbeigeführten Destabilisierung des Irak entfiel dann bis heute ein gewichtiger Konkurrent zum Iran in unmittelbarer Nachbarschaft.

Welche außenpolitischen Ziele verfolgt Teheran aktuell? Angesichts der o.a. ethnischen Heterogenität stellt zunächst die Wahrung des regionalen staatlichen Gefüges in den derzeitigen Grenzen ein wesentliches Ziel seiner Außenpolitik dar.[227] Umgekehrt besteht für den Iran aber auch die Möglichkeit, seine starke kurdische Minderheit im Nordwesten zu instrumentalisieren. Mit der theoretischen Drohung, ein »iranisches Kurdistan« zum Kernland eines mit Teheran dann eng verbundenen Großkurdistan zu machen, könnten die Türkei und der Irak möglicherweise destabilisiert werden. Auch wenn es für solche Überlegungen derzeit keinerlei Anzeichen gibt, sollten sie dennoch nicht gänzlich ignoriert werden. Schließlich existierte vom 22. Januar bis zum 16. Dezember 1946 im äußersten Nordwesten des zu jenem Zeitpunkt durch die UdSSR und Großbritannien besetzten Irans die »Republik von Mahabad« (offiziell Republik Kurdistan).[228] Und nationale Bestrebungen der Kurden sind in beiden Nachbarländern des Iran nach wie vor sehr virulent.

Nach dem Ende der Sowjetunion ist dem Iran neben einer Stabilisierung des Verhältnisses zu Russland auch an einer Intensivierung der Beziehungen zu den zentralasiatischen Republiken gelegen. Hier spielt wiederum die geografische Lage des Iran als Transitland bei dem zunehmenden Ausbau der Transportwege eine wichtige Rolle. Gleiches gilt im Verhältnis zu China. Die Eröffnung eines neuen Eisenbahnnetzes 1996, das Zentralasien und China mit dem Persischen Golf verbindet[229], ist für Peking im Zuge seiner Seidenstraßenpolitik von großem Interesse und fördert den Ausbau der bilateralen Wirtschaftsbeziehungen. Trotz eines ambivalenten Verhältnisses besteht zudem eine begrenzte industriepolitische Zusammenarbeit mit der Türkei. Wichtig war und ist dem Iran weiterhin ein relativ schwacher Irak als unmittelbarer Nachbar. Feindselig ist nach wie vor das Verhältnis zu Israel und den USA, was zu einer teilweisen internationalen Isolierung des Landes geführt hat.

Wie zu den USA waren die Beziehungen zu Jerusalem bis 1979 freundschaftlich geprägt. Seit der Islamischen Revolution erkennt der Iran Israel jedoch nicht mehr als legitimen Staat an. Vielmehr ist es für ihn der »kleine Satan« (und die USA sind der »große Satan«).[230] Weiterhin werden von Teheran radikalislamische Terrorgruppen wie die Hisbollah unterstützt und immer wieder Vernichtungsdrohungen gegen Israel, das die iranische Führung seither als seine größte Bedrohung betrachtet, ausgesprochen. Zentrales Problem ist für Israel dabei das iranische Atomprogramm. Eine atomare Bewaffnung des Iran würde möglicherweise zudem eine Kettenreaktion in den arabischen Nachbarstaaten auslösen. Insbesondere Saudi-Arabien als zentraler Konkurrent im Nahen Osten könnte ebenfalls nach

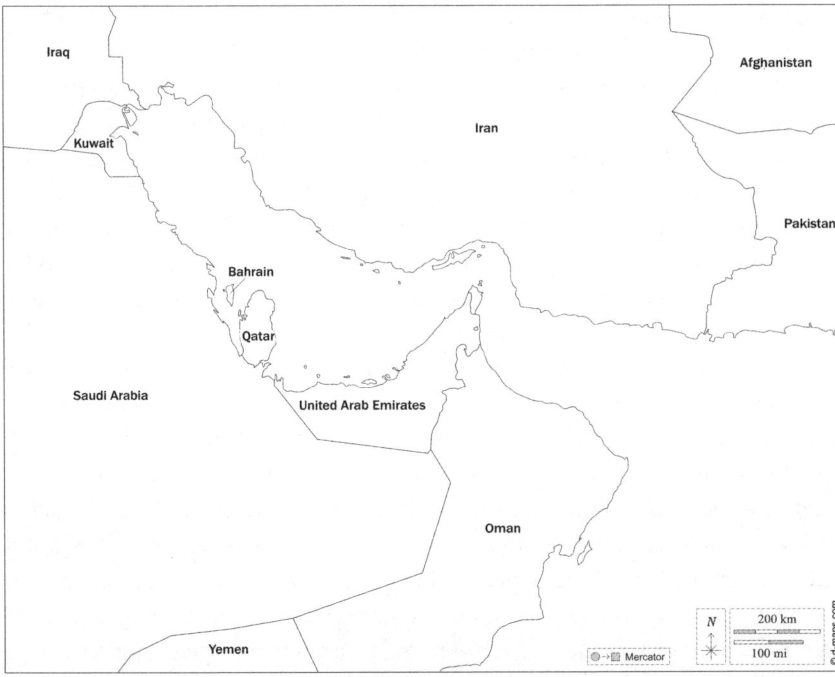

(36) Der Persische Golf und die Straße von Hormus

der Atombombe streben. Wie zudem Ägypten, die VAE – zu allen diesen Staaten sind die Beziehungen ebenso problematisch wie zu Pakistan – oder die Türkei als weitere regionale Mächte sich dann verhalten würden, sei einmal dahingestellt. Gleiches gilt für die Reaktion Israels. Ein militärischer Luftschlag gegenüber dem Iran, um seine diesbezüglichen infrastrukturellen und technischen Einrichtungen auszuschalten, ist dann nicht auszuschließen.

Von weltweiter geopolitischer und geostrategischer Bedeutung ist bis heute die Region rund um den Persischen Golf, die eine der wichtigsten globalen strategischen Erdölreserven umfasst. Wer sie kontrolliert, bestimmt über den Pulsschlag der Weltwirtschaft. 2,38 Mrd. Liter Erdöl passierten 2012[231] auf rund 15 Supertankern[232] täglich die **Straße von Hormus**, das nur 80 Meter tiefe Nadelöhr vom Persischen Golf in Richtung Indischer Ozean. Aktuell werden gut 20 Prozent des weltweiten Ölbedarfs über diese neuralgische Passage transportiert[233] An ihrer schmalsten Stelle ist diese 180 Kilometer lange Meerenge, die zwischen dem Iran und der omanischen Exklave Musandam liegt, nur 33 Kilometer breit. Was wäre, wenn diese globale geopolitisch und

-strategisch immens bedeutende Verbindung durch den Iran mit militärischen Mitteln blockiert würde? Seeminen wie z. B. Ankertauminen oder Treibminen, die von jedem kleinen zivilen Fischerboot aus in einer verdeckten Verminungsoperation, also in einer asymmetrischen Form der Kriegsführung, verlegt werden können, eignen sich hervorragend, um diesen Seeweg gegen Überwasserschiffe und U-Boote zu sperren. Zudem sind Minen relativ preiswertig. Eine Seemine kostet rund 25.000 US-Dollar, ist aber in der Lage, einen modernen Zerstörer, der beispielsweise für 700 Mio. US-Dollar gebaut wurde, außer Gefecht zu setzen, oder mit Glück sogar zu versenken. Allein das Räumen von Seeminen stellt eine langwierige, aufwendige und kostenintensive Aktion dar. Der Iran verfügt jedenfalls über entsprechende Arsenale. Adressaten solcher immer wieder seitens Teherans ausgesprochenen Drohungen sind neben den USA und den EU-Staaten als Importeure von Rohöl auch die erdölexportierenden Staaten am Golf wie Saudi-Arabien und die VAE. Ebenso sind Kuwait und der Irak sowie Katar für seine Erdgasexporte auf diese Wasserstraße angewiesen. Die iranische Drohung einer Sperrung dieser Meerenge berührt dabei nicht nur einen neuralgischen Punkt der amerikanischen Handlungsfähigkeit und Machtstellung im Nahen Osten[234], sondern genauso auch der chinesischen Energiesicherheit. Eine Blockade würde jedenfalls den Ölpreis deutlich steigen lassen.

Verschärft wird dieses potenzielle Problem zudem durch einen territorialen Konflikt in der Meerenge. Die noch unter dem Schah im Jahr 1971 vollzogene Besetzung der drei Inseln Groß- und Klein-Tunb (Tumb al-Sughra und Tumb al-Kubra) sowie Abu Musa[235] wird von den arabischen Staaten nicht anerkannt,[236] sondern vielmehr von den VAE als Territorium des Emirats Ra's al-Chaima reklamiert. Aufgrund ihrer Lage am westlichen Zugang zu Straße von Hormus an deren tiefster Stelle sind sie von geostrategischer Bedeutung für die Kontrolle des Schiffsverkehrs.

Im Persischen Golf existiert darüber hinaus noch ein weiterer latenter Konflikt, nämlich der immer wieder reklamierte Anspruch Irans auf den Inselstaat Bahrain. 2009 beispielsweise forderte ein hoher iranischer Geistlicher, das kleine Königreich dem Iran als 14. Provinz anzugliedern.[237] Letztlich geht es dabei um die Vorherrschaft am Golf, die der Iran als historische Vormacht gegenüber Saudi-Arabien und den VAE für sich beansprucht. Teherans Druckmittel gegenüber Bahrain ist die dortige schiitische Bevölkerungsmehrheit (rund 70 Prozent), wohingegen das Herrscherhaus sunnitisch ist.

Das sunnitisch bzw. von der radikalen islamischen Variante der Wahabiten geprägte Saudi-Arabien ist aufgrund seiner gut erschlossenen Erdöl- und Erdgasförderung deutlich wohlhabender als der Iran, weist aber mit nur rund 33 Millionen Einwohner eine wesentlich geringere Bevölkerungszahl auf. Saudi-Arabien ist ein nach wie vor gewichtiger Faktor in der arabischen Welt, vor allem aber auf der Arabischen Halbinsel. Eine innenpolitische, durch das saudische Königshaus manifestierte Stabilität trägt dazu bei. Die Beziehungen zu Israel haben sich in den letzten Jahren deutlich entspannt und zu den Nachbarn auf der Halbinsel gibt es – abgesehen vom jemenitischen Bürgerkrieg (s. u.) keine akuten Konflikte. Von umso größerer Bedeutung sind die Beziehungen zum Iran, die schon seit Jahren angespannt sind, sich aber zuletzt nochmals deutlich verschlechterten. So verglich im April 2018 der junge saudische Kronprinz Mohammad bin Salman Ayatollah Ali Khamenei mit Adolf Hitler und warf dem iranischen Revolutionsführer vor, »trying to conquer the world.«[238] Saudi-Arabien sieht sich zunehmend vom gegenüberliegenden schiitischen Nachbarn bedroht. »We know we are a major target vor the Iranian regime«, erklärte der Kronprinz schon ein Jahr zuvor.[239]

Die Möglichkeit für den Iran, einen schiitisch geprägten Staatengürtel im Norden über den Irak, Syrien und den Libanon (mittels der Hisbollah) und im Süden über Bahrain und den Jemen zu etablieren, der als ein schiitischer Halbmond Saudi-Arabien von Zentralasien bis hin zum östlichen Mittelmeer in die Zange nehmen könnte, ist nicht gänzlich von der Hand zu weisen. So ist die im Irak lebende schiitische Mehrheit ein natürlicher religiöser Verbündeter des Iran und bildet eine Brücke zu den schiitischen Alawiten in Syrien und zur ebenfalls schiitischen Hisbollah im Libanon. Die Schaffung von Interventionsmöglichkeiten in den Palästinensergebieten ist dabei ein weiterer wichtiger Aspekt der iranischen Politik.

Teheran verfolgt mit seinen Interventionen in den Bürgerkriegsländern Syrien[240] und Jemen, jeweils auf Seiten der schiitischen Vertreter, bewusst eine Schwächung der Position Saudi-Arabiens, was letztlich ein Ende der dominanten Stellung der Sunniten im Nahen Osten bewirken würde.

Insbesondere der Bürgerkrieg im Jemen, der als Staat einen – im Sinne von Brzezinski – geopolitischen Dreh- und Angelpunkt darstellt, muss dabei als Stellvertreterkrieg zwischen den beiden um die Vorherrschaft im Nahen Osten (abgesehen von der Türkei) konkurrierenden Staaten Iran und Saudi-Arabien angesehen werden. Weiterhin sind auch noch die VAE in diesem Konflikt – formell als Verbündete der Saudis – involviert. Allerdings verfolgen sie insbesondere rund um Aden im Verbund mit südjemenitischen Separatisten durchaus eigene Interessen.[241] Die Stationierung von Truppen aus den VAE auf der strategisch bedeutsamen jemenitischen Insel Sokotra vor dem Horn von Afrika unterstreicht die Ambitionen der Ölscheichs vom Golf.

Zurück zu Saudi-Arabiens Rolle, das immer wieder militärisch und politisch im Jemen interveniert hatte, so z. B. 1962 im damaligen Bürgerkrieg. Hier wird der Jemen vielfach als eine Art »Spielwiese des saudischen Königshauses« angesehen.[242] Der Erfolg der Huthi-Rebellen, die den schiitischen Zaiditen angehören, löste bei den Saudis dann entsprechende Befürchtungen aus, an Einfluss im Jemen zu verlieren und ihre Dominanz auf der Arabischen Halbinsel durch eine verstärkte Präsenz des Iran im Jemen gefährdet zu sehen. Auch wenn für eine unmittelbare Beteiligung Teherans im Bürgerkrieg bis dato Beweise fehlen – einmal abgesehen von Teilen von Raketen aus iranischer Produktion, die die Huthis in Richtung Saudi-Arabien abgefeuert hatten[243] – so kommt dieser Konflikt dem Mullah-Regime nur zugute. Auch durch seine indirekte Intervention, so z. B. durch Darstellung der Huthi-Rebellen als eine Art zweite Hisbollah, verdeutlicht der Iran gegenüber Saudi-Arabien, dass sein Einfluss bis an die südlichste Flanke der Arabischen Halbinsel reicht. Und sollten die Huthi den Bürgerkrieg gewinnen, so wird damit zwangsläufig das internationale politische Gewicht des Iran deutlich zulegen. Er könnte sich dann als Unterstützer oder Schutzmacht des Jemen präsentieren und neben der Straße von Hormus eine zweite bedeutende Meerenge kontrollieren, nämlich den Bab al-Mandab. Dieser Schifffahrtsweg, der an seiner schmalsten Stelle nur 27 km breit ist, stellt die wichtigste Verbindungslinie von Europa über den Suez-Kanal zum Indischen Ozean dar (außer für Tanker, die für eine Durchfahrt durch den Suez-Kanal zu groß sind und um das Kap der Guten Hoffnung fahren müssen). Sollte es beispielsweise infolge einer militärischen Auseinandersetzung zur Blockade dieses Nadelöhrs kommen, sind dann auch originär europäische Interessen berührt. Zudem unterhalten auf der afrikanischen Gegenküste in Djibouti China, die USA und Frankreich Militärbasen. Saudi-Arabien plant dort eine derartige. Welche explosive Mischung sich an dieser maritimen Schlüsselstelle anbahnen könnte, lässt sich also entsprechend erahnen.

Es geht im Verhältnis von Iran und Saudi-Arabien[244] somit um einen Hegemonialkonflikt im Nahen Osten. Saudi-Arabien versteht sich als »Schutzmacht« der Sunniten, während Teheran eine schiitische Vormachtstellung unter seiner Führung anstrebt. Aus westlicher Sicht spielte hierbei der Gedankengang eines Gegensatzes zwischen dem vermeintlich »radikalen« (schiitischen) Islam und dem vermeintlich »moderaten« (sunnitischen) Islam über einen langen Zeitraum eine dominierende Rolle. Mit dem Auftreten des sunnitisch geprägten »Islamischen Staates« (IS) muss diese Vereinfachung allerdings relativiert werden.

(37) Allianzen im Nahen Osten

Es bleibt für die Zukunft abzuwarten, ob sich aufgrund innenpolitischer Reformen bzw. Veränderungsprozessen die Außenpolitik des Iran und sein Verhältnis zu den Nachbarstaaten entspannen werden. Aufgrund seiner geografischen Schlüssellage wird man aber auch unabhängig davon nicht umhinkommen, Teheran als geopolitischen Machtfaktor zu akzeptieren und realpolitisch entsprechend einzubinden.

(38) Shibam im Jemen

b. Israels geopolitische Lage im Nahen Osten

Israel[245], das »Heilige Land« der Bibel, grenzt im Westen an das Mittelmeer, im Osten an Jordanien, im Norden an Syrien und den Libanon und im Süden an die ägyptische Sinai-Halbinsel. Mit nur – nach den völkerrechtlichen Grenzen – 20.991 km^2 (aus israelischer Perspektive einschließlich Ostjerusalems und der Golanhöhen, die beide annektiert wurden, allerdings 22.380 km^2) ist es – ungefähr so groß wie Hessen – zwar ein relativ kleines Land, verbindet aber als Brückenkopf am östlichen Mittelmeerufer die drei Kontinente Europa, Asien und Afrika. Als zudem einziges demokratisches Land im Nahen Osten weist es einen hohen Lebensstandard auf.

Von Bedeutung ist auch Israels Lage zu anderen Staaten, also seine Raum-Mächte-Konstellation. Umgeben von arabischen Nachbarn befand bzw. befindet es sich auch nach wie vor in der problematischen Lage, sich jederzeit gegen potenzielle Aggressoren (z. B. aktuell die Hisbollah im Libanon) verteidigen zu müssen. Bedingt durch seine Lage, Größe, Grenzen und Umrissformen ist Israel ein Land ohne strategische Tiefe. Seine Nord-Süd-Ausdehnung beträgt zwar über 470 Kilometer, die West-Ost-Ausdehnung hingegen nur 135 Kilometer und an der schmalsten Stelle –

die sogenannte »Wespentaille« – gar nur 15 km in Gestalt einer schmalen Landbrücke zwischen dem Süden und Galiläa auf der Höhe der Mittelmeerstadt Netanya.

Blicken wir aber, bevor wir weitere geopolitische Probleme untersuchen, zunächst zurück. Denn schon in der frühen Geschichte des Staates Israel werden wesentliche dieser Aspekte deutlich.

Im Zuge des Auslaufens der britischen Mandatsherrschaft in Palästina – 1947 gab Großbritannien das Mandat an die UNO zurück – empfahl eine UN-Sonderkommission die Teilung in einen jüdischen und palästinensischen Staat. Der jüdische Staat sollte demnach 13.676 km^2 umfassen, schloss große Wüstenteile (den Negev) ein und war etwa zur Hälfte von Arabern besiedelt. Problematisch war weiterhin die faktische Teilung in drei nur durch schmale Korridore verbundene Gebiete. Der arabische Staat hätte 12.361 km^2 umfasst; Jerusalem, mit der al-Aqsa-Moschee und dem Felsendom auf dem Tempelberg als eine der drei heiligen Städte des Islam (nach Mekka und Medina), sollte hingegen internationalisiert werden. Während die jüdische Führung diesem Plan zustimmte, wurde er von arabischer Seite strikt abgelehnt. Am 15. Mai 1948 endete das britische Mandat über Palästina, aber bereits am 14. Mai war von David Ben Gurion der Staat Israel proklamiert worden, der sofort von den USA, der UdSSR und der UNO (33 zu 13 Stimmen) anerkannt wurde. Am 15. Mai griffen Ägypten, Transjordanien, Syrien, Libanon und der Irak Israel an: der sogenannte Unabhängigkeitskrieg, der erste von fünf Kriegen, hatte begonnen.[246]

Seine direkte Ursache ist in der Ablehnung des UNO-Teilungsplans durch die arabischen Staaten zu sehen. Israel wirkte auf sie, von ihrem religiös-nationalen Verständnis aus betrachtet, als Fremdkörper. Eine zahlenmäßig unterlegene und zu Beginn schlecht ausgerüstete israelische Armee (die Haganah war deren Keimzelle, zudem wurde die allgemeine Wehrpflicht – auch für Frauen – eingeführt) konnte die Invasion aber erfolgreich abwehren und im Verlauf der Kämpfe sogar in die Offensive übergehen. Als erster arabischer Staat schloss Ägypten im Februar 1949 einen Waffenstillstand; es folgten der Libanon, Transjordanien und Syrien. Israel hatte seine Position gegenüber einem zahlenmäßig weit überlegenen Gegner nicht nur verteidigt, sondern erheblich ausgebaut – es vergrößerte in Galiläa, im Südwesten und im Bereich der Westbank sein Staatsgebiet, das seit diesem Zeitpunkt 20.991 km^2 umfasste. Allerdings stellten die nun gültigen Waffenstillstandslinien nach wie vor geopolitisch und strategisch extrem ungünstige Grenzen dar. Eine Zweiteilung des Landes bei einem weiteren militärischen Konflikt war somit eine ständige und existenzbedrohende Gefahr. Ein weiteres und folgenschweres Ereignis war die Teilung

Jerusalems. Die Altstadt mit der den Juden heiligen Klagemauer fiel an Jordanien, das nämlich seinerseits die Westbank annektierte und somit die Gründung eines arabischen Staates Palästina verhinderte, zumal Ägypten den Gaza-Streifen in Besitz nahm. Zu einem Friedensschluss oder gar einer Anerkennung Israels durch seine Nachbarn kam es nicht, da diese direkte Verhandlungen mit Israel ablehnten.

Mit der Machtübernahme Gamal Abdel Nassers[247] in Ägypten 1952 verschärfte sich die Lage im Nahen Osten. Die Straße von Tiran, der Ausgang des Golfes von Akaba zum Roten Meer und somit Israels über seinen Hafen Eilat einzige maritime Verbindung zum Indischen Ozean, wurde für dessen Schiffe gesperrt, ebenso der Suezkanal, der 1956 durch Nasser verstaatlicht wurde. Damit fühlten sich Großbritannien und Frankreich als Hauptteilhaber der Suezkanal-Gesellschaft herausgefordert. Um die alten Machtverhältnisse wiederherzustellen, landeten britische und französische Truppen am Kanal. Gleichzeitig antwortete Israel nach geheimen Absprachen mit Frankreich und Großbritannien mit einer Invasion auf dem Sinai, der nach acht Tagen komplett von seinen Truppen erobert wurde. Ein gleichzeitiges Ultimatum der USA und der UdSSR zwang jedoch die drei Staaten zur Aufgabe ihrer Intervention. Israel zog sich daraufhin bis März 1957 vom Sinai und aus dem Gazastreifen zurück.

Das kommende Jahrzehnt war dann von palästinensischen Terroranschlägen – speziell aus dem wie ein Stachel nach Israel hineinragenden Gazastreifen – und israelischen Vergeltungsschlägen geprägt. Mitte Mai 1967 spitzten sich die Spannungen dramatisch zu: Ägypten zog auf dem Sinai massive Truppenkontingente zusammen, zwang die UN-Truppen zum Abzug und sperrte erneut die Straße von Tiran, gleichzeitig schloss es Bündnisse mit Syrien und Jordanien. Nasser bereitete die Ägypter in einer Erklärung auf einen totalen Krieg gegen Israel vor, das dann am 5. Juni 1967 in Form eines Präventivschlags gegen Ägypten selbst in die Offensive ging, indem es dessen Luftwaffe noch am Boden komplett zerstörte. Der Sechs-Tage-Krieg[248] endete mit einem totalen militärischen Triumph Israels und einer gleichzeitigen tiefen Demütigung des arabischen Nationalgefühls.

Die geopolitische Landschaft des Nahen Ostens änderte sich schlagartig: Israel hatte erstmals sichere Grenzen. Der Sinai bot die strategische Tiefe des Raumes. Die Besetzung der sicherheitspolitisch bedeutsamen Golanhöhen beendete den jahrelangen Beschuss israelischer Siedlungen durch syrische Artillerie und brachte damit den dort lebenden Menschen Schutz vor weiteren syrischen Bombardements. Israel hatte zudem das Westjordanland bzw. die Westbank (das historische Judäa und Samaria) sowie den Gazastreifen besetzt. Weiterhin war nun israelischen und nach Israel fahrenden Schiffen die Durchfahrt durch die Straße von Tiran wieder ungehindert möglich; Jerusalem, das seit 1949 zwischen Israel und Jordanien zweigeteilt gewesen war, wurde unter israelischer Regierungshoheit wieder vereinigt.

An dieser Stelle bietet sich ein Exkurs zum Problem des Gazastreifens an.

Nach dem Unabhängigkeitskrieg 1948/49 kam dieser unter ägyptische Militärverwaltung und wurde vom Jahr 1952 an zum Ausgangspunkt für zahlreiche Terrorattacken auf nahegelegene israelische Siedlungen durch die von Ägypten unterstützten und finanzierten Fedajun – ein mitentscheidender Anlass für Israels Sinai-Feldzug 1956. Generell stellt der Gazastreifen mit einer Bevölkerungszahl von heute ca. zwei Mio. Einwohnern aufgrund seiner geografischen Lage geo- und sicherheitspolitisch für Israel ein Problem dar. Er war früher für Ägypten die bequemste Verbindungsstrecke zu den östlichen arabischen Mittelmeerländern Libanon und Syrien. Weiterhin befindet sich sein nördlichster Punkt in einer Entfernung von nur 50 km vom Großraum Tel Aviv, das somit in Reichweite von Kurzstreckenraketen der Hamas liegt. Nicht nur seine durch das Mittelmeer und im Süden durch die Wüste geschützte Lage, sondern auch seine topografische Beschaffenheit (Küstenebene) mach(t)en den Gazastreifen zum idealen Ausgangspunkt von Militäraktionen in Richtung Norden und Osten. Untersteht der Gazastreifen einer fremden Macht, so bedeutet das für Israel eine ständige Bedrohung seiner dort angrenzenden Gebiete, wie ja auch nach Abzug der israelischen Truppen im Jahr 2005 aktuell die immer wieder erfolgenden Anschläge durch die palästinensische Terrororganisation Hamas dramatisch zum Ausdruck bringen.

Israels neuer Machtbereich umfasste seit 1967 nun gut 70.000 km^2, mehr als das Dreifache seines Kernlands. Aber dadurch verschärfte sich das Palästinenser-Problem. Rund eine Million Palästinenser in der Westbank und im Gazastreifen gerieten unter israelische Besatzung und Militärverwaltung. Die heute allgegenwärtige Situation war da. Gleich nach Kriegsende begann Israel, den in seinen Augen biblisch-historisch begründeten Anspruch auf die Westbank durch eine systematisch angelegte Siedlungspolitik zu untermauern und somit die Besetzung praktisch unumkehrbar zu machen. Die Siedlungen wurden strategisch so geplant, dass sie die wichtigsten Verbindungslinien kontrollierten und das von den Palästinensern bewohnte Gebiet in viele einzelne Gebiete aufsplitterten. 1973 brach dann der vierte Krieg zwischen Israel und seinen Nachbarn aus: Am 6. Oktober 1973 (Jom Kippur) begannen Ägypten und Syrien in Form eines koordinierten Überraschungsangriffs ihren Revanchekrieg mit Israel. Dieser dauerte drei Wochen. Als wichtigstes Ergebnis bleibt zwar festzuhalten, dass Israel erstmals an die Grenzen seiner militärischen Macht gestoßen war und dies für die Araber einen psychologischen Auftrieb bedeutete, auf territorialer Ebene allerdings zunächst keine grundlegenden Veränderungen erfolgten. Dennoch, der Weg für eine Neuorientierung der Nahost-Politik war geebnet. Die USA drängten Israel nun zu einer flexibleren Haltung gegenüber seinen Nachbarn, überzeugten aber andererseits auch gemäßigte Staaten wie Jordanien und Ägypten von der Notwendigkeit einer langfristigen Anerkennung des jüdischen Staates. Erste konkrete Maßnahmen waren verschiedene Truppenentflechtungsabkommen mit Syrien und Ägypten sowie die Einrichtung von UN-Pufferzonen auf dem Sinai und den Golanhöhen. Ein Höhepunkt war der historische Besuch des ägyptischen Staatspräsidenten Anwar el-Sadat im November 1977 in Israel und seine Rede vor der Knesset. 1978 folgten der Gegenbesuch von Ministerpräsident Menachem Begin und Verhandlungen für einen Friedensvertrag (Gespräche in Camp David), der dann am 26. März 1979 in Washington unterzeichnet wurde. Nach dem Rezept »Land für Frieden« hatte Israel die volle diplomatische Anerkennung durch Ägypten erhalten, sich dafür aber verpflichtet, den Sinai bis 1982 vollständig zu räumen, was dann auch geschah.

So viel an dieser Stelle zu den zentralen militärisch-sicherheitspolitischen Ereignissen seit der Gründung Israels. Das Betrachten weiterer detaillierter Aspekte wie die Rolle des Libanons als Rückzugsgebiet der Palästinensischen Befreiungsorganisation (PLO), der in diesem Zusammenhang stehende Libanonfeldzug von 1982, Israels »Sommerkrieg« 2006 im Libanon, die palästinensischen Intifada-Aufstände und diverse Operationen der israelischen Armee im Gazastreifen sprengen den Rahmen hier allerdings und führen über das Thema an sich hinaus.[249] Vielmehr gilt es nun, genauer zu untersuchen, welche geografischen Bedingungen und Voraussetzungen bzw. Geofaktoren für Israel als Staat maßgeblich sind.

Werfen wir daher nun zunächst einen kurzen Blick auf die Geografie Israels und seiner damit einhergehenden Geofaktoren. Ca. 9 Mio. Menschen, davon 6,5 Mio. Juden und knapp 1,9 Mio. Araber, leben in einem von sehr vielfältigen und gegensätzlichen Oberflächenformen geprägten Land. Zu dem völkerrechtlich in den Waffenstillstandslinien von 1949 zu betrachtendem israelischen Kernland kommen noch die Westbank mit 5655 km^2 und knapp drei Millionen Einwohnern, Ostjerusalem und die Golanhöhen, die 1970 zur Besiedlung freigegeben und 1981 von Israel annektiert wurden, mit einer Fläche von 1295 km^2 hinzu.

Dieses höhenbedingt recht niederschlagsreiche Plateau (bis zu über 750 mm Niederschlag pro Jahr) ist nicht nur, wie oben schon deutlich gewor-

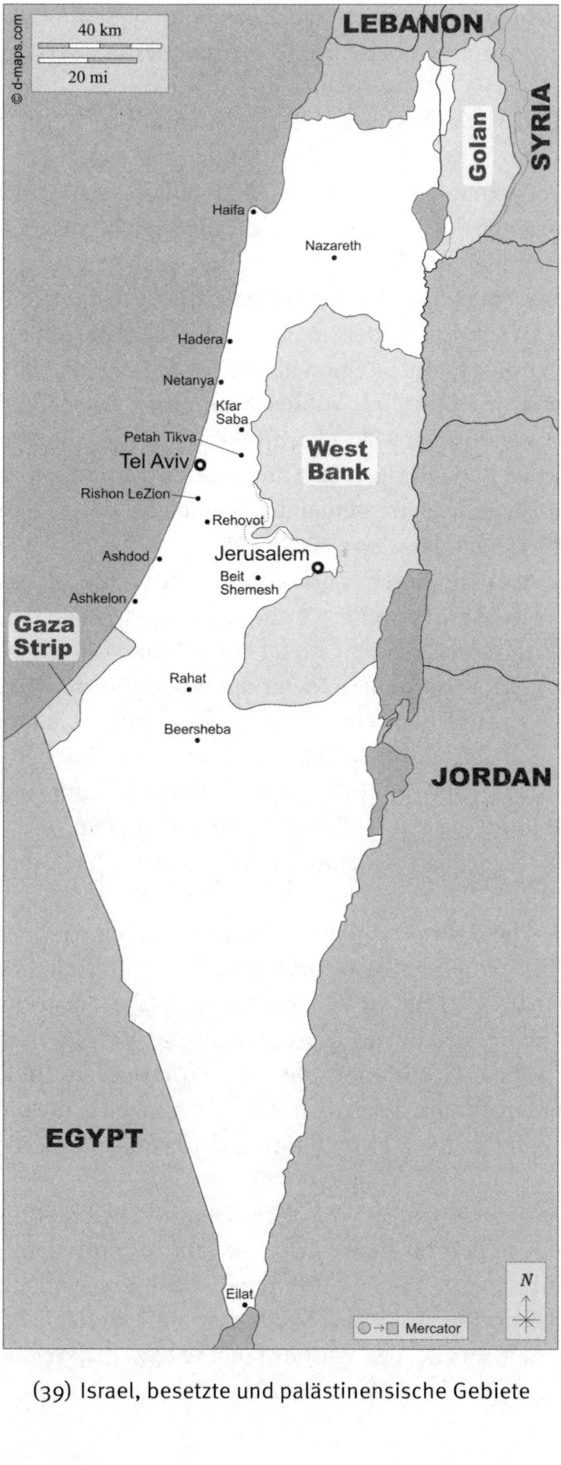

(39) Israel, besetzte und palästinensische Gebiete

den, von entscheidender militärischer Bedeutung. Seine Kontrolle garantiert auch die Verfügung über rund 50 Prozent des Wassers, mit dem Israel seine ariden Gebiete bewässert und in fruchtbares Land verwandelt. Die Eroberung (und spätere Annexion) der Golanhöhen 1967 ist somit eben auch mit der Furcht vor einer Unterbrechung der israelischen Wasserversorgung zu verstehen. Israel wurde seit Besetzung der Golanhöhen nun auch zum Anrainer des Jarmuk-Flusses. Ein Verzicht auf dieses Hochland hätte also einschneidende Konsequenzen für Israels Wasserversorgung und damit einhergehend seiner Landwirtschaft, die in den letzten Jahren stark gewachsen ist. Weiterhin ist der im israelisch besetzten Teil mit einer Höhe von 2200 Meter die gesamte Region überragende Bergzug Hermon (der mit 2814 Meter höchste Punkt liegt auf der Kammlinie zwischen dem Libanon und Syrien in der von der UNO kontrollierten Zone) für Israel von enormer strategischer Bedeutung. Nicht umsonst bekräftigte im April 2016 der damalige Ministerpräsident Benjamin Netanjahu, der Golan werde »auf immer in den Händen Israels verbleiben«.[250]

Betrachtet man in diesen Zusammenhängen eine physisch-geografische Karte Israels, werden weitere Auffälligkeiten deutlich: Das Land weist Höhendifferenzen zwischen 1035 Meter (Berg Ramon in der Negev-Wüste) über und am Toten Meer ca. 420 Meter unter dem Meeresspiegel auf. Einer langgezogenen Küstenebene vom Gazastreifen bis zum Libanon, nur unterbrochen vom Karmelgebirge bei Haifa, folgen in östlicher Richtung Bergketten von bis gut 1000 m Höhe – so liegt Israels Hauptstadt Jerusalem auf gut 750 m über Normal Null – um dann steil in den Jordangraben, der Verlängerung des Großen Afrikanischen Grabenbruchs (Great Rift Valley), abzufallen.

Die wenigen landwirtschaftlich nutzbaren Flächen werden mithilfe von Bewässerungssystemen intensiv bearbeitet. Von zentraler Bedeutung ist hier der Jordan als wichtigster Wasserlieferant in diesem ariden Raum.

Problematisch erscheint die Wirtschafts- und Bevölkerungskonzentration auf nur wenige Großräume wie – neben Jerusalem und Haifa – insbesondere der Großraum Tel Aviv mit seinen 1,5 Mio. Einwohnern, dessen Flughafen sich in Reichweite von Raketen der Hamas aus dem Gazastreifen befindet.

Die Auseinandersetzungen mit diesen natürlichen Rahmenbedingungen des Landes stellen bis heute nicht nur ein Kernproblem dar, sondern haben auch direkte und folgenschwere politische Konsequenzen. Deutlich wird dies insbesondere an Israels Siedlungspolitik in den seit 1967 besetzten Gebieten, hier speziell das Westjordanland bzw. die Westbank, und den daraus resultierenden Konflikten mit den Palästinensern.

Fakt ist, dass seit der Besetzung des Westjordanlandes 1967 alle israelischen Regierungen – ob die linksorientierte Arbeiterpartei oder der rechtsgerichtete Likud-Block – den Siedlungsbau massiv forciert haben. Unter völkerrechtlichen Gesichtspunkten ist sicherlich zu konstatieren, dass die Siedlungspolitik in den besetzten Gebieten sich als höchst problematisch erweist.[251] So untersagt Artikel 49 der 4. Genfer Konvention von 1949 einer Besatzungsmacht, Angehörige ihrer eigenen Zivilbevölkerung in das von ihr besetzte Gebiet zu transferieren.[252] Im Hinblick auf die geopolitische Betrachtung aus israelischer Perspektive wird jedoch schnell deutlich, dass seine Siedlungspolitik darauf abzielt(e), durch die Errichtung der ersten Siedlungen strategisch wichtige Gebiete in der Westbank zu kontrollieren, um so das israelische Kernland zu schützen und die Herrschaft über Jerusalem zu festigen.

2018 lebten schließlich neben knapp 2,9 Millionen Palästinensern gut 380.000 jüdische Siedler in der Westbank sowie 208.000 in Ost-Jerusalem.[253] Während sicherlich ein Teil dieser Siedler aus religiösen oder zionistischen Beweggründen – bezogen auf das biblische Israel – dort lebt, wohnen gerade in den Siedlungen rund um Jerusalem und nahe der Waffenstillstandslinie von 1949 viele Israelis, die vor allem aus wirtschaftlichen Gründen in das Westjordanland gezogen sind. Rein sicherheitspolitisch betrachtet, kann es sich keine israelische Regierung leisten, vollkommen auf eine – in welcher Form auch immer – Kontrolle der Westbank zu verzichten. Solange eine akute Terrorgefahr aus dieser Region besteht und immer wieder real zu verzeichnen ist, muss jeder israelischer Ministerpräsident zum Schutz des eigenen Volkes die dortige Präsenz des eigenen Militärs gewährleisten. So dient auch der 2002 begonnene Bau von Sperranlagen zwischen dem israelischen Kernland und der Westbank dem Schutz der Zivilbevölkerung vor Terroranschlägen, z. B. in Form von Selbstmordattentätern. Eine vollständige palästinensische Kontrolle der dortigen Gebirgszüge würde die städtischen Großräume Tel Aviv und Jerusalem im schlimmsten Falle massiv bedrohen. Ein Berg – stellvertretend für zahlreiche weitere Höhenzüge und Gipfel betrachtet – wie der Tell Asur, mit einer Höhe von 1020 Meter und zwischen Nablus und Jerusalem gelegen, böte eine ideale Ausgangsposition für artilleristische Angriffe auf die israelische Küstenebene.

Umgekehrt haben der Bau von Siedlungen und strategischen Verbindungsstraßen sowie deren ausschließliche Nutzung durch die Siedler für die Palästinenser zu einer Zerstückelung ihres Territoriums und zum Wegfallen wichtiger landwirtschaftlicher Flächen und Wasserzugängen geführt. Damit kommen wir zu einem weiteren zentralen geopolitischen Aspekt – dem **Wasser**.

Die Wasserversorgung ist für Israel, wie oben schon angedeutet, eine existenzielle Frage. Es deckt seinen Bedarf heute zum großen Teil aus Vorkommen, die außerhalb seines Territoriums liegen oder entspringen. David Ben Gurion, Israels erster Ministerpräsident, wird mit den Worten zitiert: »Wir führen einen Wasserkrieg mit den Arabern. Die Zukunft des jüdischen Staates ist abhängig vom Ausgang dieser Schlacht.«[254]

Grundsätzlich gilt, dass keine Region historisch betrachtet länger um die Ressource Wasser kämpft als der Nahe Osten.[255] Schon vor 4500 Jahren sollen dort deshalb Kriege geführt worden sein, wovon nicht nur die Bibel berichtet. So liegt in dieser Region der durchschnittlich erneuerbare Wasservorrat pro Kopf und Jahr bei einem Wert von unter 1000 Kubikmetern (zum Vergleich in Deutschland bei rund 1900), in Israel gar nur bei 265 Kubikmetern; Werte, die sich angesichts einer wachsenden Bevölkerung weiter verschärfen werden und zu einem wachsenden Konfliktpotenzial führen.

Konkret können in der Region drei Konfliktfelder um Wasser identifiziert werden: Erstens der Streit an der Nordgrenze Israels um die Jordanquellflüsse: Der Hasbani, der im südlichen Libanon entspringt, der Dan mit seiner Quelle im nördlichen Israel und der Banyas (auch Hermonfluss genannt), der seinen Ursprung in den nördlichen Golanhöhen im Gebiet um das Hermongebirge hat. Zweitens eine Auseinandersetzung Israels mit Jordanien, das zu den zehn wasserärmsten Ländern der Welt gehört[256], um die Verteilung des Wassers von Jordan und Jarmuk; wobei der Friedensvertrag zwischen beiden Staaten vom 26. Oktober 1994 in Artikel 6 die Zusicherung festlegt, dass Jordanien größere Mengen Wasser aus dem Jordan entnehmen darf und auch von den Wasserreserven des See Genezareths profitiert. So pumpt Israel deutlich mehr Wasser aus dem See in den Norden von Jordanien, als im Friedensvertrag vereinbart.[257] Schließlich drittens die Frage der Wasserrechte der Palästinenser im Westjordanland.

Seit seiner Staatsgründung hat Israel mehrfach militärisch eingegriffen, wenn ein Nachbarstaat seine Wasserversorgung bedrohte, so z. B. als 1964 Syrien und der Libanon beabsichtigten, in Form eines Kanalprojekts den Hasbani und den Banyas umzuleiten. Damit wäre u. a. eine Versalzung des wichtigen Wasserreservoirs See Genezareth eine Konsequenz gewesen, die Israel nicht akzeptieren konnte. Israel nahm diese Kampfansage an: Im März, Mai und August 1965 attackierte die israelische Armee das Bauprojekt.[258] Die folgenden gewaltsamen Grenzauseinandersetzungen mündeten dann 1967 in den Sechs-Tage-Krieg. 2002 drohte ein Streit mit dem Libanon zu eskalieren, der beabsichtigte, Wasser aus der Quelle des Wassani-Flusses zu entnehmen.[259] Nur die unmissverständliche Ankündigung des damaligen israelischen Ministerpräsidenten Ariel Sharon, dass dies der »Casus belli« sei, verhinderte eine militärische Auseinandersetzung.

Wie schon angedeutet, liegt eine zentrale und unverzichtbare Hauptquelle israelischer Wasserversorgung in den besetzten palästinensischen Gebieten in der Westbank. Die dortigen Wasserressourcen wurden nach deren Besetzung zu israelischem Staatsbesitz erklärt und der Militärverwaltung unterstellt.[260] Im Rahmen des Friedensprozesses von Oslo[261] übernahm die palästinensische Wasserbehörde zwar die administrative Verantwortung für die palästinensische Wasserversorgung, trotz der Einrichtung eines gemeinsamen Wasserkomitees behielt sich Israel aber faktisch die übergeordnete Kontrolle über die Wasserförderung vor. Unverändert leitet Israel über den 1964 fertiggestellten »National Water Carrier«[262] rund drei Viertel des Jordanwassers vom See Genezareth in Richtung Tel Aviv und in die Negev-Wüste; weiterhin wird auch der größte Teil der Grundwasserreserven der Westbank von den israelischen Siedlern genutzt.[263] Dies bedeutet für die palästinensische Bevölkerung und ihre Landwirtschaft andererseits einen massiven Nachteil, ist doch das Grundwasser neben dem seltenen Regenwasser die einzige verlässliche Wasserquelle. Ein genereller Wassermangel ist alltägliche Realität. Ca. 40 Prozent der Dörfer und Gemeinden in der Westbank sind überhaupt nicht an das Wassernetz angeschlossen und werden mittels Regenwasserzisternen oder externer Zulieferung versorgt.

Ungeachtet der Versorgung mit Trinkwasser ist an dieser Stelle auch noch kurz auf das Schrumpfen des Toten Meers zu verweisen. Strömten in den 1930er-Jahren jährlich noch ca. 1300 Mio. m^3 Wasser über den Jordan in den abflusslosen Binnensee, so sind es gegenwärtig nur noch etwa 350 Mio. m^3. Faktisch ist er an der Mündung zum Toten Meer versiegt, vergleichbar mit den Zuflüssen zum ehemaligen Aralsee. Dieser Sachverhalt ist insofern von Interesse, als dass das Tote Meer sich für die industrielle Mineraliengewinnung eignet. So weist es eine besondere Konzentration an Kalium, Magnesium, Jod und Brom auf und ist damit nicht nur das salzreichste, sondern auch das an Mineralien reichste Gewässer der Erde. Weiterhin werden dort auch noch Industrie- und Speisesalz sowie Pottasche gewonnen. Problematisch ist nun, dass die Jordananrainer in umfangreichem Maße Wasser aus dem Fluss ableiten, das sonst das verdunstende Wasser des Toten Meeres ersetzen würde. Sollte sich an dieser Politik nichts ändern, wird die Oberfläche, die bereits heute nur noch etwa 600 Quadratkilometer beträgt, weiter schrumpfen.

Fassen wir zusammen:
Aufgrund seiner geografischen Rahmenbedingungen kann Israel nicht – und wird es auch in absehbarer Zeit nicht tun – einen vollständigen Rückzug auf die Waffenstillstandslinien von 1949 vornehmen, auch wenn das Motto »Land gegen Frieden« – so wie mit Ägypten auf den Sinai bezogen durchaus erfolgreich praktiziert – sicherlich eine Chance darstellt. Angesichts der dargelegten geopolitischen Gesichtspunkte ist es aber unerlässlich, dass seitens der Palästinenser ein wirklich ernsthafter Friedenswille zum Ausdruck gebracht wird, damit Israel einer Zwei-Staaten-Lösung zustimmt. Knackpunkt wird dabei weiterhin die Jerusalem-Frage bleiben. Ob die Golanhöhen irgendwann einmal wieder ein Verhandlungsthema sein werden, hängt nicht zuletzt von der innenpolitischen Entwicklung in Syrien ab. Für Israel besteht jedenfalls – auf dieses Territorium bezogen – zurzeit keinerlei Grund, an seiner aktuellen Politik etwas zu ändern.

5. Die Türkei – eine regionale Vormacht im östlichen Mittelmeerraum?

Die Türkei, Staat auf zwei Kontinenten, seit 1952 Mitglied der NATO und auf dem Papier noch nach wie vor EU-Beitrittskandidat (wobei hier auf dieses Thema nicht eingegangen werden wird), hat sich in den letzten Jahren – insbesondere unter der Präsidentschaft Recep Tayyip Erdoğans – zu einem bedeutenden Akteur im östlichen Mittelmeerraum, in Nordafrika und bis hin nach Zentralasien entwickelt. »Die afro-eurasische geografische Zone, in deren Epizentrum die Türkei liegt, ist ein Gebiet, in dem Chancen und Risiken am intensivsten interagieren«, heißt es auf der Webseite des türkischen Außenministeriums.[264] Mit dem Ende des Ost-West-Konflikts und dem Zerfall der Sowjetunion erfuhr ihre geopolitische Schlüsselstellung als Brückenland zwischen Europa und Asien bis hin nach Zentralasien eine deutliche Aufwertung. Dies geschieht in Form einer zentralen Scharnierstellung, nicht nur wegen der historischen Bedeutung der Meerengen Bosporus (an der schmalsten Stelle nur 700 Meter breit) und Dardanellen als geopolitischem Brennpunkt (aus Sicht der NATO) im Verhältnis zu Russland. Zuletzt wurde die herausragende geopolitische Rolle der Türkei für Europa in Bezug auf die Unterbindung der Migrationsströme in Richtung Balkanroute mehr als deutlich. Betrachten wir zunächst die geografische Lage des rund 80 Millionen Einwohner zählenden Landes, seine bestimmenden Geofaktoren und geografischen Rahmenbedingungen.

(40) Blick auf den Bosporus in Istanbul

97 Prozent des Territoriums liegen in Anatolien bzw. Kleinasien, dessen Relief stark durch Gebirgszüge gegliedert ist. Zentral- oder Inneranatolien ist ein Hochland von 800 bis 1300 Metern Höhe, Ostanatolien wird an der Grenze zu Armenien vom Ararat (5137 Meter) dominiert. An der südlichen Mittelmeerküste erstreckt sich das Taurus-Gebirge von West nach Ost und an der Schwarzmeerküste bildet das Pontische Gebirge ein entsprechendes Pendant. Die Türkei verfügt über zahlreiche Bodenschätze wie Kupfer, Blei und Zink, Eisenerz, Chrom und weitere Metalle, allerdings fehlen nennenswerte Vorkommen an Erdöl und Erdgas.

Die klimatischen Unterschiede sind aufgrund der umfangreichen West-Ost-Ausdehnung nicht unerheblich. So ist Zentralanatolien ein relativ niederschlagsarmes Hochland, während in Ostanatolien durch eine langandauernde Schneedecke die Flüsse noch Wasser führen, wenn diese im Westen bereits ausgetrocknet sind. Von großer Bedeutung für die Landwirtschaft, vor allem aber für die Energieerzeugung, sind die Oberläufe des Euphrat und Tigris. Das »Südostanatolien-Projekt« stellt ein umfangreiches Staudammsystem dar, dass der Bewässerung und der Stromerzeugung dient, umgekehrt aber die Wasserversorgung Syriens und des Iraks massiv gefährden kann.

Die Türkei weist weiterhin ein kontinuierliches Bevölkerungswachstum auf, das von einer stabilen Ernährungsgrundlage, dem Süßwasserreichtum Anatoliens und lange Zeit auch von einem starken Wirtschaftswachstum begleitet wurde.

Ein kurzer Blick in die Historie verdeutlicht, dass die Türkei als Kernland des Osmanischen Reiches[265] einst als ein zentraler Akteur und Beherrscher eines Imperiums, das sich über drei Kontinente bis an die Tore von Wien, über das Schwarze Meer bis hin nach Algerien im Westen Nordafrikas und in den Jemen auf der Arabischen Halbinsel erstreckte, Weltpolitik betrieb. Mit der Niederlage 1683 vor Wien begann der langsame Abstieg des Osmanischen Reiches, das dann Ende des 19. Jahrhunderts als »kranker Mann vom Bosporus« zum Spielball der europäischen Großmächte wurde.

Immer mehr Völker, ausgehend von den Griechen ab 1822, erlangten bis zum Höhepunkt in Form der Balkankriege 1912/13 ihre Unabhängigkeit. Nach der Niederlage im Ersten Weltkrieg beabsichtigten die alliierten Siegermächte, die Türkei zu einem auf das anatolische Hochland beschränkten Rumpfstaat zu degradieren. Der im Zuge des Befreiungskriegs (1919–1922) durch Kemal Atatürk geschaffene Nationalstaat, der im Frieden von Lausanne 1923 seine mehr oder weniger bis heute gültigen Grenzen erreichte, orientierte sich ab diesem Zeitpunkt rein an nationalen Interessen. Einer der wichtigsten Leitsätze Atatürks lautete: »Frieden in der Heimat, Frieden in der Welt.«[266] Schon in dieser Zeit agierte die Türkei als Land zwischen den Kontinenten, indem sie auf der einen Seite Mitglied des »Balkanpakts« mit Griechenland, Jugoslawien und Rumänien war, auf der anderen Seite sich im »Orientpakt« gemeinsam mit dem Iran, dem Irak und Afghanistan Richtung Asien orientierte. Nachdem die Türkei Gründungsmitglied der UNO war, bildete sie mit ihrem Beitritt 1952 zur NATO (gemeinsam mit Griechenland) die zentrale Stütze der westlichen Allianz an ihrer Südostflanke. Nach dem Ende des Ost-West-Konflikts und dem Ende der UdSSR begann für die Türkei wohl der wichtigste Veränderungsprozess in ihrer Außenpolitik. Auf der einen Seite bewahrte sie ihre außenpolitische Kontinuität an der Seite der USA, demonstrierte aber im Zuge des Zweiten Golfkriegs 1991, dass sie gewillt war, künftig als regionale Macht im Nahen Osten bis hin nach Zentralasien zu agieren.[267] Dieser Prozess stellte anfangs sicherlich eine schwierige Situation dar, da die Türkei sich nun mit neuen Konflikten konfrontiert sah. Sie war und ist nun noch stärker geografisch, ethnisch sowie politisch in die Probleme ihrer Nachbarstaaten Irak, Iran, Armenien, Aserbaidschan, Russland, Syrien (plus wie schon zuvor Zypern und Griechenland) involviert. Dennoch – oder gerade deswegen – verfolgt

(41) Die Hagia Sophia in Istanbul

das Land seit den 1990er-Jahren eine zunehmend aktivere eigenständigere Außenpolitik auf dem Balkan, im Kaukasus und in Zentralasien.

Die dabei immer stärker zutage tretende geografische Zwitterstellung der Türkei zwischen zwei Kontinenten machte sie sich dann spätestens ab 2003 unter Erdoğan als damaligen Ministerpräsidenten und seinem damaligen Berater Ahmet Davutoğlu, der von 2009–2014 als Außenminister und von 2014–2016 als Ministerpräsident fungierte, zunutze, indem sie eine neue und zunehmend eigenständige, sich vom »Westen« distanzierende Außen- und Geopolitik definierte. Demnach »fühlt [die Türkei] den Puls zweier Welten schlagen, der westlichen und der islamischen.«[268] Konkret verortete Davutoglu sein Land als Teil des Balkans, der Schwarzmeerregion, des östlichen Mittelmeers, als Teil der kaspischen Region, sowie als Teil des Nahen und Mittleren Ostens. Die Westorientierung ist einer Politik der Multidimensionalität und -optionalität gewichen, die Davutoglu als Politik der »strategischen Tiefe« charakterisiert.[269] Natürlich ist diese Neuorientierung der türkischen Außen- und Sicherheitspolitik auch als eine Reaktion auf die zum Stillstand gekommenen Beitrittsverhandlungen mit der EU zu sehen. Unter dem Schlagwort eines neuen »Osmanismus«[270] streckt Ankara seitdem seine Fühler nicht nur diplomatisch, sondern auch militärisch massiv in seine nähere und weitere Umgebung bis hin nach Nordafrika (z. B. Libyen) und den Balkan, für die Türkei historisch betrachtet ein natürliches Interessengebiet, aus, indem das historische, geografische, religiöse und kulturelle Erbe des Osmanischen Reichs instrumentalisiert wird. Die Ambitionen der Türkei gegenüber den dort muslimisch geprägten Staaten wie Bosnien-Herzegowina, Albanien und dem Kosovo werden auf vielfältige Weise deutlich. Davutoglu erklärte 2010 in Sarajewo: »Wir wollen eine neue Balkanregion, basierend auf gemeinsamen Werten, ökonomischer Kooperation und kultureller Harmonie. So war der ottomanische Balkan, den wir erneuern wollen.«[271] So investiert die Türkei dort v.a. in strategische Sektoren wie Flughäfen, Telekommunikation und Banken, aber auch in Kulturarbeit und Religionsförderung. Das oben erwähnte Postulat des Republikgründers Atatürk »Friede daheim, Friede in der Welt« scheint augenscheinlich unter Erdoğan nicht mehr allzu viel zu gelten. Vielmehr gibt er sich osmanischen Großmachtträumen hin: »Wir haben unsere Grenzen nicht freiwillig akzeptiert«, betonte er 2019 in einer Rede und forderte: »Wir müssen überall sein, wo unsere Ahnen waren.«[272] Ähnliche Töne waren bei einem Besuch in Prizren im Kosovo im Oktober 2013 zu vernehmen: Erdoğan behauptete ernsthaft, dass das Kosovo die Türkei, und die Türkei das Kosovo sei. Mittlerweile ist die Türkei für das Kosovo der drittgrößte Handelspartner. Auch in Nordmazedonien engagiert sich die Türkei in zunehmendem Maße. Türkische Firmen haben dort rund 1,2 Milliarden Euro investiert, die türkische Religionsbehörde Diyanet fördert den Bau von Moscheen und Religionsschulen für die muslimische Minderheit.[273]

Die muslimisch geprägten Balkanstaaten können also zunehmend eine Art Brückenkopffunktion im Hinblick einer unterschwelligen Einflussnahme der Türkei in Südosteuropa einnehmen. Dazu mag auch die 1992 auf Initiative Ankaras ins Leben gerufene »Schwarzmeer-Wirtschaftskooperation« dienen.[274] Ihr gehören die sechs Anrainerstaaten sowie sechs weitere Staaten an. Ziel ist die wirtschaftliche Zusammenarbeit, wobei die Interessen der Mitgliedsstaaten sehr heterogen sind und somit die Effizienz der Organisation regelmäßig auf dem Prüfstand steht.

Offiziell proklamiert die Türkei unter Erdoğan eine Politik nach dem Grundsatz »Null Probleme mit Nachbarländern«.[275] Faktisch stellt der AKP (Partei für Gerechtigkeit und Aufschwung)-Präsident aber immer wieder die heutigen Grenzen in Andeutungen in Frage. Bezüglich Griechenlands verkündete er zum Beispiel: »Im Vertrag von Lausanne haben wir Inseln weggegeben. So nah, dass wir eure Stimmen hören können, wenn ihr hinüberruft. Das waren unsere Inseln. Dort sind unsere Moscheen.«[276] Bei all dieser rhetorischen Großmannssucht orientiert sich der türkische Präsident an einem Plan der türkischen National- und Unabhängigkeitsbewegung aus dem Jahr 1919, den Atatürk damals formuliert hatte, bevor er 1923 dann im Vertrag von Lausanne die türkischen Grenzen anerkannte. Der sogenannte »Nationalpakt«[277] sah vor, den westlichen – zu Griechenland gehörigen – Teil Thrakiens und einen Großteil der (griechischen) ägäischen Inseln für die Türkei zu reklamieren; weiter formulierte er Ansprüche auf den nördlichen Teil des heutigen Syriens mit Aleppo, auf den nordöstlichen erdölreichen, aber von Kurden bewohnten Teil des Iraks mit Mossul und Kirkuk. Die jüngst erfolgte Umwandlung der früheren christlichen und dann als Museum genutzten Hagia Sophia in eine Moschee ist somit nur ein weiteres Mosaikstück einer Politik der Abkehr vom westlichen Europa und vom Laizismus Atatürks.

a. Der Dauerkonflikt mit dem NATO-Partner und Erbfeind Griechenland

Nach der Unabhängigkeit Griechenlands[278] vom Osmanischen Reich 1822–1830 dehnte sich der neue Staat bis zum Ersten Weltkrieg auf Kosten der alten Herrschermacht aus, was die tief sitzende türkisch-griechische Rivalität miterzeugt hat. Der griechisch-türkische Krieg 1920–1922, den Griechenland ausgehend von Smyrna, dem heutigen Izmir, als Eroberungsfeldzug gegen das geschwächte Osmanische Reich begann und verlor, die massiven Bevölkerungsumsiedlungen als dessen Folge und ab 1960 der Zypern-Konflikt[279] führen bis heute zu mal mehr, mal weniger scharfen Spannungen und Konflikten bis an den Rand einer bewaffneten Auseinandersetzung der beiden NATO-Partner.

Zypern ist aufgrund seiner exponierten Lage in der Levante ein Opfer seiner Geografie. Aufgrund seiner geopolitisch herausragenden strategischen Lage war es schon immer umkämpft zwischen den damaligen Großmächten, sei es Byzanz, Venedig oder das Osmanische Reich. Die Geschichte Zyperns ist eine Geschichte der Invasionen. Die Eroberung der bis dato weitgehend von Griechen bewohnten Insel durch die Osmanen 1570/71 führte zu einer türkischen Siedlungsbewegung und zu dem bis heute andauernden Konflikt. Aktuell verkörpern die Griechen immer noch rund 80 Prozent der Bevölkerung. Sie nahmen für sich somit konsequent das Recht auf Selbstbestimmung in Anspruch und forderten zeitweise den Anschluss (Enosis) an das Mutterland. Griechenland, die Türkei und Großbritannien als Kolonialmacht verständigten sich 1959 in verschiedenen Abkommen auf eine Machtteilung zwischen den beiden Volksgruppen sowie auf Regelungen, mit denen sie als Garantiemächte eines unabhängigen Zyperns deren und nicht zuletzt ihre dortigen Rechte und Einflussmöglichkeiten sichern wollten. So besitzen die Briten bis heute zwei Militärstützpunkte auf der Insel. Die zypriotischen Türken hingegen wollten nicht die Minderheit in einem griechisch beherrschten Staat sein. Nach der Unabhängigkeit Zyperns von Großbritannien 1960 kam es schon bald zu blutigen Auseinandersetzungen zwischen beiden Volksgruppen, so zwischen 1963 und 1965, die die Stationierung von UN-Blauhelmen zur Folge hatte. Die NATO intervenierte grundsätzlich nicht in diesem Konflikt, für sie hatte der Schutz ihrer südöstlichen Flanke allerdings eindeutig Vorrang vor griechischen Wünschen.[280] Da nach einem Putsch gegen den zyprischen Staatspräsidenten Erzbischof Makarios 1974[281] erneut die Möglichkeit eines Anschlusses an Griechenland im Raum stand, intervenierte die Türkei und besetzte mit rund 30.000 Soldaten den Nordteil der Insel (rund 40 Prozent), der 1983 einseitig die »Türkische Republik Nordzypern« proklamierte, die allerdings außer durch die Türkei von keinem Staat anerkannt ist. Die Türkei verfolgt mit ihrer Militärpräsenz keine sicherheitspolitischen Ziele, sondern will die Kontrolle über die Insel ausüben, und verweist auf die britischen Basen im Süden der Insel als ein angebliches Pendant. Zypern dient damit den Briten und der NATO jedenfalls nach wie vor als unsinkbarer Flugzeugträger und zur Luftüberwachung in der geopolitisch höchst brisanten und instabilen Region des östlichen Mittelmeerraums.

Für die griechisch-türkischen Beziehungen stellt die Zypernfrage bis dato jedoch eine schwere Belastung dar. Da die Republik Zypern, also der griechische Südteil der Insel, nach Ansicht Ankaras die türkische Bevölkerung im Norden der Insel nicht repräsentiere, hat die Türkei diese bis heute nicht anerkannt.

Aufgrund dieses ungelösten Konflikts stellen die Erschließung und Ausbeutung der Erdgasvorkommen um Zypern und andere Schürfrechte auf dem Meeresboden aktuell ein massives geopolitisches und ökonomisches Problem im östlichen Mittelmeer dar. Nachdem 2011 nämlich umfangreiche Gasvorkommen im sogenannten »Aphrodite-Feld«, gelegen in Zyperns Ausschließlicher Wirtschaftszone (AWZ), entdeckt wurden und weitere Reserven vermutet werden[282], kann dies die höchst konfliktträchtige geopolitische Lage im östlichen Mittelmeerraum weiter verschärfen. Schon 2007 führte Ankara demonstrative Manöver in der Nähe der damals vermuteten Erdgasfelder durch. Im Februar 2018 wurden die Tätigkeiten eines Bohrschiffs, das weitere Erdgasvorkommen in Zyperns AWZ explorieren wollte, massiv von türkischen Kriegsschiffen behindert.[283] Ankara spricht der Republik Zypern somit aufgrund seiner Nichtanerkennung das Recht ab, über die Bodenschätze des Landes zu verfügen. Dies könne erst nach der Lösung des Konflikts geschehen, die allerdings nach wie vor in weiter Ferne liegt.

Hinzu kommen noch Auseinandersetzungen zwischen der Türkei und Griechenland über Hoheitsrechte und den Festlandsockel in der Ägäis, was den Status verschiedener Inseln und den Luftraum betrifft. So wäre es 1996 fast zu einem Krieg zwischen beiden Staaten gekommen, als der Streit über die unbewohnte nur 800 m^2 große Zwerginsel Imia[284] dazu führte, dass die jeweiligen Seestreitkräfte beinahe in Gefechtsbereitschaft versetzt wurden. Man mag nun den Kopf schütteln, dass ein augenscheinlich unbedeutender Felsen im Meer zu derartigen Spannungen führte. Ein Blick auf die Landkarte lässt aber sofort die Bedeutung der zahlreichen Inseln, die fast alle zu Griechenland gehören, erkennen. Sie können seitens Griechenlands als ein Sperrriegel genutzt werden, um so alle türkischen Ägäishäfen von den internationalen Gewässern abzuschneiden. Wenn also Imia zu Griechenland gehört, so hat dieses dann das Recht, die 6-Seemeilen-Zone, die beide Staaten einst für die Ägäis vereinbart haben, auch um dieses Eiland auszudehnen, verbunden mit der Konsequenz, dass das griechische Hoheitsgebiet bis ca. zwei Kilometer an die türkische Küste heranreichen würde.

Wie in Kapitel II. 3. g erwähnt, wurde mit dem Seerechtsübereinkommen der Vereinten Nationen von 1982 (SRÜ) dieses Höchstmaß auf 12 Seemeilen verbreitert.[285] Als Griechenland schon 1976 eine entsprechende Ausweitung seiner Hoheitsgewässer anstrebte, drohte die Türkei 1979 und ebenso auch wieder 1994 mit Krieg, da so die Ägäis zu einem griechischen Binnenmeer würde. Eine Durchfahrt vom Schwarzen Meer ins Mittelmeer wäre dann nur noch durch griechisches Hoheitsgewässer möglich; auch könnte die türkische Flotte keine Manöver in internationalen Gewässern der Ägäis durchführen. Griechenlands Meeresanspruch würde so auf knapp drei Viertel steigen, der der Türkei nur auf ein Zehntel und die internationale Meeresfläche würde sich um knapp 60 Prozent verringern.[286] Obwohl Griechenland Vertragspartei des SRÜ ist, hat es sein Küstenmeer in der Ägäis bislang lediglich auf 6 Seemeilen Breite ausgedehnt. Die Türkei hat 1982 gegen die Annahme des SRÜ gestimmt und ist bis heute nicht Vertragspartner. Daher fühlt sie sich auch nicht an das Abkommen gebunden und hat wiederholt betont, dass sie die Anwendung der 12-Meilen-Regel in der Ägäis als Kriegsgrund betrachtet würde. Das Völkerrecht, um das es hier geht, besteht neben Abkommen und Verträgen aber auch aus dem Gewohnheitsrecht. Daran ist auch die Türkei gebunden. Heute ist international anerkannt, dass die 12-Meilen-Regel Teil dieses Gewohnheitsrechts ist. Zudem beruft sich die Türkei mit ihrer 12-Meilen-Zone im Schwarzen Meer selbst darauf. Entscheidet Griechenland, auch in der Ägäis 12 Seemeilen zu beanspruchen, wird die Türkei rechtlich dem nichts entgegensetzen können. Sie könnte allenfalls versuchen, entgegenstehendes regionales Völkergewohnheitsrecht nachzuweisen. Die Suche nach oder gar die Ausbeutung von Rohstoffvorkommen in der Ägäis wären für sie jedoch ausgeschlossen. Die dortige Auseinandersetzung lässt sich auch auf den Festlandsockel ausweiten. Hätte die Türkei das SRÜ ratifiziert, könnte sie über diese Schiene argumentieren und Ansprüche über die Festlandsockelkommission, die durch das SRÜ für derartige Streitfälle eingerichtet wurde, einfordern.

Die Ägäis bleibt also ein explosiver Zankapfel zwischen den auf dem Papier verbündeten Staaten, wobei sich Griechenland grundsätzlich von der Türkei existenziell bedroht sieht und auch aus diesem Grund im August 2020 ein Abkommen mit Ägypten über die Abgrenzung der gemeinsamen Hoheitszonen im Mittelmeer abgeschlossen hat.[287]

b. Die Kurdenproblematik[288]

Ungelöst ist bis heute auch die Frage der Kurden, die sich zu Recht als »Volk ohne Land« bezeichnen, da sich ihr Lebensraum auf fünf Staaten erstreckt: Türkei 13 Mio., Irak 4 Mio., Iran 5,7 Mio., Syrien 1 Mio., Armenien 0,4 Mio.

Durch die Nationalstaatsbildung der Perser, Türken, Araber und Armenier wurden sie zur Minderheit in den jeweiligen Nationalstaaten und werden von den einzelnen Staaten oftmals zur Destabilisierung des bzw. der jeweiligen Nachbarstaaten instrumentalisiert. Einigkeit besteht letztlich nur darin, keinen eigenständigen Kurdenstaat zuzulassen.[289] Hier kommt erschwerend hinzu, dass von einer Einheit der Kurden insgesamt auch nicht die Rede sein kann. Vielmehr sind sie höchst verschieden und teilweise zerstritten. Es gibt drei kurdische Sprachen: Kurmandschi, Sorani, Zazaki und ebenso gehören die Kurden unterschiedlichen Religionen an, nämlich den Schiiten, Sunniten, Yeziden, Aleviten und Christen. Die kurdische Gesellschaft beruht auf Clanstrukturen. Die einzelnen Clans stehen in Konkurrenz zueinander, oft mit der Folge gewaltsamer Auseinandersetzungen.

Analog des Nationalismuskonzepts von Kemal Atatürk gilt bis heute das Prinzip der Staatsnation, das von einer unteilbaren Einheit von Staatsgebiet und Staatsvolk ausgeht. Kulturelle oder gar politische Sonderrechte für ethnische Minderheiten wie die Kurden sind somit aus türkischem Verständnis heraus nicht möglich.

Die Kurdenproblematik ist aus türkischer Sicht neben Syrien vor allem im Nordirak virulent. Nach dem Sturz Saddams Husseins hat sich dort ein relativ funktionierender Quasistaat etabliert, der seitens der Türkei zum einen wegen der Gefahr, auf die eigene kurdische Bevölkerung als Magnet zu wirken, mit Argusaugen beobachtet wird, zum anderen aber auch wegen des erdölreichen Gebiets um Kirkuk, einer Stadt, deren territoriale Zugehörigkeit schon nach dem Ersten Weltkrieg umstritten war.

Trotz aller Annäherungen und Kooperationen hinsichtlich der Kurdenfrage sind die Beziehungen zum Iran nach wie vor ambivalenter Natur. Die Türkei ist und bleibt für Teheran ein militärisch und wirtschaftlich starker Konkurrent vor der eigenen Haustür, und infolge der unterschiedlichen Parteinahme beider Staaten im syrischen Bürgerkrieg haben sich die Beziehungen zueinander zuletzt deutlich abgekühlt.

c. Beziehungen zu Israel und den arabischen Staaten

Auch wenn immer noch in den arabischen Staaten mehr oder weniger große Vorbehalte gegenüber der Türkei bzw. den Türken bestehen, resultierend aus deren jahrhundertelangen Herrschaft im Nahen Osten, so strebt die Türkei seit den 1990er-Jahren eine sunnitische Vormachtstellung an und nutzt die Realpolitik für Stabilität und wirtschaftliche Zusammenarbeit im arabischen Raum. So auch im Zuge des sogenannten »Arabischen Frühlings«, der vielmehr Chaos und Zerstörung statt eine erhoffte Liberalisierung ausgelöst hat. Der erforderliche Wiederaufbau und die Befriedung zahlreicher betroffener Staaten bot der Türkei eine gute Gelegenheit, ihre in den letzten Jahren expandierende Wirtschaft als sogenannte »soft power« entsprechend einzusetzen und ihren Einfluss kontinuierlich auszuweiten, auch wenn sich die türkische Lira mittlerweile im freien Fall befindet und das BIP einen deutlichen Dämpfer erlitten hat.

Zwar war die Türkei einer der ersten Staaten, die Israel anerkannten, und sie pflegte auch über viele Jahrzehnte gute und intensive Beziehungen zu Jerusalem, allerdings verschlechterten sich diese deutlich, seitdem das Land unter Erdogan engere Beziehungen zu den arabischen Staaten sucht. 2009 schlug sich der türkische Präsident während des Weltwirtschaftsforums in Davos bezüglich des Gaza-Konflikts deutlich auf die Seite der Palästinenser und vertritt seitdem massiv deren Interessen gegenüber Israel.[290] Es folgte der Eklat um das Schiff »Mavi Marmara«, das gemeinsam mit fünf weiteren Schiffen die israelische Seeblockade nach Palästina durchbrechen wollte. Die israelische Marine brachte die Schiffe auf, neun türkische Aktivsten starben. In der Folge zog Ankara den Botschafter aus Tel Aviv ab und verwies den israelischen Botschafter des Landes. Weiterhin wurden diverse Militärabkommen gekündigt und die türkische Generalstaatsanwaltschaft erhob Anklage gegen führende israelische Militärs. Allerdings konnte Ankara seine Pluspunkte, die es durch derartige Maßnahmen im islamistischen Lager sammelt(e), nicht vollkommen genießen, da Israel seitdem verstärkt eine trilaterale Energieallianz mit Zypern und Griechenland bildet, um die o. a. Erdgasfelder auszubeuten.[291]

Weiterhin betreibt die Türkei eine unverhohlene Intervention im **syrischen Bürgerkrieg**. Die Eroberung und Besetzung von Afrin[292] sowie die Vertreibung der dortigen Bevölkerung, ursprünglich ein Siedlungsgebiet syrischer Kurden, entspricht dem o. a. »Nationalpakt« von 1919. Damit hat die Türkei klare und harte Fakten geschaffen und sich die Schwäche ihres Nachbars eiskalt zunutze gemacht. Damit demonstriert sie auch eine Abkehr von den USA, die im syrischen Bürgerkrieg auf Seiten der Kurden eingegriffen hatten.

Ebenso agiert Ankara auch im **libyschen Bürgerkrieg** militärisch. Dort setzt sich die Türkei als de-facto-Protektoratsmacht immer stärker militärisch, politisch und wirtschaftlich fest,[293] indem sie zuletzt moderne Waffen, Drohnen, Truppen und mindestens 10.000 syrische Söldner ins Land gebracht hat. Zudem soll die international anerkannte libysche GNA-Regierung bereits ein Abkommen zur Truppenstationierung geschlossen haben, was den Bau türkischer Militärstützpunkte, die Ausbildung einer künftigen libyschen Armee und die Unterstützung aller Militäraktionen im derzeitigen Bürgerkrieg in dem nordafrikanischen Land einschließt. Parallel dazu wollen beide Partner mit der Fortsetzung ihrer Militäroffensive die für die Kontrolle der libyschen Ölfelder strategisch wichtige Luftwaffenbasis al-Jufra und die Stadt Sirte einnehmen, die vom Bürgerkriegsgegner General Khalifa Haftar und seiner libyschen Nationalarmee gehalten werden. Haftar wird von Ägypten, Russland, den Vereinigten Arabischen Emiraten und zumindest politisch auch von Frankreich unterstützt. Schon 2019 hatten sich Ankara und die GNA-Regierung darauf verständigt, ihre Seegrenzen neu abzustecken, um sich so einen Zugriff auf größere Gebiete des östlichen Mittelmeers und die Erschließung potenzieller Rohstoffvorkommen zu sichern. Der (Bürger-)Krieg in Libyen ist nämlich auch Ausdruck des Kampfes um die Vorherrschaft in diesem Meeresteil. Die im Zuge des Zypernkonflikts angesprochenen Erdgasfelder, die auch bis vor die Küste Israels reichen, sind hier das lukrative Ziel. Israel will das Gas über eine Pipeline in etwa 3000 Meter Tiefe nach Europa bringen und hat im Rahmen der o. a. Energieallianz mit Griechenland und Zypern sich über einen gemeinsamen Bau verständigt. Schon zuvor hatten sich die drei Staaten sowie Ägypten zu einem Gasforum zusammengefunden, allerdings eben ohne die Türkei, die, um nicht völlig aus dem Mittelmeer ausgegrenzt zu werden, mit der GNA-Regierung das Seerechtsabkommen abschloss.

d. Die Türkei und der Kaukasus

Bis heute weigert sich die Türkei, den Völkermord an den Armeniern von 1915/16 anzuerkennen. Nicht nur aus diesem Grund ist das Verhältnis zum Nachbarn Armenien, trotz einiger Annäherungsversuche vor einigen Jahren, heute gespannter denn je. Aserbaidschan als weiterer Kaukasusstaat hingegen kann als »kleiner Bruder« der Türkei bezeichnet werden. So wurde mit Unterstützung der USA eine Erdölpipeline von Baku zum türkischen Mittelmeerhafen Ceyhan gebaut und 2005 in Betrieb genommen. Weiterhin waren und sind Waffenlieferungen sowie anderweitige militärische Unterstützung aus der Perspektive Ankaras ebenso naheliegend, wie die Intervention zugunsten Aserbaidschans im Krieg gegen Armenien 2020. Mit der Unterstützung seines Angriffskriegs um Nagorny Karabach im Herbst 2020 baute die Türkei ihre Einflusssphäre im Kaukasus weiter aus. Neben dem Einsatz türkischer Kampfdrohnen, die bereits in Syrien und Libyen erprobt wurden, kämpften auf Seiten der Aserbaidschaner türkische Söldner sowie bewaffnete Mitglieder der ultranationalistischen »Grauen Wölfe«, insgesamt ca. 4000 Mann.

Zum einen verfügt die Türkei nun mit Aserbaidschan über einen dankbaren Partner, der gleichzeitig als Öllieferant fungiert, zum anderen konnte sie diese noch bestehende Lücke ihrer machtpolitischen Ambitionen im ehemaligen osmanischen Raum schließen. Die Waffenstillstandsvereinbarung vom November 2020 sieht einen Korridor zwischen Aserbaidschan und seiner Exklave Nachitschewan quer durch Armenien vor. Damit verfügt die Türkei faktisch über eine Landbrücke zum Kaspischen Meer und den Turkstaaten Zentralasiens.

e. Die Türkei als Vormacht zentralasiatischer ehemaliger Sowjetrepubliken?

Seit dem Ende der UdSSR streckt die Türkei in zunehmendem Maße ihre Fühler Richtung der zentralasiatischen »Stan-Staaten« aus. Eine sprachliche Verwandtschaft und eine religiöse Gemeinsamkeit in Form des sunnitischen Islam bilden hier ein möglicherweise ausbaufähiges Fundament, wobei es bis dato allerdings noch keine festen Allianzen gibt. Im Zuge des in den letzten Jahren erfolgten, jedoch zuletzt deutlich gesunkenen Wirtschaftswachstums der Türkei stieg zwangsläufig auch die Notwendigkeit neuer Absatzmärkte. Hier boten und bieten sich die Staaten des Nahen und Mittleren Ostens, die meist noch wenig industrialisiert sind, vorzugsweise an. Es stellt sich aber langfristig die Frage, ob und inwieweit die Türkei über eine ausreichende ökonomische Stärke verfügt, in dieser Region dauerhaft Fuß zu fassen, zumal sich hier neben Russland, das die ehemaligen Sowjetrepubliken ja als »nahes Ausland« betrachtet, immer stärker die VR China im Rahmen ihres neuen Seidenstraßenprojekts engagiert.

Lässt sich nun von dem Ziel einer Art Renaissance des Osmanischen Reiches der Geo- und Sicherheitspolitik der Türkei unter Erdoğan sprechen?

Die Türkei tritt zwar nicht als Ordnungs-, aber als Orientierungsmacht im Nahen Osten, unabhängig von Europa und in zunehmendem Maße auch von den USA, auf. Das Motto des ehemaligen Außenministers Davutoglu, dass eine »Türkei, die Regionalmacht werden will, [...] ihren politischen und wirtschaftlichen Einfluss auf Wasserwegen von der Ägäis in die Adria und vom Suez-Kanal in den Persischen Golf aufbauen [muss]«[294], nimmt derzeit immer mehr reale Gestalt an.

Aktuell lässt sich in einer Reihe von Staaten, zum einen bedingt durch die Folgen des »Arabischen Frühlings«, v.a. aber durch die gescheiterten US-Interventionen, ein Machtvakuum konstatieren; so z.B. im Irak, in Syrien und in Libyen. Ob sich aber nicht nur die Türkei dort auf Dauer als einzige wirkliche Regionalmacht, die vermeintlich im Nahen Osten die wirtschaftliche und militärische Macht zur Führung hat, etablieren wird, muss die Zukunft zeigen. Iran, Saudi-Arabien und nicht zuletzt Israel werden hier noch einige Wörtchen mitzureden haben. Sicherlich sind die strategischen Partnerschaften in den Bereichen Wirtschaft, Wissenschaft und Kultur gegenüber vielen Staaten in dieser Region derzeit von Vorteil für Ankara. Inwieweit die Türkei in den nächsten Jahren auf Dauer und somit nachhaltig an Einfluss in der arabischen Welt, auf dem Balkan, im Kaukasus, in Zentralasien und in Nordafrika gewinnen wird, bleibt dennoch abzuwarten.

6. Afrika: Ägypten, Äthiopien und Marokko als regionale geopolitische Akteure

Werfen wir zum Schluss unserer exemplarischen geopolitischen Reise durch verschiedene Länder und Kontinente noch einen kurzen Blick auf Afrika, den nach Fläche (30,2 Mio. km^2 = 22 Prozent der Landfläche) und Bevölkerungszahl zweitgrößten Kontinent.

Im Norden ist er vom Mittelmeer, im Westen vom Atlantik, im Osten vom Roten Meer und vom Indischen Ozean umgeben. Die Küstenlänge beträgt 30.490 km. Durch seine Lage beiderseits des Äquators und seine kompakte Form besitzt der Kontinent die größte zusammenhängende Landmasse der Tropen, wobei ein großer Teil Zentralafrikas (Kongobecken) von tropischem Regenwald bedeckt ist.

Klimatisch gesehen reicht Afrika von den immerfeucht-heißen Tropen bis zur kalten afroalpinen Höhenstufe auf den höchsten Gipfeln wie dem Kilimandscharo oder dem Mount Kenia. Afrika ist der heißeste Kontinent der Erde. Fast 60 Prozent der gesamten Landoberfläche bestehen aus semiariden bzw. ariden Gebieten. Nördlich und südlich der Wendekreise existieren mit der Sahara (die größte Trockenwüste der Erde), der Namib und der Kalahari z. T. ausgedehnte Wüsten, deren Ausbreitung durch zunehmende Desertifikation voranschreitet. Südlich der Sahara schließt sich mit der Sahelzone ein riesiges semiarides Savannengebiet an, ähnlich wie in Ost- und Südafrika.

Durch den Osten Afrikas zieht sich der Große Afrikanische Grabenbruch, der sich im Roten Meer und in der Jordansenke fortsetzt. Der in diesem Zusammenhang stehende Vulkanismus ist u. a. verantwortlich für die Entstehung des Kilimandscharos, des Mount Kenia und des Ruwenzori-Gebirges. Im weiteren Verlauf des Grabenbruchs liegen mit dem Tanganjika- und dem Malawisee zwei große und tiefe Süßwasserseen.

Afrikas mächtige Ströme, der Nil, der Kongo, der Niger und der Sambesi, entspringen im Hochland und finden ihren Weg Richtung Meer über mehr oder weniger ausgeprägte Katarakte und Wasserfälle, die eine Nutzung als bedeutende Handelswege (vgl. z. B. den Rhein) ausschließen. Damit wurden auch die wirtschaftliche Entwicklung und ein umfangreicher kultureller Austausch lange Zeit gehemmt.

Die ab dem 15. Jahrhundert zögerlich, im 19. Jahrhundert dann massiv einsetzende Kolonialisierung Afrikas durch die Europäer führte zu den häufig linear gezogenen Grenzen, die auf ethnische Zusammenhänge und Gegebenheit keinerlei Rücksicht nahmen. Ethnische Konflikte wie im Sudan, in der DR Kongo, in Nigeria oder in Mali verdeutlichen als negatives Erbe des Kolonialismus, dass die Europäer mit ihren Vorstellungen von Geografie und Grenzziehung nicht der Realität entsprachen. Mit der Unabhängigkeit begann dann in den jungen Staaten häufig eine Ethnie zu dominieren, andere Gruppen wirtschaftlich und politisch zu unterdrücken, was immer wieder zu Instabilität und Krisen bis hin zu Bürgerkriegen führt. Von gewachsenen Nationalstaaten kann jedenfalls nicht die Rede sein.

Am Beispiel Libyen als modernes Kunstgebilde wird dies sehr deutlich. Mit dem Sturz des Diktators Muammar al-Gaddafi zerfiel es in Folge des aufflammenden Bürgerkriegs faktisch in seine früheren Bestandteile.

Ähnliches gilt für Somalia, nachdem dort 1991 der Diktator gestürzt wurde. Neben der international anerkannten Regierung in Mogadischu (dem ehemaligen Italienisch-Somaliland) hat sich de facto die unabhängige Republik Somaliland (das ehemalige Britisch-Somalia) gebildet. Betrachten wir aber noch einmal den nordafrikanisch-arabischen Raum, so stehen dort der Zerfall Libyens und die Unabhängigkeitsbestrebungen bzw. die Rebellionen der Tuaregs in Mali – um nur diese beiden Beispiele zu nennen – für eine allgemeine Destabilisierung dieser Großregion. Spätestens als Folge des sogenannten »Arabischen Frühlings« 2010 stellen in Nordafrika heute extremistische islamistische Organisationen in der gesamten Großregion eine ernsthafte Bedrohung dar. Die schon vorher in der Region operierende »al-Qaida im islamischen Maghreb« setzte sich in mehreren, nun unkontrollierten Gebieten Libyens fest; 2015 kam dann noch der »Islamische Staat« (IS) hinzu. Phasenweise existierten quer durch die gesamte Region ungezählte dschihadistische Splittergruppen. In den abgelegenen Gebieten gibt es kaum staatliche Strukturen, die diese Aktivitäten sowie die kriminellen Machenschaften von Waffen- und Menschenschmugglern stoppen könnten. Nicht nur, dass Anschläge auch gegen Zivilisten Hunderte von Toten fordern, der radikale Islam verdrängt zunehmend den vergleichsweise toleranten und liberalen Islam des subsaharischen Afrika. Symbolisch steht dafür die Zerstörung historischer Gebäude und Kunstschätze im malischen Timbuktu im Jahr 2012. Auf diesen, hier nur kurz angedeuteten Konfliktherd, wird im weiteren Verlauf nicht mehr explizit eingegangen, da hierdurch weniger geopolitische Fragestellungen, sondern mehr religiöse und kulturelle Belange berührt werden.

Festzuhalten bleibt aber an dieser Stelle, dass die hier skizzenhaft dargestellten Aspekte mit dazu beitrugen und beitragen, dass Afrikas Staaten auf dem globalen internationalen Parkett nur sehr selten und dann nur in speziellen Ausnahmefällen als geopolitische Subjekte auftreten, stattdessen aber immer noch – ausgehend von der Definition Brzezinskis – als geopolitische Objekte fungieren. Das wird auch an dem in Kapitel IV. 1. f. dargelegten chinesischen Engagement und Einfluss ebenso deutlich, wie an den – früher allerdings häufigeren – Versuchen westlicher Staaten, wie hier v. a. der ehemaligen Kolonialmächte Großbritannien und Frankreich, sich immer wieder in innenpolitische Fragen dieser souveränen Staaten einzumischen.

Dennoch ist es sinnvoll, auf regionaler Ebene Afrikas geopolitische Konflikte und damit einhergehend den einen oder anderen geopolitischen Akteur auszumachen, da in derartigen Fällen eben auch wieder sicherheitspolitische Fragen auf globaler Ebene berührt werden.

Ein zentrales Konfliktfeld ist auch hier oft der Kampf um Wasser, u. a. geht es im nordostafrikanischen Raum um die Reserven des Nils. Mit Ägypten und Äthiopien stehen sich hier zwei Regionalmächte gegenüber, die auch über entsprechende militärische Mittel verfügen, auch wenn sich mittlerweile das Kräfteverhältnis zwischen den beiden Rivalen zugunsten Äthiopiens[295], das als Hochland mit bereits über 20 Stauseen auch als »Wasserturm Afrikas« bezeichnet wird[296], verschoben hat. Unnötig dabei zu erwähnen, dass der Nil[297] mit seinem fruchtbaren Schlamm seit Tausenden von Jahren die Lebensader Ägyptens und die größte natürliche Ressource des Landes mit seinem weitgehend wüstenartigen Klima ist. Nicht umsonst wurde das Land schon in der Antike als »Geschenk des Nils« bezeichnet.

Bis heute ist keine Bewegung in den festgefahrenen Nilwasserkonflikt gekommen. Angesichts des weiter steigenden Wasser-, Nahrungs- und Energiebedarfs im Nilbecken werden sich die Spannungen zwischen den Anrainerstaaten deutlich verschärfen. Dabei verläuft die Konfliktlinie entlang der subsaharischen Oberlieger Südsudan, Äthiopien, DR Kongo, Burundi, Ruanda und Uganda (plus Kenia und Tansania mit Nebenflüssen des Nils) sowie den arabischen Unterliegern Ägypten und Sudan.

Das extreme Ungleichgewicht zwischen der »Lieferung« und der Nutzung des Wassers macht Äthiopien und Ägypten zu den Hauptakteuren im Konfliktgeschehen.[298] Auf der einen Seite stammt mit etwa 86 Prozent der Großteil des Nilwassers aus dem Blauen Nil, dessen Quelle in Äthiopien liegt, das die Ressourcen aber nur zu etwa drei Prozent nutzt. Umgekehrt verbraucht Ägypten am Unterlauf mit über 75 Prozent den mit Abstand größten Anteil des ausschließlich aus anderen Ländern stammenden Nilwassers. Da es kaum über andere Wasservorkommen (abgesehen von wenigen Oasen) verfügt, ist Ägypten in seiner Wasserversorgung zu 95 Prozent vom Nil abhängig. Für weiteren Zündstoff sorgen die existierenden Wassernutzungsverträge. Ägypten hält nach wie vor am 1929 mit der damaligen Kolonialmacht Großbritannien vereinbarten »Nile Waters Agreement« fest, das ihm ein Vetorecht gegen Wasserbauvorhaben am Oberlauf des Nils sichert. Zudem besteht es auf einer mit dem Sudan vereinbarten Regelung aus dem Jahr 1959, die Ägypten 55,5 Kubikkilometer (66 Prozent) und Sudan 18,5 Kubikkilometer (22 Prozent) der am Assuan-Staudamm gemessenen jährlichen Wassermenge gewährt, während zehn Kubikkilometer (12 Prozent) durch Verdunstung verlorengehen.[299] Die Oberlieger, die zu dieser Zeit mehrheitlich noch unter Kolonialherrschaft standen, sind nicht Teil des Abkommens, und erkennen daher die daraus abgeleiteten Ansprüche der beiden Unterlieger nicht an. Sie fordern vielmehr eine Neuregelung, die Wasserbedarf und Nutzungsrechte aller Anrainer berücksichtigt.

1999 wurde zwar mit der »Nile Basin Initiative« (NBI) ein institutioneller Rahmen geschaffen, der einen kooperativen, gerechten und nachhaltigen Umgang mit der Ressource ermöglichen soll und alle Anrainer einschließt. Während im Hinblick auf ökologische und ökonomische Fragen dabei durchaus Fortschritte erzielt wurden, scheiterten hingegen wiederholt die Verhandlungen über eine einvernehmliche und verbindliche Wassernutzung und -verteilung, da Kairo und Khartum auf die Einhaltung der bestehenden Verträge bestehen. Auf diese Blockadehaltung hin reagierten – gegen den Protest Ägyptens und Sudans – Äthiopien, Burundi, Kenia, Ruanda, Tansania und Uganda mit der Unterzeichnung des sogenannten »Entebbe Agreements«,[300] das somit die Einigkeit der Oberlieger dokumentiert und die Gräben in der NBI vertiefte, zumal Ägypten seine Mitgliedschaft dort einfror.

Der hydrologische Druck infolge des drastisch steigenden Wasser- und Energiebedarfs stellt alle Anrainerstaaten vor massive Herausforderungen. Das enorme Bevölkerungswachstum in der Region – in den nächsten 35 Jahren soll sich die Bevölkerungszahl in den Anrainerstaaten des Nils nach Berechnungen der UNO auf über 860 Millionen Menschen verdoppeln – erfordert einen steigenden Trinkwasserbedarf und eine Ausweitung der Bewässerungslandwirtschaft für eine verbesserte Nahrungsmittelsicherheit. Ein wachsender Strombedarf erfordert zudem den Ausbau der Hydroenergie.

Äthiopien ist aufgrund seiner mittlerweile verbesserten ökonomischen Situation mit seit mehreren Jahren konstant hohen Wirtschaftswachstumsraten von über sieben Prozent in der Lage, den Nil künftig intensiver zu nutzen und Staudammprojekte umzusetzen, für die über Jahrzehnte die Mittel fehlten. Zudem erhält es als strategischer Partner des Westens jährlich etwa vier Milliarden US-Dollar Entwicklungs-, Nahrungsmittel- und Militärhilfe. Weiterhin ist mit China als aktuell wichtigster Handelspartner ein zusätzlicher Geldgeber aufgetreten, der Dammbau- oder Bewässerungsprojekte im Gegensatz zu westlichen bzw. europäischen Staaten ohne politische Vorbedingungen (mit-)finanziert oder umsetzt.[301] Auch der Zugang zu Rohstoffen am Oberlauf des Nils, wie Erdöl im Südsudan oder Metallvorkommen in der DR Kongo, liegt in Pekings strategischem Interesse.

Schließlich hat sich die grundsätzliche **geopolitische Lage** zugunsten Äthiopiens geändert. Aufgrund der innenpolitischen Verwerfungen im Zuge des »Arabischen Frühlings« hat Ägypten deutlich an Macht, innerer Stabilität und politischem Einfluss in der Region verloren. Noch bis vor wenigen Jahren war Kairo in der Lage, seine wasserpolitischen Interessen durchzusetzen und seine extreme hydrologische Abhängigkeit gegenüber

Äthiopien und den anderen Oberliegern politisch, ökonomisch und militärisch zu kompensieren. Ägypten bestimmte dabei die Debatte, indem es eine stärkere Nutzung des Nils durch Äthiopien erfolgreich zur Bedrohung der eigenen Existenz erklärte und sich dabei westlicher Unterstützung sicher sein konnte. Eine Förderung von Wasserbauprojekten am Oberlauf, die Ägyptens Interessen zuwiderliefen oder gar den Wasserabfluss eingeschränkt hätten, lehnte die internationale Gemeinschaft ab. Äthiopien selbst war zu dieser Zeit nicht imstande, Wasserbauvorhaben zu realisieren. Derzeit bestimmen jedoch innenpolitische, gesellschaftliche und wirtschaftliche Fragen die politische Agenda Kairos. Ähnliches gilt für Sudan, das in der Nilfrage bis heute an der Seite Ägyptens steht. Die Abspaltung Südsudans und die Konflikte um Grenzverlauf und Öltransitgebühren binden ebenso Kräfte wie der Darfur-Konflikt und machen ein größeres regionalpolitisches Engagement fast unmöglich. Seit der Internationale Strafgerichtshof in Den Haag 2009 einen Haftbefehl gegen Präsident Omar Hassan Ahmad al-Bashir erließ, ist dieser auf internationalem Parkett nur begrenzt handlungsfähig.

Äthiopien hingegen konnte sich zuletzt als Stabilitätsanker und Führungsmacht in der äußerst fragilen Region am Horn von Afrika profilieren, wobei der aktuelle Bürgerkrieg mit der abtrünnigen Provinz Tigray diese Position wieder gefährden kann. Als Vorposten im Kampf gegen den internationalen Terrorismus profitiert das Land von politischer und finanzieller Unterstützung auch durch den Westen, insbesondere der USA, aber auch der EU. Addis Abeba unterstreicht nicht nur als Sitz der Afrikanischen Union (AU)[302] auf diplomatischer Ebene seine regionalen Vormachtansprüche und sein politisches Gewicht auf dem Kontinent, sondern ebenso, indem es in Konflikten vermittelt, wie zwischen Sudan und Südsudan. Komplettiert wird das Bild durch das militärische Engagement Äthiopiens in Somalia von 2006 bis 2009 und seit 2011, in Darfur 2009 und im Rahmen der United Nations Interim Security Force for Abyei (UNISFA) an der Grenze zwischen Sudan und Südsudan seit 2012.[303] »Der Abschluss des Entebbe Agreement war der formale Auftakt einer deutlich selbstbewussteren Nilpolitik Äthiopiens. Das Abkommen dokumentiert den Beginn einer Machtverschiebung, die das Ende der ägyptischen Hegemonie und Deutungshoheit im Nilwasserkonflikt bedeutet.«[304]

Äthiopien ist daher entschlossen und nun auch in der Lage, seine günstige geostrategische Position zu nutzen, nachdem sich hydrologische, wirtschaftliche und (geo-)politische Parameter verschoben haben, und will mit dem 4,6 Milliarden US-Dollar teuren »Grand Ethiopian Renaissance Dam« (GERD) den für die wirtschaftliche Entwicklung benötigten Strom erzeugen und auch exportieren. Dieses Projekt stellt daher seit seinem Baubeginn im Jahr 2011 einen Konfliktherd zwischen Äthiopien, Ägypten und dem Sudan dar. Auch wenn es ein kooperatives Vorgehen in dieser Frage bevorzugt, lässt Äthiopien keinen Zweifel daran, dass es seine Wasserbaupläne auch gegen den Willen der beiden Unterlieger bis zur Vollendung vorantreiben wird. Diesbezüglich stärkt China neben seinem finanziellen Engagement Äthiopien bei dem Dammbauprojekt auch insofern den Rücken, indem es die uneingeschränkte Nutzung von Wasservorkommen auf eigenem Staatsgebiet propagiert (siehe z. B. seine Politik in Tibet, vgl. Kap. IV. 1. b.).

Ende Juli 2020 hat Äthiopien den äußerst umstrittenen Schritt getan und begann, das Reservoir hinter dem »Grand Ethiopian Renaissance Dam«, der bis zu 155 Meter hoch ist und dessen Fläche dreimal so groß werden soll wie der Bodensee,[305] aufzufüllen. Dies erzürnte Ägypten, da das Projekt seine Wirtschaft, seine Landwirtschaft und sein mit dem Nil flussabwärts verbundenes Ökosystem massiv gefährdet, wenn nicht gar vernichten könnte. Zwar ist GERD noch nicht vollständig fertiggestellt[306], aber »wir haben das erste Auffüllen des Damms erfolgreich abgeschlossen, ohne andere zu stören oder zu verletzen«, teilte Regierungschef Abiy Ahmed mit. Der Stausee sei mit 4,9 Milliarden Kubikmeter Wasser gefüllt worden, ohne den Wasserfluss stromabwärts zu unterbrechen, twitterte Wasserminister Seleshi Bekele, was laut äthiopischen Angaben aufgrund der Regenfälle der vergangenen Wochen möglich gewesen sei. Nun müsse man den Bau fertigstellen und die übrigen diplomatischen Themen klären, sagte Abiy.

Äthiopien hat dabei noch weiteres Öl ins Feuer gegossen, als der Außenminister des Landes, Gedu Andargachew, twitterte: »Herzlichen Glückwunsch! Es war der Nil-Fluss, und der Fluss wurde zu einem See. Er wird nicht mehr in den Fluss fließen. Äthiopien wird alle Entwicklung haben, die es sich davon verspricht. Tatsächlich gehört der Nil uns!«[307] Internationalen Berichten zufolge planen die Äthiopier, den Stausee des Staudamms innerhalb von drei Jahren vollständig aufzufüllen.

Ein entschlossenes Äthiopien, das seine Wasserbauvorhaben einseitig durchsetzt, und ein Ägypten, das an der Seite Sudans in einer – durchaus nachvollziehbaren –Blockadehaltung verharrt – eine solche Konstellation verschärft die Spannungen im Nilwasserkonflikt angesichts des steigenden Wasserbedarfs weiter. Eine nachhaltige Verteilungs- und Nutzungsregelung kann ohne Äthiopien aber nicht erreicht werden. Da Ägypten für seine rund 100 Millionen Einwohner mehr als 90 Prozent seines Wasserbedarfs aus dem Nil deckt[308], ist Kairo quasi gezwungen, gemeinsam mit Addis Abeba über nachhaltige und möglichst gerechte Verteilungs- und

Nutzungsregelung ins Gespräch zu kommen. Dies würde aber eine Annullierung der Verträge aus Kolonialzeiten erfordern. Das ist aber derzeit nicht der Fall, da Ägypten erreichen möchte, dass weiterhin eine festgelegte Wassermenge in den Nil abgeleitet werden muss – also im Grunde genommen eine Fortschreibung der Abkommen aus der kolonialen Vergangenheit. Entscheidender Knackpunkt ist dabei jedoch die Definition einer bedrohlichen Trockenheit: Während Äthiopien nur im Fall einer wirklichen Dürre helfen will, wünscht Ägypten bereits Regelungen im Fall einer andauernden Trockenperiode. Diese Neudefinition will Äthiopien vermeiden.[309] So werden sich »die politischen Verhandlungen über das Nilwasser [...] künftig zunehmend auf die bilaterale Ebene verlagern, stärker auf die jeweiligen Partikularinteressen abstellen und interessenbasierte Kooperationen in einzelnen Politikbereichen nach sich ziehen«.[310]

Ägypten wollte daher eigentlich auch schon vor dem ersten Füllen eine Einigung mit Äthiopien erzielen. Dessen Regierungschef Abiy hatte noch 2018 persönlich in Kairo »bei Gott« geschworen: »Wir werden euch nicht schaden.«[311] Nun hat Äthiopien vorerst allerdings Fakten geschaffen. Damit sind sowohl der Sudan als auch Ägypten fortan von seinem Wohlwollen, ausreichend Wasser in beide Staaten abfließen zu lassen, abhängig. Auf diesem Weg verschiebt sich auch die regionalpolitische Balance zwischen Ägypten und Äthiopien – beide mit jeweils ca. 100 Mio. Einwohnern die mit Abstand bevölkerungsreichsten Staaten dieser Region – weiter in Richtung Äthiopien. Eine diplomatische Lösung des Wasserstreits erscheint unter diesem Vorzeichen als überaus schwierig. Sobald in den kommenden Jahren die Auswirkungen des Staudamms für die ägyptische Landwirtschaft und somit für die Bevölkerung spürbar werden, z. B. infolge einer langjährigen Dürre in Form einer Hungersnot, wird Kairo unter Druck gesetzt werden, möglicherweise militärische Maßnahmen zu ergreifen. Äußerungen wie die von Andargachew verschärfen dabei die Lage zusätzlich.

Ein weiterer Konflikt findet sich mitten in der Wüste in Nordwestafrika.[312] Konkret handelt es sich um die Besetzung der Westsahara durch Marokko seit 1976.[313] Welchen Status das südlich von Marokko gelegene Territorium hat, ist seither umstritten. Die UNO kritisiert die Annexion als unrechtmäßig. Unabhängig davon kontrolliert Marokko einen Großteil des Gebiets und nutzt ihn wirtschaftlich. Die Westsahara ist aufgrund ihrer Bodenschätze ein sehr attraktives Gebiet. Begehrlichkeiten wecken vor allem die größten Phosphatlager der Welt, die im Tagebau problemlos abbaubar sind. Rund 72 Prozent aller bislang bekannten Reserven befinden sich auf ihrem wie auch marokkanischem Gebiet. Phosphor ist einer der wichtigsten Bestandteile moderner Düngemittel. Zudem existieren dort Öl- und

Gasvorkommen und ist die Küste der Westsahara eines der fischreichsten Gewässer der Welt.

Blicken wir kurz zurück: Die Spannungen gehen auf das Jahr 1884 zurück[314], als im Rahmen der »Kongo-Konferenz« die Westsahara an Spanien fiel. Als es sich 1976 aus seiner Kolonie zurückzog, beanspruchten Marokko mit der Begründung, das Gebiet sei zuvor ein Teil Marokkos gewesen, und Mauretanien die Region für sich. 1973 hatte sich aber schon die Polisario, »Volksfront zur Befreiung von Saguía el-Hamra und Río de Oro« mit dem Ziel der staatlichen Unabhängigkeit der Westsahara gegründet. Auf Antrag des damaligen marokkanischen Königs Hassan II. sollte der Internationale Gerichtshof das Problem klären. Dieser sprach dann der »sahrauischen Bevölkerung« das Recht auf Selbstbestimmung zu. Spanien wurde aufgefordert, ein Referendum zu organisieren, damit das »sahrauische Volk« selbst über die Zukunft der Westsahara entscheiden könne. Doch Spanien ignorierte diese Vorgabe und teilte seine Kolonie zwischen Marokko und Mauretanien auf. Die Polisario rief daraufhin die Unabhängigkeit der »Demokratischen Arabischen Republik Sahara«, kurz DARS, aus.

Da Marokko jedoch die Unabhängigkeit nicht akzeptierte, rief Hassan II. zum so genannten »Grünen Marsch« auf. In der Folge ließen sich gut 300.000 Menschen als Siedler in der Westsahara nieder – ein eindeutiges Zeichen des marokkanischen Machtanspruchs über die Region. Danach begannen die bewaffneten Auseinandersetzungen zwischen Marokko und der Polisario, die vor allem von Algerien unterstützt wird. Mauretanien zog sich schließlich 1979 aus dem ihm zugesprochenen südlichen Gebiet zurück. Daraufhin besetzte Marokko auch den Süden der Westsahara. 1991 beendete ein von den UN vermittelter Waffenstillstand die Kämpfe. In der Folge wurde eine UNO-Friedensmission ins Leben gerufen. Das ursprünglich vorgesehene Referendum lässt bis heute jedoch auf sich warten, u. a. weil darüber gestritten wird, ob auch die etwa 150.000 Sahrauis abstimmen dürfen, die seit 40 Jahren in Flüchtlingslagern in Algerien leben.

Die DARS wird derzeit von rund 50 Staaten wie auch der Afrikanischen Union (AU) anerkannt. Außerdem ist die DARS seit 1984 Mitglied der AU – ein Umstand, der Marokko noch im selben Jahr dazu bewog, aus der Organisation aus- und erst 2017 wieder in die AU einzutreten. Einen Sitz bei den Vereinten Nationen hat die DARS nicht. Voraussetzung dafür wäre das angesprochene Referendum, über dessen Modalitäten sich Marokko und die Polisario jedoch bislang nicht einigen konnten, sodass der Konflikt bis heute andauert.

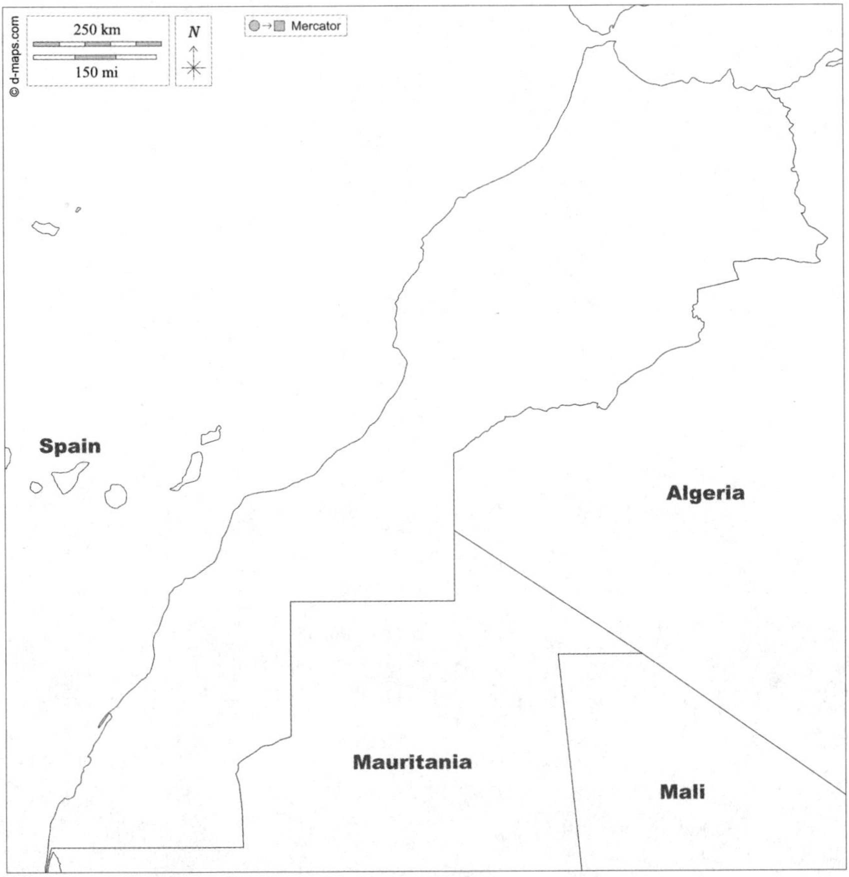

(42) Marokko und die besetzte Westsahara

V. Der Westen

1. Die USA – eine Weltmacht im Abstieg?

Die USA[1], seit über einem Jahrhundert Weltmacht, befinden sich in einer ausgesprochenen günstigen, wenn nicht einzigartigen geopolitischen Lage. Zwar leben dort nur rund vier Prozent der Weltbevölkerung, doch diese produzieren gut ein Viertel aller weltweiten Güter und Dienstleistungen.[2] Sie sind eine Kontinentalmacht, deren ungehinderter Zugang zu zwei Weltmeeren sich auf fast 5000 km erstreckt, sie verfügen über die notwendigen Rohstoffreserven und ein hervorragendes Gewässernetz. So ist die fruchtbare Ostküstenebene von zwar kurzen, aber gut schiffbaren Flüssen durchzogen. Nach den Appalachen folgen Richtung Westen die Great Plains – im Westen geschützt durch die Rocky Mountains – mit dem Mississippibecken und seinen Strömen und Flüssen, die zusammen über mehr schiffbare Flusskilometer verfügen als im Rest der Welt zusammen,[3] und über den Mississippi in den Golf von Mexiko münden. Dieser wiederum ist geschützt durch die Halbinsel Florida, die Bahamas und die Großen Antillen. Mit den Great Plains verfügen die USA über eine herausragende strategische Tiefe, die ihr eine kontinentale Hegemonialstellung verschafft, die auch vor Ort von keinem Nachbarstaat in Frage gestellt werden kann.[4] Kanada und Mexiko sind dabei mal mehr, mal weniger Partner bezüglich des »westlichen« Denkens, sei es innerhalb der NATO, der NAFTA, der OAS (Organisation amerikanischer Staaten) oder der OECD.

Hinzuweisen ist an dieser Stelle auch auf die »Monroedoktrin« aus dem Jahr 1823, mit der in den USA eine neue Ära ihrer Außenpolitik begann. Washington formulierte damit eine Warnung an die europäischen Kolonialmächte, sich nicht in die Belange des amerikanischen Kontinents (sowohl Nord- wie auch Südamerika) einzumischen. Sollte also einer dieser Staaten erneute Kolonialansprüche geltend machen, die auf diese Gebiete abzielten, würden die USA dies als feindlichen Akt interpretieren. Im Gegenzug verzichteten die Vereinigten Staaten auf jegliche politische und militärische Einmischung in Europa. Vielmehr sollte der Handel das verbindende Element mit dem Rest der Welt sein. Im Laufe der Jahre veränderte sich diese Richtlinie für die amerikanische Außenpolitik. Unter Präsident Theodore Roosevelt agierten die USA spätestens seit 1904 ebenfalls als imperialistische Kolonialmacht (die sie mit dem für sie erfolgreichen

Krieg gegen Spanien 1898 faktisch schon waren).[5] Die USA nahmen für sich die Rolle eines »Aufpassers« in der westlichen Hemisphäre, also für Nord- und Südamerika, in Anspruch, da Lateinamerika wirtschaftlich für die USA schon damals von großer Bedeutung war. Gerne nutzten US-amerikanische Politiker die Monroe-Doktrin auch, um gegen vermeintliche oder tatsächliche Einflussnahme der Sowjetunion in Lateinamerika vorzugehen. Sobald die nationale Sicherheit gefährdet schien, ermöglichte diese ein militärisches Eingreifen durch die USA. Während der Kubakrise 1962 berief sich Präsident John F. Kennedy insbesondere auf die Monroe-Doktrin, als er die Sowjetunion zwang, ihre Raketen aus dem Inselstaat abzuziehen. Umgekehrt war die Rückeroberung der Falkland-Inseln 1982 durch Großbritannien formal ein Verstoß gegen die Monroe-Doktrin, wurde jedoch durch den damaligen Präsidenten Reagan wohlwollend geduldet. Lange Zeit begründete Washington damit einen Isolationismus, indem es sich in die Belange der Welt nicht einmischte. Praktiziert wurde diese Politik in Form der »Splendid Isolation« vor und dann auch nach dem Ersten Weltkrieg (bis spätestens zum Eintritt in den Zweiten Weltkrieg).

Heute gilt die Monroe-Doktrin in ihrer alten Lesart nicht mehr. Washington pflegt vielmehr eine interventionistische Außen- und Sicherheitspolitik. Das bedeutet, dass die Staats-, Gesellschafts- und Wirtschaftsform der USA, also Demokratie, Marktwirtschaft und Kapitalismus mit den unterschiedlichsten Mitteln auf internationaler Ebene verbreitet werden sollen. Es wird dabei immer wieder proklamiert, dass die Verwirklichung bzw. Verteidigung von Menschenrechten und Demokratie der tatsächliche Grund und das eigentliche Ziel der Einmischung in die Politik anderer Staaten seien. Ob dies immer den Tatsachen entsprach bzw. entspricht, sei an dieser Stelle einmal dahingestellt. Jedenfalls nehmen die USA in den Augen vieler immer noch die Rolle eines »Weltpolizisten« ein, der bei diversen Interventionen auch schon einmal das Völkerrecht ignoriert.

Ihr ungehinderter Zugang zum Atlantik wie zum Pazifik bedeutet eine natürliche Isolation bzw. damit eine einhergehende Sicherheit und zugleich eine enorme maritime Bewegungsfreiheit, die den US-amerikanischen Interessen in vielfältiger Weise bis heute nützt. Diese herausragende geopolitische Lage der USA führt dazu, dass Washington seine geostrategischen und sicherheitspolitischen Ziele und Vorstellungen auch aktuell noch in massiver Weise als Seemacht vertritt.

Erinnert sei an dieser Stelle an die Theorien von Alfred Thayer Mahan, für den die USA nicht nur eine Art große Insel mit einer eigenen Kultur darstellten, sondern der auch ihre engen (bis heute andauernden) Beziehungen zu Kanada, Großbritannien, Australien und Neuseeland hervorhob.

Seiner Ansicht nach liege Amerikas Stärke in seiner Bevölkerung, seiner Industrie und seinen Rohstoffen. Er forderte nicht nur eine starke amerikanische Marine bzw. eine Flotte mit Schlachtschiffen als Instrument einer eigenen maritimen Strategie, sondern auch eine Verteidigung der USA weit vor ihren eigenen Küsten. Weiterhin proklamierte er den Bau eines Kanals zur Verbindung des Pazifiks mit dem Atlantik (der spätere Panamakanal) bei gleichzeitiger Besetzung Kubas und das Prinzip eines »Offenen Meeres« und des Freihandels. Die USA haben somit ein natürliches und historisches geopolitisches Interesse an einem weltweit ungestörten Seeverkehr und an einem Partner auf ihrer jeweiligen Gegenküste, verkörpert durch den europäischen Teil der NATO und während des Kalten Kriegs durch die SEATO im pazifischen Raum. Von den USA aus betrachtet stellt »Westeuropa« bzw. mittlerweile auch Mitteleuropa ein Brückenkopf auf dem eurasischen Kontinent dar, den es zu erhalten gilt, will man – nun wiederum getreu den Theorien Mackinders – einer künftigen chinesischen Vormachtstellung – umgesetzt durch die Neue Seidenstraße – entgegenwirken, ein geopolitisches Interesse, das aus Sicht einer Weltmacht legitim ist. Zbigniew Brzezinski stellte immer wieder folgende Fragen in den Raum: Zum einen, wie die USA ihre eigene Sicherheit am besten umsetzen können; weiterhin, welche geopolitischen Zwänge dafür maßgebend sind, in welchen Regionen sich die USA engagieren und wie Washington auf Dauer seinen globalen Einfluss ausüben soll bzw. kann.[6] Eine Politik der schon in den Anfangsjahren des Kalten Kriegs praktizierten Eindämmung (Containment), damals gegenüber der Sowjetunion, hat demnach bis heute unverändert Bestand. Der Bundesrepublik Deutschland wurde zwischen 1949 und 1990/91 seitens der USA hierbei eine klare Rolle bzw. Funktion zugeschrieben. Als NATO-Mitglied sollte sie neben der Containment-Politik das Prinzip des Gleichgewichts der Kräfte mit ihrer knapp 500.000 Mann starken Bundeswehr unterstützen, so zur Sicherung der amerikanischen Gegenküste in Westeuropa und als geostrategische Drehscheibe (vgl. z. B. die US-amerikanischen Basen in Ramstein und Wiesbaden-Erbenheim) für Interventionen in Krisengebieten beitragen. Aktuell äußert sich die amerikanische Eindämmungspolitik nach wie vor – analog der Politik im Kalten Krieg[7] – bezogen auf Russland in Form einer expansiven NATO-Osterweiterung und einer grundsätzlich – unabhängig vom Ukraine-Krieg – eher feindseligen Einstellungen gegenüber Moskau. Die schon vor dieser Eskalation erfolgten Versuche Washingtons, das deutsch-russische Projekt der Erdgaspipeline »Nordstream II« zu sabotieren, sind dafür ein weiteres beredtes Beispiel. In zunehmendem Maße ist aber immer stärker China der Herausforderer schlechthin. Auch wenn die USA schon unter Präsident

Barack Obama ihr Hauptaugenmerk Richtung Pazifik gelenkt haben, ist bis dato offen, wie und in welcher Form sie den Ambitionen Pekings begegnen wollen und können.

Eine andere Frage, ob die USA als ein Imperium[8] bezeichnet werden können, soll an dieser Stelle nicht vertiefend erörtert werden. Auf der einen Seite war die Selbstbezeichnung als Imperium in den USA lange Zeit kein Thema[9], umgekehrt unterhalten die Vereinigten Staaten global betrachtet rund 1000 Militärstützpunkte unterschiedlicher Quantität und Qualität. Auch kann man über die wirkliche Souveränität manch lateinamerikanischer Staaten gegenüber Washington durchaus diskutieren. Panamas formale Souveränität jedenfalls war oftmals faktisch nicht gegeben, vor allem solange die USA die Panamakanalzone bis 1999 kontrollierten. Oder wie souverän ist Island, das sich ohne eigene Armee dem Schutz der NATO bzw. der USA unterstellt hat? Amerikas Schutzfunktion gegenüber Taiwan, Japan, Australien und Neuseeland, Lateinamerika[10] (hier liegt vor allem das Interesse, den Panamakanal offen zu halten) und im Grunde genommen gegenüber mehr oder weniger allen west-, mittel, süd- und südosteuropäischen Staaten, weist auf einen zumindest imperialen Charakter hin. Auch ihre sechs strategischen global ausgerichteten Kommandobereiche unterstreichen derartige Ambitionen.[11]

Die sicherheitspolitischen Interessen der USA werden insgesamt auch künftig dazu führen, dass sie sich weiterhin als eine Weltmacht mit globalem Engagement und globalem Anspruch definieren. Ein Rückfall in einen Isolationismus ist daher sehr unwahrscheinlich. Noch sind sie engster und wichtigster Verbündeter der EU und somit auch Deutschlands – unabhängig mancher Differenzen. Denn niemand wird für absehbare Zeit auch nur annähernd in der Lage sein, einen vergleichbaren militärischen Beitrag zu leisten. Stellt sich aber die Frage, wie lange noch und in welcher Form? »Unterschiedliche Bedrohungswahrnehmungen und unterschiedliche Ansätze zur Bedrohungsabwehr sind in gewisser Weise nur der oberflächliche Ausdruck tief greifender Unterschiede im Weltbild zwischen den starken USA und einem vergleichsweise schwachen Europa«, betonte schon 2003 Robert Kagan, außenpolitischer Berater diverser US-Regierungen sowie Spezialist für internationale Politik, besonders Sicherheitspolitik, Terrorismus, den Balkan, das russisch-amerikanische Verhältnis und Themen rund um die NATO-Osterweiterung.[12] Europas Schwäche führe dazu, so Kagan weiter, dass die Europäer ein großes Interesse daran hätten, die »brutalen Gesetze einer anarchischen Hobbesschen Welt, in der letztlich die jeweilige Machtposition über Sicherheit und Erfolg der Staaten entscheidet, zu entwerten und schließlich abzuschaffen.«[13] Großmächte wie die USA hin-

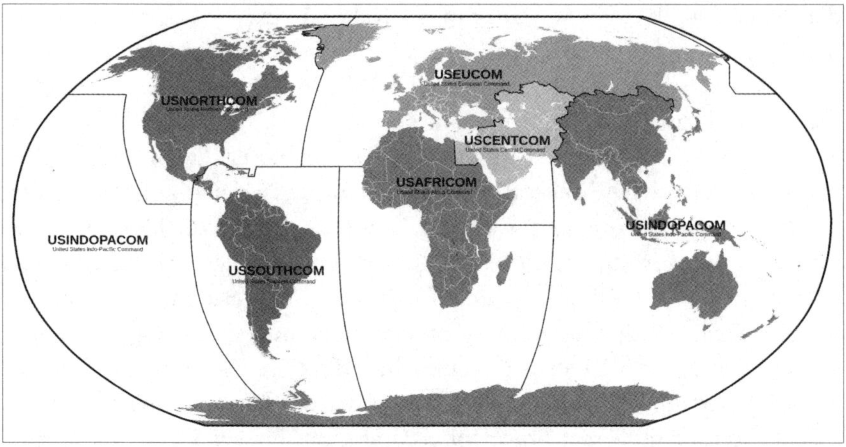

(43) Die Unified Combatant Commands mit den Areas of responsibility (Verantwortungsbereiche der UCC-Regionalkommandos)

gegen »fürchten Regeln, die sie in ihrer Handlungsfreiheit einschränken, oft mehr als Anarchie.«[14] In einer nach wie vor anarchischen Welt werden die USA sich also auf ihre wirtschaftliche und eben auch ihre technologische und militärische Macht verlassen, um ihre (geo-)politischen Interessen durchzusetzen und so ihre Sicherheit und ihren Wohlstand zu verteidigen. Dabei spielt es keinerlei Rolle, ob dies unter dem Motto Donald Trumps »America first« geschieht, oder ob der derzeitige US-Präsident Joe Biden den Ukrainern die »unerschütterliche Unterstützung« Amerikas zusichert.[15] Brzeziński lässt hier grüßen.

Als global agierende Seemacht werden die USA sicherlich auch weiterhin größten Wert auf eine stabile europäische Gegenküste legen (wirtschaftlich wie sicherheitspolitisch). Nur müssen dann auch die europäischen NATO-Partner ihre Verpflichtungen erfüllen, so z. B. die vereinbarten zwei Prozent des BIP für die eigene Verteidigung ausgeben oder dem wachsenden Technologiegefälle bezüglich militärischer Ausrüstung begegnen. Wie schwer sich allein Deutschland als wohlhabende Nation hierbei tut, muss nicht weiter erläutert werden. Das Stichwort »Bewaffnung der Bundeswehr mit Drohnen« dürfte an dieser Stelle in negativer Hinsicht vollauf genügen.[16] Ändert sich hier jedoch nichts, so wird Washington sein Hauptaugenmerk, wie ja schon begonnen, noch weiter Richtung Asien und damit neben Russland v. a. auf China fokussieren. Hier gilt dann wieder der geopolitische Ansatz Mackinders und Spykmans, nämlich durch eine Verteidigung der US-amerikanischen Interessen jenseits der Ozeane das Heartland einzudämmen, egal ob es – wie während des Kalten Kriegs – zumindest zu großen Teilen von der UdSSR (bzw. Russland) beherrscht wurde, oder künftig möglicherweise von China. Schlüsselstaaten für eine derartige Containment-Politik auf kontinentaler Ebene sind für Washington in Europa Polen und die Ukraine (gegenüber Russland) sowie Südkorea, Japan und die Philippinen in Ost- bzw. Südostasien. Das erklärt neben der zügig vollzogenen NATO-Osterweiterung auch die wiederholten Versuche, die Ukraine in das westliche Bündnis aufzunehmen. Auch die 2014 erfolgte, völlig unnötige Provokation Russlands durch den damaligen US-Präsidenten Obama, es sei nur eine »Regionalmacht«[17], unterstreicht den diesbezüglichen Anspruch Washingtons. Umso erstaunlicher, dass im Februar 2016 der damalige Verteidigungsminister Ash(ton) Carter erklärte: »Our challenges reflect a retour nto great power of competition. First is in Europe, where we are taking a strong an balanced approach to deter Russian aggression, and we haven't had to worry about this for 25 years. While I wish it were otherwise, now we do.«[18]

Allerdings fehlt den USA in ihrer global angelegten geopolitischen Containment-Politik derzeit ein Schlüsselstaat in Zentral- bzw. Südasien, wie es früher der Iran darstellte. Pakistan gilt zwar als offizieller Verbündeter Washingtons, pflegt aber gleichzeitig enge Beziehungen zu Peking. Bleibt somit Indien als möglicher gewichtiger geopolitischer und geostrategischer Partner. Aber auch das Engagement der USA in Afghanistan seit dem 11. September 2001 und im Irak (vgl. die Golfkriege von 1990/91 und 2003) lassen sich in eine derartige geopolitische Gesamtstrategie einordnen, wobei nach dem Abzugsdebakel im August 2021 derzeit China und mit Abstrichen Russland als große Gewinner des seit dem 19. Jahrhundert existierenden »Great Game« um Zentralasien erscheinen.

Da China aber künftig auch als Seemacht präsent sein wird, werden die USA ihre schon unter Präsident Obama begonnene Konzentration auf den pazifischen Raum[19] weiter ausbauen. Ihre dortigen Außengebiete, insbesondere Hawaii (als ein Bundesstaat) und Guam, das als natürlicher Flugzeugträger dient, waren und sind dabei von besonderer strategischer Bedeutung. Und auch bezogen auf Asien gilt – wie für Westeuropa – die Gegenküstenkonzeption mit Japan, Südkorea, den Philippinen und Australien sowie den Umständen entsprechend Taiwan. Noch agieren die USA in der Pazifikregion auch gegenüber China unbeeindruckt. Ein Beispiel dafür ist die von Peking ausgerufene Luftüberwachungszone im Ostchinesischen Meer. Dort muss, so die Absicht der Volksrepublik, jede durchfliegende Maschine angemeldet werden und den Anweisungen ihrer Luftwaffe folgen. Bei Missachtung wird mit Konsequenzen gedroht. Die USA ignorieren dies konsequent und fliegen vorsätzlich ohne jede Anmeldung durch das Gebiet.[20] Damit wird dem Verbündeten in Tokio zum einen verdeutlicht, dass er sich hinsichtlich der militärischen Unterstützung auf die USA verlassen kann, gleichzeitig aber auch die Notwendigkeit einer andauernden Präsenz von amerikanischen Truppen auf dem US-Stützpunkt Okinawa hervorgehoben. Enge Beziehungen zu Indonesien, Malaysia und Singapur, allesamt Anrainer der Straße von Malakka, unterstreichen das Interesse Washingtons an dieser maritimen Schlüsselstelle für den Welthandel und senden damit ebenfalls ein klares Signal gegenüber China aus.

Die USA lassen oft manchen Staat – so auch China und Russland – politisch nach deren eigenen Vorstellungen agieren, sollte dieses Agieren jedoch zur Bedrohung von Verbündeten oder zur Destabilisierung einer ganzen Region führen, gehen sie über zu einer realpolitischen Ordnungspolitik, oft gepaart mit Interventionsandrohungen, was allerdings China gegenüber faktisch nicht der Fall sein wird.

Die Vereinigten Staaten handeln unilateral, wenn es für sie notwendig, und multilateral, wenn es für sie vorteilhaft war bzw. ist, was nachvollziehbar ist, da eine Großmacht ihre Politik nicht vom Wunsch kleiner Staaten oder deren Interessen abhängig machen kann. Alle amerikanischen Präsidenten hatten daher ihre Entscheidungen immer nach den nationalen Interessen ausgerichtet, auch wenn sie verbal Kooperationsbereitschaft signalisierten. Auch eine Supermacht wird aber auf die Wünsche von Partnern eingehen, wenn sich damit verschiedene Ziele besser erreichen lassen. Wie dies künftig bezüglich der NATO aussieht, bleibt abzuwarten. So äußerte sich beispielsweise General Philip M. Breedlove, von 2013 bis 2016 Oberbefehlshaber des US European Command (USEUCOM) wie folgt: »Only by working closely with the NATO alliance and our partners in the region can the U.S. adequatly effectively and quickly address the shared security challenges facing America's vital national interests.«[21] Die Gründung der NATO war also längst nicht nur auf die Sicherheit Westeuropas ausgerichtet, sondern bezog vielmehr von Beginn an bis in heute unveränderter Form ganz wesentlich die Interessenlage der Vereinigten Staaten ein.

2. Die NATO – ein Instrument der USA?

Die NATO (North Atlantic Treaty Organization)[22] wurde 1949 unter Federführung der USA ins Leben gerufen. Ihre mittlerweile 30 Mitgliedstaaten besitzen zwar formal ihre volle Souveränität und Unabhängigkeit, dennoch steht das Bündnis »unter striktem amerikanischen Oberbefehl.«[23] Schon 1956 verdeutlichte die Suezkrise diese Tatsache eindrucksvoll den beiden Akteuren – oder auch direkt formuliert – Invasoren Großbritannien und Frankreich, dass sie keine eigenständige strategische Meerespolitik verfolgen können, ohne zuvor das Einverständnis Washingtons eingeholt zu haben. So mussten sie die von ihnen besetzte Suezkanalzone räumen und verloren ihren Einfluss im Nahen Osten.

Die NATO versteht sich nicht nur als Verteidigungsbündnis, sondern auch als militärisch-politische Organisation ihrer Mitglieder mit dem Ziel eigener Sicherheit und weltweiter Stabilität. Dem Bundesministerium der Verteidigung zufolge sieht sich die NATO als »Wertegemeinschaft freier demokratischer Staaten«[24].

Die im Nordatlantikvertrag formulierten Ziele haben sich im Verlauf seines Bestehens nicht geändert, denn der Vertrag ist in seinem Wortlaut seit 1949 unverändert. Allerdings wurden die Aufgaben der NATO an veränderte sicherheitspolitische Gegebenheiten angepasst und werden heutzutage anders interpretiert.

Während der Zeit des Kalten Krieges bestand die Hauptaufgabe der NATO[25] darin, die Freiheit und Sicherheit ihrer Mitglieder durch Abschreckung, Aufrüstung und ständige Abwehrbereitschaft zu garantieren. Die dabei in den 50er Jahren praktizierte Containment-Politik entsprach klar den geopolitischen Motiven Washingtons. Seit jeher orientieren sich nämlich die Amerikaner an den Theorien Mackinders und Mahans.[26] Aus Sicht der USA bildeten in den 50er-Jahren nämlich die Sowjetunion und die Volksrepublik China einen – allerdings faktisch so nicht existierenden – einheitlichen ideologischen Block und beherrschten somit das Heartland, also fast ganz Eurasien, und verkörperten einen vermeintlichen Machtblock, so wie es Mackinder in seiner Theorie dargelegt hatte. Umso wichtiger war es aus geopolitischer Perspektive der USA, hier ein Gegengewicht zu etablieren. Neben der NATO sollten weitere Militärbündnisse einer kommunistischen Expansion, ausgehend vom »Heartland«, Einhalt gebieten. Ein Abwehrgürtel im sogenannten »Rimland« war hier die Gegenstrategie Washingtons. Die SEATO und CENTO sollten in Südostasien bzw. Vorder- und Mittelasien die jeweiligen Pendants zur NATO bilden.

Das Ende des Kalten Kriegs, der damit einhergehende Zerfall des Warschauer Paktes und der UdSSR sowie die Wiedervereinigung Deutschlands führten zu einer grundlegenden Änderung des sicherheitspolitischen Umfelds in Europa. In den ersten Wochen und Monaten dieser Phase wurde die Notwendigkeit des Fortbestands der NATO in Frage gestellt. Es war durchaus diskussionswürdig, ob nicht die NATO seit dem Ende der sowjetischen Bedrohung ihren Zweck verloren hatte.[27] Wie dem auch sei, sie blieb uns erhalten und passte ihre Aufgaben an die neue Lage an. Gemäß dem Nordatlantikvertrag sind Abschreckung und Verteidigung zwar weiterhin Hauptaufgaben, traten jedoch etwas in den Hintergrund. Vermehrt wurde auf Dialog und Zusammenarbeit mit dem ehemaligen Gegner gesetzt. Verschiedene Partnerschaftsprogramme (u. a. Partnership for Peace) mündeten später teilweise in die in mehreren Stufen vollzogene Osterweiterung des Bündnisses. Auf dem NATO-Gipfeltreffen in Rom wurde dann im November 1991 das neue Strategische Konzept[28] des Bündnisses verabschiedet. Die NATO war zwar weiterhin defensiv ausgerichtet, bot aber der UNO und der OSZE an, Friedensmissionen in deren Auftrag durchzuführen. Im Rahmen des Strategischen Konzepts von 1999 erklärte die NATO, dass zur Konfliktverhütung und Krisenbewältigung auch militärische Operationen außerhalb des NATO-Gebietes zur prophylaktischen Gefahrenabwehr möglich sein sollen, womit auch die sogenannten »Out-of-Area-Einsätze« bezeichnet sind. Weiterhin behält sie sich das diskussionswürdige Recht vor, auch ohne Mandat der UNO in Krisengebieten zu intervenieren, so wie 1999 im Kosovo ja geschehen. Die Terrorangriffe vom 11. September 2001 machten dann aus dem regionalen Verteidigungsbündnis endgültig ein global agierendes System.[29]

Die zentralen Aufgaben der NATO sind bis heute die Aufrechterhaltung und Stärkung der transatlantischen Bindung, die Unterstützung der europäischen Sicherheits- und Verteidigungspolitik und die Konfliktverhütung und Krisenbewältigung.

Für Deutschland war auch nach der erfolgten Wiedervereinigung 1990 die Mitgliedschaft und damit der US-amerikanische Schutzschirm von entscheidender Relevanz, wie aus den »Verteidigungspolitischen Richtlinien« (VPR) hervorging und -geht. Die VPR sind ein Grundsatzdokument, das das Bundesministerium der Verteidigung als verbindliche konzeptionelle Grundlage für die deutsche Verteidigungspolitik erlässt. Sie legen damit die Grundsätze für die Gestaltung der Verteidigungspolitik fest und bestimmen so u. a. den Auftrag der Bundeswehr, gewichten zudem deren Aufgaben und machen Vorgaben für die Fähigkeiten der Streitkräfte der Zukunft. Die aktuellen VPR stammen aus dem Jahr 2011, also ist es dringend Zeit für eine Überarbeitung und Anpassung an die geopolitischen Herausforderungen unserer Gegenwart. Aktuell heißt es angesichts der Einbindung in kollektive Sicherheitssysteme wie die NATO:

»Die Nordatlantische Allianz bleibt Kernstück unserer Verteidigungsanstrengungen. Bündnissolidarität und ein verlässlicher, glaubwürdiger Beitrag zur Allianz sind Teil deutscher Staatsraison. Deutschland steht zu seiner internationalen Verantwortung in der Allianz und zu seinen Verpflichtungen, die wir in unserem sicherheitspolitischen Interesse eingegangen sind. Die Entwicklungen in der Allianz bestimmen die deutsche Verteidigungspolitik maßgeblich. Die militärische Integration und die wechselseitige politische Solidarität mit unseren Partnern garantieren die Wirksamkeit des Nordatlantischen Verteidigungsbündnisses. Die Allianz verbindet Europa mit den Vereinigten Staaten von Amerika und mit Kanada und umgekehrt. Sie erhält und garantiert durch die kollektive Verteidigung die Sicherheit Europas und damit den Schutz und die territoriale Unversehrtheit ihrer Mitgliedsstaaten. Sie schafft die Voraussetzung dafür, dass auch globalen Sicherheitsherausforderungen wirksam entgegengetreten werden kann, indem sie den Schutz der Bevölkerung in den Mitgliedsstaaten gegen neue Risiken und Gefährdungen erhöht, indem sie Kooperation mit Partnern ermöglicht und vertieft und indem sie zur Krisenreaktion außerhalb des Bündnisgebietes befähigt ist. Das Engagement der Vereinigten Staaten von Amerika für die Sicherheit Europas, wie es am sichtbarsten und wirksamsten im Nordatlantischen Verteidigungsbündnis zum Ausdruck kommt, bleibt von lebenswichtigem Interesse für Deutschland und seine europäischen Verbündeten. Daraus folgen der Auftrag und die Verpflichtung, die einzigartige Qualität der transatlantischen Beziehungen zu erhalten, die Bindungen und den Austausch zu pflegen und durch verantwortliche Aufgabenwahrnehmung die Partnerschaft mit den Vereinigten Staaten fortzuentwickeln. […] So hat in den letzten Jahren die Verwundbarkeit nationaler Sicherheitseinrichtungen durch Cyber-Angriffe signifikant zugenommen. Dies erfordert wirksame und abgestimmte Antworten auch im Bündnis, die sich auf die Fähigkeiten zur Abwehr dieser Angriffe beziehen und damit das Aufgabenspektrum der Allianz erweiterten. Die gemeinsame Verteidigung gemäß Artikel 5 des NATO-Vertrages[30] bleibt der Kern des Bündnisses. Gleichzeitig bekennt sich die Allianz zu Abrüstung und Rüstungskontrolle. Sie erhält und entwickelt ein aufeinander abgestimmtes und den Risiken und Gefährdungen angemessenes Spektrum konventioneller und nuklearer Fähigkeiten einschließlich der Flugkörperabwehr. Die Nordatlantische Allianz bleibt gemäß ihres neuen Strategischen Konzepts ein nukleares Bündnis. Die Notwendigkeit zu nuklearer Abschreckung besteht fort, solange nukleare Waffen ein Mittel militärischer Auseinandersetzungen sein können. Eine verkleinerte und effektivere NATO-Kommandostruktur gewährleistet die bewährten integrierten Strukturen und stellt zugleich erhöhte Anforderungen an die Hauptquartiere der NATO-Streitkräftestruktur. Die Fortsetzung und Vertiefung der NATO-Partnerschaftspolitik, wie sie am sichtbarsten im Zusammenwirken beim ISAF-Einsatz zum Ausdruck kommt, erlaubt der Allianz eine einzigartige Arbeitsteilung und Sicherheitszusammenarbeit mit den Nationen, die die Ziele der Allianz teilen. Sie fordert von der deutschen Verteidigungsdiplomatie neue Wege einer vertieften Kooperation und des Dialogs.«[31]

Das klingt alles in allem sympathisch, wird doch hier eine Sicherheitspolitik propagiert, die sich auf freundschaftliche Beziehungen im Rahmen fester Institutionen bzw. Organisationen innerhalb einer unerschütterlichen westlichen Allianz stützt. So weit, so gut. Aber was sagen die Amerikaner dazu? Lassen wir doch noch einmal Robert Kagan zu Wort kommen:

»Wir sollten nicht länger so tun, als hätten Europäer und Amerikaner die gleiche Weltsicht oder als würden sie nur in der gleichen Welt leben. In der alles entscheidenden Frage der Macht – in der Frage nach der Wirksamkeit, der Ethik, der Erwünschtheit von Macht – gehen die amerikanischen und die europäischen Ansichten auseinander. Europa wendet sich ab von der Macht […] Es betritt […] ein posthistorisches Paradies von Frieden und relativem Wohlstand, das der Verwirklichung von Kants ›Ewigem Frieden‹ gleichkommt. Dagegen bleiben die Vereinigten Staaten der Geschichte verhaftet und üben Macht in einer anarchischen Hobbesschen Welt aus, in der auf internationale Regelungen und Völkerrecht kein Verlass ist und in der wahre Sicherheit sowie die Verteidigung und Förderung einer freiheitlichen Ordnung nach wie vor von Besitz und Einsatz militärischer Macht abhängen. Aus diesem Grund entwickeln sich Amerikaner und Europäer in zentralen strategischen Fragen heute immer weiter auseinander. […] Die Ursachen für die transatlantischen Misshelligkeiten liegen tief und werden so schnell nicht beseitigt werden können.«[32]

Das lässt an Deutlichkeit hinsichtlich einer notwendigen Real- und Machtpolitik nicht zu wünschen übrig und erfordert auch eine Neuorientierung der NATO, die mit 72 Jahren älter ist, als es jedes Staatenbündnis je in der Historie war. Nicht von ungefähr diagnostizierte 2019 zum 70-jährigen Geburtstag der französische Staatspräsident Macron ihr den »Hirntod«.[33] Viele Herausforderungen und einhergehende notwendige Reformen beschäftigen die NATO intensiv und warten auf zukunftsfähige und -weisende Lösungen. Das zu geringe Militärbudget wichtiger Mitgliedstaaten (z.B. Deutschland), eine verstärkte Zusammenarbeit mit der Wirtschaft im Bereich disruptiver Technologien wie im Bereich »Künstliche Intelligenz, Cyber und Weltraum, das Verhältnis zu Russland, die Frage einer noch weitergehenden Erweiterung (Ukraine, Balkanstaaten) und eine klare Strategie gegenüber China sind nur einige der akuten Themenfelder.[34]

Wie sieht es denn nun auf deutscher bzw. europäischer Seite aus?

3. Die EU – ein geopolitischer Papiertiger!

Nicht nur hinsichtlich der EU gelten für Deutschlands Sicherheitspolitik lediglich die folgenden Passagen, basierend auf der EU und ihrer sogenannten »Gemeinsamen Sicherheits- und Verteidigungspolitik (GSVP)«.

»Das Bekenntnis zum freien und einigen Europa sowie das Ziel der Mitwirkung an einer alle geeigneten Politikbereiche umfassenden europäischen Integration hat seit Gründung der Europäischen Wirtschaftsgemeinschaft die deutsche Politik bestimmt. Als politisch wirksame Gemeinschaft muss Europa auch sicherheitspolitisch handlungsfähiger werden, damit es eigenständig Verantwortung bei der Bewältigung der Herausforderungen für die gemeinsame Sicherheit in und außerhalb Europas übernehmen kann. Die Europäische Union verfügt über ein breites Spektrum von zivilen und militärischen Instrumenten zur Konfliktprävention, zum Krisenmanagement sowie zur Konfliktnachsorge und wird damit ihren Beitrag zur Sicherheitsvorsorge im Einvernehmen mit, in Absprache mit und – wo sinnvoll auch – unter wechselseitigem Rückgriff auf Fähigkeiten und Strukturen der Nordatlantischen Allianz leisten. Die Vorgaben für die Gemeinsame Sicherheitspolitik und die »Ständige Strukturierte Zusammenarbeit« im Vertrag von Lissabon bilden dafür den konzeptionellen Rahmen. Die gestärkte Zusammenarbeit zwischen NATO und EU und der gegenseitige Rückgriff auf Fähigkeiten und Strukturen bleiben Prinzip der gemeinsamen Sicherheit und werden dazu führen, dass die Europäische Union ihr politisches Gewicht künftig wirksamer entfalten kann. Die konsequente Fortentwicklung von Europas zivilen und militärischen Fähigkeiten genauso wie die technologische und industriepolitische Zusammenarbeit innerhalb der Europäischen Union dienen der politischen Stärkung Europas und damit zugleich den nationalen Sicherheitsinteressen. Darin stimmt Deutschland mit seinen Partnern überein und entwickelt in bi- und multilateralen Initiativen weiterführende Anstöße. Den deutsch-französischen Beziehungen kommt dabei aufgrund ihres besonderen, im Elysée-Vertrag bekräftigten, Charakters und ihrer einzigartigen Dichte eine herausragende Rolle zu. Eine leistungsfähige technologische Basis in Kernbereichen ist Voraussetzung für die gestaltende Mitwirkung am Erhalt und, wo möglich, am Ausbau einer wettbewerbsfähigen europäischen Rüstungsindustrie«, so hieß es damals in den »Verteidigungspolitischen Richtlinien«[35].

Die Realität sieht leider völlig anders aus. Blenden wir die zitierten Worthülsen einmal aus und blicken auf die bisherigen Ausführungen in diesem Buch zurück, so wird eines unumstößlich deutlich: Seit den 1990er-Jahren ist Europa bzw. (richtigerweise) die EU als geopolitischer Akteur faktisch und praktisch inexistent. Dabei hätte der innerhalb der EU zu großen Teilen mehr oder weniger vereinigte Kontinent, der zumal mit 450 Millionen Einwohnern die größte Volkswirtschaft der Welt verkörpert und ungefähr so viel für Verteidigung ausgibt wie Russland, durchaus das Potenzial zu einem wirklichen geopolitischen Schwergewicht. Jedoch ist die EU, selbst wenn der Integrationsprozess voranschreiten sollte, meilenweit davon entfernt, eine Intensität der Kooperation zu erreichen, wie sie in der NATO – trotz aller Diskrepanzen – seit Jahrzehnten üblich ist. Bislang hat sie nie auch nur annähernd den Einfluss entwickelt, den die europäischen Staaten hinsichtlich ihres wirtschaftlichen und z. T. immer noch militärischen Potenzials für sich genommen eigentlich haben. Chronische Handicaps und Krisen wirtschaftlicher, politischer und vor allem militärischer Art bewirken seit Jahrzehnten, dass die EU auf globaler Ebene so gut wie keinen Einfluss nimmt. Die mächtigsten Mitgliedstaaten der EU verlieren vielmehr weiterhin, so wie Frankreich, an Einfluss oder sträuben sich nach wie vor, so wie Deutschland, auf der internationalen Bühne eine Führungsrolle zu übernehmen. Und das, wo die EU nicht nur vor gewaltigen inneren, sondern evtl. existenzbedrohenden äußeren Herausforderungen steht, so wie die Flüchtlingskrise[36], die nur erst der Anfang war.

Eine fehlende Verteidigungsfähigkeit und -bereitschaft der EU-Staaten kann bei derartigen künftigen Herausforderungen, wie sie in dem Buch dargelegt wurden, verhängnisvoll sein. Oder anders formuliert: »Die Sprache der Macht kann nur sprechen, wer Machtmittel hat. Wer sie nicht hat, macht sich leicht lächerlich. Wer großartige Ankündigungen macht, die er nicht mit Druck unterlegen kann, wird in der Welt der Macht schnell als Papiertiger entlarvt«, so der Politikwissenschaftler Carlo Masala.[37]

Noch ist zwar die westliche Staatengemeinschaft und somit auch die EU im internationalen Kräfte- und Mächtespiel relativ einflussreich. Mittels Handelsboykotte und anderer Sanktionen verfügen die wirtschaftlich starken europäischen Staaten nach wie vor noch über durchaus praktikable Instrumentarien wie derzeit gegenüber Russland eindrucksvoll demonstriert. Allerdings ist v. a. angesichts des weiteren Aufstiegs Chinas abzusehen, dass künftig die Fähigkeit der westlichen Staatengemeinschaft abnehmen wird, anderen Ländern ihre politischen Haltungen und Positionen zu vermitteln. Ihre »Softpower«,[38] die auf der Fähigkeit eines Staates beruht, andere Staaten durch immaterielle Werte (wie z. B. Freiheitsrechte) und die damit einhergehenden Wirkungen zu beeinflussen, könnte ebenso an ihre Grenzen stoßen. Auch hier ist China wieder der große Gegenspieler, der vielfältige Anstrengungen unternimmt, westliche Werte und Prinzipien, die die EU bis dato als »universelle Werte« propagiert, in Frage zu stellen. So werden z. B. international tätige Verlage gedrängt, Schriften aus ihrem Programm zu entfernen, in denen Taiwan erwähnt wird.[39] Auch mittels der BRI versucht China eigene Positionen und Wertvorstellungen zu exportieren, die statt des Individuums das Kollektiv favorisieren. Welche globale politische Bedeutung sollen dann westliche Werte haben, wenn die bevölkerungsreichste Nation der Welt keinerlei Interesse hat, sich daran zu orientieren?

Es wäre also an der Zeit für Großbritannien und die EU bzw. ihre wichtigsten Mitgliedsstaaten wie Frankreich und Italien, aber im besonderen Maße für Deutschland, das in seinen Außenbeziehungen fast ausschließlich auf Softpower setzt, nach Alternativen oder Ergänzungen ihrer bisherigen Strategien zu suchen. Denn bis heute wirkt nun einmal militärische Macht fort, auch wenn das in Deutschland fast niemand hören möchte und man lieber davon spricht, dass man mit militärischen Mitteln keine Probleme löse. Sicherlich nicht damit alleine, aber nicht immer können Soldaten als bewaffnete Entwicklungshelfer auftreten.

Fassen wir an dieser Stelle zusammen, so ist zu konstatieren, dass der geopolitische Bedeutungsverlust Europas bzw. der EU unübersehbar ist. Ein Kurswechsel seitens der EU ist daher dringend angebracht. So muss sie nicht nur ihre geopolitischen Interessen klar artikulieren, sondern auch verfolgen und umsetzen. Die EU muss über einheitliche geheimdienstliche und militärische Strukturen verfügen[40], um ihren zukünftigen Einflussbereich zu verteidigen. Sie muss weiterhin für die Krisenregionen Naher und Mittlerer Osten sowie insbesondere das nördliche Afrika klare Strategien entwickeln. Afrikas Bevölkerung explodiert und drängt nach Europa, auch hier gilt es gemeinsame europäische Antworten zu finden. Gleiches gilt für die lebensnotwendige Sicherung der globalen Handelswege v. a. im Indischen Ozean mit seinen Nebenmeeren Rotes Meer und Persischer Golf. Bis dato sind wir von solchen geopolitischen Notwendigkeiten noch meilenweit entfernt. Europa kann aber nicht als Sammelsurium von gut drei Dutzend – global und auf multipolarer Ebene betrachtet – überwiegend Kleinstaaten, von denen die meisten gerade einmal der Einwohnerzahl einer mittleren chinesischen Stadt entsprechen, auftreten, will es als relevanter Akteur in einer multipolaren Welt ernstgenommen werden. Die EU neigt jedoch nach wie vor dazu (im Gegensatz zu China und den USA), die einzelnen Politikfelder wie Wirtschafts-, Sicherheits- und Kulturpolitik sowie Militärstrategie zu trennen und auf viele Akteure zu verteilen, was ihre Möglichkeiten, geopolitisch und -strategisch zu handeln, massiv einschränkt. Europa benötigt, wenn es sich geopolitisch behaupten möchte,

Strukturen und Gremien, in denen klare politische Urteile gefällt und dann auch manch harte, aber realpolitische Entscheidungen getroffen werden können. Dabei gilt es, die derzeit sicherheitspolitisch und militärische Abhängigkeit gegenüber den USA zu reduzieren, aber eine zu starke Annäherung an China zu vermeiden. Ansonsten droht nämlich das von Carl Schmitt formulierte Diktum:

»Wenn ein Volk die Mühen und Risiken der politischen Existenz fürchtet, so wird sich eben ein anderes Volk finden, daß ihm diese Mühen abnimmt, indem es seinen Schutz gegen äußere Feinde und damit die politische Herrschaft übernimmt; der Schutzherr bestimmt dann den Feind, kraft des ewigen Zusammenhanges von Schutz und Gehorsam.«[41]

Das gilt auch für Deutschland, das noch immer der wichtigste und aufgrund seiner bis dato noch vorhandenen technologischen, ökonomischen und wissenschaftlichen Voraussetzungen dynamischste Akteur an Eurasiens westlicher Peripherie ist. Als wirtschaftlicher Motor muss es auch eine Führungsrolle in der EU praktizieren.

4. Deutschland – ein Land ohne Geopolitik?

a. Die geopolitische und -strategische Lage Deutschlands aus historischer und aktueller Perspektive

Deutschlands Staatsgebiet umfasst heute 357.000 km². Seine Nord-Süd-Ausdehnung beträgt 876 km, seine West-Ost-Ausdehnung 640 km. Mit rund 83 Mio. Einwohnern ist es nach Russland der bevölkerungsreichste Staat in Europa und bildet – geografisch unveränderbar – den geopolitischen Mittelpunkt des Kontinents. Bereits diese simple Tatsache hat über Jahrhunderte hinweg bei Nachbarstaaten zu Begehrlichkeiten und Neid, später zu Argwohn und Misstrauen und schließlich zu Zwietracht und Streit in Europa geführt. Der Raum zwischen Nord- und Ostsee und den Alpen, zwischen Rhein und Weichsel, heute die Oder als Grenze, weckte immer das Interesse zahlreicher Völker in Europa. Hier galt es seinen Anspruch früh geltend zu machen, um seinen Herrschaftsbereich auszudehnen und zu sichern. Das Territorium, auf dem die ehemals germanischen Volksstämme sich angesiedelt hatten, hatte bereits die Römer weit nach Norden vorstoßen lassen, weil schon sie den strategischen Wert, den diese Lage in Form der Beherrschung der politischen Mitte Europas darstellt, erkannt hatten. Die Wanderungs-, Eroberungs- und Handelsbewegungen in der Mitte Europas führten durch den angestammten Siedlungsraum der Volksstämme deutscher Sprache. Damit geriet dieser Raum früh in die Interessensphären der angrenzenden Völker. Das ist zumindest ein Faktor, der das ungehinderte Zusammenwachsen eines deutschen Nationalstaates verzögerte. Anders als Franzosen im Westen, Skandinavier im Norden, Russen im Osten oder die an der Peripherie gelegenen Spanier und Briten, unterlagen die Deutschen lange Zeit fremden Einflüssen. Erinnert sei in diesem Zusammenhang nur an die – mit den Maßstäben der beiden Weltkriege durchaus vergleichbaren – Auswirkungen des Dreißigjährigen Krieges, der vor allem die Gebiete der deutschen Staaten verheerte. Dabei ging es in diesem Krieg im 17. Jahrhundert um eine heute vergleichsweise banal anmutende Streitfrage, nämlich die nach dem vermeintlich »richtigen« christlichen Glauben.

Einem physikalischen Gesetz folgend entsteht eine plastische Gestalt auch durch äußeren Druck. Dies lässt sich im übertragenen Sinne auch auf die Entstehung von politischen Gebilden anwenden, wenn die Kohäsionskraft im Inneren nicht ausreicht. Entgegen allen Bemühungen anderer Nationen, die Führung über die deutschen Königreiche und Fürstentümer zu erringen, war die Staatswerdung Deutschlands nur unter der Führung eines der deutschen Teilstaaten denkbar. Der Druck von außen änderte zunächst nichts daran, dass der Selbstbehauptungswille der deutschen Völker – von einer einheitlichen Nation kann man zu diesem Zeitpunkt noch nicht sprechen – also die Kraft von innen, nach wie vor stark unterentwickelt war. Die Zersplitterung der deutschen Sprach- und Kulturnation in ein System von zahlreichen Teil- und Kleinstaaten wurde vielmehr von außen vorgegeben, nachdem die deutschen Fürsten selbst keinen einheitlichen Staat schaffen konnten oder wollten. Das änderte sich erst spät, als nämlich fast alle Nachbarn ihren Weg zum Nationalstaat abgeschlossen hatten, mit dem Aufstieg Preußens ab dem 18. Jahrhundert zu einer weiteren europäischen Großmacht. Doch insbesondere durch die aufkommende Industrialisierung und wirtschaftliche Erstarkung dieses mitteleuropäischen Raumes während des frühen 19. Jahrhunderts zeigte sich noch einmal, dass keineswegs alle späteren Nachbarn einer Einigung sämtlicher deutscher Einzelstaaten zu einem souveränen Nationalstaat zustimmten – so auch nicht im Zuge des Wiener Kongresses 1814/15. Mit der Reichsgründung durch Bismarck 1871 wurde Deutschland dann zur entscheidenden politischen Mittelmacht an der Schnittstelle sämtlicher Nord- und Süd- sowie Ost- und Westverbindungen im Zentrum Europas. Deutschland musste erkennen, dass es in seiner geografischen Lage an zumindest drei Landgrenzen von je rund 1000 Kilometern von potenziellen Gegnern umgeben war und dass auch die vierte

– ebenfalls rund 1000 km lange Seeseite, geografisch begünstigt, mit relativ geringem Aufwand zu blockieren war. Damit war für Deutschland ein ungehinderter und ständiger Zugang zu den Weltmeeren nicht möglich. Die strategische Erkenntnis, die Bismarck als Kanzler des Deutschen Reiches leitete, war die, dass das Reich zum einen saturiert sei und zum anderen, dass Deutschland ohne stabile und verlässliche Bündnisse in Europa nicht bestehen und die ihm geopolitisch zukommende Rolle als europäische Mittelmacht nicht würde ausüben können. Hierin lag sehr viel Verantwortung, aber auch sehr viel Gestaltungspotenzial, wenn man es denn erkennen und wahrnehmen wollte. Die Geschichte bewies bereits später durch zwei Weltkriege, wie Recht Bismarck hatte. Daran hatte das deutsche Unvermögen, die Prinzipien seiner auf Ausgleich bedachten Politik zu verstehen und sie folglich nicht fortsetzen zu können, einen erheblichen Anteil. Zu verlockend war die Aussicht, auch endlich an die Futtertröge der übrigen Großmächte zu gelangen und sich, in völliger Verkennung und Überschätzung der eigenen Möglichkeiten, als Weltmacht zu gerieren. Mittelmacht in Europa zu sein, war Deutschlands Auftrag, seit es sich zum geeinten Nationalstaat emanzipierte. Damit war der Großmachtstatus auf Augenhöhe mit den übrigen europäischen Mächten wie Russland, Frankreich oder Großbritannien erreicht. Weltmacht werden zu wollen, ging nicht nur über die eigenen Möglichkeiten hinaus, es verletzte auch – in klarer Missachtung der für sich selbst eingeforderten Rechte – die ebenso berechtigten Ansprüche der Nachbarn.

Die große Zäsur nach 1945 schuf mit der deutschen Zweistaatlichkeit gleichwohl ein politisches Provisorium, dem auf lange Sicht kein Überdauern beschieden sein konnte. Die Geschichte kennt bis heute eine Zweistaatlichkeit einer Nation immer nur auf Zeit, nie auf Dauer. Hinter diesem, durch die ideologische Konfrontation zwischen Kapitalismus und Kommunismus hervorgerufenen Provisorium, verschwand in der öffentlichen Wahrnehmung der legitime Anspruch der Bundesrepublik Deutschland, eigene sicherheitspolitische Interessen zu definieren. Während die DDR ein reiner sowjetischer Satellitenstaat war, herrschte im Westen[42] die Erkenntnis vor, dass Deutschlands Interessen nur in einer funktionierenden Westintegration zu verwirklichen waren, dennoch hatte die Bundesrepublik ihren Alleinvertretungsanspruch nicht aufgegeben. Spätestens mit der Erlangung der Teilsouveränität 1955 wurde klar, dass die Bundesrepublik die Maxime ihrer Außenpolitik eigenständig definieren musste. Merkwürdigerweise wurde dabei die Sicherheitspolitik nahezu vollständig ausgeklammert, als ob die NATO-Mitgliedschaft dieses Aufgabenfeld obsolet gemacht hätte. Völlig unvorbereitet schien die deutsche Politik dann scheinbar 35 Jahre später dazustehen, als die Frage nach einer eigenständigen Sicherheitspolitik – nach der Erringung der vollen Souveränität im Zuge der Wiedervereinigung nach 1990 – auf einmal auf der Tagesordnung stand.

Damit hatte sich auch Deutschlands geopolitische Lage schlagartig verändert:[43] Die beiden deutschen Staaten waren von ihrer Randlage als Frontstaaten (im Sinne als »vordere Linie der Verteidigung« von NATO bzw. Warschauer Pakt) als vereintes Deutschland wieder in die historische Mittelage gerückt und dies ist als zentrales Transitland nun mehr denn je eine Drehscheibe für Ost und West sowie Nord und Süd. Weitere Kriterien für eine neue geopolitische Orientierung sind seine Rolle als Weltwirtschaftsmacht und Industrieland mit hoher Abhängigkeit von den Weltmärkten und einem erforderlichen ungehinderten Zugang zu den internationalen Handelswegen.

Weil Deutschland seitdem nur von verbündeten und befreundeten Staaten umgeben ist – Helmut Kohl sprach von »Freunden umzingelt«[44] – und sich daher keiner unmittelbaren militärischen Bedrohung ausgesetzt sieht, vermied es die deutsche politische Führung, die Bevölkerung frühzeitig auf eine öffentliche Diskussion ihrer sicherheitspolitischen Ziele vorzubereiten. Entsprechend überrascht war die deutsche Öffentlichkeit, als am 26. November 1992 der damalige Bundesverteidigungsminister Volker Rühe die ersten »Verteidigungspolitischen Richtlinien« (VPR) in der Geschichte der Bundesrepublik Deutschland erließ, in denen die deutsche Regierung zum ersten Mal ihre sicherheitspolitischen Ziele und Grundannahmen formuliert hatte:

An erster Stelle standen der Schutz Deutschlands und seiner Staatsbürger vor äußerer Gefahr und politischer Erpressbarkeit, weiterhin galt es u. a. Krisen, die Deutschlands Unversehrtheit beeinträchtigen können, zu verhindern. Das Bekenntnis zur NATO, der Erhalt der amerikanischen Präsenz in Europa und die Betonung Deutschlands als kontinentale Mittelmacht spielten ebenso eine Rolle wie die Vertiefung der europäischen Integration mit dem Ziel einer supranationalen europäischen Verteidigungspolitik bis hin zum Ausbau einer globalen Sicherheitsarchitektur komplementärer Organisationen. Nicht zuletzt wurde zielgerichtet die Aufrechterhaltung des freien Welthandels und des ungehinderten Zugangs zu Märkten und Rohstoffen im Rahmen einer gerechten Weltwirtschaftsordnung als ein wesentliches Interesse deutscher Politik definiert.

Dennoch hat diese erste Klarstellung sicherheitspolitischer Interessen nicht verhindern können, dass dann gegen die deutsche Beteiligung an multinationalen konfliktbeendenden Maßnahmen – sogenannten »out-of-area«-Einsätzen – geklagt wurde. Das Bundesverfassungsgericht stellte daraufhin am 12. Juli 1994 klar, dass die Beteiligung Deutschlands auf der Grundlage des Beitritts nach Artikel 23 Grundgesetz zu supranationalen Bündnissen vollkommen rechtens und Ausdruck seiner souveränen Handlungskompetenz ist.[45]

Am 21. Mai 2003 wurden die überarbeiteten und aktualisierten VPR vom damaligen Bundesverteidigungsminister Peter Struck herausgegeben. Die innerhalb von zwölf Jahren erfolgten Veränderungen in der Welt machten eine Anpassung der VPR in den Augen der Politik erforderlich, wurden allerdings nun bei Weitem nicht mehr so klar formuliert. So lag der sicherheitspolitische Fokus nun außerhalb Deutschlands, das nicht mehr von einem existenziellen Angriff bedroht sei. Die Konfliktverhütung und Krisenbewältigung auch über das Bündnisgebiet hinaus standen im Vordergrund, wie auch eine multinationale Sicherheitsvorsorge als ein grundlegender Faktor deutscher Verteidigungspolitik im Rahmen einer Europäischen Sicherheits- und Verteidigungspolitik (ESVP) als Ergänzung zur NATO forciert werden sollte. Mit Ausnahme von militärischen Evakuierungs- und Rettungsoperationen waren keine nationalen Einsatzplanungen vorgesehen. Die herkömmliche Landesverteidigung galt nicht mehr als Hauptauftrag der Bundeswehr. Vielmehr stand die Weiterentwicklung der Bundeswehr mit dem Ziel der multinationalen Einsetzbarkeit im Fokus. Als neues Bedrohungspotenzial wurde der religiös motivierte internationale Terrorismus definiert. Als unverändert groß wurde immerhin nach wie vor die Bedrohung der deutschen Wirtschaft wegen der Abhängigkeit von Transportwegen und -mitteln eingestuft.

Deutschland ist in seinen Grenzen von 1990 nach Russland das bevölkerungsreichste Land Europas mit der größten Wirtschaftsleistung, die auch wiederholt den inoffiziellen Titel eines Exportweltmeisters mit sich brachte. Dieses Potenzial ist jedoch nur aufrechtzuerhalten, wenn die vor allem geopolitischen Abhängigkeiten der deutschen Wirtschaft bewusst in das politische Denken und Handeln einbezogen werden. Nationale sicherheitspolitische Interessen zu definieren, gehört daher zu den politischen Grundvoraussetzungen deutscher Außenpolitik, auch um europäisch wie international einschätzbar zu sein. Einem Land mit derartigen wirtschaftlichen Kapazitäten nimmt man es international schlicht nicht ab, keine nationalen sicherheitspolitischen Interessen zu haben. Dies gilt – scheinbar paradoxerweise – erst recht, je mehr das Bestreben zunimmt, die politischen Interessen der europäischen Staaten in der EU zu bündeln. Die Zukunft Deutschlands liegt – wie oben hergeleitet – in Europa, und zwar in dessen Mitte. Also muss man von der deutschen Politik auch verlangen, dass sie europäisch denkt. Dazu gehört neben der Betonung eigener nationaler Standards wie Sprache und Kultur auch die Betonung eigener sicherheitspolitischer Standpunkte. An der deutschen Sicherheitspolitik orientieren sich seit Beginn der Beteiligung an Auslandseinsätzen, also spätestens seit 1995, immer mehr Nachbarn, die z. T. unter deutschem Kommando in derartige Einsätze gehen. Das ist alles andere als Zufall. Nicht nur den Bundesbürgern, sondern auch unseren Nachbarn, die sich auf Deutschland verlassen, schuldet die deutsche Politik also das klare Bekenntnis zu gemeinsamen, aber eben auch eigenen sicherheitspolitischen Zielvorstellungen. 1995 erklärte der damalige Bundespräsident Roman Herzog in diesem Sinne:

»Deutsche Interessen, das sind zunächst unsere unmittelbaren nationalen Interessen, wie Sicherheit und Bewahrung von Wohlstand. Es hat keinen Sinn, das verschweigen zu wollen. Unsere Partner würden uns ohnehin nicht glauben, dass wir nur internationalen Altruismus im Schilde führen. Ganz besonders verlangt es die Wahrhaftigkeit, zuzugeben, daß wir auch deshalb für eine weltweite Freiheit des Handels eintreten, weil das in unserem eigenen Interesse liegt.«[46]

Geopolitische Erörterungen haben somit eine unübersehbare Bedeutung für die deutsche Sicherheitspolitik nach dem Kalten Krieg gewonnen, auch wenn es außer wenigen, wie der damalige Bundespräsident, längst nicht jeder verantwortliche Politiker bis heute begriffen haben mag. Sicherlich gab und gibt es immer wieder gute Ansätze in diese Richtung. So definieren die vom Bundesministerium der Verteidigung (BMVg) 2011 proklamierten »Verteidigungspolitischen Richtlinien« Deutschlands Interessen ähnlich wie der frühere Bundespräsident:

»Freie Handelswege und eine gesicherte Rohstoffversorgung sind für die Zukunft Deutschlands und Europas von vitaler Bedeutung. Die Erschließung, Sicherung von und der Zugang zu Bodenschätzen, Vertriebswegen und Märkten werden weltweit neu geordnet. Verknappungen von Energieträgern und anderer für Hochtechnologie benötigter Rohstoffe bleiben nicht ohne Auswirkungen auf die Staatenwelt. Zugangsbeschränkungen können konfliktauslösend wirken. Störungen der Transportwege und der Rohstoff- und Warenströme, z. B. durch Piraterie und Sabotage des Luftverkehrs, stellen eine Gefährdung für Sicherheit und Wohlstand dar. Deshalb werden Transport und Energiesicherheit und damit verbundene Fragen künftig auch für unsere Sicherheit eine wachsende Rolle spielen.«[47]

Weiter hieß es damals, durchaus noch relativ konkret definiert:

»Deutschlands Platz in der Welt wird wesentlich bestimmt von unseren Interessen als starker Nation in der Mitte Europas und unserer internationalen Verantwortung für Frieden und Freiheit. Deutsche Sicherheitspolitik ist den Werten und Grundsätzen der freiheitlich demokratischen Ordnung des Grundgesetzes und des Völkerrechts verpflichtet. Deutschland nimmt als gestaltendes Mitglied der internationalen Staatengemeinschaft seine Interessen wahr und setzt sich aktiv für eine bessere und sichere Welt ein. Wir wollen als starker Partner in einem vereinten Europa dem Frieden der Welt dienen. Deutsche Sicherheitsinteressen ergeben sich aus unserer Geschichte, der geografischen Lage in der Mitte Europas, den internationalen politischen und wirtschaftlichen Verflechtungen des Landes und der Ressourcenabhängigkeit als Hochtechnologiestandort und rohstoffarme Exportnation. Sie sind nicht statisch, sondern veränderlich in und mit internationalen Konstellationen und ihren Entwicklungen.«[48]

Als wesentliche sicherheitspolitische Ziele Deutschlands galten zu dieser Zeit die Sicherheit und der Schutz der Bürger Deutschlands, seiner territorialen Integrität und Souveränität sowie seiner Verbündeten. Später galt es, Krisen und Konflikte, die die Sicherheit Deutschlands und seiner Verbündeten beeinträchtigen, zu verhindern, vorbeugend einzudämmen und zu bewältigen, außen- und sicherheitspolitische Positionen nachhaltig und glaubwürdig zu vertreten und einzulösen und die transatlantische und europäische Sicherheit und Partnerschaft zu stärken. Darüber hinaus tritt Deutschland nun immer mehr für die internationale Geltung der Menschenrechte und der demokratischen Grundsätze ein, fördert das weltweite Respektieren des Völkerrechts, möchte die Kluft zwischen armen und reichen Weltregionen reduzieren und einen freien und ungehinderten Welthandel sowie den freien Zugang zur Hohen See und zu natürlichen Ressourcen ermöglichen.[49]

Bemerkenswert ist, dass der für eine Exportnation wie Deutschland existenzielle geopolitische Gedanke freier und sicherer Handels- und Transportwege zu Rohstoffen zwar artikuliert wurde, aber nicht den notwendigen prioritären Stellenwert zuerkannt bekam:

»Sicherheit für unser Land zu gewährleisten, bedeutet heute insbesondere, Auswirkungen von Krisen und Konflikten auf Distanz zu halten und sich aktiv an deren Vorbeugung und Einhegung zu beteiligen. Deutschland ist bereit, als Ausdruck nationalen Selbstbehauptungswillens und staatlicher Souveränität zur Wahrung seiner Sicherheit das gesamte Spektrum nationaler Handlungsinstrumente einzusetzen. Dies beinhaltet auch den Einsatz von Streitkräften. Die verfassungsrechtlich gebotene Einbindung des Deutschen Bundestages beim Streitkräfteeinsatz bleibt auch in Zukunft unverzichtbare Grundlage deutscher Sicherheitspolitik. Militärische Einsätze ziehen weitreichende politische Folgen nach sich. In jedem Einzelfall ist eine klare Antwort auf die Frage notwendig, inwieweit die Interessen

Deutschlands den Einsatz erfordern und rechtfertigen und welche Folgen ein Nicht-Einsatz hat.«[50]

Immerhin waren das damals alles in allem relativ klare und ungeschminkte Worte, die die neue Rolle des wiedervereinigten Deutschlands und seines Anspruchs in Europa, aber auch auf globaler Ebene zum Ausdruck brachten, ganz wie es sich für eine europäische Mittelmacht und auf ökonomischer Ebene betrachtet Großmacht geziemt.

Ein weiteres grundlegendes Dokument des Verteidigungsministeriums zum gleichen Thema ist das **Weißbuch der Bundeswehr**, das jedoch – im Unterschied zu den VPR – mit den anderen Ministerien abgestimmt ist und als Gesamtpaket von der Bundesregierung verabschiedet wird. Laut Verteidigungsministerium handelt es sich dabei um ein zentrales Grundsatzdokument der deutschen Sicherheitspolitik bzw. eine Art sicherheitspolitisches Programm der Bundesregierung. Die Erläuterung der deutschen Sicherheitspolitik sowie die Darstellung der Lage und der Entwicklung der Bundeswehr sind grundsätzlich dessen Hauptbestandteile.

Nach einem Papier des damaligen Verteidigungsministers Gerhard Stoltenberg vom Frühjahr 1992 (mit Verweis auf die Bedeutung von Rohstoffen) und den VPR vom November 1992 (ebenfalls mit dem Verweis auf Rohstoffe) erschien im April 1994 das erste Weißbuch, also noch vor dem entscheidenden Urteil des Bundesverfassungsgerichts vom 12. Juli zu Auslandseinsätzen. In diesem Weißbuch war die Skizzierung konkreter Einsätze der Bundeswehr und deren Begründungen noch von Vorsicht geprägt. Allerdings war es auch ein Weißbuch der Risiken, der Verantwortung, der Einbindung und der Rückkehr der militärischen Optionen und ein Dokument, wo deutsche Interessen klar artikuliert wurden. So heißt es dort:

»Deutschland ist aufgrund seiner Interessen, seiner internationalen Verflechtungen und Verpflichtungen vom gesamten Risikospektrum betroffen. [...] Es ist daher notwendig, die Instrumente der Konfliktverhütung und Krisenbewältigung so auszubauen, daß künftig auch Krisen schon unterhalb der Ebene von Krieg und Gewalt rechtzeitig entschärft werden können. Dabei muß stets das ganze Spektrum möglicher Maßnahmen betrachtet werden, die für dieses übergeordnete Ziel getroffen werden können. Es ist ein Ansatz erforderlich, der für den konkreten Einzelfall politische, wirtschaftliche, gesellschaftliche, soziale, ökologische sowie militärische Aspekte berücksichtigt. Im Rahmen einer ursachenorientierten Politik zur Krisen- und Konfliktlösung kann auch der Einsatz militärischer Mittel erforderlich werden, um Gewalt oder Krieg zu verhindern, einzugrenzen oder zu beenden. [...]

Konkretes sicherheitspolitisches Handeln muß sich an Interessen orientieren. Interessen bestimmen Prioritäten des Handelns. Sie sind Ausdruck der Politik eines souveränen Staates, Ausgangspunkt für die Beurteilung der Risiken und Herausfordernisse in konkreten Entscheidungslagen sowie Voraussetzung für Interessenausgleich, Zusammenarbeit und internationale Stabilität. Deutsche Sicherheitspolitik hat dabei politische Konstanten und langfristig wirkende Rahmenbedingungen zu berücksichtigen; die geopolitische [sic!] Mittellage Deutschlands als Land mit den meisten Nachbarn in Europa; die wirtschaftliche Lage als exportabhängige Industrienation und die starke Verflechtung der Weltwirtschaft; und schließlich die Erfahrungen deutscher und europäischer Geschichte. Dies alles sind Maßstäbe für Ziele, Inhalte und Verfahren deutscher Politik und bestimmt auch ihre Wahrnehmung durch die Nachbarn Deutschlands mit.«[51]

Grundlegend wurden u. a. in exponierter Form Deutschlands außen- und sicherheitspolitischen Interessen formuliert, wobei allerdings nicht auf mögliche Risikoräume für Deutschlands Sicherheit explizit eingegangen wurde:[52]

- Schutz Deutschlands und seiner Staatsbürger vor äußerer Gefahr und Erpressung;
- Vorbeugung, Eindämmung und Beendigung von Krisen und Konflikten, die die Unversehrtheit und Stabilität Deutschlands oder seiner Verbündeten beeinträchtigen können;
- Ausbau des auf gemeinsamen Werten und gleichgerichteten Interessen beruhenden nordatlantischen Sicherheitsverbundes mit den USA […];
- Gleichberechtigte Partnerschaft zwischen einem geeinten Europa und Nordamerika;
- Vertiefung der europäischen Integration durch den Ausbau der Europäischen Union mit einer Gemeinsamen Außen- und Sicherheitspolitik und einer Europäischen Sicherheits- und Verteidigungsidentität […];
- Förderung der Demokratisierung und des wirtschaftlichen und sozialen Fortschritts in Europa und weltweit[53].

Mit etwas gutem Willen lässt sich rückblickend auch für damalige Zeiten von der Grundprämisse von freiem Welthandel und dem Zugang zu Märkten und Rohstoffen in aller Welt ausgehen. Weiterhin handelte es sich um das Weißbuch, in dem dezidiert mit dem Argument der nationalen deutschen eigenen Interessen argumentiert wurde, wobei allerdings deren Durchsetzung auf die Einbindung in NATO, EU und UNO angelegt war.

Erst nach Erscheinen des Weißbuchs und als Folge des Bundesverfassungsgerichtsurteil, das den Einsatz der Bundeswehr im Ausland außerhalb der Verteidigung erlaubt, wenn er im Rahmen von Systemen kollektiver Sicherheit stattfindet – wobei Systeme kollektiver Sicherheit gleichgesetzt werden mit Systemen kollektiver Verteidigung – konnten die noch recht vage skizzierten Einsatzoptionen nun konkretisiert werden. Allerdings blieben alle Einsätze zwischen 1994 und 2001 an das humanitäre und friedenschaffende Argument gebunden. Der Zusammenhang zwischen der Risikodefinition und den militärischen Antworten blieb dabei oft dürftig.

Das änderte sich mit dem 11. September 2001. Mit den Terroranschlägen kamen der Angriff, der Feind und die Bedrohung zurück in die militärische Planung, was sich auch in der In-Kraft-Setzung des NATO-Bündnisfalls nach Artikel 5 ausdrückte.

Während im Weißbuch von 1994 noch knapp über die Hälfte des Platzes[54] für die veränderte Lage, die deutschen Interessen und den politischen Raum reserviert war, beschränkt sich das Weißbuch von 2006[55] allerdings darauf nur noch auf etwas mehr als ein Drittel, d. h. es widmete sich wesentlich mehr strukturellen und somit deutlich weniger sicherheitspolitischen und damit auch geopolitischen Fragen. Die grundsätzliche Problematik, wo und inwieweit die Bundeswehr deutschen Interessen weltweit dient, wurde so zunehmend immer weniger zur Diskussion gestellt und damit einhergehend noch viel weniger die Interessen unseres Landes. Einerseits war das Weißbuch 2006 sicherlich ein Beitrag, in dem die Rückkehr der verschiedenen Risiken als durchaus sicherheitsbestimmend postuliert wurde. Es wurden seitdem nicht mehr nur unbestimmte, schwammig formulierte Risiken bzw. sogenannte Herausforderungen definiert, sondern nun endlich auch im Hinblick auf die Realität die vor Ort klaren Bedrohungen.

Dabei waren damals natürlich auch die radikalen Formen des internationalen Terrorismus zu beachten. Seine Anschläge in Deutschland und Europa sind heute – auch aufgrund einer verfehlten Migrationspolitik – Realität, die sich nach Art, Zielsetzung und Intensität mit dem herkömmlichen Begriff des Verteidigungsfalls durchaus gleichsetzen lassen. Im Rahmen derartiger Diskussionen sei an dieser Stelle die grundsätzliche Frage erlaubt, nicht nur ob, sondern vor allem wie die Erweiterung der Einsatzmöglichkeiten der Bundeswehr auch im Innern möglich ist, da angesichts von Gefahren wie der Bedrohung durch den internationalen islamistischen Terrorismus und der weltweit operierenden organisierten Kriminalität die traditionelle Unterscheidung zwischen innerer und äußerer Sicherheit zunehmend ihre Bedeutung verliert. Angriffe auf kritische Infrastrukturen im Inland können dabei mittlerweile massive Auswirkungen auf den politischen, ökonomischen und gesellschaftlichen Zustand Deutschlands haben. Unsere Streitkräfte müssen daher unbedingt auch darauf eingestellt sein, sowohl im Inland wie im Ausland ihre Fähigkeiten für die Sicherheit und den Schutz unserer Bürger zur Verfügung zu stellen.

Das aktuell gültige Weißbuch von 2016[56] spricht im Vorwort der damaligen Verteidigungsministerin Ursula von der Leyen von einem in und mit internationalen Organisationen und Bündnissen vernetztem Engagement Deutschlands; betont, dass die »Bundeswehr das beste Material und eine nachhaltige Finanzierung« benötige und über ein »umfassendes, modernes Verteidigungsspektrum verfügen« müsse. »Vor allem braucht sie die besten Köpfe.« [Wohl wahr!!] Laut von der Leyen seien die »ersten Weichen für eine [...] moderne und zukunftsfähige Bundeswehr [...] gestellt. Es gilt nun, den eingeschlagenen Weg konsequent weiterzugehen. Das Weißbuch ist ein Meilenstein auf diesem Weg.« Nun denn, hoffen wir, dass er nicht in einer Sackgasse enden wird.

Immerhin formuliert dieser Hochglanzprospekt zumindest noch einige Herausforderungen für Deutschland und seine Sicherheitspolitik, wie den transnationalen Terrorismus, fragile Staatlichkeit, Klimawandel (bleibt abzuwarten, wie die Bundeswehr diesem adäquat begegnen kann), Pandemien (!) und – man höre und staune – auch »unkontrollierte und irreguläre Migration«.[57]

Im Rahmen dieser sicherheitspolitischen Definitionen und Entwicklungen ist ein Blick auf die realpolitische Umsetzung geboten. Dies geschieht nun im Folgenden anhand der Auslandseinsätze der Bundeswehr.[58]

b. Auslandseinsätze der deutschen Bundeswehr – mit welchem Erfolg waren wir in Afghanistan?

Die Auslandseinsätze der Bundeswehr sind nicht nur im Kontext des wiedervereinigten Deutschlands, sondern auch innerhalb des verstärkten Globalisierungsprozesses und den damit einhergehenden neuen bzw. zunehmenden geo- und sicherheitspolitischen Herausforderungen zu betrachten. Deutsche Soldaten leisten mit der Bekämpfung von Terrorismus, dem Schutz von Menschenrechten, der Krisen- und Konfliktprävention sowie dem Wiederaufbau von Staaten (»nation«- bzw. »state-building«) wesentliche Beiträge zur internationalen Sicherheit und somit auch zum Frieden. Dabei ist Deutschlands internationale Verantwortung in der Vergangenheit deutlich gewachsen. Somit gehören Auslandseinsätze der Bundeswehr seit Jahren zum festen Bestandteil der deutschen Außen- und Sicherheitspolitik.

Die Bundeswehr ist derzeit noch an 11 Auslandseinsätzen mit rund 3000 Soldaten auf drei Kontinenten beteiligt.[59] Ohne Parlamentsbeschluss des Bundestags wäre keiner dieser Einsätze möglich gewesen. Im Vergleich zu anderen Staaten entscheidet also formal der Bundestag als das Organ des deutschen Volkes, ob überhaupt und wenn ja, in welchen Einsatz deutsche Soldaten geschickt werden. Dabei stimmen die Abgeordneten nicht nur über jeden Einsatz separat ab, sondern sie bestimmen – zumindest wiederum formal – auch Einsatzdetails und üben Einfluss aus auf die zahlenmäßige Stärke der Bundeswehr und deren Organisationsstruktur. In der Praxis jedoch wurden von den parlamentarischen Staatssekretären des BMVg zwar die Fraktionschefs beim Erstellen eines Mandatsentwurfs beteiligt, allerdings konnten die Parlamentarier anschließend den vorbereiteten Text entweder nur annehmen oder ablehnen. Seine inhaltliche Ausgestaltung erfolgte unter Abstimmung mit den beteiligten Ministerien, neben dem BMVg das Auswärtige Amt und das Entwicklungshilfeministerium, nämlich durch die Angehörigen der Abteilung Fü S III Militärpolitik im Verteidigungsministerium.[60] Rechtzeitig vor dem Ablauf eines Mandats muss dann die Bundesregierung beim Bundestag einen Antrag auf Verlängerung des Einsatzes stellen, wenn dieser fortgesetzt werden soll. Zudem kann das Parlament seine Zustimmung zu einem Einsatz jederzeit widerrufen, was dann zu seiner Beendigung führt. Damit trägt die Bundeswehr den Charakter einer Parlamentsarmee, die dem Primat der Politik unterworfen ist. Mit seinem Urteil vom 12. Juli 1994[61] hat das Bundesverfassungsgericht, wie schon erwähnt, dann auch deutlich gemacht, dass Deutschland das Recht besitzt, sich an humanitären und militärischen Einsätzen im Auftrag von Systemen gegenseitiger kollektiver Sicherheit, also UNO und NATO, auch außerhalb des Bündnisgebiets zu beteiligen. Damit forderte das Gericht ausdrücklich die erwähnte Zustimmung des Deutschen Bundestags zu »out-of-area-Einsätzen« – also Auslandseinsätzen – der Bundeswehr, was mit der Verabschiedung des Parlamentsbeteiligungsgesetz 2005[62] unterstrichen wurde. Die Einstufung der NATO als ein System gegenseitiger kollektiver Sicherheit durch das Verfassungsgericht hat sich rückblickend als sehr weitsichtig erwiesen, da die NATO in zahlreichen Fällen (Ex-Jugoslawien, Afghanistan) als »militärischer Arm« der UNO agierte. Seit 1994 stellten die verschiedenen Bundesregierungen in dieser Zeit über 140 Anträge für die Entsendung deutscher Soldaten ins Ausland und noch nie hat der Bundestag ein derartiges Ersuchen abgelehnt.

Begonnen hatte das alles mit einem Einsatz von Sanitätssoldaten in Kambodscha (1991/92). 1993 folgte mit der humanitären Mission in Somalia die nächste Herausforderung. Bis 1994 unterstützten rund 2420 Soldaten auf logistischer Basis UN-Kräfte und führten ca. 650 Hilfsflüge sowie 18.000 medizinische Behandlungen bei der Zivilbevölkerung durch. Neben – personell und logistisch betrachtet – kleineren Einsätzen wie in Georgien oder im Sudan bildeten dann v. a. die Einsätze auf dem Balkan als Folge der Jugoslawienkriege mit Bosnien-Herzegowina im Rahmen der EUFOR (als Nachfolgeeinsatz von SFOR) und das Kosovo innerhalb KFOR-Mission einen Schwerpunkt. Hierbei handelte es sich aber im weitesten Sinne um Stabilisierungseinsätze mit einer »überschaubaren« Bedrohungslage. Dennoch kann, so der damalige Pressestabsoffizier des Landekommandos Hessen, Oberstleutnant Wolf Teja von Rabenau, der »Einsatz der Bundeswehr zumindest in Bosnien und Herzegowina nur als Erfolg gewertet werden. Im Mandat des sogenannten SFOR-Folgeeinsatzes ab 1998 ging es darum, Strukturen zu schaffen, vor allem politische, verwaltungstechnische und einfach menschlich-partnerschaftliche, wozu andere Nationen aufgrund fehlender Verbundenheit zum Land viel weniger in der Lage waren. Kaum ein Land hat sich so nachhaltig und gleichzeitig nichtmilitärisch in diesem Einsatzgebiet engagiert. Kennzeichnend war jedoch, dass Deutschland keinen eigenen Verantwortungsbereich neben den USA, Großbritannien und Frankreich übernehmen wollte, sondern sich unter französisches Kommando eingefügt hat.«[63]

Die Kongo-Mission 2006, in deren Rahmen immerhin 780 Bundeswehrsoldaten eingesetzt wurden, sollte wiederum einen störungsfreien Ablauf der Wahlen in diesem Land garantieren. Auf Grundlage der europäischen Sicherheitsstrategie »Ein sicheres Europa in einer besseren Welt« (ESS)[64] beschloss der Europäische Rat eine Reihe von Maßnahmen zur Unterstützung des Friedensprozesses im Kongo, so verschiedene Polizeimissionen und 2006 den Einsatz der 2400 Mann starken EUFOR RD CONGO[65], der die erwähnten freien Wahlen absichern sollte. Er begann am 12. Juni 2006 und endete planmäßig am 30. November 2006. Dabei wurde eine aus deutschen und niederländischen Luftlandeeinheiten gebildete schnelle Eingreiftruppe der EUFOR (Task Group) nach Libreville, die Hauptstadt von Gabun, verlegt, wo Frankreich ein Überseebataillon stationiert hat und Ausbildungseinrichtungen betreibt, die auch die europäischen Kräfte nutzen konnten. Von Libreville aus verlegten immer wieder Teile der Task Group nach Kinshasa, um durch tägliche Erkundungsfahrten sich mit der örtlichen Lage vertraut zu machen. Es galt, die Bewegungsfreiheit der eigenen Kräfte zwischen den beiden Flughäfen in Kinshasa zu garantieren, die Flughäfen selbst zu sichern und, wenn erforderlich, Menschen zu evakuieren. Wichtig war, das Vertrauen der Kongolesen durch entschlossenes, aber gleichzeitig auch freundliches Auftreten zu gewinnen. Die insgesamt weitgehend friedliche Lage konnte nämlich jederzeit umschlagen. Vor allem demotivierte und schlecht besoldete Milizen der verschiedenen Konfliktparteien stellten ein nicht zu unterschätzendes Risiko für die Task Group dar. Insgesamt waren die EUFOR-Kräfte dreimal in Krisenmomenten gefordert:[66] Nach Bekanntgabe des Wahlergebnisses am 20. August trennten sie bewaffnete Anhänger Kabilas und seines Herausforderers Jean-Pierre Bemba, wofür weitere Bundeswehrkräfte von Gabun nach Kinshasa verlegt wurden. Am 18. September trugen sie, nachdem eine Fernsehstation Bembas zerstört worden war, ebenso zur Deeskalation bei, wie während der Bekanntgabe der Stichwahlergebnisse im November. Die Bundeswehr, deren Einsatz räumlich auf die Region um Kinshasa begrenzt war,[67] erfüllte in ihrem knapp sechs Monate währenden Einsatz mit der Sicherung der Wahlen ihren Auftrag.

Vor allem war und ist die Bundeswehr an Operationen gegen den internationalen Terrorismus beteiligt. Zum einen bildet hier der Einsatz der deutschen Marine am Horn von Afrika einen Schwerpunkt. Am 8. Dezember 2008 startete die unter Federführung der EU stehende multinationale Mission EU NAVFOR Somalia (Operation »Atalanta«) vor der Küste Somalias, um einerseits den Schutz von Hilfslieferungen nach Somalia zu gewährleisten, insbesondere aber, um durch die Bekämpfung der dortigen Piraterie die, wie schon mehrfach betont, im deutschen Interesse liegende freie Handelsschifffahrt aufrecht zu erhalten. Schließlich gilt die Küste vor Somalia bis heute aufgrund dieser Bedrohungslage als eine immer noch gefährliche Seeregion.[68] Besonders im Golf von Aden, eine der zentralen Schifffahrtsrouten vor allem für Öltransporte aus dem Nahen Osten, war der Schutz der Handelsschiffe absolut notwendig. Allein im Jahr 2008 erfolgten beispielsweise rund 200 Übergriffe somalischer Piraten, die mehr als 30 Schiffe kaperten. Unter der Beteiligung der Bundesmarine entsandte die EU zahlreiche Kriegsschiffe und Soldaten vor die Küste Somalias, die laut Beschluss des Rats der EU vom 10. November 2008 zur Abwehr von Überfällen auf See zum Einsatz aller notwendigen Mittel befugt waren und sind, um ihre Aufgabe durchzusetzen, also ein robustes Mandat, das durchaus von Erfolg gekrönt ist. So wurden z. B. in den ersten drei Märzwochen 2010 insgesamt 15 Piratengruppen zerschlagen.[69] Weiterhin gelang es beispielsweise, im Zeitraum von 2009 bis Juli 2015 313 Schiffe mit 959.804 Tonnen Hilfsgüter des UN-Welternährungsprogramms (WFP) und 126 Schiffe einer Mission der Afrikanischen Union (AU) in Somalia (AMISOM) durch diese Marineoperation zu schützen.

Der zweite große und nachwirkende Einsatzschwerpunkt lag beim ISAF-Einsatz in Afghanistan.[70] Deutschland als NATO-Partner blieb seinen offiziellen Bündnisverpflichtungen nichts schuldig, egal wie die Erfolgsaussichten eines damals mehr als unklar definierten Mandats auch waren. Natürlich war Deutschlands internationale Verantwortung nach der Wiedervereinigung im Laufe der weiteren Jahre nochmals deutlich gewachsen. Zudem konnte ein Land seiner Größenordnung als europäische Mittelmacht damals eben nicht abseits der zentralen Herausforderungen und Konflikte stehen. Vielmehr musste und muss es als Exportnation, aktives Mitglied der EU und UNO und zentraler Bestandteil der NATO seinen internationalen Verpflichtungen nachkommen. In einer globalisierten Welt machen sicherheitspolitische Risiken und Bedrohungen nun einmal nicht an nationalen Grenzen Halt, aber wer hatte damals 2001 die klaren und eindeutigen Interessen Deutschlands formuliert oder hätte dies tun wollen? Genau diese Fragen blieben nämlich von Beginn an mehr als unklar. Natürlich waren Präventionsmaßnahmen, aktives Handeln oder auch eine entschlossene Reaktion in dieser Zeit und nach der damaligen Einschätzung gefordert. Dass dabei der Bundeswehr damals wie heute eine Schlüsselrolle zukommt, ist klar. Die deutschen Streitkräfte waren und sind somit ein wesentliches Instrument einer aktiv gestaltenden, vernetzten deutschen Sicherheits- und Verteidigungspolitik, somit auch im Hinblick auf den Afghanistaneinsatz.

Am 8. Januar 2002 schickte, nach Zustimmung des Bundestags am 22. Dezember 2001 auf Basis der UN-Resolution 1386, die Bundeswehr ihr erstes Vorauskommando nach Afghanistan.[71] Deutschland hatte sich also bereit erklärt, intensiv am Wiederaufbau dieses Landes mitzuwirken[72] – gemeinsam mit 35 anderen Nationen im Rahmen der am 20. Dezember vom UN-Sicherheitsrat ins Leben gerufenen »International Security Assistance Force« (ISAF). Ausschlaggebend für die deutsche Beteiligung war in erster Linie das Bekenntnis des damaligen Bundeskanzlers Gerhard Schröder zur »uneingeschränkten Solidarität«. Das ISAF-Kommando übernahm dann im August 2003 die NATO und stellte nach dem Beschluss des Sicherheitsrats ein »robustes Mandat« dar. Dabei handelte es sich um ein UN-Mandat, welches laut UN-Charta, Kapitel VII, Art. 42 den eingesetzten »Luft-, See- oder Landstreitkräften die zur Wahrung oder Wiederherstellung des Weltfriedens und der internationalen Sicherheit erforderlichen Maßnahmen« erlaubt.[73] Dieses stellte also für die beteiligten Soldaten eine abgesicherte Rechtsbasis zum Einsatz von Waffen zur Selbstverteidigung, zur Verteidigung der Einsatzmission und zum Schutz von Zivilisten dar, d. h. die Soldaten dürfen sich selbst verteidigen, sich aber nicht an Kampfhandlungen beteiligen. Bei der Herstellung von Sicherheit und Ordnung sollten sie nur eine unterstützende Funktion ausüben, v.a. sollten sie die afghanische Armee aufbauen und ihr sowie der Polizei helfen, diese Aufgaben mittelfristig selbst wahrzunehmen. Die ISAF war somit keine friedenssichernde UNO-Blauhelm-Truppe, sondern eine lediglich vom Sicherheitsrat mandatierte Schutztruppe.[74] Neben der ISAF, die 2014 endete, lief auch parallel die multilaterale »Operation Enduring Freedom« insbesondere im Süden und Südosten des Landes, deren Soldaten hingegen einen Kampfauftrag hatten. Vom Januar 2002 (bis zum Auslaufen der deutschen Beteiligung im Juni 2010) – nach Beschluss des Bundestags am 16. November 2001 – waren auch bis zu 100 Kräfte des KSK (Kommando Spezialkräfte) zur Unterstützung der dort operierenden US-Einheiten im Einsatz.[75] Der vom Sicherheitsrat regelmäßig verlängerten Einsatzdauer von ISAF schloss sich der Deutsche Bundestag im Anschluss jeweils an, indem er den Einsatz der Bundeswehr (die durchgehend innerhalb des ISAF-Einsatzes das drittgrößte Truppenkontingent und zwei ISAF-Kommandeure stellte[76]) mandatierte, der dann insbesondere mit der Bekämpfung des internationalen Terrorismus und islamistischen Extremismus (Peter Struck: »Deutschland wird auch am Hindukusch verteidigt.«) begründet worden war. Weitere Motive für das deutsche Engagement seien noch kurz genannt, die aber auch aus den vorherigen Darstellungen deutlich geworden sein müssten: Afghanistan liegt nach wie vor, und somit seit Jahrhunderten am Schnittpunkt zwischen dem Nahen und Mittleren Osten, Zentralasien und den Groß- bzw. bedeutenden Regionalmächten wie China, Russland, Indien und Pakistan, allesamt Atommächte. Der deutsche Anteil konnte hier zur Reduzierung von Stabilitätsrisiken dienen und somit einen gewissen Beitrag für die Sicherheit dieser Region leisten. Hinzu kommen die schon erwähnte bündnispolitische Einbindung Deutschlands – kein Land kann seine Sicherheit heutzutage alleine garantieren – und humanitäre Aspekte, wie möglicherweise in ferner Zukunft die Etablierung von Demokratie und Menschenrechten. Der Wandel vom ursprünglichen Ziel einer Friedenssicherung hin zur Bekämpfung der Taliban, verbunden mit Gefechtshandlungen, war jedoch für die breite Öffentlichkeit zunächst kaum erkennbar und später dann auch nur schwer vermittelbar. Die Frage »Was wollen bzw. sollen wir in Afghanistan?« wurde immer lauter, gleichzeitig sank mit dem zunehmend militärischen Charakter des Einsatzes insgesamt die Zustimmung des deutschen Volkes.

Dennoch übernahm Deutschland innerhalb dieses Einsatzes sukzessiv zunehmende Verantwortung[77]: Ab dem 19. März 2002 unterstand beispielsweise die taktische Führung der multinationalen Brigade in Kabul deutschem Kommando, am 10. Februar 2003 erfolgte gemeinsam mit den Niederländern die Übernahme der Lead-Nation-Verantwortung, d.h. die Führung des ISAF-Einsatzes. Gleichzeitig wurde das deutsche Kontingent auf 2500 Mann verstärkt. Sogenannte »Provincial Reconstruction Teams« (PRT) sollten darüber hinaus dem Wiederaufbau Afghanistans dienen. Von deutscher Seite aus wurde als Pilot-Projekt das PRT in Kunduz begonnen und durch Zivilkräfte – u.a. für Brunnenbau – ergänzt. Das Prinzip der vernetzten Sicherheit bzw. der von der NATO propagierte Ansatz des »Comprehensive Approach«[78] bedeutet, dass die Ziele und die Fähigkeiten aller u.a. in einem Einsatz relevanter Akteure soweit wie möglich aufeinander abgestimmt und konsequent ressortübergreifend ausgerichtet werden. Ein umfassender Ansatz beinhaltet daher politische, diplomatische, wirtschaftliche, entwicklungspolitische und militärische Maßnahmen, die zur Krisenbewältigung eingesetzt werden. Vernetzte Sicherheit ist somit auch international und supranational angelegt und bezieht staatliche, nichtstaatliche, zivile und militärische Akteure mit ein. Der Schutz der Zivilbevölkerung und eine zunehmende afghanische Eigenverantwortung galten daher als die zentralen Prinzipien. Ein mehr als schwieriges Unterfangen, waren doch nach dem Ende der Taliban-Herrschaft die jahrhundertealten gesellschaftlichen Strukturen auf den Dörfern ebenso zerstört wie alle Ansätze einer modernen Infrastruktur. Zudem hatte sich die Sicherheitslage in Afghanistan seit 2003 dramatisch verschärft, was die ersten Opfer dann auch innerhalb des deutschen Kontingentes zur Folge hatte: Am 29. Mai 2003 fuhr während einer Erkundungsfahrt ein Fahrzeug auf eine Mine, wobei ein deutscher Soldat ums Leben kam und am 7. Juni 2003 wurde ein deutscher Konvoi von einem Selbstmordkommando der Taliban angegriffen. Vier Soldaten, die mit einem ungepanzerten Bus(!) Richtung Kabuler Flughafen unterwegs und somit auf dem Nachhauseweg waren, starben durch eine in einem Taxi gezündete Bombe, 29 weitere wurden zum Teil schwer verletzt. Die Lage blieb für die Bundeswehr weiter äußerst angespannt. Immer wieder waren ihre Soldaten das Ziel hinterhältiger Selbstmordattentate. So geriet am 27. August 2008 eine Patrouille in der Nähe von Kunduz in eine Sprengfalle, wobei Hauptfeldwebel Mischa Meier seinen sich dabei zugezogenen Verwundungen erlag und drei weitere Soldaten verletzt wurden. Und nur knapp zwei Monate später hatte bei einem Sprengstoffanschlag wiederum in der Nähe von Kunduz ein Selbstmordattentäter zwei Bundeswehrsoldaten, den Stabsunteroffizier Patrick Behlke und den Stabsgefreiten Roman Schmidt, mit in den Tod gerissen. Zudem kamen bei diesem perfiden Anschlag auch fünf in der Nähe spielende Kinder ums Leben.[79]

Der 4. September 2009 sollte dann schließlich zu einer Art Schicksalstag im Rahmen des deutschen Afghanistan-Einsatzes werden.[80] Taliban-Kämpfer hatten zwei Tanklaster entführt, die das Potenzial besaßen, als rollende Bomben u. a. gegen das deutsche Feldlager in Kunduz eingesetzt werden zu können. Oberst Georg Klein, der deutsche Kommandeur des PRT Kunduz und gleichzeitig Kommandeur der »Task Force 47«, forderte am 4. September kurz nach Mitternacht amerikanische Luftunterstützung an. US-Kampfjets übertrugen dann per Live-Bilder das Geschehen rund um die im Kunduz-Fluss festgefahrenen LKWs in die Kommandozentrale der Task Force. Die Bilder zeigten gut 100 Menschen, die sich bei den Lastern aufhielten. Nach Informationen einer KSK-Einheit befanden sich darunter mehrere Talibanführer. Grundsätzlich war es ohnehin für die Soldaten schwer, ja zum Teil unmöglich, zwischen sogenannten Aufständischen, also Talibankämpfern, und Zivilisten zu unterscheiden, schließlich tragen die Taliban keine Uniformen, Hoheits- oder Rangabzeichen im herkömmlichen Sinne. Genau vor diesem Problem stand nun Oberst Klein. Sollte er abwarten, bis die Tankwagen aus dem Fluss gezogen waren und dann, wie schon angedeutet, als für zahlreiche deutsche Soldaten tödliche Waffe hätten eingesetzt werden können? Wer konnte garantieren, dass dem nicht so gewesen wäre? Ein Nichthandeln, verbunden mit deutschen Opfern, hätte in der Heimat sicher einen medialen Aufschrei zur Folge gehabt. Umgekehrt war nicht klar, wie viele Zivilisten sich zu diesem Zeitpunkt vor Ort aufhielten, unabhängig von der Frage, was um Mitternacht Nichtkombattanten in einem derartigen Kampfgebiet verloren haben. Natürlich lockte die Chance, Treibstoff abzuzapfen, allerdings verbunden mit einem hohen Risiko. Oberst Klein selbst ging nun auch ein hohes Risiko ein. Ihm war klar, dass es bei einem Luftangriff zivile Opfer geben könnte. Dennoch besaß er als Kommandeur selbstverständlich auch eine Schutz- und Fürsorgepflicht gegenüber den deutschen Soldaten im Feldlager Kunduz. Als militärischer Führer trug er hier die persönliche Last der Verantwortung für eine konkret zu treffende Abwägungsentscheidung. Klein entschied sich für ein Bombardement aus der Luft, denn er musste auch aus seinen geheimen Informationen davon ausgehen, dass »nach gewissenhafter immer wieder aktualisierter Prüfung aller […] bekannten Fakten und Umstände […] ausschließlich Aufständische vor Ort waren«[81], darunter zwei namentlich bekannte Talibanführer. Möglicherweise wollte er sich diese Gelegenheit, eine größere Zahl von Talibankämpfern samt Schlüsselkommandeur ausschalten zu können, nicht entgehen lassen.[82]

Natürlich sind zivile Opfer immer tragisch und selbstverständlich zu bedauern. Ebenso gilt es aber auch, sich hier in die Rolle eines verantwortlichen Offiziers, wie in diesem Fall Oberst Klein, hineinzuversetzen. Als Vorgesetzter besitzt er u.a. eine Fürsorgepflicht gegenüber seinen Untergebenen. Ihm ging es darum, seine Soldaten vor einem Angriff zu schützen und gegenüber diesen in seiner befehlsgebenden Position ein entsprechendes Verantwortungsbewusstsein zu signalisieren. Wie wäre wohl die Reaktion mancher deutschen Pressevertreter ausgefallen, wenn die beiden Tanklaster als rollende Bomben gegen das deutsche Feldlager in Kunduz zum Einsatz gekommen und zahlreiche tote deutsche Soldaten zu beklagen gewesen wären? Dann hätte von einem Versagen der militärischen und politischen Führung gesprochen werden können, nicht aber in diesem Fall. Ein Teil des Auftrags der Bundeswehr in Afghanistan lautete schließlich, die Taliban zu bekämpfen, um die Lage in dem Land zu stabilisieren. Der wesentliche Bestimmungszweck von Streitkräften ist nun einmal die Fähigkeit zur Anwendung von Gewalt. In derartigen und vergleichbaren Momenten, mit denen Oberst Klein konfrontiert wurde, haben Soldaten oft nur wenige Augenblicke Zeit, um eine Entscheidung zu treffen: Handeln – wenn ja, wie? Schießen – ja oder nein? Das sind die Fragen, mit denen Soldaten in einem Krieg oder bewaffneten Konflikt konfrontiert werden. In solchen Situationen stößt das klassische Kriegsvölkerrecht längst an seine Grenzen. Dürfen im Krieg Kombattanten gezielt getötet werden und müssen Zivilisten geschont werden, so sind in asymmetrischen Kriegen, wie in Afghanistan, Gegner und unbeteiligte Zivilpersonen kaum auseinanderzuhalten. Vielmehr nutz(t)en Terroristen, so auch die Taliban, die Zivilbevölkerung oft als Deckung und Schutzschilde. Damit nehmen sie den Tod dieser Unschuldigen billigend, ja bewusst in Kauf. Auch ein Rechtsstaat, und damit seine in Einsätzen verantwortlich handelnden Soldaten müssen somit also manches Mal mit außergewöhnlichen Maßnahmen auf außergewöhnliche Bedrohungslagen und Attacken reagieren. Für Soldaten, die originär eben keine bewaffneten Entwicklungshelfer sind, gilt hier:

»Die regelmäßig tödliche Wirkung auf Distanz ist das wesentliche definitorische Merkmal des Begriffs der militärischen Gewalt und unterscheidet sie damit grundlegend von der Polizeigewalt. […] Solange sich also der Soldat hinsichtlich seiner Kampfmittel und -methoden an die Vorgaben des humanitären Völkerrechts hält, ist er in ›bewaffneten Konflikten‹ berechtigt, auch den gerade nicht an unmittelbaren Kampfhandlungen beteiligten Gegner mit tödlicher Gewalt zu bekämpfen. Und das gilt selbst dann, wenn nicht vermieden werden kann, dass dabei Unbeteiligte Gefahr laufen, getötet oder verletzt zu werden.«[83]

Genau dieser Sachverhalt trifft auch auf den Luftschlag von Kunduz zu. Jeder Soldat operiert im Einsatz ja nicht aus Eigenmacht, sondern »ausschließlich kraft staatlicher Anordnung und in Wahrnehmung seines verfassungsmäßigen Auftrags.«[84] Zivilisten verlieren laut humanitärem Völkerrecht dann ihren Schutzstatus, wenn ihr Verhalten eine Bedrohung darstellt, die die eigenen Truppen deutlich schädigen könnte. Sie werden dann zu legitimen Zielen, die bekämpft werden dürfen.[85]

»Nach dieser Sicht ist auch der zwangsgepresste Kraftfahrer eines mit Sprengstoff beladenen Fahrzeugs kein schutzwürdiger Unbeteiligter mehr, sondern darf auch mit tödlicher Gewalt an der Ausführung des Attentats gehindert werden.«[86]

Im Oktober 2016 hat auch der Bundesgerichtshof entschieden, dass die Angehörigen der Opfer des Bombardements keinen Anspruch auf Schadensersatz haben, da u.a. das Völkerrecht auch in Kriegszeiten Einzelpersonen diesen gegenüber Staaten nicht gewähre.[87] Auch der Europäische Gerichtshof für Menschenrechte wies im Februar 2021 die Klagen auf Entschädigung durch Hinterbliebene zurück. Dieses endgültige Urteil unterstreicht nochmals, dass dem jetzigen Brigadegeneral Klein keinerlei Verletzungen der Europäischen Menschenrechtskonvention anzulasten sind.[88]

Der Luftangriff wurde übrigens auch von afghanischen Sicherheitskräften begrüßt und unterstützt. Schon Tage zuvor hatten sie für ein massiveres Auftreten und Vorgehen der Bundeswehr gegenüber den Taliban plädiert. Der damalige Gouverneur von Kunduz, Mohammed Omar, kritisierte beispielsweise wenige Wochen zuvor, die deutschen Soldaten seien »Hasenfüße [...], die sich vor dem echten Kampf drücken [...] und nicht bereit [seien], ernsthaft gegen die Taliban zu kämpfen.«[89] Es ging eben auch darum, das Vertrauen der afghanischen Kräfte gegenüber der Bundeswehr nicht aufs Spiel zu setzen. Zudem waren derartige Luftschläge in Afghanistan seitens der NATO keine Seltenheit, zwangsläufig natürlich auch mit zivilen Opfern verbunden. General Karl-Heinz Lather, damals Stabschef im Hauptquartier der NATO in Mons, erklärte dazu in der *FAZ*: »Verstehen Sie mich nicht falsch, aber der Luftangriff von Kunduz, das ist für uns hier eine Anekdote.«[90] Innerhalb des NATO-Einsatzes stellte »Kunduz« lediglich eine kleine Operation dar, für General Lather war eine derartige Maßnahme gerechtfertigt, Oberst Klein habe ein Angriff auf ein »legitimes Ziel« befohlen, da man sich schließlich in einem »kriegsähnlichen Zustand« befunden habe.[91] Dass derartige Operationen militärisch sinnvoll und somit geboten waren, verdeutlicht auch die Tatsache, dass es seit dem Luftschlag vom 4. September und afghanisch-amerikanischer Operationen im Norden Afghanistans deutlich ruhiger wurde. Damit wurde ein absolut richtiges und notwendiges Zeichen gesetzt im Hinblick auf weitere mögliche Einsätze von diesem Kaliber.

Es folgte im November 2010 dann die erste deutsche Landoffensive seit dem Zweiten Weltkrieg im Rahmen der Operation Halmazag. Dabei handelte es sich um eine von der Bundeswehr geleitete erfolgreiche Offensivoperation von Truppen der afghanischen Sicherheitskräfte in enger Zusammenarbeit mit der ISAF in der Provinz Kunduz. Ziel war der erfolgreiche Aufbau eines ISAF-Außenpostens nahe der Ortschaft Quatliam im Distrikt Char Darah.[92]

Damit wollen wir es an dieser Stelle mit Einzelheiten zum Afghanistaneinsatz der Bundeswehr bewenden lassen und ziehen eine Bilanz.

Insgesamt kamen seit 1992 bei den unterschiedlichsten Auslandseinsätzen der Bundeswehr 117 Soldaten ums Leben, davon sind allein 59 deutsche Soldaten während des Afghanistankrieges gefallen, davon wiederum 35 bei Anschlägen oder in Gefechten![93] Was war der Afghanistan-Einsatz für die Bundeswehr in seiner gesamten Dimension? Ein bewaffneter Entwicklungshilfeeinsatz, bei dem es um Brunnenbohren und dem Bau von Schulen ging? Ein Einsatz für die Verteidigung der Sicherheit Deutschlands und somit ein Einsatz im Kampf gegen den internationalen Terrorismus? Nein, es war ein Krieg in einem Land, dem jegliche Voraussetzungen für eine Stabilisierung oder gar Demokratisierung bis heute fehlen. Angesichts eines derartig herausfordernden Ziels waren die Kräfte nicht nur der Bundeswehr vor Ort viel zu gering. Ein Land von der geografischen und demografischen Struktur wie Afghanistan konnte und kann auf diese Weise nicht befriedet werden. Stellt sich die Frage, ob dies überhaupt möglich ist und seitens des Westens gewollt sein muss. Es ist illusorisch, zu glauben, dass die transatlantische Gemeinschaft ihre Wertevorstellungen auf globaler Ebene z. B. in Form von »Nation Building« oder Regimewechsel implementieren kann. Der Kampf bzw. Krieg gegen den Terrorismus, die Taliban oder gegen wen auch immer, war ein teurer und verlustreicher Fehler. Der Afghanistaneinsatz war eine »krachende Niederlage [...] [des] liberalen Imperialismus [...] also des Versuch[s], mit der Waffe im Anschlag die Demokratisierung von Staaten voranzutreiben«.[94] Der Versuch der USA, der NATO und der EU, in Afghanistan einen Staat nach westlichem Vorbild zu errichten, musste also zwangsläufig scheitern. Wie will man schließlich eine funktionierende Nation in einem Land errichten, das sich nie als eine solche verstanden hat? Wie soll »Nation Building« in einem Staat funktionieren, in dem Drogenhandel, Korruption, Veruntreuung von Aufbau- und Entwicklungshilfe und traditionelles Stammesdenken Alltag sind und nach wie vor dominieren? So war auch der Aufbau einer afghanischen Armee ebenso eine Chimäre wie die Idee, einen funktionierenden Nationalstaat auf anderen Ebenen zu etablieren. Die Voraussetzungen für einen demokratischen Staat nach unseren Vorstellungen lassen sich außerhalb der westlichen Hemisphäre nun einmal nicht herstellen, schon gar nicht mit Waffengewalt. Im Afghanistan-Einsatz der Bundeswehr (was natürlich auch ebenso für die anderen westlichen Staaten gilt) wurden die seit Clausewitz gültigen Grundsätze des Militärischen, die keinen Krieg ohne greifbaren politischen Zweck erlauben[95], leider regelmäßig durch einfache politische Durchhalteparolen ersetzt. Das katastrophale Scheitern der westlichen Mission – also der Sieg der Taliban als ein Triumph des 11. Jahrhunderts über das vermeintlich westliche 21. Jahrhundert – wurde am Ende in den Augusttagen 2021 mehr als deutlich, als verzweifelte Afghanen den Kabuler Flughafen stürmten, während die USA und andere NATO-Staaten ihre Botschaftsangehörigen sowie afghanische Ortskräfte evakuierten und dabei ein zweites Saigon erlebten.[96] Die deutsche Regierung zeichnete sich dabei nicht durch strategische Planung oder gar politische Voraussicht aus, ganz im Gegenteil: Bundeskanzlerin Merkel, Außenminister Heiko Maas und Verteidigungsministerin Annegret Kramp-Karrenbauer ignorierten über Wochen in sträflichem Leichtsinn Warnungen nicht nur des deutschen Botschafters in Kabul, sondern auch von Sicherheitsexperten und Geheimdienstmitarbeitern vor einer raschen Machtübernahme der Taliban nach dem Abzug der amerikanischen Truppen. Es bleibt somit ein desaströses Ende eines zwanzigjährigen milliardenschweren Einsatzes der Bundeswehr und der anderen westlichen Truppen und vieler – letztlich umsonst – gefallener Soldaten. Allerdings muss deutlich gesagt werden, dass in Afghanistan die Politik, nicht die Bundeswehr, gescheitert ist. Hier nur noch als Randnotiz: Der Einsatz in Mali – da muss man kein Prophet sein – wird sich in einigen Jahren ebenfalls als ein vergleichbarer Fehlschlag erweisen.

Geopolitisch betrachtet sind nach dem Afghanistan-Desaster der USA und der NATO China und Russland die großen Gewinner. In der Neuauflage des »Great Game« des 19. Jahrhunderts (damals die Rivalität zwischen Großbritannien und Russland bezüglich einer Vorherrschaft in Zentralasien) hat der Westen kläglich versagt. Insbesondere China wird das von den USA hinterlassene Machtvakuum – flankiert von seinem Verbündeten Pakistan – für eigene Interessen, in welcher Form auch immer, nutzen. Hier locken die reichen Rohstoffvorkommen Afghanistans wie Eisenerz, Kupfer, Gold, Erdöl, Edelsteine und insbesondere Kobalt, Lithium und Seltene Erden, die letzten allesamt Grundlage für Schlüsseltechnologien.

Wer wird künftig also das Heartland beherrschen? Sicher nicht die USA. Bleibt derzeit nur offen, wie Peking und Moskau hier evtl. gemeinsam oder in abgestimmter Form (z. B. in Interessensphären) das zentralasiatische Terrain kontrollieren und beherrschen werden. Eines ist dabei aber sicher:

Der von beiden Mächten praktizierte robust-realistische Ansatz ist dem robust-idealistischen Ansatz des Westens überlegen.[97] Nicht umsonst haben Peking und Moskau ihre Botschaften in Kabul belassen und schon vor dem Machtwechsel zu den Taliban diplomatische Kontakte aufgenommen. Beide Großmächte haben augenscheinlich die Lage vor Ort wesentlich realistischer eingeschätzt als Washington oder gar Berlin.

Damit sei abschließend nochmals der Blick auf Deutschland gerichtet. Künftige Bundesregierungen stehen noch mehr vor der großen Herausforderung, abzuwägen, wie sich Deutschland und damit auch seine in den letzten Jahren in unverantwortlicher Weise kaputtgesparte Bundeswehr auf Dauer künftig noch in das geopolitische Weltgeschehen einbringen will und kann. Dabei spielt es keine Rolle, ob dies im Rahmen der NATO geschieht, oder auch dann, wenn es um eigene nationale Interessen geht. Jedenfalls wird man mit dem Status eines derzeit noch wirtschaftlichen Riesen, aber politischen Zwergs künftig eigene Interessen, sofern überhaupt noch vorhanden, nicht mehr verfolgen können. Hier besitzen nach wie vor die Worte von Carl Schmitt Gültigkeit:

»Dadurch, dass ein Volk nicht mehr die Kraft oder den Willen hat, sich in der Sphäre des Politischen zu halten, verschwindet das Politische nicht aus der Welt. Es verschwindet nur ein schwaches Volk.«[98]

Fassen wir kurz zusammen, bevor mit dem ehemaligen deutschen Verteidigungsminister Dr. Franz Josef Jung ein – von seinem politischen Werdegang aus betrachtet – sicherheitspolitisch erfahrener Politiker zu Wort kommt.

Der Wiederaufstieg des »Westens« bzw. dessen globale Behauptung wird nur gelingen, wenn endlich auch Europa bzw. die EU militärisch etwas vorweisen können. Eine Erhöhung der Militärausgaben, Investitionen in modernes leistungsfähiges, technologisch auf der Höhe der Zeit stehendes Gerät, eine intensive Kooperation und eine klare Definition eigener Interessen und die Bereitschaft, diese auch, wenn erforderlich, robust durchzusetzen, sind dafür die zentralen Grundbedingungen. Auf deutscher Ebene konnte man früher, was die technisch-militärische Ausstattung der Bundeswehr anging, hier nie meckern: Die Kampfpanzer Leopard I und II, der Flugabwehrpanzer Gepard, die Radpanzer Luchs und Fuchs, die Panzerhaubitze 2000 usw. haben immer wieder eindrucksvoll unter Beweis gestellt, dass, wenn es darauf ankommt, Deutschland (West) mit einer weltweit Top-Technologie Gewehr bei Fuß stand. Auch künftig müssen die Bundeswehr und damit ihre Soldaten in der Lage sein, die Sicherheit unseres Landes zu garantieren sowie seine Interessen auch aus geopolitischen Gesichtspunkten zu vertreten und gewährleisten – sicherlich auch im internationalen

Zusammenspiel, wenn man sich denn auf seine Partner verlassen kann. Ein weiteres Kaputtsparen der Bundeswehr (wie auch anderer europäischer Armeen) wird uns, wie schon die faktische Abschaffung der Wehrpflicht, eines Tages teuer zu stehen kommen. Aber vielleicht ist es aktuell wichtiger, der Bundeswehr ein Haltungsproblem zu unterstellen und mit dem Kommando Spezialkräfte (KSK) einen bewährten Eliteverband für Kampfeinsätze pauschal unter den Generalverdacht von Rechtsradikalismus zu stellen. Der Motivation der Soldaten und der dringend notwendigen Nachwuchsgewinnung erweist unsere Politik damit einen Bärendienst. Und dass die letzten Afghanistanheimkehrer weder von Verteidigungsministerin Kramp-Karrenbauer noch von Bundeskanzlerin Merkel empfangen wurden, ist an Peinlichkeit nicht mehr zu überbieten. In der deutschen Politik fehlt seit Jahren eine fundierte Diskussion über die Rolle der Bundeswehr. Wie soll so eine breite Akzeptanz unserer Armee in der Gesellschaft möglich werden, wenn schon das Verteidigungsministerium als Dienstherr seinen Soldaten gegenüber oft die notwendige Fürsorgepflicht, u. a. in Form mangelhafter bzw. unzureichender Ausrüstung, vermissen lässt? Die Bundeswehr verschwindet durch Standortschließungen immer mehr aus der Fläche und wird so von der breiten Öffentlichkeit kaum noch wahrgenommen. Manche Politiker und Gewerkschaften kritisieren das Auftreten von Jugendoffizieren in Schulen und Soldaten dürfen ungestraft als Mörder bezeichnet werden. Wenn man so mit einer demokratisch legitimierten Organisation umgeht, die dem Schutz des eigenen Volkes dient, dann wird man als Land international auf Dauer nur noch eine Lachnummer sein.

Und auch auf der außen- und sicherheitspolitischen Ebene fehlt es nach wie vor vielen der verantwortlichen Politikern an dem erforderlichen geo- und damit realpolitischem Verständnis, was das derzeitige Machtstreben mancher Staaten und die damit einhergehenden internationalen Krisen und Konflikte sowie deren Ursachen und deren Bekämpfung angeht. Das folgende Interview mit dem ehemaligen Bundesminister der Verteidigung, Dr. Franz Josef Jung, bringt die seit Jahren praktizierte und bis dato unveränderte Haltung der deutschen Politik im Hinblick auf die Rolle von Deutschland in seiner geo-, außen- und sicherheitspolitischen Lage deutlich zum Ausdruck. Berlin fehlt es an einer vernetzten geopolitischen Strategie v. a. zwischen Auswärtigem Amt, Verteidigungsministerium und dem Bundesministerium für wirtschaftliche Zusammenarbeit und Entwicklung, also faktisch dem Entwicklungshilfeministerium. All das macht somit für die Zukunft wenig Hoffnung auf eine selbstbewusste deutsche Geo- oder wenigstens Außenpolitik.

c. Ein Interview mit dem ehemaligen Bundesminister der Verteidigung Dr. Franz Josef Jung[99]

Wie stehen Sie persönlich dem Begriff »Geopolitik« gegenüber?

Jung: Ich erachte eine geostrategische Abstimmung beispielsweise im Rahmen der G20 für zwingend notwendig. Auf der sicherheitspolitischen Ebene sollte weiterhin die NATO als grundlegende Instanz für Deutschlands fungieren, dabei muss aber die europäische Sicherheitspolitik in Kooperation mit der NATO gestärkt und effektiver gestaltet werden.

Wie beurteilen Sie die aktuelle geopolitische Lage Deutschlands?

Jung: Die aktuelle geopolitische Lage Deutschlands beurteile ich positiv. In den internationalen Friedensprozess müsste sich die deutsche Außenpolitik allerdings noch mehr einbringen.

Wo sehen Sie dabei die größten geopolitischen Herausforderungen oder gar Bedrohungslagen für Deutschland und wie sollte/könnte es darauf reagieren?

Jung: Die größten geopolitischen Herausforderungen sehe ich in der Klimapolitik. Als Bedrohungslage erweist sich leider immer mehr Russland. Gegenüber der umstrittenen Gaspipeline »Nord Stream 2« war ich am Anfang sehr skeptisch eingestellt; nachdem aber die Ukraine mit eingebunden worden war, war dieses Projekt für mich nachvollziehbar. Mittlerweile ist es soweit gediehen, dass es auch fertiggestellt werden sollte. Dabei ist schließlich auch zu berücksichtigen, dass wir auf russisches Erdgas angewiesen sind. Die Kritik der USA daran ist im Hinblick auf ihre eigenen Interessen zu sehen. Sie wollen ja auch ihr Gas verkaufen. Durch ein Arrangement mit der neuen Regierung unter Präsident Biden, die auch die Abnahme von amerikanischem Gas regelt, werden wir hier sicherlich wieder zu einem vernünftigen Verhältnis kommen.

Eine große Bedrohung sehe ich auch noch in der Cyberkriminalität. Hier ist auf internationaler Ebene dringend eine bessere Koordination bzw. Abstimmung erforderlich, um z. B. Hackerangriffe abwehren zu können.

Darauf aufbauend: Definieren Sie – aus Ihrer Sicht, gerade auch aus der Perspektive als ehemaliger Bundesverteidigungsminister – die zentralen Interessen Deutschland.

Jung: Die zentralen Interessen Deutschlands sehe ich in einer internationalen Friedens- und Klimapolitik. Generell sollte ein Auftrag der Bundeswehr auch globale Friedenseinsätze beinhalten. Gerade bei Hotspots wie damals im Kosovo oder in Afghanistan muss Deutschland schauen, dass es seinen Beitrag zur Friedenspolitik leistet. Allerdings können und sollen wir keine Weltpolizei spielen.

Würden Sie eine eigenständigere deutsche Außenpolitik befürworten? (wie z. B. 1991 mit der Anerkennung Sloweniens und Kroatiens oder der Enthaltung im UN-Sicherheitsrat bei der Frage des Libyeneinsatzes)

Jung: Eine deutsche Außenpolitik, die grundsätzlich eingebunden ist in eine effektive europäische Politik, wird von mir befürwortet.

Innerhalb der NATO und EU können und sollen wir aber auch unsere eigene Sicherheits- und Verteidigungspolitik formulieren und umsetzen. Die Möglichkeiten eigener Aktionen wie z. B. das Abstimmungsverhalten bezüglich des Libyeneinsatzes sollten die Ausnahme bleiben.

Kommen wir an dieser Stelle zu den transatlantischen Beziehungen: Wie sehen Sie das künftige Verhältnis Deutschlands bzw. Europas zu den USA und dabei die Zukunft der NATO?

Jung: Das künftige Verhältnis Deutschlands beziehungsweise Europas zu den USA beurteile ich positiv. Auch die Zukunft der NATO wird von mir optimistisch eingeschätzt. Eine einheitliche europäische Sicherheits- und Verteidigungspolitik ist aber zwingend notwendig.

Zuletzt noch zu zwei für die Deutschland geo- und sicherheitspolitischen »Schwergewichten«, China und Russland: Sehen Sie China künftig eher als Partner oder als Bedrohung an? Wie sollten Ihrer Meinung nach künftig die Beziehungen zu Russland gestaltet werden?

Jung: China ist ein wichtiger Handelspartner Deutschlands. Allerdings muss immer wieder im Rahmen der diplomatischen Kontakte auf die dortige Menschenrechtssituation hingewiesen werden. Ebenso sehe ich das internationale Engagement Chinas durchaus sehr kritisch, v. a. was Afrika anbelangt. Ich habe selbst bei einem Besuch in Djibouti erlebt, wie Vertreter Chinas mit einem Koffer voller Geld ihre Interessen durchsetzten. Hier gilt es für die internationale Staatengemeinschaft gemeinsam die chinesische Dominanz einzugrenzen.

Im Hinblick auf Russland halte ich einen Dialog, beispielsweise im Rahmen des Petersburger Dialoges, weiterhin für notwendig. Allerdings müssen unsere Positionen deutlich formuliert werden, damit eine Bedrohungslage nicht eintritt. Diese Bedrohungslage durch Russland sehe ich am Beispiel des Baltikums. Daher ist es richtig und dringend geboten, dass NATO und Deutschland dort ihre Verantwortung wahrnehmen, wie das Beispiel der

Enhanced Forward Presence der Bundeswehr in Litauen verdeutlicht.[100] Ein Dialog ja, aber wir müssen unsere Position und Sicherheitsinteressen umsetzen, damit sich Russland nicht wie in der Ukraine eingeladen fühlt, seine eigenen Interessen durchzusetzen.

Eine abschließende Frage: Verschläft Europa und somit auch Deutschland eine nachhaltige Politik gegenüber Afrika (vgl. das dortige Engagement Chinas)?

Jung: Deutschland betreibt gerade im Rahmen der Entwicklungspolitik auch eine effektive Afrikapolitik. Allerdings müsste das Engagement Europas dort deutlich verstärkt werden. Wie positiv sich dies auswirkt, verdeutlicht z. B. der Atalanta-Einsatz[101] vor der Küste Somalias gegen die Piraterie, um so die Seefreiheit zu gewährleisten. Waren früher über 200 Angriffe von Piraten zu verzeichnen, so sind jetzt infolge des Einsatzes gegen Null zurückgegangen. Auch im Sudan betreiben wir aktive Friedenspolitik.[102] Die Mission im Kongo 2006 – also in der Zeit während ich Verteidigungsminister war – trug dazu bei, die Wahlen abzusichern.[103] Es können immer wieder Situationen auftreten, die einen Einsatz oder ein stärkeres Engagement für eine friedliche Entwicklung in Afrika erforderlich machen. Dementsprechend müssen wir vorbereitet sein.

VI. Fazit und Ausblick

Wo stehen wir als Europäer und Deutsche in all diesen sich beschleunigenden geopolitischen Prozessen? Wo wollen wir hin und wo bleiben wir? Stehen wir möglicherweise vor einem »programmierten Krieg« zwischen China und den USA?[1]

Wie im Kap. I.2. dargelegt, warnte der Politikwissenschaftler Samuel Huntington vor dem Zusammenprall verschiedener Kulturkreise. So stellt sich abschließend die Frage, ob dies auch auf globaler Ebene betrachtet zwischen dem »Westen« (USA und als Appendix die EU) und China zutrifft. Dessen großer Reformer Deng Xiaoping empfahl einst, »für die nächsten 50 Jahre das eigene Licht unter den Scheffel zu stellen und zuerst nachhaltig die eigene Stärke zu entwickeln«. Es gelte »die Entwicklung nüchtern [zu] beobachten, unsere Position aufrecht[zu]erhalten, Herausforderungen ruhig [zu] begegnen, unsere Fähigkeiten [zu] verbergen, geduldig ab[zu]warten, frei von Ehrgeiz [zu] bleiben, nie einen Führungsanspruch [zu] stellen«.[2] Mittlerweile wird mehr als deutlich, dass China den Anspruch hat, die Nummer Eins in der Welt zu werden. Seine massiven Aufrüstungen, das Seidenstraßenprojekt, sein Engagement in Afrika, das Züge eines Neokolonialismus trägt, die Politik gegenüber seinen unmittelbaren Nachbarn wie z.B. im Südchinesischen Meer und seine Unterwanderung der westlichen Demokratien[3] sind dafür untrügliche Indizien.

Von der Schlagkraft der US-amerikanischen Streitkräfte sind die chinesischen derzeit allerdings noch weit entfernt. Mit über zwei Mio. Mann ist die Volksbefreiungsarmee zwar deutlich umfangreicher als die 1,3 Mio. Mann auf Seiten der USA. Diese verfügen hingegen mit 3750 atomaren Sprengköpfen (China ca. 320)[4], mit rund 13.000 Kampfflugzeugen (China ca. 3000) und mit elf zu zwei Flugzeugträgern über einen immensen Vorsprung an Waffensystemen.[5] Mit 100 Interkontinentalraketen hat China allerdings mittlerweile eine Zweitschlagfähigkeit entwickelt.

Für beide Staaten besteht die Herausforderung darin, einen tragfähigen Modus Vivendi zu finden und nicht in die »Thukydides-Falle« zu tappen. Darunter versteht man nach dem Harvard-Historiker Graham Allison[6] im Kern, dass der Aufstieg einer neuen Macht – in diesem Fall China – bei der etablierten Großmacht – aktuell die USA – Ängste auslöst, die schließlich zu Konflikten und unvermeidlich zu Krieg führen.[7] Für die USA bedeutet dies, die neue Wirklichkeit anzuerkennen und China dem ihm gebührenden Raum zuzugestehen, Peking andererseits darf seine außen-, wirtschafts- und machtpolitischen Ambitionen nicht übertreiben. Die zentrale Frage dabei ist, inwieweit die geopolitischen Ziele Chinas mit denen seiner direkten Nachbarn, hier insbesondere Indien, Japan und Russland, aber auch – geografisch weiter geblickt – Malaysia, Indonesien und Australien vereinbar und inwieweit die USA bereit sind, ihren Einfluss im pazifischen Raum zurückzuschrauben, wo Australien mit seinem reichen Rohstoffvorkommen, Neuseeland und Japan für Amerika dort wichtige Bündnispartner sind. Derzeit ist diesbezüglich vielmehr das Gegenteil der Fall, betrachtet man die Differenzen innerhalb der NATO bzw. zwischen Washington und vielen europäischen Staaten sowie den zunehmenden Fokus Washingtons Richtung Pazifik und somit Asien. Jedenfalls werden die Beziehungen beider Mächte zueinander das »Great Game« des 21. Jahrhunderts sein – so wie im 19. Jahrhundert Großbritannien und Russlands sich dieses in Asien lieferten.

Vielleicht stellt sich die Weltlage doch übersichtlicher und geordneter dar als allgemein behauptet – und wie zu Beginn des Buches in Anlehnung an Bundespräsident Steinmeier – vermutet wird? Das Mächtedreieck zwischen den USA, China und Russland dürfte künftig den bestimmenden Faktor darstellen, von dem alle anderen Entwicklungen mehr oder weniger abhängig sein werden. Füreinander sind die drei Groß- bzw. Weltmächte praktisch unangreifbar, weil eine direkte militärische Konfrontation einem Selbstmord gleichkäme. Wer auf Dauer die Nummer Eins sein mag, wird daher umso mehr auch davon bestimmt werden, wer seine Interessen auf subtilere Weise durchsetzen kann, beispielsweise wie es Peking derzeit praktiziert. Und damit kommen wir abschließend wieder auf die beiden geopolitischen Theoretiker Mackinder und Mahan zurück. Es bahnt sich also ein grundlegender Konflikt zwischen der Seemacht USA (vgl. Mahan) und der mit einer Doppelstrategie fahrenden Volksrepublik China an, die zwar auch Mahans geopolitische Vorstellungen adaptiert hat, aber noch viel stärker sich an den Prämissen Mackinders orientiert und daher Schritt für Schritt auf unterschiedlicher Weise sich das »Heartland« erschließen und seiner Kontrolle unterwerfen wird. Ein Albtraum für Washington, den wir aber in Europa und v. a. in Deutschland bis dato nicht einmal ansatzweise realisieren.

Also, was ist nun mit dem »Rest des Westens« – also Europa bzw. der EU? Halten wir zum Ende dieser Darstellung zumindest einen Aspekt deutlich fest: Bei allen emotionalen Beziehungen – positiver wie negativer Natur (vgl. die Kundgebungen gegen den NATO-Doppelbeschluss Anfang der

80er-Jahre) – ging es nie in erster Linie um atlantische Freundschaften oder um die häufig zitierte »Westliche Wertegemeinschaft«. Diese Wertegemeinschaft gab es so noch nie und wird es wohl auch nicht geben.[8] Es geht vielmehr um Interessen, um Machtansprüche, um wirtschaftliche und militärische Stärke und dies logischerweise vor allem seitens der USA, Präsident hin oder her. Oder, wie es Klaus von Dohnanyi formuliert: »Europa will Frieden, die USA wollen Macht.«[9] D. h. jedoch keineswegs, die Beziehungen zu Washington in Frage zu stellen. Ganz im Gegenteil: Es gibt zahlreiche Gründe für eine Kooperation bzw. Partnerschaft, die aber dann unbedingt unter pragmatischen, auch den eigenen Interessen dienenden und nicht rein aus moralischen Gesichtspunkten betrachtet werden sollte.

Neben »Europa« – sprich der EU – tut sich Deutschland bis heute mehr als schwer, seine vitalen sicherheitspolitischen Grundinteressen klar zu artikulieren. Ja, vielmehr muss die zugespitzte und provokante Frage erlaubt sein, ob es die letzten Bundesregierungen mittlerweile aufgegeben haben, in eigenen, nationalen Interessen zu denken, und – u. a. auch durch eine derartige Politik mitbedingt – auch das Gros der Bundesbürger keinerlei Interesse an außen-, sicherheits- oder geopolitischen Fragen und Herausforderungen, die allesamt langfristiger Natur sind, hat. Um nicht in eine weiter zunehmende globale Bedeutungslosigkeit abzurutschen, weil es keine eigenständige macht- und geopolitische Rolle mehr spielen will und kann, muss Europa respektive die EU endlich aufwachen und die real- und geopolitischen Fakten erkennen und adäquate Antworten darauf finden. Die Aggression Russlands in der Ukraine scheint diesbezüglich ein klares Umdenken herbeigeführt zu haben, verdeutlicht sie doch in dramatischer Form, dass Sicherheit die Voraussetzung für alle anderen Politikbereiche und politischen Herausforderungen darstellt.

Angesichts der Tatsache, dass – wie in den einzelnen Kapiteln dargelegt – nach wie vor viele Staaten (und nicht nur China, die USA oder Russland) ihre nationalen Interessen oft z. T. in kompromissloser Form – so z. B. auf militärischer Ebene bis hin zum Krieg – durchzusetzen versuchen, müssen sich Europa bzw. die EU und Deutschland somit die folgende Frage stellen: Was sind unsere eigenen Interessen, wie und mit welchen Mitteln können sie verteidigt bzw. umgesetzt werden? Dabei dürfen auch militärische Aktionen als Ultima Ratio nicht generell und von vornherein ausgeschlossen werden. Das Problem dabei ist jedoch, dass es aus geopolitischer Sicht Europa so nicht gibt. Es gibt nur seine Nationalstaaten. Zu mehr als einer schwachen Geopolitik kann dieses Europa dann aber auch gar nicht in der Lage sein. Schwache Geopolitik, die keine eigenen Interessen verfolgen und durchsetzen kann, ist jedoch keine Geopolitik. Solange also Deutschland nicht willens oder in der Lage ist, seine noch vorhandene Wirtschaftskraft in angemessener Weise auch in sicherheitspolitischer Hinsicht einzusetzen und aufzuhören, die Bundeswehr weiter kaputtzusparen, stellt dies auch für Europa ein Problem dar. Hier muss Berlin mit klarem Kompass und einem klaren Willen, eigene nationale, aber genauso auch europäische Interessen verteidigen und durchsetzen und eine entsprechende Führungsrolle innerhalb der EU – gemeinsam mit Frankreich – einnehmen. Nur so kann die EU auf globaler Ebene als ein geopolitischer Akteur nicht nur wahr- sondern auch ernstgenommen werden. Immerhin betonte zuletzt die ehemalige Verteidigungsministerin Kramp-Karrenbauer in einem Interview, dass sie am »Zwei-Prozent-Ziel« festhalten werde und sich für die Bewaffnung der Bundeswehr mit Drohnen einzusetzen.[10]

Auch hier dürfte der Ukraine-Krieg einen Paradigmenwechsel ausgelöst haben, wie die Rede von Bundeskanzler Olaf Scholz in der Sondersitzung des Deutschen Bundestags vom 27. Februar 2022 unterstreicht. 100 Milliarden Euro zusätzlich soll die Bundeswehr nun erhalten, damit sie nicht mehr »blank dasteht«, wie der Heeresinspekteur Alfons Mais mit ungewöhnlich deutlichen Worten wenige Tage zuvor angemerkt hatte,[11] sondern wieder den erforderlichen Beitrag zur Landes- und Bündnisverteidigung leisten kann. In diesem Zusammenhang ist übrigens auch die Frage aufzuwerfen, ob es nicht sinnvoll wäre, die Wehrpflicht wieder einzuführen.

Russland muss künftig zwar viel stärker als bedrohlicher Machtfaktor, aber ebenso auch als europäischer Staat verstanden und akzeptiert werden. Seine geopolitischen Interessen sind – ob es einem nun passt oder nicht – dabei zunächst einmal zu registrieren. Ungeachtet dessen müssen Großbritannien, die EU und dabei Deutschland aber umso mehr eine eindeutige geschlossene Position einnehmen und über militärische Mittel verfügen, die auch eine abschreckende Wirkung gegenüber Russland entfalten können. Deutschland darf dabei nicht als unsicherer Kantonist innerhalb der NATO agieren. Denn ist es wirklich auszuschließen, dass Moskau nach der Ukraine nicht auch einen neutralen Staat wie Finnland oder Schweden bedroht, ja irgendwann gar ein NATO-Land angreift, zum Beispiel im Baltikum? Dann würde mit Artikel 5 der Bündnisfall in Kraft treten, wonach der Angriff auf ein Land mit dem Angriff auf alle gleichgesetzt wird. Vielleicht besteht nach der Ära Putin wieder die Möglichkeit, einen Modus Vivendi auf pragmatischer Grundlage zu finden, der auch dem Kreml seine Grenzen verdeutlicht, ohne ihn aber zu sehr in die Arme Chinas zu treiben.

Denn es gilt weiterhin, über Russland hinaus, auch gegenüber dem – noch – relativ moderaten Auftreten Chinas[12] klare Strategien zu entwickeln und zu verfolgen. Oder soll die Alternative sein, dass die europäischen Staaten und somit auch Deutschland sich auf Dauer lieber für fremde Interessen einspannen lassen, als eine eigenständige Politik zu verfolgen? Scheinbar ja, oder wie ist das inständige Festhalten an der international immer stärker im Schwinden begriffenen weichen Macht und der Infragestellung militärischer Macht zu erklären? Gilt für Deutschland und die anderen europäischen Staaten also die Aussage Friedrich des Großen, dass Diplomatie ohne Waffen wie Musik ohne Instrumente sei? Inwieweit die Bundeswehr angesichts ihres derzeit desolaten Zustandes jedoch ein verstärktes Engagement im Indopazifik leisten kann, wie es jüngst Kramp-Karrenbauer forderte[13], um Chinas dortiges Machtstreben einzudämmen, sei einmal dahingestellt. Selbstverständlich ist der indopazifische Ozean – wie ja ausführlich dargelegt – »die strategisch wichtigste Region der Erde«, wo wesentliche Entscheidungen »über Freiheit, Frieden und Wohlstand in der Welt« fallen und auch Deutschland direkt davon betroffen ist. Ob es allerdings mit nur einer Fregatte, nämlich die »Bayern«, dagegenhalten kann, wo es müsse, wie Kramp-Karrenbauer betonte[14], darf doch mehr als bezweifelt werden, trotz aller völlig berechtigten deutschen Interessen im Indopazifik im Hinblick auf die Sicherung unserer wichtigen Seewege. Zumal die »Bayern«, um eine Provokation Chinas zu vermeiden, nicht die Taiwan-Straße durchfahren wird. Unabhängig davon gilt es aber mindestens auf diplomatischem Wege, China eindeutig und unmissverständlich klarzumachen, dass das Freihalten der großen internationalen Seehandelsrouten im gegenseitigen Interesse ist. Sollte China diesbezüglich nämlich eine maritime Dominanz anstreben, hat dies mit Sicherheit eine Beeinträchtigung des freien Warenverkehrs in der Region zur Folge, woran auch Peking nicht gelegen sein kann. Großbritanniens Premierminister Boris Johnson hat die Lage sehr richtig eingeschätzt, als er unlängst einen »Schwenk nach Asien«[15] ankündigte. Das britische Militär solle künftig »mit Spitzenkapazitäten die Interessen des Vereinigten Königreichs auf der Erde und im All befördern«. Dabei gelte es, so der Premier, »die Kunst der Behauptung gegenüber Staaten mit entgegengesetzten Werten wieder zu erlernen«.[16] Das globale Engagement Londons solle nicht nur den eigenen Interessen dienen, sondern ebenso den Werten, die den Westen verbinden. China gilt dabei für Großbritannien als der Staat, von dem die größte Bedrohung für die wirtschaftliche Sicherheit ausgeht. Nicht nur symbolisch unterstützt wird die neue britische »Hinwendung zum indopazifischen Raum« durch die Entsendung eines Flugzeugträgers mit Kurs auf das Südchinesische Meer.[17] Die Benennung Chinas als derzeit größten Kontrahenten für die liberale und demokratische Ordnung sowie die Formulierung einer kohärenten Strategie gegenüber dieser Herausforderung kann auch einen Beitrag zur Überwindung der Sinnkrise, in der sich der Westen momentan befindet, leisten. Denn frei nach Carl Schmitt ist die Identifikation des Anderen als eben solcher ein Schritt zur Konstituierung und Konsolidierung des Eigenen.[18]

Deutschland sollte sich diese Politik Großbritanniens also zum Vorbild nehmen, denn es kann sich grundsätzlich nicht leisten, als europäische Mittelmacht und ökonomische Großmacht seiner Verantwortung auf europäischer und globaler Ebene nicht gerecht zu werden oder sich dieser gar zu entziehen. Es muss also endlich einen seinem wirtschaftlichen Gewicht, seiner territorialen Größe und seiner Bevölkerungszahl entsprechenden militärischen Beitrag zur gemeinsamen Interessenwahrnehmung und Stabilisierung der Sicherheit und des Friedens in Europa im Rahmen von NATO und v. a. EU leisten (ohne dabei langfristig den Blick auf die Beziehungen zu Russland aus den Augen zu verlieren, denn dieses Land lässt sich eben nicht aus Europa wegdiskutieren) und nicht nur mit realitätsfernen, von Moral geprägten Worten auf sich aufmerksam machen. Letztlich muss Deutschland eine strategische Neuausrichtung vornehmen, hin zu einer robusten Verteidigung der westlichen Ordnung gemeinsam mit den NATO-Partnern.[19] Dies gilt umso mehr im Hinblick auf die Tatsache, dass die USA – egal unter welchem Präsidenten – ihren geopolitischen und geostrategischen Schwerpunkt gegenüber der chinesischen Konkurrenz immer stärker im pazifischen Raum verorten werden. D. h. im Umkehrschluss, dass die EU und Deutschland Krisen und Konflikte vor ihrer Haustür selbst in Angriff nehmen müssen und nicht, wie im Rahmen der Jugoslawienkriege geschehen, lange Zeit tatenlos zusehen oder sich auf darauf verlassen, dass die Amerikaner die Kastanien aus dem Feuer holen.

Zwar ist Europa in seinem jetzigen Zustand ohne die USA nicht zu verteidigen. Auf Dauer muss es aber ohne die konventionelle und atomare Schutzmacht Washingtons auskommen. Frankreichs Präsident Emmanuel Macron empfahl vor zwei Jahren den Aufbau einer europäischen Armee. Deutschland und Frankreich als Führungsmächte innerhalb der EU sollten hier mittelfristig umdenken und Worte in Taten umsetzen.

Insbesondere gilt es dabei auch, angesichts der auch in Zukunft sicherlich andauernden Migrationsströme aus Ländern des Nahen Ostens und Afrikas, den Fokus verstärkt auf diese Regionen und ihre Failed States wie Libyen, Mali, Somalia, Syrien, Irak und Afghanistan zu richten.

An dieser Stelle lohnt sich zum Abschluss auch noch ein Blick auf die aktuellen Einstellungen der Deutschen zu außen- und sicherheitspolitischen Fragen. Es handelt sich dabei um die jährlich vom »Zentrum für Militärgeschichte und Sozialwissenschaften der Bundeswehr« (ZMSBw) vorgenommene Studie zum Meinungsbild der Deutschen zur Sicherheitspolitik. Demnach sind die »Hauptbedrohungen aus Sicht der Bürger nicht militärischer Natur, sondern ökologische (Klimawandel), ökonomische (Inflation) und innenpolitische (Zuwanderung) Risikofaktoren«.[20]

Auf die Frage, welche Mittel Deutschland in seiner Außen- und Sicherheitspolitik einsetzen sollte, ergibt sich folgendes Ergebnis[21]:

	Zustimmung	Teils teils	Ablehnung	Weiß nicht/ k. A.
Diplomatische Verhandlungen	81	14	4	1
Rüstungskontrolle	73	18	7	2
Entwicklungshilfe	71	22	7	1
Ausbildungseinsätze der Bundeswehr	64	24	11	1
Stabilisierungseinsätze der Bundeswehr	61	25	12	2
Wirtschaftssanktionen	57	25	15	2
Aufnahme von Flüchtlingen	36	32	32	1
Polizeieinsätze im Ausland	34	25	39	1
Kampfeinsätze der Bundeswehr	33	31	35	2
Waffenlieferungen an befreundete Staaten	30	29	39	2

Die Ergebnisse zeigen das traditionelle Verständnis bezüglich Deutschlands Rolle als globaler Akteur. Die Deutschen bevorzugen demnach Maßnahmen und Mittel aus dem Bereich der »Softpower« wie Diplomatie und Rüstungskontrolle. Hingegen werden Kampfeinsätze der Bundeswehr eher kritisch gesehen. Dennoch vertritt eine Mehrheit die Auffassung, dass Deutschland mehr internationale Verantwortung übernehmen solle, allerdings wiederum eher nicht auf militärischer Ebene. Auch hier dominieren wieder Methoden der »Softpower« wie Diplomatie und wirtschaftlicher Einfluss im Einklang mit den Verbündeten. Allerdings ist die Haltung gegenüber den USA von deutlicher Skepsis und kritischer Zurückhaltung geprägt, wie die Antworten zu verschiedenen Aussagen zur Außen- und Sicherheitspolitik verdeutlichen:

	Zustimmung	Teils teils	Ablehnung	Weiß nicht/ k. A.
Es ist manchmal notwendig, militärische Gewalt anzuwenden, um die Ordnung in der Welt aufrecht zu erhalten.	29	29	40	2
Unter bestimmten Bedingungen ist Krieg notwendig, um Gerechtigkeit zu erlangen.	24	23	51	2
In internationalen Krisen ist wirtschaftliche Macht wichtiger als militärische Macht.	62	29	7	2
Deutschland sollte eine aktivere Rolle in der Weltpolitik spielen.	45	30	21	3
Deutschland wahrt seine Interessen am besten dadurch, dass es sich nicht in die Angelegenheiten anderer Staaten einmischt.	44	33	21	3
Bei einer internationalen Krise sollten sich Deutschland und seine Verbündeten auf eine gemeinsame Haltung einigen.	73	21	5	1
Für seine Sicherheit sollte Deutschland vor allem alleine sorgen.	41	33	24	2
In außenpolitischen Fragen sollte Deutschland in Übereinstimmung mit den USA handeln.	29	37	30	4
Deutschland sollte seine Interessen gegenüber den USA selbstbewusster vertreten.	75	17	6	2

China wird hingegen in der Bevölkerung noch nicht als der künftige bzw. schon aktuelle Herausforderer des Westens und somit auch Deutschlands wahrgenommen. Insbesondere das Bedrohungspotenzial der Volksrepublik wird derzeit außerhalb von Fachkreisen anscheinend nicht klar genug erkannt, wie die folgenden Antworten bzw. Haltungen zu einigen Aussagen zum Verhältnis von Deutschland zu China unterstreichen:

	Zustimmung	Teils teils	Ablehnung	Weiß nicht/ k. A.
China ist ein zuverlässiger Partner Deutschlands.	29	36	28	6
Deutschland sollte wirtschaftliche Beziehungen zu China einschränken.	26	27	43	5
Deutschland sollte (mehr) Verständnis für die Position Chinas haben.	17	32	43	8
Die Außen- und Sicherheitspolitik Chinas ist eine Bedrohung für die Sicherheit Deutschlands.	25	31	35	9

Unsere Gesellschaft sollte, ja darf also gerade **nicht** »den fatalen Einfluss der Geopolitik auf die Außenpolitik thematisieren«[22], sondern muss im Gegenteil deren Bedeutung für sicherheits- und außenpolitische Positionen, Ziele und Handlungen endlich begreifen und dann dementsprechend auch handeln! Dazu zählt auch, ob es einem nun gefällt oder nicht, dass Krieg immer noch ein Mittel von Politik[23] darstellt, selbst wenn der klassische Staatenkrieg ein Auslaufmodell ist, wobei der Krieg Russlands gegen die Ukraine uns ja leider eines Besseren belehrt. Ein klares Verständnis, wie und warum Konflikte entstehen, wie auf sie zu reagieren ist und welche deutschen und europäischen Interessen dabei jeweils tangiert sind, ist künftig unerlässlich. Andernfalls werden Europa und insbesondere Deutschland weiter an militärischer Macht und an globalem Einfluss verlieren, verbunden mit allen negativen Konsequenzen, von denen derzeit fast niemand etwas hören möchte. Oder, um den renommierten israelischen Militärhistoriker Martin van Creveld zum Schluss zu zitieren: »Für weite Teile dieser [der europäischen] Gesellschaften ist außerdem ein Krieg nicht einfach ein Übel, das durch bestimmte Umstände zu einer absoluten Notwendigkeit werden kann, sondern das absolut Böse, das durch fast nichts zu rechtfertigen ist. Auch das wird sich ändern müssen. Andernfalls … werden wir uns wundern.«[24]

Anmerkungen

Einleitung

1 Die Welt ist aus den Fugen geraten - Rede von Außenminister Frank-Walter Steinmeier beim Deutschen Evangelischen Kirchentag, Stuttgart – Auswärtiges Amt (auswaertiges-amt.de) (abgerufen am 13.1.2021). Siehe dazu auch Ischinger, W.: Welt in Gefahr. Deutschland und Europa in unsicheren Zeiten, Berlin 2018.

2 Horst Köhler am 22. Mai 2010 in einem Interview mit dem Deutschlandradio (»Sie leisten wirklich Großartiges unter schwierigsten Bedingungen« (Archiv) (deutschlandradio.de); abgerufen am 26.2.21).

3 Nach heftiger Kritik: Bundespräsident Köhler tritt zurück – Bundespräsidentenwahl – *FAZ* (abgerufen am 16.4.21).

4 Siehe z. B. Klingenberg, M.: Geopolitik. Vertiefungsheft Sekundarstufe II., Nr. 6/2020. Wochenschauverlag Frankfurt a. M; Müller, M.: Geopolitik – Was ist das? Politisches Verständnis anhand von aktuellen Beispielen, Kohlverlag Kerpen 2015.

5 Vgl. Brzezinski, Z.: Die einzige Weltmacht. Amerikas Strategie der Vorherrschaft, Rottenburg 6. Auflage 2019. (Amerikanische Originalausgabe von 1997), S. 58.

I. Deutschland – Das Mutterland der Geopolitik. Theoretische Einführung und allgemeiner Überblick

1 Siehe als ein Beispiel das Schulbuch »Unsere Erde. Erdkundliches Lehrbuch für höhere Schulen auf der Grundlage des Arbeitsunterrichts von Studiendirektor Dr. J. Wütschke«, Leipzig o. J.

2 Vgl. Scholvin, S.: Geopolitik in den internationalen Beziehungen, in: GIGA Focus Nr. 9 2014, S. 1–8, hier S. 1.

3 https://www.deutschlandfunk.de/macht-und-recht-versuch-ueber-das-denken-carl-schmitts.1184.de.html?dram:article_id=439014 (abgerufen am 16.3.2021).

4 Schmitt, C.: Der Nomos der Erde im Völkerrecht des Jus Publicum Europaeum, Berlin 5. Auflage 2011 (1. Auflage 1950).

5 https://ifair.eu/de/2019/04/07/chinas-neue-geopolitik/(abgerufen am 16.3.2021).

6 Ebd.

7 Siehe dazu u. a. Morgenthau, H.J.: Politischer Realismus, in: Macht und Frieden. Gütersloh 1963 (Originalausgabe 1949), S. 48–60; Schwarz, H.-P.: Der Faktor Macht im heutigen Staatensystem, in: K. Kaiser, /H.-P. Schwarz (Hg.): Weltpolitik. Strukturen – Akteure – Perspektiven, Bonn 1985, S. 51–73; Krause, J.: Macht im 21. Jahrhundert, in: *Loyal* 1/2019, S. 20–25; Hacke, C.: Die großen Mächte, in: K. Kaiser/H.-P. Schwarz (Hg.): Weltpolitik im neuen Jahrhundert, Bonn 2000, S. 383–403.

8 Vgl. Krause, Macht im 21. Jahrhundert, S. 25.

9 Siehe dazu Mey, H.: Deutsche Sicherheitspolitik 2030, Frankfurt/Bonn 2001, S. 51–60.

10 Siehe z. B.: Hackerangriff erschüttert USA | Welt | DW | 18.12.2020; Regierung und Industrie betroffen: Australien meldet massiven Cyberangriff | tagesschau.de (beide abgerufen am 29.3.2021).
11 Verteidigung auch im Cyberspace (bmvg.de) (abgerufen am 29.3.2021).
12 Bewaffneter Friede Ganz unverhofft auf einem Hügel sind sich bege … (aphorismen.de).
13 Vgl. Mey, Deutsche Sicherheitspolitik 2030, S. 59.
14 Vgl. Schwarz, Faktor Macht, S. 53.
15 Auszug aus der Policy Planning Study, Kapitel VII. Far East, S. 524, zit. nach Wagner, J.: Die Geostrategie europäischer Macht: »Grand Area« – Ein imperiales Raumkonzept als Rezept fürs Desaster, Informationsstelle Militarisierung, Tübingen 2011.
16 Siehe zum Folgenden: Helmig, J.: Geopolitik - Annäherung an ein schwieriges Konzept, in: *Aus Politik und Zeitgeschichte* 20-21/2007, S. 31–37; Nissel, H.: Kritische Geopolitik. Zur Neukonzeption der Politischen Geographie in der Postmoderne, in: *Österreichische Militärische Zeitschrift*, Nr. 1/2010 (Kritische Geopolitik. Zur Neukonzeption der Politischen Geografie in der Postmoderne – Your Intranet (oemz-online.at) (abgerufen am 18.2.2021).
17 Reuber, P.: Die Politische Geographie nach dem Ende des Kalten Krieges. Neue Ansätze und aktuelle Forschungsfelder, in: *Geographische Rundschau* Nr. 54 (2002), S. 4–9.
18 Lossau, J.: Die Politik der Verortung: Eine postkoloniale Reise zu einer ANDEREN Geographie der Welt, Heidelberg 2001, S. 62.
19 Vgl. Albert, M./Reuber, P./Wolkersdorfer, G.: Kritische Geopolitik, in: Siegfried Schieder/Manuela Spindler, Theorien der Internationalen Beziehungen, Opladen 2003, S. 515.
20 Redepenning, M.: Wozu Raum? Systemtheorie, critical geopolitics und Raumbezogene Semantiken, Leipzig 2006, S. 82 f.
21 Siehe dazu ausführlich Ante, U.: Politische Geographie. Braunschweig 1981, S. 7–24 und S. 41–46.
22 Ebd., S. 9 u. 13.
23 Maull, O.: Politische Geographie, Berlin 1925, S. 596.
24 Boesler, K.-A.: Gedanken zum Konzept der politischen Geographie, in: Die Erde 1974, S. 7–33, hier S. 13. Aus amerikanischer Perspektive siehe Hartshorne, R.: The functional approach in political geography, in: AAAG 1950, S. 95–130; ders.: What is political geography?, in: W. A. D. Jackson, W./M. S. Samuels (Hg.): Politics and geographic relationships, Englewood Cliffs N. J. 1971.
25 Vgl. Albert/Reuber/Wolkersdorfer, Kritische Geopolitik, S. 514; Ante, Politische Geographie, S. 16.
26 Vgl. zum Folgenden Albrecht, V.: Aufgabenfelder der Politischen Geographie, in: Geographie und Schule 34/April 1985, S. 1.
27 Brill, H. Geopolitik heute. Deutschlands Chance?, Frankfurt/Berlin 1994, S. 42.
28 Vgl. Agnew, J./Stuart Corbridge, S.: Mastering Space: Hegemony, Territory and International Political Economy, London 1994, S. 14 ff.
29 Kjellén, R.: Der Staat als Lebensform, Leipzig 1917.
30 Ebd., S. 46.

31 Vgl. Helmig, Geopolitik, S. 35.
32 Siehe dazu Ratzel, F.: Anthropogeograpie, Die geographische Verbreitung des Menschen. Stuttgart [2]1899, ders., Politische Geographie, München 1897.
33 Vgl. Lautensach, H.: Wesen und Methode der Geopolitik, in: Lautensach, H. (Hg.): Geopolitik mit besonderer Berücksichtigung Deutschlands (Schauen und Schildern). Erdkundliche Lesehefte herausgegeben von E. Hinrichs, 3. Reihe, Heft 11, Frankfurt 1928, S. 5–8, hier S. 5.
34 Vgl. Werber, N.: Geopolitik zur Einführung, Hamburg 2015, S. 12 f.
35 Siehe zu Haushofer Buck, F.: Geopolitik 2000. Weltordnung im Wandel. Deutschland in der Welt am Vorabend des 3. Jahrtausends, Frankfurt/Bonn 1996, S. 19–25; Jacobsen, H.-A.: Karl Haushofer. Leben und Werk, 2 Bände, Boppard 1979.
36 Vgl. Lautensach, Geopolitik, S. 5.
37 Vgl. Werber, Geopolitik, S. 111.
38 Vgl. Sprengel, R.: Kritik der Geopolitik. Ein deutscher Diskurs. 1914–1944, Berlin 1996, S. 32 ff.
39 Grabowsky, A.: Staat und Raum. Weltpolitische Bücherei Bd. 1., Berlin 1928.
40 Ebd., S. 17, 22 ff.
41 Die Übersicht findet sich ebd. im Anhang.
42 Rungaldier, R.: Oesterreich. Weltpolitische Bücherei Bd. 4., Berlin 1928, S. 5 u. S. 42 f. Siehe auch S. 44–49.
43 Haushofer, K.: Grenzen in ihrer geographischen und politischen Bedeutung, Berlin 1927.
44 Vgl. Bredow, W.v.: Grenzen. Eine Geschichte des Zusammenlebens vom Limes bis Schengen, Darmstadt 2014, S. 22 ff.
45 Siehe z. B. das Buch von Hans Grimm: Volk ohne Raum, München 1926.
46 Siehe die Rezension von R. Töppel zu H. Herwig: The Demon of Geopolitics. How Karl Haushofer »educated« Hitler and Hess, Lanham 2016, in: *FAZ* vom 1. 11. 2016.
47 Ebd.
48 Vgl. Buck, Geopolitik 2000, S. 23.
49 Ebd., S. 23 f.
50 Bredow, S. 19. Siehe auch das schon erwähnte Schulbuch von: Wütschke, J.: Unsere Erde. Erdkundliches Lehrbuch für höhere Schulen auf Grundlage des Arbeitsunterrichts. Dort ist von sogenannten »politischen Kraftlinien und Kraftfeldern« die Rede (S. 120, 160 usw.), im Anhang findet sich auf den Tafeln 13–15 Abbildungen zur sogenannten »Rassenkunde«.
51 Siehe aktuell z. B.: Dodds, K.: Geopolitics: A Very Short Introduction. Oxford 2007; Mead, W. R.: The Retourn of Geopolitics, in: *Foreign Affairs*, Mai/Juni 2014; kritisch: Ikenberry, G. J.: The Illusion of Geopolitics, in: *Foreign Affairs*, Mai/Juni 2014.
52 Siehe dazu Blouet, B.W.: Global Geostrategy: Mackinder and the Defence of the West, New York 2005.
53 Die hier zugrunde gelegte deutsche Ausgabe lautet: Mackinder, H.: Der Schlüssel zur Weltherrschaft. Die Heartland-Theorie. Mit einem Lagebericht von Willy Wimmer. Frankfurt 2019. Siehe auch Potter, E. B./Nimitz, C. W.: Seemacht. Eine Seekriegsgeschichte von der Antike bis zur Gegenwart. Dt. Fassung hg. im Auftrag des Arbeitskreises für Wehrforschung von J. Rohwer, München 1982, S. 484 f.

54 Hoffmann, N.: Renaissance der Geopolitik? Die deutsche Sicherheitspolitik nach dem Kalten Krieg. Wiesbaden 2012, S. 35
55 Vgl. Mackinder, Schlüssel zur Weltherrschaft, Karte auf S. 69, siehe auch S. 63 u. 70.
56 Ebd., S. 68. Erst in seinem späteren Werk »Democratic Ideals and Reality«, das 1919 erschien, wurde der Begriff der Drehpunktregion durch den Begriff des »Herzlandes« ersetzt.
57 Ebd., S. 39, siehe auch S. 66 f.
58 Ebd., S. 38 u. 62 ff.
59 Ebd., S. 66–71.
60 Ebd. S. 70.
61 Mackinder, H.: Democratic Ideals and Reality: A Study in the Politics of Reconstruction. Mit einer Einführung von S. V. Mladineo, Washington 1962, Neuauflage 1996, S. 106.
62 Siehe dazu Potter/Nimitz, Seemacht, S. 1016–1043.
63 Vgl. Schwabe, K.: Weltmacht und Weltordnung. Amerikanische Außenpolitik von 1898 bis zur Gegenwart. Eine Jahrhundertgeschichte, Paderborn/München/Wien/Zürich 2006, S. 276–290.
64 Mackinder, Schlüssel zur Weltherrschaft, S. 73.
65 So der damalige Verbindungsoffizier der amerikanischen Streitkräfte in Wiesbaden zum Hessischen Landeskommando, Lt. Colonel William E. Clements im Rahmen eines 2012 an der Internatsschule Schloss Hansenberg durchgeführten geo- und sicherheitspolitischen Seminars.
66 Hauke Ritz spricht gegenüber der Heartland-Theorie von einem Mythos bzw. einer akademischen Kopfgeburt. Er begründet seine eigentümliche These damit, dass in den letzten 2500 Jahren es immer wieder Phasen gegeben habe, in denen eine der umliegenden Mächte wie China, Indien, die Mongolei, Persien und Russland weitreichenden Einfluss im Herzland gehabt hätte, dies jedoch nie zu einer Kontrolle des gesamten eurasischen Kontinents geführt habe. Dieser Gedanke erscheint mehr als weit hergeholt. Zwar beherrschte die UdSSR niemals ganz Eurasien, aber nach 1945 bestand phasenweise in den 50er-Jahren durchaus die Möglichkeit einer längerfristigen Allianz mit der VR China. Wo aber z. B. Indien und Persien in ihrer Geschichte das eigentliche Herzland einmal kontrolliert haben sollen, bleibt ebenso fraglich wie die Gleichsetzung antiker Staaten mit den heutigen Staaten und ihren gesellschaftlichen, politischen, wirtschaftlichen und militärischen Strukturen. Siehe Ritz, H.: Die Rückkehr der Geopolitik. Eine Ideologie und ihre fatalen Folgen, in: Blätter für deutsche und internationale Politik 3/2013, S. 71–80.
67 Vgl. Suryakant Prakash Nikam asked: What is the relevance of Spykman's rimland model in the context of the ongoing South China Sea conflict? | Manohar Parrikar Institute for Defence Studies and Analyses (idsa.in) (abgerufen am 14. 1. 2021).
68 Siehe Spykman, N.: America's Strategy in World Politics, New York 1942.
69 Vgl. Between Mackinder and Spykman: Geopolitics, containment, and after: Comparative Strategy: Vol 10, No 4 (tandfonline.com) (abgerufen am 14. 1. 2021).
70 Ebd.
71 Vgl. Spykman, N.: Geography of The Peace, Hamden, Conn. 1969, S. 4 f.
72 Vgl. Schwabe, Weltmacht und Weltordnung, S. 311.

73 Vgl. Spykman, S. 64.
74 Zit. nach Suryakant Prakash Nikam asked: What is the relevance of Spykman's rimland model in the context of the ongoing South China Sea conflict? | Manohar Parrikar Institute for Defence Studies and Analyses (idsa.in) (abgerufen am 14. 1. 2021).
75 Mahan, A.T.: The Influence of Sea Power upon History, 1660–1783. New York 1890. Siehe zu Mahan auch Sprout, M.: Mahan: Evangelist of Sea Power, in: E. M. Earle (ed.): Makers of Modern Strategy, Princeton 1943.
76 Vgl. Potter/Nimitz, Seemacht, S. 1084 ff.
77 Friedman, G.: Die nächsten 100 Jahre. Die Weltordnung der Zukunft, Frankfurt 2009, S. 38.
78 Deutsche Marine sichert Welthandel (ostsee-zeitung.de) (abgerufen am 14.1.2021).
79 Vgl. Ante, Politische Geographie, S. 167 u. 169.
80 Brzezinski, Die einzige Weltmacht, S. 54 ff.
81 Ebd., S. 57.
82 Ebd., S. 57 f.
83 Huntington, S. P.: Kampf der Kulturen. Die Neugestaltung der Weltpolitik im 21. Jahrhundert. Hamburg 2006 (Spiegel-Verlag), amerikan. Originalausgabe: The Clash of Civilizations. New York 1996. Siehe zu der Problematik auch Bredow, W. v.: Konflikte und Kämpfe zwischen Zivilisationen, in: K. Kaiser/H.-P. Schwarz (Hg.): Weltpolitik im neuen Jahrhundert, Bonn 2000, S. 115–123.
84 Huntington, P.: The Clash of Civilizations?, in: *Foreign Affairs*, 72 (1993).
85 Vgl. dazu auch Dugin. A.: Konflikte der Zukunft. Die Rückkehr der Geopolitik. Selent 2015, S. 52–90; Müller, H. Amerika schlägt zurück. Die Weltordnung nach dem 11. September. Frankfurt ^{2}2003, S. 78–92.
86 Vgl. Huntington, Kampf der Kulturen, S. 62 f.
87 Ebd., S. 334–350.
88 Ebd., S. 268–279 u. S. 350–368.
89 Vgl. Grosch, M.: Franz Josef Jung. Stationen einer politischen Karriere, Wiesbaden 2017, S. 185–219.
90 Vgl. Huntington, Kampf der Kulturen, S. 119–138.
91 Ebd., S. 137.
92 Ebd., S. 59–64.
93 Ebd., S. 63.
94 Kolb, A.: Die Geographie und die Kulturerdteile, in: A. Leidelmair (Hg.), Herrmann von Wissmann-Festschrift, Tübingen 1962, S. 42–49.
95 Ebd., S. 46.

II. Konkrete Themen und Untersuchungsaspekte der Geopolitik

1 Machiavelli, N.: Der Fürst von 1513; dt. Ausgabe mit einem Vorwort von Herfried Münkler, Frankfurt a. M. 2005.
2 Hobbes, T.: Leviathan or The Matter, Forme and Power of a Common Wealth Ecclesiasticall and Civil. London 1651. Dt. Ausgabe Köln 2009.

3 Bodin, J.: Über den Staat. Übersetzt von G. Niedhart. Ditzingen (Reclam) 1986; französische Originalausgabe von 1576.

4 Zit. nach Schultz, H.-D.: Herder und Ratzel: Zwei Extreme, ein Paradigma? In: *Erdkunde* 52: S. 127–143, hier S. 130.

5 Ebd., S. 132.

6 Jellinek, G.: Allgemeine Staatslehre, Berlin 1900.

7 Vgl. dazu Münkler, H.: Imperien. Die Logik der Weltherrschaft – vom Alten Rom bis zu den Vereinigten Staaten, Berlin [3]2005, S. 225 f.; Failed States (bmvg.de) (abgerufen am 22. 2. 2021).

8 Vgl. Schneckener, U.: Post-Westfalia trifft Prä-Westfalia. Die Gleichzeitigkeit dreier Welten, in: Jahn, E./Fischer, S./Sahm, A.: (Hg.): Die Friedens- und Konfliktforschung aus der Perspektive der jüngeren Generationen (= Die Zukunft des Friedens), Bd. 2., Wiesbaden 2005, S. 189–211, hier S. 194–198.

9 Vgl. Hennig R.: Geopolitik. Die Lehre vom Staat als Lebewesen, Leipzig/Berlin [2]1931, S. 57.

10 Ebd.

11 Zu der sehr positiven Rolle im internationalen Staatensystem, die Bhutan nicht nur für sich definiert hat, sondern auch praktiziert, siehe Scholl-Latour, P.: Die Angst des weißen Mannes. Ein Abgesang, Berlin 2009, S. 310 ff.

12 Vgl. dazu u. a. *Die Zeit* vom 1. 7. 2021, S. 2 f.

13 Vgl. Demandt, A.: Grenzen. Geschichte und Gegenwart, Berlin 2020, S. 37.

14 Vgl. Ratzel, F.: Politische Geographie, München/Leipzig 1897, S. 572 ff.

15 Vgl. Burchard, A.: Staat und Klima. Weltpolitische Bücherei Bd. 5., Berlin 1928, S. 29 f.

16 Vgl. Klingenberg, Geopolitik, S. 22 f.; *FAZ* vom 22. 3. 2021.

17 Vgl. Bredow, Grenzen, S. 140.

18 Fischfang in Höhe 12,9 Mio. Tonnen im Jahr 2017 (*FAZ* vom 22. 3. 2021).

19 Vgl. *FAZ* vom 22. 3. 2021.

20 Raubzüge im Dienst des Staates | Welt-Sichten (abgerufen am 26. 8. 2021).

21 Siehe dazu Kossowitsch, P.: Die Schwarzerde (Tschernosiom), in: *Internationale Mitteilungen für Bodenkunde*. 1, 3/4, 1911, S. 199–354.

22 BMEL - Boden - 100er Boden – bestbewerteter Boden in Deutschland (abgerufen am 8. 1. 2021).

23 Vgl. Hennig, Geopolitik, S. 43.

24 Zehn Staaten mit den wertvollsten Bodenschätzen - Finanzen100 (abgerufen am 15. 2. 2021).

25 Förderung von Bodenschätzen zerstört Regenwald | OroVerde (regenwald-schuetzen.org) (abgerufen am 15. 2. 2021).

26 Bodenschätze: Von diesen Rohstoffen hängt die Welt ab – Wirtschaft – SZ.de (sueddeutsche.de) (abgerufen am 15. 2. 2021).

27 Ebd.; vgl. auch Asserate, A. W.: Die neue Völkerwanderung. Wer Europa bewahren will, muss Afrika retten, Berlin [2]2016, S. 119 f.

28 Förderung von Bodenschätzen zerstört Regenwald | OroVerde (regenwald-schuet zen.org) (abgerufen am 15. 2. 2021).

29 Bodenschätze: Von diesen Rohstoffen hängt die Welt ab – Wirtschaft – SZ.de (sueddeutsche.de) (abgerufen am 15. 2. 2021).

30 Vgl. Rinke, A./Schwägerl, C.: 11 drohende Kriege. Künftige Konflikte um Technologien, Rohstoffe, Territorien und Nahrung, München 2012, S. 21 ff.
31 Vgl. Schmidt, H.: Die Mächte der Zukunft. Gewinner und Verlierer in der Welt von morgen. München [2]2006, S. 30–38. Zur Rolle Afrikas siehe Asserate, Die neue Völkerwanderung, S. 111 ff.
32 Vgl. Bredow, W. v.: Grenzen. Eine Geschichte des Zusammenlebens vom Limes bis Schengen, Darmstadt 2014, S. 151 ff.
33 BiB – Fakten – Bevölkerungszahl und ihr Wachstum, Afrika (1950–2020) (bund.de) (abgerufen am 19. 2. 2021).
34 Vgl. Rinke/Schwägerl, 11 drohende Kriege, S. 23.
35 Schmidt, Die Mächte der Zukunft, S. 38.
36 Vgl. Brzezinski, Die einzige Weltmacht, S. 58 f.
37 Vgl. dazu Rinke/Schwägerl, 11 drohende Kriege, S. 115–139.
38 Vgl. Bredow, Grenzen, S. 31 ff.
39 Weltwassertag 2021: 10 Fakten über Wasser | UNICEF; Weltwasserbericht 2019: Große Ungleichheiten beim Zugang zu Wasser [Sperrfrist: 19. März 2019, 0.01 Uhr, keine Sendefrist] | Deutsche UNESCO-Kommission (beide abgerufen am 29. 3. 2021).
40 Vgl. dazu Rinke/Schwägerl, 11 drohende Kriege, S. 73 ff.
41 Eine Übersicht zu internationalen Wasserkonflikten bietet u. a. Spillmann, K. R.: Wasser als Thema der Weltpolitik, in: K. Kaiser/H.-P. Schwarz (Hg.): Weltpolitik im neuen Jahrhundert, Bonn 2000, S. 150–172.
42 Ebd., S. 172.
43 Warum der Tschad-See schrumpft - wissenschaft.de (abgerufen am 8. 1. 2021).
44 Siehe zum Folgenden dazu: ISRIC Report 2000/05, (Soveur report): Soil Degradation in Central and Eastern Europe. The Assessmen of the Status of Human-Induced Soil Degradation (version1) | ISRIC; ELD-policy_brief_summary_deutsch_febr_2016.pdf (zef.de) (beide Seiten abgerufen am 8. 1. 2021). Siehe auch: Wissenschaftlicher Beirat der Bundesregierung Globale Umweltveränderungen: Welt im Wandel, Berlin 2000.
45 Siehe dazu Lal, R./Sobecki, T. M./ivari, T./Kimble, J. M.: Soil Degradation in the United States: Extent, Severity, and Trends, Boca Raton (CRC Press) 2004.
46 Vgl. Die Welt vom 13. 2. 2016: Landwirtschaft: Ein Drittel des Ackerlandes weltweit ist gefährdet – *WELT* (abgerufen am 8. 1. 2021).
47 Bundesministerium für wirtschaftliche Zusammenarbeit und Entwicklung – B – Bodendegradation (bmz.de) (abgerufen am 8. 1. 2021).
48 https://de.statista.com/statistik/daten/studie/417436/umfrage/erdoelfoerderung-weltweit-nach-laendern/(abgerufen am 2. 3. 2021).
49 Vgl. dazu https://sicherheitspolitik.bpb.de/m4/articles/oil-fuel-for-conflicts (abgerufen am 3. 3. 2021).
50 Vgl. Sommer, T.: China First. Die Welt auf dem Weg ins chinesische Jahrhundert, Hamburg [2]2019, S. 235.
51 Vorkommen und Produktion mineralischer Rohstoffe – ein Ländervergleich (bund.de); (abgerufen am 12. 2. 2021); Seltene Erden: Streit über Chinas Marktmacht geht in neue Runde | heise online (abgerufen am 13. 2. 2021).
52 Vgl. Asserate, Die neue Völkerwanderung, S. 13.

53 Heintel, M./Husa, K./Spreitzhofer, G.: Migration als globales Phänomen, in: Wagner, H. (Hg.): Segmente. Wirtschafts- und sozialgeographische Themenhefte: Migration – Integration, Wien 2005, S. 2–10; Globale Migration. Herausforderung für die Zukunft. Praxis-Handbuch. Hg. vom Verband der Reservisten der deutschen Bundeswehr. Ohne Ort und Jahr.
54 Vgl. Globale Migration, S. 76–94.
55 Vgl. Asserate, Die neue Völkerwanderung, S. 19 ff.
56 Zu den Auswirkungen auf die Zielländer vgl. Globale Migration, S. 121–130; Müller, D.: Machtbeben. Die Welt vor der größten Wirtschaftskrise aller Zeiten. Hintergründe, Risiken, Chancen, München 5. Auflage 2018, S. 116 ff.
57 168075f4dd (coe.int) (abgerufen am 16. 2. 2021).
58 Vgl. Asserate, Die neue Völkerwanderung, S. 27.
59 Zu Mali siehe ausführlich und detailliert: Hofbauer, M./München, P. (Hg.): Wegweiser zur Geschichte. Mali. Hg. im Auftrag des ZMS der Bundeswehr. Paderborn 2013.
60 Konflikte: Migration als Waffe – Politik – SZ.de (sueddeutsche.de) (abgerufen am 16. 2. 2021).
61 Greenhill, K. M.: Massenmigration als Waffe. Vertreibung, Erpressung und Außenpolitik, Rottenburg [2]2018 (amerikanische Originalausgabe von 2010). Siehe zur Rolle Europas auch Asserate, Die neue Völkerwanderung, S. 149–186.
62 Vgl. Greenhill, Massenmigration, S. 87–91.
63 Ebd., S. 81 f.
64 Ebd., S. 289–330.
65 2020: Herausforderungen für das »geopolitische Europa« – EURACTIV.de (abgerufen am 16. 2. 2021).
66 Vgl. UNHCR von 1997: The state of world's refugees, S. 28.
67 Zit. nach: griephan special 02/13 »Globale Ströme & nationales Interesse« vom August 2013, DVV Media Group GmbH, Hamburg, S. 2.
68 So Kapitän z. S. H. D. Jopp in einem Vortrag an der Führungsakademie der Bundeswehr in Hamburg am 19. 12. 2018.
69 Ebd.
70 Vgl. Rinke/Schwägerl, 11 drohende Kriege, S. 268–288.
71 Siehe zum Folgenden: Seerecht der Vereinten Nationen: AS 2009 3209 (admin.ch); siehe auch: Streit um die Ägäis: Wem gehört das Mittelmeer? (lto.de) (beide abgerufen am 23. 12. 2020); Ante, Politische Geographie, S. 185–203.
72 Vgl. dazu Ante, Politische Geographie, S. 106 f.
73 ELWIS – Ausschließliche Wirtschaftszone (abgerufen am 23.12.2020); vgl. Bredow, Grenzen, S. 141.
74 Streit um die Ägäis: Wem gehört das Mittelmeer? (lto.de) (abgerufen am 23. 12. 2020).
75 Vgl. Jenisch, U.: Das neue internationale Seerecht. Auswirkungen auf die deutsche Wirtschaft. Kapitel 8: Territoriale Veränderungen in Nordsee und Ostsee, in: Hanns-Seidel-Stiftung (Hg.): *Politische Studien*, Heft 249, München 1980, S. 37.
76 Vgl. Bredow, Grenzen, S. 20; Ante, Politische Geographie, S. 104–125.
77 Vgl. Demandt, Grenzen, S. 16; Maull, O.: Politische Grenzen. Weltpolitische Bücherei Bd. 3, Berlin 1928, S. 5.

78 Vgl. Demandt, Grenzen, S. 17, Maull, Politische Grenzen, S. 5 f.
79 Demandt, Grenzen, S. 19 f.
80 Ebd., S. 51 f.
81 Siehe dazu Kaplan, R. D.: The Revenge of Geographie. What the Map Tells Us About Coming Conflicts and the Battle Against Fate, London 2012.
82 Vgl. Grabowski, Staat und Raum, S. 52.
83 Vgl. Demandt, Grenzen, S. 94 ff; vgl. Bredow, Grenzen, S. 116 ff.
84 Vgl. Demandt, Grenzen, S. 67 f.
85 Von 1967–1970 versuchten die christlichen Ibos, sich mit Biafra einen eigenen unabhängigen Staat zu erkämpfen.
86 Siehe dazu: Rösel, J.: Der Bürgerkrieg auf Sri Lanka, Baden-Baden 1997.

III. Krieg vor unserer Haustür: Die Jugoslawienkriege als Beispiel neuer geopolitischer Konflikte nach Ende des Kalten Kriegs

1 Das Kapitel basiert auf: Grosch, M.: Vielvölkerstaat Jugoslawien. Konflikt und Krieg vor unsere Haustür, in: *Österreichische Militärische Zeitschrift*, Nr. 6/2019, S. 721–728.
2 So der Titel des Buches des US-amerikanischen Historikers Francis Fukuyama: The End of History and the Last Man. New York 1992, dt. Ausgabe München 1992.
3 Surculija, Z: Jugoslawien als Vielvölkerstaat. Das Beieinander von mehreren Völkern und die föderative Ordnung in Jugoslawien, in: *Beiträge zur Konfliktforschung* 1/1981, Köln, S. 79–102, hier S. 79–89.
4 Ebd.
5 Ebd., S. 79, 83 f., 89 f.
6 Aus der Rede von Slobodan Milosovic anlässlich der 600-jährigen Gedächtnisfeier der »Schlacht auf dem Amselfeld« am 28. Juni 1989. Zit. nach Hartmann, R.: Die glorreichen Sieger. Die Wende in Belgrad und die wundersame Ehrenrettung deutscher Angriffskrieger, Berlin 2001, S. 74 ff.
7 Die Verfassung der Republik Kroatien, Zagreb 1991, S. 33 ff. Zit. nach Geschichte und Geschehen, Klett Verlag, Leipzig 2005, S. 506 f. Siehe auch den bereinigten Text vom 16. Juni 2010, inoffizielle Übersetzung im Auftrag des Auslandsbüros Kroatien der Konrad-Adenauer-Stiftung e.V., Zagreb 2011.
8 *Herborner Tageblatt* vom 29. 6. 1991.
9 *Rhein-Main-Presse*, 12. Juli 2011, S. 3.
10 Zur Rolle der NATO im Kosovo-Krieg siehe Scholl-Latour, P.: Der Fluch des neuen Jahrtausends. Eine Bilanz. München 2002, S. 32–45, 105–111; zur damaligen Lage im Kosovo siehe: Militärische Landesinformation für Einsatzkontingente. Afghanistan. Amt für Geoinformationswesen der Bundeswehr. Ausgabe 12, Euskirchen 2009.
11 Vgl. dazu Seidt, H.-U.: Friedensordnung oder Destabilisierung? Balkanpolitik in europäischer Verantwortung, in: Thiele, R./Seidt, H.-U. (Hg.): Herausforderung Zukunft. Deutsche Sicherheitspolitik in und für Europa, Frankfurt 1999, S. 106–125, hier S. 125 ff.

IV. Aktuelle exemplarische Analysen verschiedener Staaten bzw. Regionen

1 »Chinesischer Traum« und Xis Machtpolitik | Asien | DW | 27. 12. 2017 (abgerufen am 17. 3. 2021).

2 Siehe dazu u.a. Seitz, K.: China. Eine Weltmacht kehrt zurück. München 2006; Klein, T.: Geschichte Chinas von 1800 bis zur Gegenwart, Paderborn/Köln/Weimar/Wien ^{2}2009; Kuhn, D.: Die Republik China von 1912 bis 1937. Entwurf für eine politische Ereignisgeschichte. 2 Bde. Heidelberg 2004; Bauer, W.: China – vom Kaiserstaat zum Kommunismus, Stuttgart ^{2}1971.

3 Siehe dazu z. B. Hirn, W.: Herausforderung China. Wie der chinesische Aufstieg unser Leben verändert, Frankfurt ^{2}2006; Ders.: Angriff aus Asien – Wie uns die neuen Wirtschaftsmächte überholen. Frankfurt 2007; Rudolph, J.-M.: Wenn China über die Welt kommt … Die Chinesen, ihre Gesellschaft, Staat, Partei und Wirtschaft. Wiesbaden 2005; Hernig, M.: China mittendrin. Geschichte, Kultur, Alltag, Berlin 2008.

4 Interview mit Dr. Jörg-M. Rudolph am 4. 3. 2011.

5 Interview mit Dr. Marga Prüch vom 7. 6. 2010.

6 Heferle, P.: Alles unter einem Himmel, in: *Behörden Spiegel* Dezember 2020, S. 70.

7 Ebd.

8 Siehe dazu Grosch, M.: Chinas Tibetpolitik aus geopolitischer Perspektive, in: *Österreichische Militärische Zeitschrift*, Nr. 6/2021, S. 752–757.

9 Marco Polo Reiseführer China, Ostfildern ^{3}1994, S. 131.

10 Vgl. Klein, Geschichte Chinas, S. 374 f.

11 Ebd., S. 376.

12 Darunter ist die Herrschaft eines Staates über einen anderen, dessen Souveränität mangelhaft ausgeprägt ist, zu verstehen.

13 Klein, Geschichte Chinas, S. 378.

14 Marshall, T.: Die Macht der Geographie. Wie sich Weltpolitik anhand von 10 Karten erklären lässt, München 4. Auflage 2016, S. 56.

15 Ebd., S. 210.

16 Vgl. Klein, Geschichte Chinas, S. 376; Kissinger, H.: China. Zwischen Tradition und Herausforderung, München 2011, S. 200.

17 Zur chinesischen Seidenstraßeninitiative siehe Lacher, N.: Neue Seidenstraße – Geopolitik und Macht. Saarbrücken 2016; Frankopan, P.: The new Silk Roads. The Present and the Future of the World, London/Oxford/New York/New Delhi/Sidney 2018.

18 Siehe zum Folgenden: Hans Spross, Energie und Geopolitik am Himalaya, Deutsche Welle vom 11. 11. 2018 (www.dw.com ›energie-und-geopolitik-am-himalaya, abgerufen am 3. 11. 2020).

19 Ebd.

20 Nicht von ungefähr wird das tibetische Hochplateau als »Dritter Pol« neben Nord- und Südpol bezeichnet, vgl. Sieren, F.: Angst vor China. Wie die neue Weltmacht unsere Krise nutzt, Berlin 2011, S. 224.

21 Marshall, Macht der Geographie, S. 57.

22 Vgl. Weidenbach, T./Ming, S.: Tibets Wasser, Chinas Durst, in: *Frankfurter Allgemeine Sonntagszeitung* vom 22. 9. 2013, S. 66.

23 Ebd.
24 Siehe dazu ein Szenario in Rinke/Schwägerl, 11 drohende Kriege, S. 63–67 und S. 81–88.
25 Vgl. *FAZ* vom 1.7.2006.
26 Interview mit Dr. Marga Prüch am 7.6.2010.
27 Schmidt, D.: Die Außenpolitik der Volksrepublik China, in: J. Kerwer/A. Röming (Hg.): Die Volksrepublik China – Partner und Rivale, Wiesbaden 2018, S. 107–148, S. 111.
28 So Prof. Andreas Dittmann in einem Vortrag an der Führungsakademie der Bundeswehr in Hamburg am 20.12.2018.
29 Interview mit Dr. Jörg-M. Rudolph am 4.3.2011.
30 »John Rabe« ist ein Spielfilm des deutschen Regisseurs Florian Gallenberger von 2009. Er basiert auf der wahren Geschichte des Hamburger Kaufmanns John Rabe, der 1937 in der chinesischen Hauptstadt Nanjing über 250.000 Menschen gerettet hat.
31 Interview mit dem ehemaligen chinesischen Generalkonsul von Zürich Xiaosi Li über die chinesisch-japanischen Beziehungen im Rahmen eines Unterrichtsprojekts an der Internatsschule Schloss Hansenberg am 18. September 2007.
32 Hierbei handelt es sich um eine japanische Gedenkstätte von 2,5 Millionen Kriegstoten seit 1868, unter denen auch hochrangige Politiker und Militärs des Zweiten Weltkriegs bestattet sind. Der regelmäßige Besuch japanischer Politiker löst daher immer wieder z.T. heftige Reaktionen nicht nur in China aus. Auch Ex-Kanzler Helmut Schmidt sah dieses Verhalten mancher japanischen Spitzenpolitiker kritisch, vgl. Nachbar China. Helmut Schmidt im Gespräch mit Frank Sieren, Berlin 2006, S. 150.
33 Sommer, China First, S. 295.
34 Ebd., S. 299 ff.; Holslag, J.: Frieden auf Chinesisch. Warum in Asien Krieg droht. Hamburg 2015, S. 118; vgl. Wagener, M.: Vor dem Bündnisfall in Ostasien? Die USA und der chinesisch-japanische Inselstreit im Ostchinesischen Meer, in: *Österreichische Militärische Zeitschrift* 2/2015, S. 135–141.
35 Vgl. Sommer, China First, S. 301.
36 Vgl. *Frankfurter Allgemeine Zeitung* vom 17.3.2021, S. 6.
37 Vgl. Zoll, P.: Taiwan ist für Japans Sicherheit entscheidend, in: *NZZ* vom 26.8.2021, S. 13.
38 Dies bestätigen auch zahlreiche Gespräche und Kontakte der Frau des Autors. Sie hat als Mitarbeiterin eines global agierenden deutschen Konzerns in dessen Dependenzen sowohl in China als auch in Japan entsprechende gegenseitige kritische und leider auch rassistische Äußerungen immer wieder zu hören bekommen.
39 Zu Taiwan siehe Schubert, G.: Taiwans langer Weg zur konsolidierten Demokratie, in: Fischer, D./Lackner, M. (Hg.): Länderbericht China. Geschichte – Politik – Wirtschaft – Gesellschaft, Bonn [3]2007, S. 198–223; vgl. Holslag, Frieden auf Chinesisch, S. 144–149; Susbielle, J.-F.: China-USA. Der programmierte Krieg. Paris 2006, deutsche Ausgabe Berlin 2007, S. 240–253.
40 Zit. nach, Sommer, China First, S. 364.
41 Schmidt, Außenpolitik der Volksrepublik China, S. 123.
42 Nachbar China. Helmut Schmidt im Gespräch mit Frank Sieren, S. 145.

43 Vgl. Baron, S./Yin-Baron, G.: Die Chinesen. Psychogramm einer Weltmacht, Berlin 2018, S. 360.
44 Zit. nach ebd.
45 Chinas maritime Aufrüstung: »Viel Platz für Zerstörer und Fregatten« – *Der Spiegel* (abgerufen am 10. 2. 2021).
46 Suryakant Prakash Nikam asked: What is the relevance of Spykman's rimland model in the context of the ongoing South China Sea conflict? | Manohar Parrikar Institute for Defence Studies and Analyses (idsa.in) (abgerufen am 14. 1. 2021).
47 Vgl. Susbielle, China-USA, S. 232, eine konträre Meinung vertritt Stefan Baron, S., in: Ami go home. Eine Neuvermessung der Welt, Berlin 2021, S. 161 f.
48 https://www.spiegel.de/politik/ausland/usa-schicken-kriegsschiff-uss-lassen-ins-suedchinesische-meer-a-1059707.html (abgerufen am 9 .2. 2021).
49 Vgl. Holslag, Frieden auf Chinesisch, S. 109.
50 Ebd., S. 109 f.
51 Ebd., S. 110–113.
52 Ebd., S. 135.
53 Zit. nach ebd.
54 Vgl. Sommer, China First, S. 281.
55 https://www.faz.net/aktuell/wirtschaft/agenda/territorialstreit-im-suedchinesischen-meer-china-errichtet-kuenstliche-inseln-vor-den-philippinen-12983649.html (abgerufen am 9. 2. 2021).
56 Vgl. Sommer, China First, S. 283.
57 https://www.faz.net/aktuell/wirtschaft/agenda/territorialstreit-im-suedchinesi schen-meer-china-errichtet-kuenstliche-inseln-vor-den-philippinen-12983649.html; https://www.faz.net/aktuell/wirtschaft/agenda/suedchinesisches-meer-china-beendet-oelbohrung-in-umstrittenen-gewaessern-13048253.html (beide abgerufen am 9. 2. 2021).
58 https://www.spiegel.de/politik/ausland/usa-schicken-kriegsschiff-uss-lassen-ins-suedchinesische-meer-a-1059707.html (abgerufen am 9. 2. 2021).
59 https://www.focus.de/politik/ausland/konfrontation-verschaerft-sich-konfrontation-china-usa-im-ueberblick_id_12245586.html (abgerufen am 9. 2. 2021); vgl. Nass, M.: Wer hält sie auf?, in: *Die Zeit* vom 21. Januar 2021, S. 8.
60 Schiedsgericht weist Chinas Ansprüche im Südchinesischen Meer ab | Aktuell Asien | DW | 12. 7. 2016; Südchinesisches Meer: Schiedshof rügt China im Inselstreit – *Der Spiegel* (abgerufen am 10. 2. 2021); vgl. Sommer, China First, S. 289–291.
61 Deutsche Marine sichert Welthandel (ostsee-zeitung.de) (abgerufen am 14. 1. 2021).
62 Zit. nach Sommer, China First, S. 289.
63 Vgl. Zhang, J.: Hart und smart – was tut der Westen mit China?, in: *NZZ* vom 21. 9. 2021, S. 14; siehe auch *Behörden Spiegel*, September 2021; Ross. J.: Mächtig einsam, in: *Die Zeit* vom 30. 9. 2021, S. 14.
64 Vgl. Ross, Mächtig einsam.
65 Vgl. Sommer, T.: China First. Die Welt auf dem Weg ins chinesische Jahrhundert, Hamburg [2]2019, S. 211. Grundlegend: Lacher, N.: Neue Seidenstraße – Geopolitik und Macht. Saarbrücken 2016; Frankopan, P.: The new Silk Roads. The Present and the Future oft he World, London/Oxford/New York/New Delhi/Sidney 2018.

66 Vgl. dazu Philip, L.: Die Armada des Kaisers. In: *GeoEpoche* H 8 – Das alte China. GEO, Hamburg 2000.
67 Vgl. Sommer, China First, S. 16.
68 Ebd., S. 17.
69 Gabriel, S.: Die chinesische Herausforderung, in: *Handelsblatt* vom 17. 9. 2018.
70 Vgl. Hoppe, T.: Europa ringt um härteren China-Kurs, in: *Handelsblatt* vom 15. 2. 2018.
71 Vgl. Hoppe, T. u. a.: Handelsweg mit Hürden, in: *Handelsblatt* vom 17. 4. 2018.
72 Hanke, T. u. a.: Chinas Marsch nach Westen, in: *Handelsblatt* vom 29. 3. 2019.
73 Vgl. Kirchner, T./Schoepp, S.: Chinesischer Spaltpilz, in: *Süddeutsche Zeitung* vom 19. 6. 2017; vgl. Otte, M.: Weltsystemcrash. Krisen, Unruhen und die Geburt einer neuen Weltordnung, München 5. Auflage 2020, S. 82 f.
74 Sri Lanka: Chinas Außenposten – Weltspiegel – ARD | Das Erste; Sri Lanka: Wie China den Inselstaat in die Schuldenfalle trieb – *Der Spiegel* (beide abgerufen am 15. 1. 2021).
75 Indiens erster Flugzeugträger aus eigener Produktion soll 2020 in Dienst gestellt werden_China.org.cn; Stapellauf der »Vikrant«: Indien feiert Flugzeugträger Marke Eigenbau – *Der Spiegel* (beide abgerufen am 28.12021). Die »Vikrant« soll Anfang 2023 einsatzbereit sein.
76 Vgl. dazu einen Vortrag von Kapitän z. S. H. D. Jopp an der Führungsakademie der Bundeswehr in Hamburg am 19. 12. 2018.
77 Vgl. Ladurner, U.: Montenegros chinesische Autobahn, in: *Die Zeit* Nr. 17 vom 22. 4. 20121, S. 27.
78 Ebd.
79 Vgl. Hamilton, C./Ohlberg, M.: Die lautlose Eroberung. Wie China westliche Demokratien unterwandert und die Welt neu ordnet, München [3]2020, S. 181.
80 Zit. nach Baron/Yin-Baron, Die Chinesen, S. 388.
81 Ebd., S. 389. Vgl. Susbielle, China-USA, S. 162–167.
82 Vgl. Otte, Weltsystemcrash, S. 83.
83 Vgl. Hamilton/Ohlberg, Die lautlose Eroberung, S. 181.
84 Vgl. Baron, Ami go home, S. 159 f.
85 Ebd., S. 161 und 164.
86 Vgl. *Die Welt* vom 27.2.2021, S. 7.
87 Ebd.
88 Ebd.
89 Vgl. Sieren, F.: Zukunft China? Wie die neue Supermacht unser Leben, unsere Politik, unsere Wirtschaft verändert. München [2]2018, S. 311; Djihago, S.: Afrika verpachtet seine wirtschaftliche Basis an reiche Investoren, in: *LoNam. Das afrikanische Magazin*, Nr. 2/2013, S. 14 f.
90 Ebd.
91 Vgl. z. B. seine Rede vom 25. März 2013 vor dem Julius Nyerere International Convetion Center in Dar es Salam, in: Xi Jinping: The Governance of China. Beijing 2014, S. 333–341.
92 Ebd., S. 338. 2015 garantierte er Investitionen in Höhe von 60 Mrd. Dollar, wovon allerdings 35 Mrd. auf Kredite entfielen. Diese Liste lässt sich beliebig verlängern.

93 Vgl. Sieren, Zukunft China?, S. 311.
94 Ebd.
95 Siehe Xi Jinping, Governance of China, S. 334 u. 341.
96 Vgl. Ntep II, M.V.: Der Trumpf Chinas in Afrika, in: *LoNam. Das afrikanische Magazin*, Nr. 3/2012, S. 32.
97 So z. B. Xi Jinping am 25. März 2013: »China will continue to provide due assistance to Africa with no political strings attached«, in: Ders., Governance of China, S. 338. Vgl. auch Frankopan, The new Silk Roads, S. 114 f.
98 Zit. nach Frankopan, New Silk Road, S. 115.
99 Ntep II, Trumpf Chinas, S. 32.
100 Zur chinesischen Seidenstraßeninitiative siehe z. B. Lacher, Seidenstraße; Sieren, Zukunft China?, S. 200–231; Xi Jinping, Governance of China, S. 315–324. Dazu grundlegend Frankopan, New Silk Road.
101 Vgl. Sieren, Zukunft China?, S. 308 ff.; Marshall, Macht der Geographie, S. 140 ff.
102 Der Autor war zuletzt im Januar 2018 in Maputo.
103 Raubzüge im Dienst des Staates | Welt-Sichten (abgerufen am 26. 8. 2021).
104 Sieren, Zukunft China?, S. 331.
105 Hupe, I./Vachal, M.: Zambia, München 2018, S. 60.
106 Germany trade and invest(gtai.de), abgerufen am 4. 12. 2020.
107 Ebd.; vgl. auch Thielke, T./Plickert, P.: Afrika helfen – mit weniger Entwicklungshilfe, in: *FAZ* vom 25. 9. 2018; Thielke, T.: Armes, reiches Kupferland, in: *FAZ* vom 6. 12. 2018; Misteli, S.: Der ewige Kandidat triumphiert doch noch, in: *NZZ* vom 18. 8. 2021, S. 4.
108 Sieren, Zukunft China?, S. 331.
109 Vgl. Thielke, Armes, reiches Kupferland.
110 Ebd.; Misteli, S. 4.
111 Ebd.
112 Gespräche des Autors mit offiziellen Tour-Guides vor Ort.
113 Verschiedene Gespräche des Autors mit Mitarbeitern der Dependance der Weltbank in Sambia und Touristenführern im Sommer 2019 in Sambia.
114 Vgl. Misteli, Der ewige Kandidat.
115 Das Phänomen, dass zahlreiche Geldautomaten, beispielsweise in dem Touristenort Victoria Falls, nicht funktionierten oder reagierten, sei an dieser Stelle aufgrund häufiger Erfahrungen erwähnt.
116 *Financial Times*, 5. 5. 2016, New Zimbabwe 25. 5. 2016.
117 Darunter ist das Auftreten ungewöhnlicher, nicht zyklischer, veränderter Meeresströmungen im äquatorialen Pazifik in unregelmäßigen Abständen von durchschnittlich vier Jahren zu verstehen. Auf drei Vierteln der Erde werden dadurch die Wettermuster beeinflusst. So kommt es auf den Galápagos-Inseln und an der südamerikanischen Küste zu starken Regenfällen, während der Amazonasregenwald unter Trockenheit leidet. Vor Mexiko können gewaltige Wirbelstürme entstehen. In Südostasien und Australien kommt es durch den fehlenden Regen zu Buschfeuern und riesigen Waldbränden. Während es in Ostafrika in Ländern wie Kenia und Tansania mehr regnet, ist es im südlichen Afrika dann hingegen deutlich trockener.
118 *Newsday* vom 16. Mai 2016, zit. nach Frankopan, New Silk Road, S. 121 f.

119 So auf einem Wahlplakat in Maun von 2014.
120 China investiert weiter in Walvis Bay – THB, abgerufen am 30.11.2020.
121 Siehe dazu grundsätzlich: Halbach, A., Namibia. Wirtschaft, Politik, Gesellschaft nach zehn Jahren Unabhängigkeit, Windhoek/München 2000, S. 115 f.
122 Ebd., S. 117–120.
123 Marshall, Macht der Geographie, S. 139.
124 Ebd., S. 142.
125 Siehe Fischer Weltalmanach 2019, S. 39.
126 Sieren , Zukunft China, S. 321.
127 Marshall, Macht der Geographie, S. 140.
128 Sunzi: Die Kunst des Krieges. Dt. Ausgabe München 2001, S. 39 f.
129 Vgl. Ntep II, M.V.: Der Trumpf Chinas in Afrika, in: LoNam. Das afrikanische Magazin, Nr. 3/2012, S. 32.
130 Xi Jinping am 25. März 2013, in: Ders., Governance of China, S. 340.
131 Marshall, Macht der Geographie, S. 142.
132 Afrikaner zieht es in die Volksrepublik – WELT (abgerufen am 29.12.2020).
133 Zit. nach: *Der Spiegel* vom 17.4.1967 (AFRIKA/CHINESEN: Reis und Revoluzzer – *Der Spiegel* 17/1967 (abgerufen am 7.12.2020).
134 Siehe zu Indien grundsätzlich, auch im Hinblick auf die folgenden Ausführungen: Bronger, D.: Indien. Größte Demokratie der Welt zwischen Kastenwesen und Armut. Gotha 1996; Berg, H. W.: Das Erbe der Großmoguln. Völkerschicksale zwischen Hindukusch und Golf von Bengalen, Hamburg 1988.
135 Wojczewski, T.: Indische Weltordnungspolitik: Viele Partner, keine Allianzen, in: *GIGA Focus Asien*, Nr. 6/2016, S. 1–11.
136 So Prof. Dr. Sandra Destradi im Rahmen eines Vortrags an der Führungsakademie der Bundeswehr in Hamburg am 18.12.2018.
137 So Kapitän z. S. H.D. Jopp in einem Vortrag an der Führungsakademie der Bundeswehr in Hamburg am 19.12.2018.
138 Vgl. Wagner, C.: Indien als Regionalmacht und Chinas wachsender Einfluss in Südasien, in: Stiftung Wissenschaft und Politik (SWP) 2012, S. 1–18, hier S. 10–12.
139 So Prof. Dr. Sandra Destradi im Rahmen eines Vortrags an der Führungsakademie der Bundeswehr in Hamburg am 18.12.2018.
140 Siehe dazu z.B. The BRI in Pakistan: China's flagship economic corridor | Merics (abgerufen am 23.1.2021); Wolf, S.: The China-Pakistan Economic Corridor of the Belt and Road Initiative. Wiesbaden 2020; Wagner, C.: The Effects oft he China-Pakitsan Economic Corridor on Indian-Pakistan Relations, in: Stiftung Wissenschaft und Politik (SWP)2016, S. 1–4.
141 Vgl. Wagner, The Effects, S. 2.
142 Vgl. Sommer, China First, S. 312.
143 Vgl. Wagner, Indien als Regionalmacht, S. 10.
144 Siehe dazu beispielhaft die Rolle und das Schicksal des Präsidenten Zulfika Ali Bhutto, der 1979 Opfer eines Militärputschs wurde. Vgl. dazu ausführlich: Berg, Erbe der Großmoguln, S. 209–226.
145 Siehe dazu Kaschmir | bpb (abgerufen am 11.2.2021); Rothermund, D.: Konfliktherd Kaschmir, in: Chiari, B./Schetter, C. (Hg.): Wegweiser zur Geschichte. Pakistan. Hg. im Auftrag des MGFA, Paderborn 2010, S. 85–98.

146 Kaschmir-Konflikt: Fünf blutige Kriege zwischen Indien und Pakistan – WELT (abgerufen am 11. 2. 2021).

147 Dazu ausführlich und authentisch anhand von Tagebuchaufzeichnungen Berg, Erbe der Großmoguln, S. 131–152.

148 Ebd, S. 131 f.

149 Ebd., S. 134.

150 Ebd., S. 147.

151 Ebd., S. 211 f.

152 Kaschmir: Konflikt auf dem Dach der Welt | Asien | DW | 27. 2. 2019 (abgerufen am 11 .2. 2021).

153 Vgl. Kreutzmann, H.: Knappe Ressourcen- Bewässerung und Energiegewinnung, in: Chiari, B./Schetter, C. (Hg.): Wegweiser zur Geschichte. Pakistan. Hg. im Auftrag des MGFA, Paderborn 2010, S. 199–213, hier S. 201.

154 Vgl. Hein, C.: In Indien wird schon ums Wasser gekämpft, in: *FAZ* vom 27. 9. 2016.

155 Grundlegend dazu: Zimmerman, W: Russland regieren. Von Lenin bis Putin. Darmstadt 2015 (engl. Originalausgabe Princeton University Press 2014). Zur Geschichte Russland siehe Hosking, G.: Russland. Nation und Imperium 1552–1917. Dt. Ausgabe Berlin 2000 (engl. Originalausgabe 1997); Hoppe, B.: Geschichte Russlands, Stuttgart 2009.

156 Die Küstenlänge beträgt insgesamt 37.653 km; Jeschonnek, F.K. Die Russische Förderation, in: Osteuropa – Konflikte verstehen, hg. von Dittmann, A./Riemer, R./ Teicht, A., Baden-Baden 2018, S. 269–304, hier S. 269.

157 Kjellen, R.: Die Großmächte der Gegenwart, Leipzig/Berlin 11. Auflage 1916, S. 173.

158 Zit. nach Hennig, Geopolitik, S. 81.

159 Siehe Krone-Schmalz, G.: Russland verstehen. Der Kampf um die Ukraine und die Arroganz des Westens. München 8. Auflage 2015, S. 95–103; Scholl-Latour, P.: Russland im Zangengriff. Putins Imperium zwischen Nato, China und Islam. Berlin 2006, S. 180–188. Zur NATO-Osterweiterung siehe: Zimmermann, R./Klein, P. (Hg.): Aspekte der Osterweiterung der NATO (= Militär und Sozialwissenschaften, Band 26), Baden-Baden 1999; Brinkmann, P.: Die NATO-Expansion. Deutsche Einheit und Ost-Erweiterung, Berlin 2015.

160 Vgl. Uwe Klußmann, U./Schepp, M./Wiegrefe, K.: Absurde Vorstellung, in: *Der Spiegel* Nr. 48, 2009, S. 46–49. (ZEITGESCHICHTE: »Absurde Vorstellung« – *Der Spiegel* 48/2009 (abgerufen am 28. 1. 2021).

161 Neef, C./Schepp, M.: Mit Blut geschrieben, in: *Der Spiegel* Nr. 30, 2007, S. 96–102. (»Mit Blut geschrieben« – *Der Spiegel* 30/2007 (abgerufen am 28. 1. 2021).

162 Vgl. Scholl-Latour, Russland im Zangengriff, S. 180 ff.

163 Zit. nach: Schmidt, H.: Menschen und Mächte, Berlin 1987, S. 40.

164 Zit. nach: Fritsch, R. v.: Russlands Weg. Als Botschafter in Moskau, Berlin 2020, S. 41.

165 Zu Putin siehe Myers, S. L.: Putin – der neue Zar. Seine Politik – Sein Russland. Zürich 2016 (amerikanische Originalausgabe New York 2015); Gloger, K.: Putins Welt. Das neue Russland, die Ukraine und der Westen. Berlin 2015; Barnes, I.: Ruheloses Russland. 3000 Jahre Geschichte in Karten, Darmstadt 2016, S. 192–197.

166 Putin erläutert: Darum ist Zerfall der UdSSR größte Katastrophe – Sputnik Deutschland (sputniknews.com), abgerufen am 10. 12. 2020. Siehe auch Brzezinski, Die einzige Weltmacht, S. 113 ff.; vgl. Fritsch, Russlands Weg, S. 33 ff.

167 Vgl. Dohnanyi, K. v.: Nationale Interessen. Orientierung für deutsche und europäische Politik in Zeiten globaler Umbrüche. München ²2022, S. 65–69. Hier wird die Rolle des damaligen US-Präsidenten George H. W. Bush kritisch dargelegt.

168 Mackow, J.: Russlands Beziehungen zu seinen »slawischen Brüdern« Ukraine und Belarus, in: *Aus Politik und Zeitgeschichte*, Nr. 16/17 2003, S. 31–38, hier S. 33.

169 Ebd., S. 34.

170 Vgl. Huntington, Kampf der Kulturen, S. 218; vgl. Barnes, Ruheloses Russland, S. 178 f.

171 Putin im Bundestag: »Alle sind schuldig, vor allem wir Politiker« – *Der Spiegel* (abgerufen am 22. 2. 2021).

172 Putin, W.: Offen sein, trotz der Vergangenheit, in: *Die Zeit* Nr. 26 vom 24. 6. 2021, S. 11.

173 Fischer Weltalmanach 2016, S. 377.

174 Siehe dazu Grosch, M.: Weißrussland. Eigenständig oder russischer Vasall, in: Osteuropa – Konflikte verstehen, hg. von Dittmann, A./Riemer, R./Teicht, A., Baden-Baden 2018, S. 225–250, hier S. 240.

175 Siehe Marshall, Macht der Geographie, S. 40.

176 Zum Verhältnis von Russen und Ukrainer siehe: Kappeler, A.: Ungleiche Brüder. Russen und Ukrainer. Vom Mittelalter bis zur Gegenwart, München 2017. Zur geopolitischen Bedeutung der Ukraine siehe Effenberger, W.: Schwarzbuch EU und NATO. Warum die Welt keinen Frieden findet, Höhr-Grenzhausen ²2020, S. 317–335.

177 Vgl. dazu die Karte bei Barnes, Ruheloses Russland auf S. 196.

178 Vgl. Friedman, Die nächsten 100 Jahre, S. 127.

179 Vgl. Bröckers, M./Schreyer, P.: Wir sind die Guten. Ansichten eines Putinverstehers oder wie uns die Medien manipulieren, Frankfurt 6. Auflage 2014, S. 23.

180 Siehe dazu u. a. Fritsch, Russlands Weg, S. 85–148. Vgl. Barnes, Ruhelose Russland.

181 Marshall, Macht der Geographie S. 33 f.

182 Vgl. Barnes, Ruheloses Russland, S. 200 f., zur politischen Entwicklung der Eingliederung der Krim in Russland siehe auch Fritsch, Russlands Weg, S. 53–84.

183 Vgl. Barnes, Ruhelose Russland, S. 30 f.

184 Russland startet Militärmanöver nahe Krim – *Der Spiegel* (abgerufen am 10. 12. 2020).

185 Vgl. Thumann, M.: Freunde gesucht, in: *Die Zeit* Nr. 17 vom 22. 4. 2021, S. 8

186 Vgl. verschiedene Artikel der *NZZ*, so z. B. vom 25. 11. 2021, 2. 12. 2021, 8. 12. 2021, 15. 12. 2021, 20. 12. 2021, 28. 12. 2021, 22. 1. 2022.

187 Interview von t-online mit Carlo Masala vom 25. 2. 2022 (abgerufen am 25. 2. 2022).

188 Vgl. Grosch, Weißrussland, S. 242.

189 Vgl. Mackow, S. 37.

190 Siehe Loyal 12/2020, S. 22 f.

191 Vgl. Fischer Weltalmanach 2019, S. 160, 291.

192 Vgl. Jeschonnek, Russische Föderation, S. 278.

193 Vgl. Schuller, *FAZ*, 8. 7. 2016.

194 Gespräche des Autors mit Museumsführern im Sommer 2017. Beide Museen befassen sich mit der russisch-sowjetischen und deutschen Besetzung von Lettland und Estland in den Jahren 1940–1991.

195 http://www.eur.army.mil/ (abgerufen am 27. 6. 2016).
196 Vgl. dazu Dittmann, A.: Moldawien. Konfliktregion zwischen Pruth und Dnjestr, in: Osteuropa – Konflikte verstehen, hg. von Dittmann, A./ Riemer, R./Teicht, A. Baden-Baden 2018, S. 251–267, hier S. 260 ff.; Götz, R./Halbach, U.: Politisches Lexikon GUS, München 1992, S. 163–167.
197 Dittmann, Moldawien, S. 259.
198 Siehe dazu Informationen zur politischen Bildung aktuell 2003: Kaukasus-Region; Aus Politik und Zeitgeschichte 13/2009: Kaukasus; Barnes, Ruheloses Russland, S. 182–187; Chiari, B. (Hg.): Wegweiser zur Geschichte. Kaukasus. Hg. im Auftrag des MGFA, Paderborn 2008.
199 Vgl. Krone-Schmalz, Russland verstehen, S. 109 ff.
200 Vgl. Grosch, Franz Josef Jung, S. 125 f.
201 Vgl. Scholl-Latour, Russland im Zangengriff, S. 141.
202 Cooper. J.: Die eurasische wirtschaftliche Union nimmt Fahrt auf, auf: www.bpb.de vom 13. 6. 2013 (abgerufen am 10. 12. 2020).
203 Vgl. Scholl-Latour, Russland im Zangengriff. S. 279.
204 Mackinder, Der Schlüssel zur Weltherrschaft. Die Heartland-Theorie, Frankfurt 2019.
205 Siehe auch Brzezinski, Einzige Weltmacht, S. 56.
206 *FAZ* vom 25. 9. 2018.
207 Schmidt, Menschen und Mächte, S. 38.
208 Ebd., S. 31.
209 Todd, E.: Weltmacht USA. Ein Nachruf, München 13. Auflage 2003 (französ. Originalausgabe Paris 2002), S. 183.
210 Vgl. Eitelhuber, N.: Wie gefährlich sind Russlands Streitkräfte?, in: *Behörden Spiegel* Januar 2021, S. 43.
211 Ebd.
212 Dohnanyi, Nationale Interessen, S. 59.
213 Vgl. z. B. Scholl-Latour, P.: Lügen im Heiligen Land. Machtproben zwischen Euphrat und Nil, Berlin 1998.
214 Britischer Schriftsteller, Oberst, konservativer Politiker und Diplomat.
215 Französischer Generalkonsul in Beirut.
216 Siehe dazu u. a. Lerch, W. G.: Kein Frieden für Allahs Völker. Die Kriege am Golf. Geschichte, Gestalten, Folgen. Frankfurt 1991; Die Golfregion in der Weltpolitik. Hg. Von der Landeszentrale für politische Bildung Baden-Württemberg, Stuttgart/Berlin/Köln 1991.
217 Vgl. dazu Steinbach, U.: Der Islam im Nahen Osten (Informationen zur politischen Bildung Nr. 238, 1993); S. 15 ff.; Buchta, W.: Ein Vierteljahrhundert Islami sche Republik Iran, in: *Aus Politik und Zeitgeschichte* 9/2004, S. 6–17; Amineh, M. P.: Der Islam und die Iranische Revolution von 1979, in: *Aus Politik und Zeitgeschichte* 19/1999, S. 14–26.
218 Vgl. Ehlers, E.: Iran, in: U. Steinbach/R. Robert (Hg.): Der Nahe und Mittlere Osten, Bd. 2, Opladen 1988, S. 115–144, hier S. 119.
219 Ein Staat wird als Rentierstaat bezeichnet, wenn er sich größtenteils durch Einnahmen aus externen Quellen finanziert, bei deren Generierung nur ein sehr geringer Teil der Bevölkerung direkt beteiligt ist. Den Renteneinnahmen stehen

somit keine Investitions- oder Arbeitsleistungen innerhalb des Staates gegenüber und sie stehen dem Staat quasi zur freien Verfügung. Vgl. Kreile, R.: Islamischer Internationalismus oder realpolitischer Pragmatismus? Zwei Jahrzehnte Außenpolitik der Islamischen Republik Iran, in: *Aus Politik und Zeitgeschichte* 19/1999, S. 3–13, hier S. 7.

220 Vgl. Ehlers, Iran, S. 120 f. und 131 ff.

221 Vgl. Fischer Weltalmanach 2019, S. 221.

222 So Prof. Wolfgang Musiol im Rahmen eines Vortrags an der FüAk der Bundeswehr in Hamburg 2015.

223 Ebd.

224 Die Central Treaty Organization (abgekürzt CENTO, Zentrale Paktorganisation) war ein westliches, von 1955 bis 1979 bestehendes Militärbündnis. Mitglieder waren Großbritannien, Irak (bis 1959), Iran, Pakistan und die Türkei. Ziel der CENTO war die Eindämmung des Einflusses der Sowjetunion im Nahen und Mittleren Osten.

225 Vgl. Steinbach, Islam im Nahen Osten, S. 17; Scholl-Latour, P.: Weltmacht im Treibsand. Bush gegen die Ayatollahs, Berlin 2004, S. 129–183.

226 Vgl. Ibrahim, F.: Iran und die arabische Welt, in: *Aus Politik und Zeitgeschichte* 9/2004, S. 39–47, hier S. 45 f.

227 Vgl. Kreile, Islamischer Internationalismus, S. 7.

228 Vgl. Blake, K.: The U.S.-Soviet confrontation in Iran, 1945–1962. University Press of America, 2009, S. 33.

229 Vgl. Kreile, Islamischer Internationalismus, S. 12.

230 Hetzattacke: Iranischer Minister nennt Israel »kleiner Satan« – *Der Spiegel* (abgerufen am 2.1.2021).

231 *Der Spiegel*, 1/2012.

232 *FAZ* vom 30.12.2011, S. 2.

233 Vgl. Marshall, Macht der Geographie, S. 176.

234 Siehe zur Rolle der USA Pawelka, P.: Der Vordere Orient in der Weltpolitik. Eine politische Ökonomie der US-amerikanischen Außenpolitik, in: Der Vordere Orient an der Schwelle zum 21. Jahrtausend (Bürger im Staat, Heft 3/1998, hg. von der Landeszentrale für politische Bildung Baden-Württemberg), S. 115–121.

235 Vgl. Ibrahim, Iran und die arabische Welt, S. 45.

236 Vgl. Ehlers, Iran, S. 115.

237 Vgl. Lerch, W. G.: Das Reich der dreißig Inseln, in: *FAZ* vom 18.3.2009.

238 »The Atlantic« vom 2. April 2018, zit. in: Frankopan, The new Silk Roads, S. 83 f.

239 »Al Arabiya« Mohammad bin Salman's full interview vom 3. Mai 2017, zit. in: Frankopan, New Silk Roads, S. 84.

240 Vgl. dazu z. B. Schuchardt, D.: Das Auge des Sturms. Die regionale Dimension des Syrien-Konfliktes: Zentrale Akteure und Interessen, in: *Zeitschrift für Innere Führung* 1/2014, S. 25–31.

241 Vgl. dazu AlDailami, S.: Jemen. Der vergessene Krieg, München 2019, S. 130–133; Müller, Machtbeben, S. 163.

242 Ebd., S. 125.

243 Ebd., S. 122.

244 Vgl. auch Müller, Machtbeben, S. 152–168; Perthes, V.: Der Aufstand. Die arabische Revolution und ihre Folgen, München 2011, S. 191–196.

245 Siehe dazu z. B. Wolffsohn, M.: Israel. Geschichte, Politik, Gesellschaft, Wirtschaft, Wiesbaden 7. Auflage 2007; Schreiber, F./Wolffsohn, M.: Nahost. Geschichte und Struktur des Konflikts. Opladen 1988; Krämer, G.: Geschichte Palästinas, München 6. Auflage 2015; Herz, D.: Palästina. Gaza und Westbank. Geschichte, Politik, Kultur, München 5. Auflage 2003.

246 Siehe zum Folgenden: Grosch, M.: Der 6-Tage-Krieg 1967, in: *Militär und Geschichte*, Nr. 67, 2013, S. 4–17.

247 Ebd., S. 6 f.

248 Ausführlich in kompakter Form ebd. S. 8 ff.

249 Siehe dazu mit vielfach detaillierten Einzelbeiträgen Chiari, B./Kollmer, D. H. (Hg.): Wegweiser zur Geschichte. Naher Osten. Hg. im Auftrag des MGFA, Paderborn ^{2}2009.

250 Marchesin, S.: Le Monde diplomatique vom Oktober 2016, S. 5.

251 Siehe dazu beispielsweise Herz, D.: Palästina. Gaza und Westbank. Geschichte, Politik, Kultur, München 2001, S. 105 ff., 142–150, 227.

252 Vgl. Asseburg, M.: Informationen zur politischen Bildung Nr. 278 Israel, Bonn Neuauflage 2008, S. 71.

253 Vgl. Fischer Weltalmanach 2019, S. 229.

254 Vgl. Sager, W.: Wasserkriege im 21. Jahrhundert. Mythos oder drohende Realität?, in: *ÖMZ*, Nr. 6/2001, S. 721.

255 Siehe zum Folgenden Fuchs, D.: Ein explosives Element im Nahen Osten, in: Stuttgarter Zeitung vom 27. April 2007; Renger, J.: Wasserressourcen im Nahen Osten, in: *Geographische Rundschau* 2/2002, S. 51–55.

256 Lehmann, P.: Wasser als Waffe, in: *Y – Das Magazin der Bundeswehr*, Nr. 3/2014, S. 20.

257 Ebd., S. 21.

258 Ebd.

259 Vgl. Stürmer, M.: Israel streitet mit dem Libanon um Wasser, in: *Die Welt* vom 16. 10. 2002, S. 7.

260 Vgl. Asseburg, M.: Informationen zur politischen Bildung Nr. 278 Israel, Bonn Neuauflage 2008, S. 75.

261 Vgl. Herz, Palästina, S. 90–127.

262 Vgl. Lehmann, Wasser als Waffe, S. 18.

263 Asseburg, S. 75.

264 Zit. nach Marshall, Macht der Geographie, S. 181.

265 Siehe dazu ausführlich Majoros, F./Rill, B.: Das Osmanische Reich 1300–1922. Die Geschichte einer Großmacht, Augsburg 1999.

266 Zit. nach Hermann, R. in *FAZ* vom 20.3.2018.

267 Vgl. Steinbach, U.: Entwicklungslinien der Außenpolitik, in: Informationen zur politischen Bildung Nr. 277 Türkei, Bonn 2002, S. 40–42.

268 Zit. nach http://www.zeit.de/online/2007/28/tuerkei-aussenpolitik/komplettansicht vom 5. 7. 2012 (abgerufen am 16. 12. 2020).

269 Vgl. Lerch, W. G.: Ankaras neuer »Osmanismus«, in: *FAZ* vom 11. 11. 2009.

270 Ebd.

271 Zit. nach PAZ vom 12. 3. 2011.

272 Erdogans Träume von einem neuen osmanischen Reich | Politik (fr.de) (abgerufen am 17. 12. 2020).

273 Ebd.
274 Vgl. dazu Kramer, H.: Die Türkei im Schnittpunkt der Regionen und Kulturen, in: *Geographische Rundschau* 48/1996, S. 590–594, hier S. 591 ff.
275 Vgl. Kramer, H.: Türkei. Informationen zur politischen Bildung Nr. 313, Bonn 2011, S. 57.
276 Türkei: Recep Tayyip Erdogan träumt vom Osmanischen Reich – *Der Spiegel* (abgerufen am 17. 12. 2020).
277 Vgl. Hermann, R. »Nach dem Plan von 1919«, in: *FAZ* vom 20. 3. 2018.
278 Vgl. zum Folgenden: Lymperopoulos, L.: Kurze Geschichte Neugriechenlands, in: *Aus Politik und Zeitgeschichte* Nr. 35–37/2012, S. 23–30.
279 Vgl. Richter, H.: Die weiße Kolonie, in: *FAZ* vom 17. 12. 2012, S. 7.; Riemer, A.: Zypern: Spielball unterschiedlicher Interessen, in: *Das Parlament* vom 23. 7. 2003, Nr. 26, S. 3.
280 Siehe dazu grundlegend: Brenner, S.: Die NATO im griechisch-türkischen Konflikt 1954–1989, Berlin/Boston 2017.
281 Zur türkischen Militäraktion vgl. Brenner, S.: Operation Atilla, in: *Militärgeschichte. Zeitschrift für historische Bildung*, Nr. 2/2016, S. 18–21.
282 Vgl. Martens, M.: Geliebte umstrittene Aphrodite, in: *FAZ* vom 24.7.2012, S. 3.
283 Fischer Weltalmanach 2019, S. 520.
284 Struck, E.: Konflikte, Konfrontationen und Kooperation im östlichen Mittelmeerraum, in: *Geographische Rundschau* Nr. 48 (1996), S. 548–555, hier S. 551.
285 Streit um die Ägäis: Wem gehört das Mittelmeer? (lto.de) (abgerufen am 23. 12. 2020).
286 Struck, Konflikte, S. 551.
287 Vgl. Kramer, Türkei im Schnittpunkt der Regionen, S. 593; *FAZ* vom 8. 2. 2021.
288 Siehe dazu u. a. Steinbach, U.: Gesellschaft zwischen Tradition und Moderne, in: Informationen zur politischen Bildung Nr. 277 Türkei, Bonn 2002, S. 33–36; Struck, Konflikte, S. 550 f.
289 Vgl. Kramer, Türkei im Schnittpunkt der Regionen, S. 590.
290 Vgl. Lothar Rühl, in der *FAZ* vom 11. 4. 2011.
291 Martens, Aphrodite, *FAZ* vom 24. 7. 2012, S. 3.
292 Militärkreise: Region Afrin vollständig unter türkischer Kontrolle (faz.net) (abgerufen am 23. 12. 2020).
293 Siehe zum Folgenden: Avenarius, T: Konflikt – Die Türkei ist auf dem Vormarsch in Libyen – Politik – SZ.de (sueddeutsche.de vom 6. 7. 2020) (abgerufen am 23. 12. 2020); Sendker, M.: Wie Erdogan Libyen dominieren will (Türkische Geopolitik – Wie Erdogan Libyen dominieren will (deutschlandfunk.de) (abgerufen am 23. 12. 2020); *Wirtschaftswoche* vom 2. Oktober 2020: Türkei und Libyen: Umstrittener Deal zu Seegrenzen (wiwo.de) (abgerufen am 23. 12. 2020).
294 Zit. nach Martens, in *FAZ* vom 24. 9. 2011.
295 Zur historischen Rolle Äthiopiens und des Blauen Nils vgl. Konzelmann, G.: Der Nil. Heiliger Strom unter Sonnenbarke, Kreuz und Halbmond, Hamburg [2]1982, S. 466–478.
296 Vgl. Marshall, Macht der Geographie, S. 136.
297 Zum Nil allgemein siehe Tvedt, T.: Der Nil. Fluss der Geschichte. Berlin 2020.
298 Siehe zum Folgenden: Lossow, T. v.: Machtverschiebung am Nil. Äthiopien und Ägypten begegnen sich im Wasserkonflikt auf Augenhöhe, in: *SWP-Aktuell* 11, Februar 2013; S. 1–4. (https://www.swp-berlin.org/fileadmin/contents/products/aktuell/2013A11_

lsw.pdf; abgerufen am 2.2.2021). Siehe auch https://www.nzz.ch/international/aegypten-der-kampf-ums-wasser-des-nils-ld.1420687 (abgerufen am 2.2.2021).

299 https://www.faz.net/aktuell/wirtschaft/warum-afrikas-groesstes-staudamm-projekt-fuer-streit-sorgt-16887715.html (abgerufen am 2.2.2021).

300 https://www.reuters.com/article/us-egypt-rice-factbox-idUSKBN1HU1OE (abgerufen am 2.2.2021); vgl. *The Economist*, 23. April 2011, S. 40.

301 Vgl. *The Economist*, 23. April 2011, S. 40.

302 Vgl. *Loyal* 1/2021, S. 25. Siehe auch Kollmer, D. H./Mükusch, D. (Hg.): Wegweiser zur Geschichte. Horn von Afrika. Hg. im Auftrag des MGFA. Paderborn 2007.

303 https://www.bpb.de/internationales/weltweit/innerstaatliche-konflikte/265824/geostrategische-politische-und-sozio-oekonomische-interessen-und-strategien-regionaler-akteure (abgerufen am 2.2.2021).

304 Lossow, T. v.: Machtverschiebung am Nil; S. 3.

305 https://www.spiegel.de/politik/ausland/aethiopien-fuellt-erstmals-umstrittenen-nil-staudamm-a-odaca35f-f766-416f-a1a7-c8dc3376a33e (abgerufen am 2.2.2021); vgl. auch Asserate, Die neue Völkerwanderung, S. 99 ff.

306 https://www.spiegel.de/politik/ausland/staudamm-gerd-aethiopien-staut-aegypten-schaeumt-a-c4712580-018f-4383-b392-3e0213cf0238 (abgerufen am 2.2.2021).

307 https://www.geopolitik.one/2020/07/aethiopien-der-nil-gehoert-uns/ (abgerufen am 2.2.2021).

308 https://www.spiegel.de/politik/ausland/aethiopien-fuellt-erstmals-umstrittenen-nil-staudamm-a-odaca35f-f766-416f-a1a7-c8dc3376a33e (abgerufen am 2.2.2021).

309 https://www.spiegel.de/politik/ausland/staudamm-gerd-aethiopien-staut-aegypten-schaeumt-a-c4712580-018f-4383-b392-3e0213cf0238 (abgerufen am 2.2.2021).

310 Lossow, T.v.: Machtverschiebung am Nil; S. 4.

311 https://www.spiegel.de/politik/ausland/staudamm-gerd-aethiopien-staut-aegypten-schaeumt-a-c4712580-018f-4383-b392-3e0213cf0238 (abgerufen am 2.2.2021).

312 Zu Nordafrika siehe detailliert und grundlegend Hofbauer, M./Loch, T. (Hg.): Wegweiser zur Geschichte. Nordafrika. Hg. im Auftrag des MGFA. Paderborn 2011.

313 https://www.deutschlandfunk.de/eu-marokko-und-der-westsahara-konflikt-handel-mit-afrikas.724.de.html?dram:article_id=366913 (abgerufen am 2.2.2021).

314 https://www.dw.com/de/marokko-und-die-westsahara-chronik-eines-alten-konflikts/a-55626098 (abgerufen am 22.2.2021)

V. Der Westen

1 Zur aktuellen Zustandsbeschreibung der USA existieren unzählige Werke, auf die hier nicht im Einzelnen eingegangen werden kann. Eine in diesem Zusammenhang gute Darstellung bietet Braml, J.: Der amerikanische Patient. Was der drohende Kollaps der USA für die Welt bedeutet. München 2012. Zur aktuellen Lage siehe Jäger, T.: Das Ende des amerikanischen Zeitalters. Deutschland und die neue Weltordnung, Zürich 2019.

2 Vgl. Friedman, Die nächsten 100 Jahre, S. 27.

3 Vgl. Marshall, Macht der Geographie, S. 80.

4 Zur Geschichte der territorialen Expansion der USA vgl. Nagler, J.: Territoriale Expansion, Sklavenfrage, Sezessionskrieg, Rekonstruktion, 1815–1877, in: Adams, W. P./Czempiel, E.-O./Ostendorf, B./Shell, K. L./Spahn, P. B./Zöller, M. (Hg.): Länderbericht USA. Bd. 1. Geographie, Geschichte, Politische Kultur, Politisches System, Wirtschaft, Bonn 1992, S. 87–118.
5 Vgl. Schwabe, Weltmacht und Weltordnung, S. 18–42.
6 Vgl. Brill, Geopolitik heute, S. 63.
7 Vgl. Schwabe, Weltmacht und Weltordnung, S. 173–231.
8 Siehe dazu in einem interessanten historischen Vergleich: Bender, P.: Weltmacht Amerika. Das neue Rom. Stuttgart 4. Auflage 2004; vgl. Otte, Weltsystem Crash, S. 70 ff.
9 Vgl. Münkler, Imperien. Die Logik der Weltherrschaft – vom Alten Rom bis zu den Vereinigten Staaten, Berlin [3]2005, S. 228.
10 Zu Lateinamerika siehe Brock, L.: Die Lateinamerika-Politik, in: Adams, W. P./Czempiel, E.-O./Ostendorf, B./Shell, K. L./Spahn, P. B./Zöller, M. (Hg.): Länderbericht USA. Bd. 2. Außenpolitik, Gesellschaft, Kultur, Religion, Erziehung, Bonn 1992, S. 207–219.
11 Vgl. dazu auch Schmidt, H.: Die Mächte der Zukunft, S. 78–131.
12 Kagan, R.: Macht und Ohnmacht. Amerika und Europa in der neuen Weltordnung, Berlin 2003, S. 44.
13 Ebd., S. 45. Aktuell siehe Münkler, H.: Was eins war, zerfällt allmählich in zwei Teile, in: *NZZ* vom 28.9.2021, S. 7.
14 Ebd., S. 46.
15 Biden sichert ukrainischem Amtskollegen US-Unterstützung zu – Politik – SZ.de (sueddeutsche.de); Ukraine-Konflikt - Biden sichert Selenskyj Unterstützung zu (deutschlandfunk.de) (beide abgerufen am 7.4.2021).
16 Zu Rüstungsvorhaben für die kommenden Jahre siehe z. B. zwei Artikel in: Behörden Spiegel vom November 2020, S. 52 f.; zur Drohnendebatte siehe ein Interview mit Ulrike Franke, in: *Die Zeit* vom 4.2.2021, S. 4.
17 Barack Obama: Obama sieht Russland nur als Regionalmacht | Zeit Online; Ukraine-Krise: Obama verspottet Russland als Regionalmacht – *Der Spiegel* (beide abgerufen am 7.3.2021).
18 Zitat entnommen einer Informationsfolie der US-Streitkräfte in Wiesbaden-Erbenheim anlässlich eines Vortrags im Rahmen eines sicherheits- und geopolitischen Seminars mit Schülern der Internatsschule Schloss Hansenberg im April 2016.
19 Vgl. Effenberger, Schwarzbuch EU und NATO, S. 345 ff.
20 Chinas Luftüberwachungszone wird demonstrativ missachtet | Tiroler Tageszeitung Online – Nachrichten von jetzt! (abgerufen am 7.3.2021).
21 Gespräch des Autors mit dem Oberbefehlshaber Gen. Philip M. Breedlove anlässlich eines Besuchs bei den US-Truppen in Wiesbaden-Erbenheim im April 2015 im Rahmen eines geo- und sicherheitspolitischen Seminars mit Schülern der Internatsschule Schloss Hansenberg.
22 Siehe dazu u. a. Giegerich, B.: Die NATO. Wiesbaden 2012; Hauser, G.: Die NATO – Transformation, Aufgaben, Ziele. Frankfurt am Main [u. a.] 2008; NATO-Handbuch, hg. Vom NATO Presse- und Informationsdienst, Brüssel 1995.
23 Scholl-Latour, P.: Der Weg in den neuen Kalten Krieg, Berlin 2008, S. 79.
24 Nordatlantische Vertragsorganisation, NATO (bmvg.de) (abgerufen am 20.2.2021).

25 Vgl. dazu Barth, P./Pfau. G./Streif, K.: Sicherheitspolitik und Bundeswehr. Frankfurt 1981, S. 89–104 und 199–224. Zur Rolle der Bundeswehr in der NATO während des Kalten Kriegs siehe: Verteidigung im Bündnis. Planung, Aufbau und Bewährung der Bundeswehr 1950–1972. Hg. vom MGFA,München [2]1975.

26 So der damalige Verbindungsoffizier der amerikanischen Streitkräfte in Wiesbaden zum Hessischen Landeskommando, Lt. Colonel William E. Clements im Rahmen eines 2012 an der Internatsschule Schloss Hansenberg durchgeführten geo- und sicherheitspolitischen Seminars.

27 Vgl. Scholl-Latour, Der Weg in den neuen Kalten Krieg, S. 80.

28 Zu den verschiedenen Strategien der NATO vgl. die Übersicht in: *Loyal* 3/2021, S. 17. Zur Rolle der Bundeswehr in der NATO während des Kalten Kriegs siehe Neitzel, S.: Deutsche Krieger. Vom Kaiserreich zur Berliner Republik – eine Militärgeschichte, Berlin [2]2020, S. 318–394.

29 Vgl. Hemicker, L.: Unterschiedliche Sichtweisen, in: *Loyal* 6/2019, S. 34–37.

30 Den Vertragstext mit Erläuterungen siehe in: Poser, G.: Die NATO. Werdegang, Aufgaben und Struktur des Nordatlantischen Bündnisses, München/Wien 1974, S. 21–29.

31 BMVg, 18. 5. 2011: Verteidigungspolitische Richtlinien (VPR), S. 7–9.

32 Kagan, Macht und Ohnmacht, S. 7 f.

33 Vgl. Uzulis, A.: Leben nach dem Hirntod, in: *Loyal* 3/2021, S. 8–17, hier S. 11. Vgl. auch einen Gastkommentar von Siegmar Gabriel in der *Wirtschaftswoche* vom 21. 6. 2019, S. 26.

34 Ebd.

35 Ebd., S. 9

36 Siehe dazu grundlegend und damit alle Risiken und Gefahren schonungslos darstellend: Murray, D.: Der Selbstmord Europas. Immigration, Identität, Islam. München [2]2018 (engl. Originalausgabe 2107).

37 Carlo Masala, Inhaber des Lehrstuhls für Internationale Politik der Bundeswehr in München, im Interview mit der *Zeit* vom 24. 6. 2021, Nr. 26, S. 6.

38 Vgl. Krause, Macht im 21. Jahrhundert, S. 23 f.

39 Ebd.

40 Siehe dazu Bartels, H.-P.: Deutschland und das Europa der Verteidigung. Globale Mitverantwortung erfordert das Ende militärischer Kleinstaaterei, Bonn 2019; Bartels, H.-P./Kellner, A. M./Optenhögel, U. (Hg.): Strategische Autonomie und die Verteidigung Europas. Auf dem Weg zur Europäischen Armee?, Bonn 2017.

41 Schmitt, C.: Der Begriff des Politischen, in: Archiv für Sozialwissenschaft und Sozialpolitik, Bd. 58 (1927), S. 1–33, hier S. 53.

42 Zur Außenpolitik der BR Deutschland siehe Schöllgen, G.: Die Außenpolitik der Bundesrepublik Deutschland. Von den Anfängen bis zur Gegenwart. München 1999.

43 Ebd., S. 201 ff.

44 get_file (kas.de) (abgerufen am 3. 5. 2021).

45 Vor 25 Jahren: Bundesverfassungsgericht billigt Auslandseinsätze | bpb (abgerufen am 22. 1. 2021)

46 Roman Herzog, Bulletin Nr. 20, 1995, S. 164; zur deutschen Außenpolitik siehe u. a. Colschen, L.: Deutsche Außenpolitik. Köln/Weimar/Wien 2010.

47 BMVg, 18.5.2011: Verteidigungspolitische Richtlinien (VPR), S. 3f.
48 Ebd., S. 4f.
49 Ebd.
50 Ebd., S. 4–5.
51 Weißbuch vom 5.4.1994, S. 39 u. 42.
52 Siehe dazu Mey, Deutsche Sicherheitspolitik 2030, S. 104–108 und S. 151–155.
53 Weißbuch vom 5.4.1994, S. 44f.
54 Ebd. Kapitel 1–4.
55 Weißbuch vom 25.10.2006; siehe dazu auch Grosch, Franz Josef Jung; S. 139–148.
56 Weißbuch vom 13.7.2016, S. 8f.
57 Ebd., S. 34–45.
58 Zur Geschichte der Bundeswehr siehe Uzulis, A.: Die Bundeswehr. Eine politische Geschichte von 1955 bis heute. Hamburg/Berlin/Bonn 2005; Hulin, R. (Hg.): 50 Jahre Bundeswehr. Bonn 2005; Clausewitz Spezial: Bundeswehr. 60 Jahre. Die Chronik, 2015; Clement, R./Jöris, P. E.: 60 Jahre Bundeswehr (Europäische Sicherheit & Technik – Sonderausgabe). Bonn 2015; 30 Jahre Bundeswehr 1955–1985. Friedenssicherung im Bündnis. Hg. vom MGFA. Mainz [2]1985; Naumann, K.: Die Bundeswehr in einer Welt des Umbruchs. Berlin 1994. Zur aktuellen Lage: Hesse, J.: Die Neuausrichtung der Bundeswehr. Ansatz, Umsetzung und Ergebnisse im nationalen und internationalen Vergleich, Baden-Baden 2015.
59 Die Einsätze der Bundeswehr (abgerufen am 22.2.2021); Krause U. v.: Die Bundeswehr als Instrument deutscher Außenpolitik, Wiesbaden 2013.
60 Vgl. Münch, P.: Die Bundeswehr in Afghanistan. Militärische Handlungslogik in internationalen Interventionen, Freiburg/Berlin/Wien 2015, S. 109.
61 Siehe dazu Breitwieser, T.: Verfassungshistorische und verfassungsrechtliche Aspekte der Auslandseinsätze, in: Wegweiser zur Geschichte. Auslandseinsätze der Bundeswehr. Hg. im Auftrag des MGFA von B. Chiari u. M. Pahl, Paderborn 2010, S. 153–166, hier S. 163f.
62 http://www.gesetze-im-internet.de/parlbg/BJNR077500005.html (abgerufen am 22.2.2021). Zur Parlamentsbeteiligung siehe auch: Nachtwei, W.: Bundestag, Parlamentsarmee und Parteienstreit, in: Wegweiser zur Geschichte. Auslandseinsätze der Bundeswehr. Hg. im Auftrag des MGFA von B. Chiari u. M. Pahl, Paderborn 2010, S. 167–179; *Das Parlament*, Nr. 34/35 vom 23.8.2010, S. 7.
63 Interview mit Oberstleutnant Wolf Teja von Rabenau, damals Pressestabsoffizier des Landeskommandos Hessen vom 13.12.2013.
64 Vgl. Breitwieser, T.: Friedensbemühungen der UNO, in: Wegweiser zur Geschichte. Demokratische Republik Kongo. Hg. im Auftrag des MGFA von B. Chiari u. D. Ollmer, Paderborn [3]2008, S. 117–125, hier S. 125.
65 Ebd.
66 Vgl. Grumer, S., in: Wegweiser zur Geschichte. Demokratische Republik Kongo. Hg. im Auftrag des MGFA von B. Chiari u. D. Kollmer, Paderborn [3]2008, S. 90.
67 Die Bundeswehr im Einsatz. Entstehung, Entwicklung, Überblick. Hg. vom BMVg, Berlin 2013, S. 71.
68 https://web.archive.org/web/20110704201418/http://www.eunavfor.eu/about-us/mission/ (abgerufen am 12.11.2019).
69 http://eunavfor.eu/iranian-dhow-released-by-pirates/(abgerufen am 12.11.2019).

70 Siehe dazu grundlegend: Seliger, M.: Sterben für Afghanistan. Aufzeichnungen über einen verdrängten Krieg. Hamburg/Berlin/Bonn 2011. Aktuell: *Die Zeit* vom 1. Juli 2021 v. a. bezüglich des politisch gewollten deutschen Rückzugs im Juli 2021, S. 2. f.

71 Vgl. Petersen, B.: Einsatz am Hindukusch. Soldaten der Bundeswehr in Afghanistan. Freiburg 2005, S. 15. Grundlegend Neitzel, Deutsche Krieger, S. 487–562. Zur Lage in Afghanistan vor Ort siehe: Militärische Landesinformation für Einsatzkontingente. Afghanistan. Amt für Geoinformationswesen der Bundeswehr. Ausgabe 05 Euskirchen 2012.

72 Vgl. Schetter, C.: Kleine Geschichte Afghanistans, München 2004, S. 136 ff.

73 Charta der Vereinten Nationen vom 26. Juni 1945.

74 Siehe Resolutionen und Beschlüsse des Sicherheitsrats vom 1. Januar 2001 bis 31. Juli 2002, S. 296–298.

75 Vgl. Rauch, A. M.: Auslandseinsätze der Bundeswehr. Baden-Baden 2006, S. 230. Siehe auch die *FAZ* vom 15. 11. 2005, Nachtwei, W.: Der Afghanistaneinsatz der Bundeswehr: Von der Stabilisierung zur Aufstandsbekämpfung, in: C. Schetter/J. Klußmann (Hg.): Der Taliban-Komplex. Zwischen Aufstandsbewegung und Militäreinsatz, Frankfurt 2001, S. 203–227, hier S. 205.

76 Vgl. Münch, Bundeswehr in Afghanistan, S. 2.

77 Vgl. Rauch, Auslandseinsätze, S. 230.

78 Vgl. Grosch, Franz Josef Jung, S. 191–200.

79 Siehe dazu eine chronologische Übersicht in: http://www.fr-online.de/einsatz-in-afghanistan/bundeswehrsoldaten-die-gefallenen---eine-traurige-liste,1477334,2678456.html (abgerufen am 24. 11. 2019).

80 Siehe dazu die Übersicht bei welt.de: http://www.welt.de/politik/article5349204/Franz-Josef-Jung-Schnellster-Ruecktritt-aller-Zeiten.html. (abgerufen am 27. 2. 2015). Siehe auch die *FAZ* vom 11. 12. 2009. Vgl. Neitzel, Deutsche Krieger, S. 519 ff; Münch, Bundeswehr in Afghanistan, S. 304.

81 *FAZ* vom 20. 4. 2010. Siehe auch *Süddeutsche Zeitung* vom 5./6. 9. 2009.

82 Vgl. Münch, Bundeswehr in Afghanistan, S. 304.

83 Stöhr, G.: Mit Recht kämpfen, in: S. Brinkmann/J. Hoppe/W. Schröder: Feindkontakte. Gefechtsberichte aus Afghanistan, Hamburg/ Berlin/Bonn [2]2013, S. 197–206, hier S. 197 f. Siehe auch S. 201 f. Ähnlich die Einschätzungen von Afghanistan-Einsatzsoldaten, mit denen der Autor zahlreiche Gespräche führte.

84 Stöhr, Mit Recht kämpfen, S. 198. Siehe zum verfassungsrechtlichen Rahmen auch die S. 198–200.

85 Ebd., S. 202.

86 Ebd.

87 Siehe dazu die *FAZ* vom 7. 10. 2016, Seliger, M.: Eine Fehlentscheidung, kein Verbrechen, in: *Loyal* 11/2016, S. 33.

88 Europäischer Menschenrechtsgerichtshof: Gericht entlastet Deutschland im Verfahren um Luftangriff in Kundus | ZEIT ONLINE (abgerufen am 3. 5. 2021).

89 *Der Spiegel* Nr. 34/2009, S. 31 und S. 33. Siehe auch *Frankfurter Allgemeine Sonntagszeitung* vom 13. 9. 2009, S. 9. Philipp Münch weist ebenfalls auf eine große Zustimmung der Masse der Bundeswehrangehörigen hin. Münch, Bundeswehr in Afghanistan, S. 306.

90 Zit. nach *FAZ* vom 17.12.2009.
91 Ebd.
92 Siehe dazu ausführlich und aus der Sicht eines daran beteiligten Bundeswehrsoldaten: Clair, J.: Vier Tage im November. Mein Kampfeinsatz in Afghanistan, Berlin 2014, S. 366–407.
93 Behörden-Spiegel vom Oktober 2018, S. 44; *Die Zeit* vom 1. Juli 2021, S. 46; eine kompakte Bilanz zum Afghanistaneinsatz der Bundeswehr findet sich im Behörden Spiegel, September 2021, S. 47.
94 Carlo Masala, Inhaber des Lehrstuhls für Internationale Politik der Bundeswehr in München, im Interview mit der Zeit vom 24.6.2021, Nr. 26, S. 6.
95 Vgl. Clausewitz, C. v.: Vom Kriege, Berlin 1832.
96 Ende April 1975 evakuierten die USA mit Hubschraubern ihre letzten Botschaftsangehörigen in Saigon, der Hauptstadt von Südvietnam, sowie z. T. südvietnamesische Bürger vor den heranrückenden Vietcong.
97 Vgl. Ackeret, M.: Amerikas Rückzug stärkt Russlands Selbstvertrauen, in: *NZZ* vom 20.8.2021, S. 3.
98 Schmitt, Begriff des Politischen, S. 54.
99 Das Interview wurde am 18. Februar 2021 geführt.
100 Siehe dazu z. B. EFP: Einsatz im kalten Litauen (bundeswehr.de) (abgerufen am 18.2.2021).
101 Vgl. Grosch, Franz Josef Jung, S. 178–185.
102 Siehe dazu z. B. Stabilität für eine ganze Region (bundesregierung.de) (abgerufen am 18.2.2021).
103 Vgl. dazu Grosch, Franz Josef Jung, S. 174–178.

VI. Fazit und Ausblick

1 Susbielle, J.-F.: China-USA. Der programmierte Krieg. Paris 2006, deutsche Ausgabe Berlin 2007; Holslag, Frieden auf Chinesisch; S. 16–39.
2 Zit. nach Baron/Yin-Baron, Die Chinesen, S. 347.
3 Ausführlich dazu Hamilton/Ohlberg, Lautlose Eroberung, S. 87–127. Siehe auch Gärtner, M.: Drachensturm. Wie China und Co. den Westen erobern. Rottenburg 2015; in Bezug auf Deutschland: Sieren, F.: Der China Code. Wie das boomende Reich der Mitte Deutschland verändert, Berlin 5. Auflage 2005.
4 Atomwaffen – Anzahl weltweit 2020 | Statista (abgerufen am 10.2.2021).
5 Vgl. Baron/Yin-Baron, Die Chinesen, S. 357.
6 Allison, G.: Destined for War: Can America and China Escape Thucydides's Trap? Houghton Mifflin Harcourt 2017; vgl. dazu auch Sommer, China First, S. 351–363. Thukydides, 454–399/396 v. Chr., Stratege und Historiker in Athen, beschrieb in seinem unvollendeten Werk »Der Peloponnesische Krieg« den Konflikt zwischen der aufstrebenden Seemacht Athen und der mächtigen Landmacht Sparta. Seine Grundthese lautete, dass der Aufstieg Athens und die Furcht, die dies in Sparta auslöste, einen Krieg unvermeidlich gemacht habe.
7 Siehe dazu auch das Interview mit dem US-Admiral und dem ehemaligen (von

2009–2013) militärischen Chef der NATO (Saceur), J. G. Stavridis, in: *Die Zeit*, Nr. 18 vom 29.4.2021, S. 4. In diesem Zusammenhang wird auch sein soeben erschienener Roman »2034. A Novel oft he Next World War« thematisiert.

8 Vgl. dazu Dohnanyi, Nationale Interessen, S. 73–80.

9 Ebd., S. 80.

10 Interview von A. Uzulis mit A. Kramp-Karrenbauer, in: *Loyal* 3/2021, S. 20 f.

11 Heeresinspekteur kritisiert deutsche Verteidigungspolitik: »Bundeswehr steht mehr oder weniger blank da« – Politik – *Tagesspiegel* (abgerufen am 28.2.2022).

12 Das chinesische Finanzministerium gab Anfang März 2021 einen Anstieg der Rüstungsausgaben um 6,8 Prozent für das Jahr 2021 bekannt (AKK will China im Indopazifik eindämmen | Aktuell Welt | DW | 12.3.2021; abgerufen am 12.3.2021).

13 Ebd.

14 Ebd.; siehe auch *Loyal* Nr. 9/2021, S. 18 f.

15 *FAZ* vom 17.3.2021, S. 5.

16 Ebd.

17 Ebd.

18 https://ifair.eu/de/2019/04/07/chinas-neue-geopolitik/ (abgerufen am 16.3.2021).

19 Siehe dazu grundlegend: Giegerich, B./Terhalle, M.: The Responsibilty to Defend. Rethinking Germany's Strategic Culture, London 2021.

20 *Loyal* 4/2021, S. 16.

21 Alle Zahlen aus ebd., S. 17. Zahlenangaben in Prozent.

22 Ritz, Rückkehr der Geopolitik, S. 80.

23 Grundlegend dazu Clausewitz, C. v.: Vom Kriege. Hinterlassenes Werk des Generals Carl von Clausewitz, Bd. 1–3, bei Ferdinand Dümmler, Berlin 1832–1834. Dieses Werk ist das bedeutendste, das jemals über die Kriegsführung verfasst wurde. Seinen Stellenwert verdankt es insbesondere den ersten Kapiteln, in denen Clausewitz eine allgemeine Wesensbestimmung des Krieges vornimmt. In seinen Kernaussagen, wie der These vom politischen Charakter des Krieges, von seiner Doppelnatur als traditionellem und revolutionärem Krieg und seiner Bestimmung als Gewaltakt, der der Erfüllung des Willens von Staaten dient, reicht sein Ansatz bis heute weit über den militärischen Bereich hinaus.

24 Creveld, M. v.: Wir Weicheier. Warum wir uns nicht mehr wehren können und was dagegen zu tun ist, Graz 2017, S. 189 f.

Quellen- und Literaturverzeichnis

Interviews

Dr. Franz Josef Jung; ehemaliger Bundesminister der Verteidigung
Dr. Marga Prüch, Sinologin
Dr. J.-M. Rudolph, Sinologe
Xiaosi Li, ehemaliger chinesischer Generalkonsul in Zürich
Oberstleutnant Wolf Teja von Rabenau, damals Pressestabsoffizier des Landeskommandos Hessen
Gespräche mit Einsatzsoldaten der Bundeswehr

Printmedien bzw. Internetquellen

Behörden Spiegel
Das Parlament
Die Welt
Die Zeit
Der Spiegel
Frankfurter Allgemeine Zeitung (FAZ)
Frankfurter Rundschau
Focus
Handelsblatt
Loyal. Das Magazin für Sicherheitspolitik
Neue Zürcher Zeitung (NZZ)
Süddeutsche Zeitung
The Economist
WirtschaftsWoche

Publikationen

Ackeret, M.: Amerikas Rückzug stärkt Russlands Selbstvertrauen, in: *NZZ* vom 20. 8. 2021, S. 3.

Adams, W. P./Czempiel, E.-O./Ostendorf, B./Shell, K. L./Spahn, P. B./Zöller, M. (Hg.): Länderbericht USA. Bd. 1 u. 2., Bonn 1992.

Agnew, J./Stuart Corbridge, S.: Mastering Space: Hegemony, Territory and International Political Economy, London 1994.

Albert, M./Reuber, P./Wolkersdorfer, G.: Kritische Geopolitik, in: S. Schieder/M. Spindler: Theorien der Internationalen Beziehungen, Opladen 2003.

Albrecht, V.: Aufgabenfelder der Politischen Geographie, in: *Geographie und Schule* 34/1985, S. 1.

AlDailami, S.: Jemen. Der vergessene Krieg, München 2019.

Allison, G.: Destined for War: Can America and China Escape Thucydides's Trap?, Houghton Mifflin Harcourt 2017.

Amineh, M. P.: Der Islam und die Iranische Revolution von 1979, in: *Aus Politik und Zeitgeschichte* 19/1999, S. 14–26.

Ante, U.: Politische Geographie, Braunschweig 1981.

Asseburg, M.: Informationen zur politischen Bildung Nr. 278 Israel, Bonn Neuauflage 2008.

Asserate, A. W.: Die neue Völkerwanderung. Wer Europa bewahren will, muss Afrika retten, Berlin ²2016.

Aus Politik und Zeitgeschichte 13/2009: Kaukasus.

Barnes, I.: Ruheloses Russland. 3000 Jahre Geschichte in Karten, Darmstadt 2016.

Baron, S.: Ami go home. Eine Neuvermessung der Welt, Berlin 2021.

Baron, S./Yin-Baron, G.: Die Chinesen. Psychogramm einer Weltmacht, Berlin 2018.

Bartels, H.-P.: Deutschland und das Europa der Verteidigung. Globale Mitverantwortung erfordert das Ende militärischer Kleinstaaterei, Bonn 2019.

Bartels, H.-P./Kellner, A. M./Optenhögel, U. (Hg.): Strategische Autonomie und die Verteidigung Europas. Auf dem Weg zur Europäischen Armee?, Bonn 2017.

Barth, P./Pfau. G./Streif, K.: Sicherheitspolitik und Bundeswehr, Frankfurt 1981.

Bauer, W.: China - vom Kaiserstaat zum Kommunismus, Stuttgart ²1971.

Bender, P.: Weltmacht Amerika. Das neue Rom, Stuttgart 4. Auflage 2004.

Berg, H.W. Das Erbe der Großmoguln. Völkerschicksale zwischen Hindukusch und Golf von Bengalen, Hamburg 1988.

Bergman, E. F.: Modern political geography, Dubuque/Iowa 1975.

Blake, K.: The U.S.-Soviet confrontation in Iran, 1945–1962. University Press of America, 2009.

Blouet, B. W.: Global Geostrategy: Mackinder and the Defence of the West, New York 2005.

Bodin, J.: Über den Staat. Übersetzt von G. Niedhart. Ditzingen (Reclam) 1986; französische Originalausgabe von 1576.

Boesler, K.-A.: Gedanken zum Konzept der politischen Geographie, in: Die Erde 1974, S. 7–33.

Braml, J.: Der amerikanische Patient. Was der drohende Kollaps der USA für die Welt bedeutet, München 2012.

Bredow, W. v.: Konflikte und Kämpfe zwischen Zivilisationen, in: K. Kaiser/H.-P. Schwarz (Hg.): Weltpolitik im neuen Jahrhundert, Bonn 2000, S. 115–123.

Bredow, W. v.: Grenzen. Eine Geschichte des Zusammenlebens vom Limes bis Schengen, Darmstadt 2014.

Bredow, W. v.: Armee ohne Auftrag. Die Bundeswehr und die deutsche Sicherheitspolitik, Zürich 2020.

Breitwieser, T.: Verfassungshistorische und verfassungsrechtliche Aspekte der Auslandseinsätze, in: Wegweiser zur Geschichte. Auslandseinsätze der Bundeswehr. Hg. im Auftrag des MGFA von B. Chiari u. M. Pahl, Paderborn 2010, S. 153–166.

Breitwieser, T.: Friedensbemühungen der UNO, in: Wegweiser zur Geschichte. Demokratische Republik Kongo. Hg. im Auftrag des MGFA von B. Chiari u. D. Ollmer, Paderborn ³2008, S. 117–125.

Brenner, S.: Die NATO im griechisch-türkischen Konflikt 1954–1989, Berlin/Boston 2017.

Brenner, S.: Operation Atilla, in: *Militärgeschichte. Zeitschrift für historische Bildung*, Nr. 2/2016, S. 18–21.

Brill, H.: Geopolitik heute. Deutschlands Chance?, Frankfurt/Berlin 1994.

Brinkmann, P.: Die NATO-Expansion. Deutsche Einheit und Ost-Erweiterung, Berlin 2015.

Brinkmann, S./J. Hoppe/W. Schröder: Feindkontakte. Gefechtsberichte aus Afghanistan, Hamburg/Berlin/Bonn ²2013.

Brock, L.: Die Lateinamerika-Politik, in: Adams, W. P./Czempiel, E.-O./Ostendorf, B./Shell, K. L./Spahn, P. B./Zöller, M. (Hg.): Länderbericht USA. Bd. 2. Außenpolitik, Gesellschaft, Kultur, Religion, Erziehung, Bonn 1992, S. 207–219.

Bröckers, M./Schreyer, P.: Wir sind die Guten. Ansichten eines Putinverstehers oder wie uns die Medien manipulieren, Frankfurt 6. Auflage 2014.

Bronger, D.: Indien. Größte Demokratie der Welt zwischen Kastenwesen und Armut. Gotha 1996.

Brzezinski, Z.: Die einzige Weltmacht. Amerikas Strategie der Vorherrschaft, Rottenburg 6. Auflage 2019. (Amerikanische Originalausgabe von 1997).

Buchta, W.: Ein Vierteljahrhundert Islamische Republik Iran, in: *Aus Politik und Zeitgeschichte* 9/2004, S. 6–17.

Buck, F.: Geopolitik 2000. Weltordnung im Wandel. Deutschland in der Welt am Vorabend des 3. Jahrtausends, Frankfurt/Bonn 1996.

Burchard, A.: Staat und Klima. Weltpolitische Bücherei Bd. 5, Berlin 1928.

Chiari, B. (Hg.): Wegweiser zur Geschichte. Kaukasus. Hg. im Auftrag des MGFA, Paderborn 2008.

Chiari, B./Ollmer, D. (Hg.): Wegweiser zur Geschichte. Demokratische Republik Kongo. Hg. im Auftrag des MGFA, Paderborn ³2008.

Chiari, B./Kollmer, D. H. (Hg.): Wegweiser zur Geschichte. Naher Osten. Hg. im Auftrag des MGFA, Paderborn ²2009.

Chiari, B./Schetter, C. (Hg.): Wegweiser zur Geschichte. Pakistan. Hg. im Auftrag des MGFA, Paderborn 2010.

Clair, J.: Vier Tage im November. Mein Kampfeinsatz in Afghanistan, Berlin 2014.

Clausewitz, C. v.: Vom Kriege. Hinterlassenes Werk des Generals Carl von Clausewitz, Bd. 1–3, bei Ferdinand Dümmler, Berlin 1832–1834.

Clausewitz Spezial: Bundeswehr. 60 Jahre. Die Chronik, 2015.

Clement, R./Jöris, P. E.: 60 Jahre Bundeswehr (Europäische Sicherheit & Technik – Sonderausgabe), Bonn 2015.

Colschen, L.: Deutsche Außenpolitik, Köln/Weimar/Wien 2010.

Creveld, M.v.: Wir Weicheier. Warum wir uns nicht mehr wehren können und was dagegen zu tun ist, Graz 2017.

Demandt, A.: Grenzen. Geschichte und Gegenwart, Berlin 2020.

Die Golfregion in der Weltpolitik. Hg. von der Landeszentrale für politische Bildung Baden-Württemberg, Stuttgart/Berlin/Köln 1991.

Die Zusammenschlüsse und Pakte der Welt auf politischem, militärischem und wirtschaftlichem Gebiet. Zusammengestellt von H. v. Siegler, Bonn/Wien/Zürich 7. Auflage 1962.

Dittmann, A./ Riemer, R./Teicht, A. (Hg.): Osteuropa – Konflikte verstehen, Baden-Baden 2018.

Dittmann, A.: Moldawien. Konfliktregion zwischen Pruth und Dnjestr, in: Osteuropa – Konflikte verstehen, hg. von Dittmann, A./ Riemer, R./Teicht, A., Baden-Baden 2018, S. 251–267.

Djihago, S.: Afrika verpachtet seine wirtschaftliche Basis an reiche Investoren, in: *Lo-Nam. Das afrikanische Magazin*, Nr. 2/2013, S. 14 f.

Dodds, K.: Geopolitics: A Very Short Introduction, Oxford 2007.

Dohnanyi, K. v.: Nationale Interessen. Orientierung für deutsche und europäische Politik in Zeiten globaler Umbrüche, München ²2022.

Ditte, R./Hecker, G./Klein, F./Walle H. (Hg.): 30 Jahre Bundeswehr 1955–1985. Friedenssicherung im Bündnis. Hg. vom MGFA, Mainz ²1985.

Dugin, A.: Konflikte der Zukunft. Die Rückkehr der Geopolitik, Selent 2015.

Effenberger, W.: Schwarzbuch EU und NATO. Warum die Welt keinen Frieden findet, Höhr-Grenzhausen ²2020.

Ehlers, E.: Iran, in: U. Steinbach/R. Robert (Hg.): Der Nahe und Mittlere Osten, Bd. 2, Opladen 1988, S. 115–144.

Eitelhuber, N.: Wie gefährlich sind Russlands Streitkräfte? in: *Behörden Spiegel* Januar 2021.

Fischer, D./Lackner, M. (Hg.): Länderbericht China. Geschichte – Politik – Wirtschaft – Gesellschaft, Bonn ³2007.

Fischer Weltalmanach, Frankfurt 2000–2019.

Frankopan, P.: The new Silk Roads. The Present and Future of the World, London/Oxford/New York/New Delhi/Sydney 2018.

Friedman, G.: Die nächsten 100 Jahre. Die Weltordnung der Zukunft, Frankfurt 2009.

Fritsch, R. v.: Russlands Weg. Als Botschafter in Moskau, Berlin 2020.

Fuchs, D.: Ein explosives Element im Nahen Osten, in: *Stuttgarter Zeitung* vom 27. April 2007.

Fukuyama, F.: The End of History and the Last Man, New York 1992, dt. Ausgabe München 1992.

Gabriel, S.: Die chinesische Herausforderung, in: *Handelsblatt* vom 17. September 2018.

Gärtner, M.: Drachensturm. Wie China und Co. den Westen erobern, Rottenburg 2015.

Giegerich, B.: Die NATO, Wiesbaden 2012.

Giegerich, B./Terhalle, M.: The Responsibilty to Defend. Rethinking Germany's Strategic Culture, London 2021.

Globale Migration. Herausforderung für die Zukunft. Praxis-Handbuch. Hg. vom Verband der Reservisten der deutschen Bundeswehr. Ohne Ort und Jahr.

Gloger, K.: Putins Welt. Das neue Russland, die Ukraine und der Westen, Berlin 2015.

Goebel, P. (Hg.): Von Kambodscha bis Kosovo. Auslandseinsätze der Bundeswehr, Frankfurt 2000.

Götz, R./Halbach, U.: Politisches Lexikon GUS, München 1992.

Grabowsky, A.: Staat und Raum. Weltpolitische Bücherei Bd. 1., Berlin 1928.

Greenhill, K.M.: Massenmigration als Waffe. Vertreibung, Erpressung und Außenpolitik, Rottenburg ²2018 (amerikanische Originalausgabe von 2010).

Grimm, H.: Volk ohne Raum, München 1926.

Grosch, M.: Franz Josef Jung. Stationen einer politischen Karriere, Wiesbaden 2017.

Grosch, M.: Vielvölkerstaat Jugoslawien. Konflikt und Krieg vor unserer Haustür, in: *Österreichische Militärische Zeitschrift*, Nr. 6/2019, S. 721–728.

Grosch, M.: Chinas Tibetpolitik aus geopolitischer Perspektive, in: *Österreichische Militärische Zeitschrift*, Nr. 6/2021, S. 752–757.

Grosch, M.: Weißrussland. Eigenständig oder russischer Vasall? in: Osteuropa – Konflikte verstehen, hg. von Dittmann, A./ Riemer, R./Teicht, A., Baden-Baden 2018, S. 225–250.

Grosch, M.: Der 6-Tage-Krieg 1967, in: *Militär und Geschichte*, Nr. 67, 2013, S. 4–17.

Hacke, C.: Die großen Mächte, in: K. Kaiser/H.-P. Schwarz (Hg.): Weltpolitik im neuen Jahrhundert, Bonn 2000, S. 383–403.

Halbach, A., Namibia. Wirtschaft, Politik, Gesellschaft nach zehn Jahren Unabhängigkeit, Windhoek/München 2000.

Hamilton, C./Ohlberg, M.: Die lautlose Eroberung. Wie China westliche Demokratien unterwandert und die Welt neu ordnet, München ³2020.

Hanke, T. u. a.: Chinas Marsch nach Westen, in: *Handelsblatt* vom 29. März 2019.

Hartmann, R.: Die glorreichen Sieger. Die Wende in Belgrad und die wundersame Ehrenrettung deutscher Angriffskrieger, Berlin 2001.

Hartshorne, R.: The functional approach in political geography, in: AAAG 1950, S. 95–130.

Hartshorne, R.: What is political geography?, in: W. A. D. Jackson, W./M. S. Samuels (Hg.): Politics and geographic relationships, Englewood Cliffs N. J. 1971.

Hauser, G.: Die NATO – Transformation, Aufgaben, Ziele, Frankfurt a. M. [u. a.] 2008.

Haushofer, K.: Grenzen in ihrer geographischen und politischen Bedeutung, Berlin 1927.

Haushofer, K./Obst, E./Lautensach, H./Maull, O.: Bausteine zur Geopolitik, Berlin 1928.

Heferle, P.: Alles unter einem Himmel, in: *Behörden Spiegel* Dezember 2020.

Hein, C.: In Indien wird schon ums Wasser gekämpft, in: *FAZ* vom 27. 9. 2016.

Heintel, M./Husa, K./Spreitzhofer, G.: Migration als globales Phänomen, in: Wagner, H. (Hg.): Segmente. Wirtschafts- und sozialgeographische Themenhefte: Migration – Integration, Wien 2005, S. 2–10.

Helmig, J.: Geopolitik – Annäherung an ein schwieriges Konzept, in: *Aus Politik und Zeitgeschichte* 20-21/2007, S. 31–37.

Hemicker, L.: Unterschiedliche Sichtweisen, in: *Loyal* 6/2019, S. 34–37.

Hennig, R.: Geopolitik. Die Lehre vom Staat als Lebewesen, Leipzig/Berlin ²1931.

Hermann, R. »Nach dem Plan von 1919«, in: *FAZ* vom 20. 3. 2018.

Hernig, M.: China mittendrin. Geschichte, Kultur, Alltag, Berlin 2008.

Herz, D.: Palästina. Gaza und Westbank. Geschichte, Politik, Kultur, München 5. Auflage 2003.

Hesse, J.: Die Neuausrichtung der Bundeswehr. Ansatz, Umsetzung und Ergebnisse im nationalen und internationalen Vergleich, Baden-Baden 2015.

Hirn, W.: Herausforderung China. Wie der chinesische Aufstieg unser Leben verändert, Frankfurt ²2006.

Hirn, W.: Angriff aus Asien – Wie uns die neuen Wirtschaftsmächte überholen, Frankfurt 2007.

Hobbes, T.: Leviathan or The Matter, Forme and Power of a Common Wealth Ecclesiasticall and Civil. London 1651. Dt. Ausgabe Köln 2009.

Hofbauer, M./München, P. (Hg.): Wegweiser zur Geschichte. Mali. Hg. im Auftrag des ZMS der Bundeswehr, Paderborn 2013.

Hofbauer, M./Loch, T. (Hg.): Wegweiser zur Geschichte. Nordafrika. Hg. im Auftrag des MGFA, Paderborn 2011.

Hoffmann, N.: Renaissance der Geopolitik? Die deutsche Sicherheitspolitik nach dem Kalten Krieg, Wiesbaden 2012.

Holslag, J.: Frieden auf Chinesisch. Warum in Asien Krieg droht, Hamburg 2015.

Hoppe, B.: Geschichte Russlands, Stuttgart 2009.

Hoppe, T.: Europa ringt um härteren China-Kurs, in: *Handelsblatt* vom 15. Februar 2018.

Hoppe, T. u. a.: Handelsweg mit Hürden, in: *Handelsblatt* vom 17. April 2018.

Hosking, G.: Russland. Nation und Imperium 1552–1917. Dt. Ausgabe Berlin 2000 (engl. Originalausgabe 1997).

Hulin, R. (Hg.): 50 Jahre Bundeswehr. Bonn 2005. Clausewitz Spezial: Bundeswehr. 60 Jahre. Die Chronik, 2015.

Huntington, S. P.: Kampf der Kulturen. Die Neugestaltung der Weltpolitik im 21. Jahrhundert. Hamburg 2006 (Spiegel-Verlag), amerikan. Originalausgabe: The clash of Civilizations, New York 1996.

Hupe, I./Vachal, M.: Zambia, München 2018.

Ibrahim, F.: Iran und die arabische Welt, in: *Aus Politik und Zeitgeschichte* 9/2004, S. 39–47.

Ikenberry, G. J.: The Illusion of Geopolitics, in: *Foreign Affairs* Mai/Juni 2014.

Informationen zur politischen Bildung aktuell 2003: Kaukasus-Region.

Ischinger, W.: Welt in Gefahr. Deutschland und Europa in unsicheren Zeiten, Berlin 2018.

Jackson, W. A. D/Samuels, M.S. (Hg.): Politics and geographic relationships, Englewood Cliffs N. J. 1971.

Jacobsen, H.-A.: Karl Haushofer. Leben und Werk. 2 Bände, Boppard 1979.

Jäger, T.: Das Ende des amerikanischen Zeitalters. Deutschland und die neue Weltordnung, Zürich 2019.

Jellinek, G.: Allgemeine Staatslehre, Berlin 1900.

Jenisch, U.: Das neue internationale Seerecht. Auswirkungen auf die deutsche Wirtschaft. Kapitel 8: Territoriale Veränderungen in Nordsee und Ostsee, in: Hanns-Seidel-Stiftung (Hg.): *Politische Studien*, Heft 249, München 1980.

Jeschonnek, F.K. Die Russische Förderation, in: Osteuropa – Konflikte verstehen, hg. von Dittmann, A./ Riemer, R./Teicht, A., Baden-Baden 2018, S. 269–304.

Kagan, R.: Macht und Ohnmacht. Amerika und Europa in der neuen Weltordnung, Berlin 2003.

Kagan, R.: Die Demokratie und ihre Feinde. Wer gestaltet die neue Weltordnung?, München 2008.

Kaiser, K./Schwarz, H.-P. (Hg.): Weltpolitik. Strukturen – Akteure – Perspektiven, Bonn 1985.

Kaiser, K./H.-P. Schwarz (Hg.): Weltpolitik im neuen Jahrhundert, Bonn 2000.

Kaplan, R. D.: The Revenge of Geographie. What the Map Tells Us About Coming Conflicts and the Battle Against Fate, London 2012.

Kappeler, A.: Ungleiche Brüder. Russen und Ukrainer. Vom Mittelalter bis zur Gegenwart, München 2017.

Kennedy, P.: Aufstieg und Fall der großen Mächte. 1500–2000, Frankfurt 1989. (engl. Originalausgabe: The Rise and Fall of the Great Powers von 1987).

Kerwer, J./A. Röming (Hg.): Die Volksrepublik China – Partner und Rivale, Wiesbaden 2018.

Kirchner, T./Schoepp, S.: Chinesischer Spaltpilz, in: *Süddeutsche Zeitung* vom 19. Juni 2017.

Kissinger, H.: China. Zwischen Tradition und Herausforderung, München 2011.

Kjellen, R.: Der Staat als Lebensform, Leipzig 1917.

Kjellen, R.: Die Großmächte der Gegenwart, Leipzig/Berlin 11. Auflage 1916.

Klein, T.: Geschichte Chinas von 1800 bis zur Gegenwart, Paderborn/Köln/Weimar/ Wien [2]2009.

Klingenberg, M.: Geopolitik. Vertiefungsheft Sekundarstufe II., Nr. 6/2020. Wochenschauverlag Frankfurt a. M.

Kolb, A.: Die Geographie und die Kulturerdteile, in: A. Leidelmair (Hg.), Herrmann von Wissmann Festschrift, Tübingen 1962, S. 42–49.

Kollmer, D.H./Mükusch, D. (Hg.): Wegweiser zur Geschichte. Horn von Afrika. Hg. im Auftrag des MGFA, Paderborn 2007.

Konzelmann, G.: Der Nil. Heiliger Strom unter Sonnenbarke, Kreuz und Halbmond, Hamburg [2]1982.

Kossowitsch, P.: Die Schwarzerde (Tschernosiom), in: *Internationale Mitteilungen für Bodenkunde*. 1, 3/4, 1911, S. 199–354.

Krämer, G.: Geschichte Palästinas, München 6. Auflage 2015.

Kramer, H.: Die Türkei im Schnittpunkt der Regionen und Kulturen, in: *Geographische Rundschau* 48/1996, S. 590–594.

Kramer, H.: Türkei. Informationen zur politischen Bildung Nr. 313, Bonn 2011.

Krause, J.: Macht im 21. Jahrhundert, in: *Loyal* 1/2019, S. 20–25.

Krause U.v.: Die Bundeswehr als Instrument deutscher Außenpolitik, Wiesbaden 2013.

Kreile, R.: Islamischer Internationalismus oder realpolitischer Pragmatismus? Zwei Jahrzehnte Außenpolitik der Islamischen Republik Iran, in: *Aus Politik und Zeitgeschichte* 19/1999, S. 3–13.

Kreutzmann, H.: Knappe Ressourcen – Bewässerung und Energiegewinnung, in: Chiari, B./Schetter, C. (Hg.): Wegweiser zur Geschichte. Pakistan. Hg. im Auftrag des MGFA, Paderborn 2010, S. 199–213.

Krone-Schmalz, G.: Russland verstehen. Der Kampf um die Ukraine und die Arroganz des Westens, München 8. Auflage 2015.

Kuhn, D.: Die Republik China von 1912 bis 1937. Entwurf für eine politische Ereignisgeschichte. 2 Bde, Heidelberg 2004.

Lacher, N.: Neue Seidenstraße – Geopolitik und Macht, Saarbrücken 2016.

Ladurner, U.: Montenegros chinesische Autobahn, in: *Die Zeit* Nr. 17 vom 22. 4. 2021, S. 27.

Lautensach, H. (Hg.): Geopolitik mit besonderer Berücksichtigung Deutschlands (Schauen und Schildern). Erdkundliche Lesehefte herausgegeben von E. Hinrichs. 3. Reihe, Heft 11, Frankfurt 1928.

Lehmann, P.: Wasser als Waffe, in: *Y – Das Magazin der Bundeswehr*, Nr. 3/2014.

Lerch, W. G.: Kein Frieden für Allahs Völker. Die Kriege am Golf. Geschichte, Gestalten, Folgen, Frankfurt 1991.

Lerch, W. G.: Ankaras neuer »Osmanismus«, in: *FAZ* vom 11. 11. 2009.

Lossau, J.: Die Politik der Verortung: Eine postkoloniale Reise zu einer Anderen Geographie der Welt, Heidelberg 2001.

Lossow, T. v.: Machtverschiebung am Nil. Äthiopien und Ägypten begegnen sich im Wasserkonflikt auf Augenhöhe, in: *SWP-Aktuell* 11, Februar 2013; S. 1–4.

Lymperopoulos, L.: Kurze Geschichte Neugriechenlands, in: *Aus Politik und Zeitgeschichte* Nr. 35–37/2012, S. 23–30.

Machiavelli, N.: Der Fürst von 1513; dt. Ausgabe mit einem Vorwort von Herfried Münkler, Frankfurt a. M. 2005.

Mackinder, H.: Der Schlüssel zur Weltherrschaft. Die Heartland-Theorie. Mit einem Lagebericht von Willy Wimmer, Frankfurt 2019.

Mackinder, H.: Democratic Ideals and Reality. A Study in the Politics of Reconstruction. Mit einer Einführung von S. V. Mladineo, Washington 1962, Neuauflage 1996. (Original New York 1919).

Mackow, J.: Russlands Beziehungen zu seinen »slawischen Brüdern« Ukraine und Belarus, in: *Aus Politik und Zeitgeschichte*, Nr. 16/17 2003, S. 31–38.

Mahan, A.T.: The Influence of Sea Power upon History, 1660–1783, New York 1890.

Mahan, A.T.: The problem of Asia, Boston 1900.

Majoros, F./Rill, B.: Das Osmanische Reich 1300–1922. Die Geschichte einer Großmacht, Augsburg 1999.

Marco Polo Reiseführer China, Ostfildern ^{3}1994.

Marshall, T.: Die Macht der Geographie. Wie sich Weltpolitik anhand von 10 Karten erklären lässt, München 4. Auflage 2016.

Martens, M.: Geliebte umstrittene Aphrodite, in: *FAZ* vom 24. 7. 2012.

Maull, O.: Politische Geographie, Berlin 1925.

Maull, O.: Politische Grenzen. Weltpolitische Bücherei Bd. 3, Berlin 1928.

Mead, W. R.: The Retourn of Geopolitics, in: *Foreign Affairs* Mai/Juni 2014.

Mey, H.: Deutsche Sicherheitspolitik 2030, Frankfurt/Bonn 2001.

Militärische Landesinformation für Einsatzkontingente. Afghanistan. Amt für Geoinformationswesen der Bundeswehr. Ausgabe 05, Euskirchen 2012.

Militärische Landesinformation für Einsatzkontingente. Afghanistan. Amt für Geoinformationswesen der Bundeswehr. Ausgabe 12, Euskirchen 2009.

Misteli, S.: Der ewige Kandidat triumphiert doch noch, in: *NZZ* vom 18. 8. 2021, S. 4.

Morgenthau, H. J.: Politischer Realismus, in: Macht und Frieden, Gütersloh 1963 (Originalausgabe 1949), S. 48–60.

Müller, D.: Machtbeben. Die Welt vor der größten Wirtschaftskrise aller Zeiten. Hintergründe, Risiken, Chancen, München 5. Auflage 2018.

Müller, H.: Amerika schlägt zurück. Die Weltordnung nach dem 11. September, Frankfurt ^{2}2003.

Müller, M.: Geopolitik – Was ist das? Politisches Verständnis anhand von aktuellen Beispielen, Kohlverlag Kerpen 2015.

Münch, P.: Die Bundeswehr in Afghanistan. Militärische Handlungslogik in internationalen Interventionen, Freiburg/Berlin/Wien 2015.

Münkler, H.: Imperien. Die Logik der Weltherrschaft – vom Alten Rom bis zu den Vereinigten Staaten, Berlin ^{3}2005.

Münkler, H.: Was eins war, zerfällt allmählich in zwei Teile, in: *NZZ* vom 28. 9. 2021, S. 7.

Murray, D.: Der Selbstmord Europas. Immigration, Identität, Islam, München ²2018 (engl. Originalausgabe 2107).

Myers, S. L.: Putin – der neue Zar. Seine Politik – Sein Russland, Zürich 2016 (amerikan. Originalausgabe New York 2015).

Nachbar China. Helmut Schmidt im Gespräch mit Frank Sieren, Berlin 2006.

Nachtwei, W.: Bundestag, Parlamentsarmee und Parteienstreit, in: Wegweiser zur Geschichte. Auslandseinsätze der Bundeswehr. Hg. im Auftrag des MGFA von B. Chiari u. M. Pahl, Paderborn 2010, S. 167–179.

Nachtwei, W.: Der Afghanistaneinsatz der Bundeswehr: Von der Stabilisierung zur Aufstandsbekämpfung, in: C. Schetter/J. Klußmann (Hg.): Der Taliban-Komplex. Zwischen Aufstandsbewegung und Militäreinsatz, Frankfurt 2001, S. 203–227.

Nagler, J.: Territoriale Expansion, Sklavenfrage, Sezessionskrieg, Rekonstruktion, 1815-1877, in: Adams, W. P./Czempiel, E.-O./Ostendorf, B./Shell, K. L./Spahn, P. B./Zöller, M. (Hg.): Länderbericht USA. Bd. 1. Geographie, Geschichte, Politische Kultur, Politisches System, Wirtschaft, Bonn 1992, S. 87–118.

Naß, M.: Chinas Aufstieg zur Weltmacht und was er für uns bedeutet, München 2021.

NATO-Handbuch, hg. vom NATO Presse- und Informationsdienst, Brüssel 1995.

Naumann, K.: Die Bundeswehr in einer Welt des Umbruchs, Berlin 1994.

Neitzel, S.: Deutsche Krieger. Vom Kaiserreich zur Berliner Republik – eine Militärgeschichte, Berlin ²2020.

Nissel, H.: Kritische Geopolitik. Zur Neukonzeption der Politischen Geographie in der Postmoderne, in: *Österreichische Militärische Zeitschrift*, Nr. 1/2010.

Ntep II, M.V.: Der Trumpf Chinas in Afrika, in: *LoNam. Das afrikanische Magazin*, Nr. 3/2012, S. 32.

Otte, M.: Weltsystemcrash. Krisen, Unruhen und die Geburt einer neuen Weltordnung, München 5. Auflage 2020.

Pawelka, P.: Der Vordere Orient in der Weltpolitik. Eine politische Ökonomie der US-amerikanischen Außenpolitik, in: Der Vordere Orient an der Schwelle zum 21. Jahrtausend (Bürger im Staat, Heft 3/1998), hg. von der Landeszentrale für politische Bildung Baden-Württemberg), S. 115–121.

Perthes, V.: Der Aufstand. Die arabische Revolution und ihre Folgen, München 2011.

Petersen, B.: Einsatz am Hindukusch. Soldaten der Bundeswehr in Afghanistan, Freiburg 2005.

Philip, L.: Die Armada des Kaisers. In: *Geo Epoche* H 8 – Das alte China. GEO, Hamburg 2000.

Poser, G.: Die NATO. Werdegang, Aufgaben und Struktur des Nordatlantischen Bündnisses, München/Wien 1974.

Potter, E. B./Nimitz, C. W.: Seemacht. Eine Seekriegsgeschichte von der Antike bis zur Gegenwart. Dt. Fassung hg. im Auftrag des Arbeitskreises für Wehrforschung von J. Rohwer, München 1982.

Putin, W.: Offen sein, trotz der Vergangenheit, in: *Die Zeit* vom 24. 6. 2021.

Ratzel, F.: Anthropogeographie, Die geographische Verbreitung des Menschen, Stuttgart ²1899.

Ratzel, F.: Politische Geographie, München 1897.

Rauch, A. M.: Auslandseinsätze der Bundeswehr, Baden-Baden 2006.

Redepenning, M.: Wozu Raum? Systemtheorie, critical geopolitics und Raumbezogene Semantiken, Leipzig 2006.

Renger, J.: Wasserressourcen im Nahen Osten, in: *Geographische Rundschau* 2/2002, S. 51–55.

Reuber, P.: Die Politische Geographie nach dem Ende des Kalten Krieges. Neue Ansätze und aktuelle Forschungsfelder, in: *Geographische Rundschau* Nr. 54 (2002), S. 4–9.

Riemer, A.: Zypern: Spielball unterschiedlicher Interessen, in: *Das Parlament* vom 23.7.2003, Nr. 26.

Richter, H.: Die weiße Kolonie, in: *FAZ* vom 17.12.2012.

Rinke, A./Schwägerl, C.: 11 drohende Kriege. Künftige Konflikte um Technologien, Rohstoffe, Territorien und Nahrung, München 2012.

Ritz, H.: Die Rückkehr der Geopolitik. Eine Ideologie und ihre fatalen Folgen, in: *Blätter für deutsche und internationale Politik* 3/2013, S. 71–80.

Rösel, J.: Der Bürgerkrieg auf Sri Lanka, Baden-Baden 1997.

Ross. J.: Mächtig einsam, in: *Die Zeit* vom 30.9.2021, S. 14.

Rothermund, D.: Konfliktherd Kaschmir, in: Chiari, B./Schetter, C. (Hg.): Wegweiser zur Geschichte. Pakistan. Hg. im Auftrag des MGFA, Paderborn 2010, S. 85–98.

Rungaldier, R.: Oesterreich. Weltpolitische Bücherei Bd. 4, Berlin 1928.

Rudolph, J.-M.: Wenn China über die Welt kommt … Die Chinesen, ihre Gesellschaft, Staat, Partei und Wirtschaft, Wiesbaden 2005.

Sager, W.: Wasserkriege im 21. Jahrhundert. Mythos oder drohende Realität? in: *Österreichische Militärische Zeitschrift*, Nr. 6/2001.

Schetter, C.: Kleine Geschichte Afghanistans, München 2004.

Schmidt, D.: Die Außenpolitik der Volksrepublik China, in: J. Kerwer/A. Röming (Hg.): Die Volksrepublik China – Partner und Rivale, Wiesbaden 2018, S. 107–148.

Schmidt, H.: Menschen und Mächte, Berlin 1987.

Schmidt, H.: Die Mächte der Zukunft. Gewinner und Verlierer in der Welt von morgen, München ^{2}2006.

Schmidt, H.: Ein letzter Besuch. Begegnungen mit der Weltmacht China, München 2013.

Schmitt, C.: Der Nomos der Erde im Völkerrecht des Jus Publicum Europaeum, Berlin 5. Auflage 2011 (1. Auflage 1950).

Schmitt, C.: Der Begriff des Politischen, In: Archiv für Sozialwissenschaft und Sozialpolitik, Bd. 58 (1927), S. 1–33.

Schneckener, U.: Post-Westfalia trifft Prä-Westfalia. Die Gleichzeitigkeit dreier Welten, in: Jahn, E./Fischer, S./Sahm, A.: (Hg.): Die Friedens- und Konfliktforschung aus der Perspektive der jüngeren Generationen (= Die Zukunft des Friedens, Bd. 2, Wiesbaden 2005, S. 189–211.

Schöllgen, G.: Die Außenpolitik der Bundesrepublik Deutschland. Von den Anfängen bis zur Gegenwart, München 1999.

Scholl-Latour, P.: Die Angst des weißen Mannes. Ein Abgesang, Berlin 2009.

Scholl-Latour, P.: Der Weg in den neuen Kalten Krieg, Berlin 2008.

Scholl-Latour, P.: Russland im Zangengriff. Putins Imperium zwischen Nato, China und Islam, Berlin 2006.

Scholl-Latour, P.: Weltmacht im Treibsand. Bush gegen die Ayatollahs, Berlin 2004.

Scholl-Latour, P.: Der Fluch des neuen Jahrtausends. Eine Bilanz, München 2002.

Scholl-Latour, P.: Lügen im Heiligen Land. Machtproben zwischen Euphrat und Nil, Berlin 1998.

Scholvin, S.: Geopolitik in den internationalen Beziehungen, in: *GIGA Focus* Nr. 9 2014, S. 1–8.

Schreiber, F./Wolffsohn, M.: Nahost. Geschichte und Struktur des Konflikts, Opladen 1988.

Schubert, G.: Taiwans langer Weg zur konsolidierten Demokratie, in: Fischer, D./Lackner, M. (Hg.): Länderbericht China. Geschichte – Politik – Wirtschaft – Gesellschaft, Bonn [3]2007, S. 198–223.

Schuchardt, D.: Das Auge des Sturms. Die regionale Dimension des Syrien-Konfliktes: Zentrale Akteure und Interessen, in: *Zeitschrift für Innere Führung* 1/2014, S. 25–31.

Schultz, H.-D.: Herder und Ratzel: Zwei Extreme, ein Paradigma?, in: *Erdkunde* 52, S. 127–143.

Schwabe, K.: Weltmacht und Weltordnung. Amerikanische Außenpolitik von 1898 bis zur Gegenwart. Eine Jahrhundertgeschichte, Paderborn/München/Wien/Zürich 2006.

Schwarz, H.-P.: Der Faktor Macht im heutigen Staatensystem, in: K. Kaiser/H.-P. Schwarz (Hg.): Weltpolitik. Strukturen – Akteure – Perspektiven, Bonn 1985, S. 51–73.

Schwind, M.: Allgemeine Staatengeographie, Berlin 1972.

Seidt, H.-U.: Friedensordnung oder Destabilisierung? Balkanpolitik in europäischer Verantwortung, in: Thiele, R./Seidt, H.-U. (Hg.): Herausforderung Zukunft. Deutsche Sicherheitspolitik in und für Europa, Frankfurt 1999, S. 106–125.

Seitz, K.: China. Eine Weltmacht kehrt zurück, München 2006.

Seliger, M.: Eine Fehlentscheidung, kein Verbrechen, in *Loyal* 11/2016.

Seliger, M.: Sterben für Afghanistan. Aufzeichnungen über einen verdrängten Krieg, Hamburg/Berlin/Bonn 2011.

Sieren, F.: Zukunft China? Wie die neue Supermacht unser Leben, unsere Politik, unsere Wirtschaft verändert, München [2]2018.

Sieren, F.: Der China Code. Wie das boomende Reich der Mitte Deutschland verändert, 5. Auflage, Berlin 2005.

Sommer, T.: China First. Die Welt auf dem Weg ins chinesische Jahrhundert, Hamburg [2]2019.

Spillmann, K. R.: Wasser als Thema der Weltpolitik, in: K. Kaiser/H.-P. Schwarz (Hg.): Weltpolitik im neuen Jahrhundert, Bonn 2000, S. 150–172.

Sprengel, R.: Kritik der Geopolitik. Ein deutscher Diskurs. 1914–1944, Berlin 1996.

Sprout, M.: Mahan: Evangelist of Sea Power, in: E. M. Earle (ed.): Makers of Modern Strategy, Princeton 1943.

Spykman, N.: Geography of The Peace, Hamden, Conn. 1969.

Spykman, N.: America's Strategy in World Politics, New York 1942.

Stavridis, J.G./ Ackerman, E.: 2034. A Novel oft the Next World War, New York 2021.

Steinbach, U./R. Robert (Hg.): Der Nahe und Mittlere Osten, 2 Bde., Opladen 1988.

Steinbach, U.: Gesellschaft zwischen Tradition und Moderne, in: Informationen zur politischen Bildung Nr. 277 Türkei, Bonn 2002.

Steinbach, U.: Der Islam im Nahen Osten (Informationen zur politischen Bildung Nr. 238, 1993).

Stöhr, G.: Mit Recht kämpfen, in: S. Brinkmann/J. Hoppe/W. Schröder: Feindkontakte. Gefechtsberichte aus Afghanistan, Hamburg/Berlin/Bonn [2]2013, S. 197–206.

Struck, E.: Konflikte, Konfrontationen und Kooperation im östlichen Mittelmeerraum, in: *Geographische Rundschau* Nr. 48 (1996), S. 548–555.

Stürmer, M.: Israel streitet mit dem Libanon um Wasser, in: *Die Welt* vom 16.10.2002.

Sunzi: Die Kunst des Krieges. Dt. Ausgabe München 2001.

Surculija, Z: Jugoslawien als Vielvölkerstaat. Das Beieinander von mehreren Völkern und die föderative Ordnung in Jugoslawien, in: Beiträge zur Konfliktforschung 1/1981, Köln, S. 79–102.

Susbielle, J.-F.: China-USA. Der programmierte Krieg, Paris 2006, deutsche Ausgabe Berlin 2007.

ten Brink, T.: Staatenkonflikte. Zur Analyse von Geopolitik und Imperialismus. Ein Überblick, Köln/Weimar/Wien 2008.

Thiele, R./Seidt, H.-U. (Hg.): Herausforderung Zukunft. Deutsche Sicherheitspolitik in und für Europa, Frankfurt 1999.

Thielke, T.: Armes, reiches Kupferland, in: *FAZ* vom 6.12.2018.

Thielke, T./Plickert, P.: Afrika helfen – mit weniger Entwicklungshilfe, in: *FAZ* vom 25.9.2018.

Todd, E.: Weltmacht USA. Ein Nachruf, München 13. Auflage 2003 (französische Originalausgabe Paris 2002).

Töppel, R.: Rezension zu H. Herwig: The Demon of Geopolitics. How Karl Haushofer »educated« Hitler and Hess, Lanham 2016, in: *FAZ* vom 1.11.2016.

Tvedt, T.: Der Nil. Fluss der Geschichte, Berlin 2020.

Uzulis, A.: Die Bundeswehr. Eine politische Geschichte von 1955 bis heute, Hamburg/Berlin/Bonn 2005.

Uzulis, A.: Leben nach dem Hirntod, in: *Loyal* 3/2021, S. 8–17.

Verteidigung im Bündnis. Planung, Aufbau und Bewährung der Bundeswehr 1950–1972. Hg. vom MGFA, München ^{2}1975.

Wagener, M.: Vor dem Bündnisfall in Ostasien? Die USA und der chinesisch-japanische Inselstreit im Ostchinesischen Meer, in: *Österreichische Militärische Zeitschrift* 2/2015, S. 135–141.

Wagner, C.: The Effects oft he China-Pakitsan Economic Corridor on Indian-Pakistan Relations, in: Stiftung Wissenschaft und Politik (SWP) 2016, S. 1–4.

Wagner, C.: Indien als Regionalmacht und Chinas wachsender Einfluss in Südasien, in: Stiftung Wissenschaft und Politik (SWP) 2012, S. 1–18.

Wagner, J.: Die Geostrategie europäischer Macht: »Grand Area« – Ein imperiales Raumkonzept als Rezept fürs Desaster, Informationsstelle Militarisierung, Tübingen 2011.

Weidenbach, T./Ming, S.: Tibets Wasser, Chinas Durst, in: *Frankfurter Allgemeine Sonntagszeitung*, 22.9.2013.

Weißbuch 1994. Weißbuch zur Sicherheit der Bundesrepublik Deutschland und zur Lage und Zukunft der Bundeswehr, Bonn 1994.

Weißbuch 2006 zur Sicherheitspolitik Deutschlands und zur Zukunft der Bundeswehr, Berlin 2006.

Weißbuch 2016 zur Sicherheitspolitik und zur Zukunft der Bundeswehr, Berlin 2016.

Werber, N.: Geopolitik zur Einführung, Hamburg 2014.

Werber, N.: Die Geopolitik der Literatur. Eine Vermessung der medialen Weltraumordnung, München 2007.

Wojczewski, T.: Indische Weltordnungspolitik: Viele Partner, keine Allianzen, in: *GIGA Focus Asien*, Nr. 6/2016, S. 1–11.
Wolf, S.: The China-Pakistan Economic Corridor of the Belt and Road Initiative, Wiesbaden 2020.
Wolffsohn, M.: Israel. Geschichte, Politik, Gesellschaft, Wirtschaft. Wiesbaden 7. Auflage 2007.
Wütschke, J.: Unsere Erde. Erdkundliches Lehrbuch für höhere Schulen auf Grundlage des Arbeitsunterrichts, Leipzig o. J.
Xi Jinping: The Governance of China, Beijing 2014.
Zimmerman, W: Russland regieren. Von Lenin bis Putin, Darmstadt 2015 (engl. Originalausgabe Princeton University Press 2014).
Zimmermann, R./Klein, P. (Hg.): Aspekte der Osterweiterung der NATO (= Militär und Sozialwissenschaften, Band 26), Baden-Baden 1999.
Zhang, J.: Hart und smart – was tut der Westen mit China?, in: *NZZ* vom 21. 9. 2021, S. 14.
Zoll, P.: Taiwan ist für Japans Sicherheit entscheidend, in: *NZZ* vom 26. 8. 2021, S. 13.

ROLF
STEININGER
Die USA, Israel
und der
Nahe Osten
VON 1945 BIS ZUR GEGENWART
ÖLZOG